रघुवीर सहाय रचनावली-1

[कविताएँ]

रघुवीर सहाय रचनावली

1

फिर उन्हीं लोगों से

[कविताएँ]

संपादक

सुरेश शर्मा

राजकमल प्रकाशन

नयी दिल्ली पटना

ISBN : 978-81-267-2434-5 (सम्पूर्ण सेट)

मूल्य : ₹ 2100
छः खंडों का सम्पूर्ण सेट

पहला पेपरबैक संस्करण : 2013

प्रकाशक : राजकमल प्रकाशन प्रा. लि.
1-बी, नेताजी सुभाष मार्ग
नई दिल्ली-110 002

शाखाएँ : अशोक राजपथ, साइंस कॉलेज के सामने, पटना-800 006
पहली मंजिल, दरबारी बिल्डिंग, महात्मा गांधी मार्ग, इलाहाबाद-211 001

वेबसाइट : www.rajkamalprakashan.com
ई-मेल : info@rajkamalprakashan.com

आवरण : चाँद चौधरी

मुद्रक : बी.के. ऑफसेट
नवीन शाहदरा, दिल्ली-110 032

RAGHUVIR SAHAY RACHANAWALI-1
Edited by Suresh Sharma

'दिनमान' के दफ्तर में संपादक रघुवीर सहाय : अक्टूबर 1977

तारामणि देवी (1929) : माँ

हरदेव सहाय : पिता

माँ तारामणिदेवी और
चचेरी बहन सुशीला के
साथ : 1931

बैडमिंटन के रैकेट के साथ
रघुवीर सहाय : 1933

1947 में छात्र

'प्रतीक' में सहायक संपादक :
26 अप्रैल, 1952
फोटो : स. ही. वात्स्यायन

1952 मार्च में किसी समय
फोटो : राजेन्द्र यादव

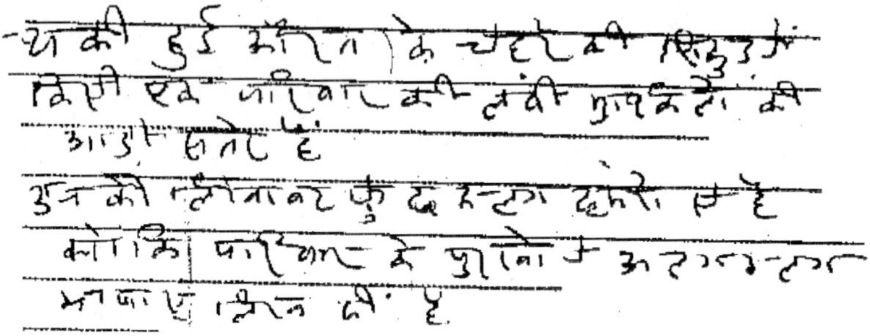

रघुवीर सहाय की हस्तलिपि में उनके जीवन की अंतिम कविता।
यह कविता उन्होंने निधन से कुछ दिन पहले लिखी थी ।

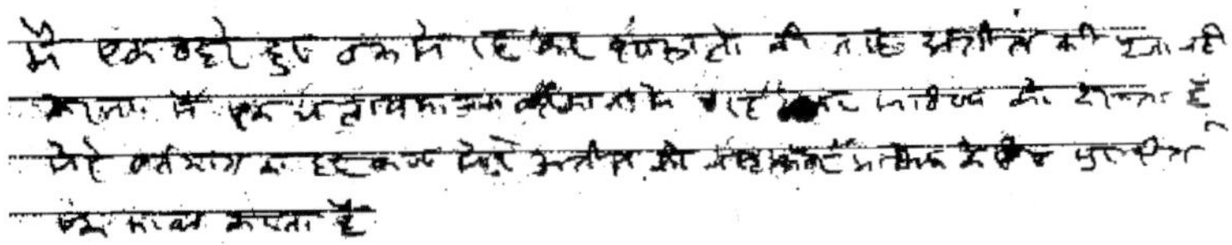

जीवन के अंतिम कुछ दिनों में लिखी गद्य पंक्तियाँ।

रघुवीर सहाय का संसार

रघुवीर सहाय के आरंभिक दौर की एक कविता-पंक्ति है : 'यह दुनिया बहुत बड़ी है, जीवन लंबा है।' इस छोटी-सी पंक्ति में उनकी रचना-यात्रा के महत्त्व का मर्म छिपा हुआ है। अपने लेखन के आरंभिक वर्षों में ही दुनिया के बहुत बड़े होने के अहसास ने उन्हें बड़ा लेखक बनाया। कौन लेखक कितना बड़ा है, इसकी पहचान सबसे पहले इस बात से होती है कि उसकी दुनिया कितनी बड़ी है! उसके लेखन के दायरे में मनुष्य और उसकी दुनिया का कितना बड़ा हिस्सा चित्रित हुआ है! प्रेमचंद सबसे पहले इसलिए बड़े लेखक हैं क्योंकि उनकी रचना का समाज किसी भी हिंदी लेखक की तुलना में बड़ा है। रघुवीर सहाय ने अपने समय के आदमी की दुनिया को सूक्ष्मता के साथ इतने अधिक स्तरों पर अंकित किया है कि उनका कोई क्षमतावान समकालीन भी ज्यादा दूर तक उनके साथ टिक नहीं पाता।

अपने बहुस्तरीय व्यक्तित्व के कारण रघुवीर सहाय ने विश्व और भारतीय समाज को संपूर्णता में देखा। उन्हें अपने लेखन के विविध रूपों में चित्रित किया। वे महज रचनाकार नहीं थे। वे पत्रकार और एक प्रकार से राजनीतिकर्मी भी थे। उनका यह त्रिआयामी व्यक्तित्व एक-दूसरे में घुला-मिला था। वे सत्ता और शासन हस्तगत करने के लिए प्रयत्नशील राजनीतिकर्मी नहीं थे। वे तो समानता की दिशा में समाज को बदलनेवाली शक्तियों को ताकत और गति देने के अर्थों में राजनीतिकर्मी थे। इसलिए उनका सारा साहित्य और पत्रकारिता गहराई से देखें तो एक प्रकार का राजनीतिक लेखन है। उनकी रचना, पत्रकारिता और राजनीति एक दूसरे की संपूरक हैं। यही वजह है कि पत्रकारिता करते हुए वे सिर्फ पत्रकार नहीं होते, राजनीतिकर्मी भी होते हैं, इसलिए उनकी पत्रकारिता में कथित तटस्थता नहीं बल्कि पक्षधरता है। उनके द्वारा किया गया *दिनमान* का संपादन इसका उदाहरण है। इसी तरह पत्रकारिता करते हुए उनका कवि मानस भी सक्रिय रहता है। वे ऐसी घटनाओं और स्थितियों को प्राथमिकता देते हैं जो संवेदनात्मक और मानवीय हों। पत्रकार होने की वजह से वे समाज के विभिन्न हलकों में जाते हैं। आम लोगों के संघर्ष, सत्ताधारियों की दुनिया तथा रोज-रोज तेजी से बदलती स्थितियों से उनका निकट का परिचय है। अपनी इस जानकारी का वे कविता में इस्तेमाल करते हैं। वे राजनीति और समाज के उस हलके से कविता की विषयवस्तु लाते हैं, जहाँ कविता होगी यह कोई सोच भी नहीं सकता था। यही वजह है कि निराला के बाद वे कविता की दुनिया में नए-नए विषयों की तलाश करनेवाले सबसे बड़े कवि हैं। भाषा के मामले में भी उनका यही रवैया है। वे कविता में जहाँ का विषय उठाते हैं वहीं से उसकी भाषा भी लाते हैं। इसीलिए कुछ लोगों को उनकी भाषा अखबारी लगती है जबकि वह नई काव्यस्थितियों को बयान करनेवाली पारदर्शी भाषा है। तेजी से बदलते समय

में नई वास्तविकताओं के नए अनुभव की अभिव्यक्ति रघुवीर सहाय की कविताओं में सबसे अधिक है। यही काव्यगुण उन्हें अपने दौर का प्रतिनिधि कवि बनाता है। रघुवीर सहाय का राजनीतिक व्यक्तित्व भी विशेष प्रकार का है। उनका झुकाव लोहिया के समाजवाद की ओर जरूर रहा। लेकिन उन्होंने समाजवादी दल की कभी सदस्यता नहीं ली। वे रचनाकार या पत्रकार के राजनीतिक दलों के सदस्य होने के विरुद्ध थे। रचनाकार के लिए वे किसी दल से निर्धारित होना गलत मानते थे। राजनीतिक दलों से बराबरी के रिश्ते की वे वकालत करते थे। वे दल के आदेश या एक खास समय में दल की दृष्टि से ही यथार्थ को नहीं देखना चाहते बल्कि दल जो दृष्टि बनाता है उस प्रक्रिया में भी अपनी भूमिका निभाना चाहते हैं। वे यह नहीं मानते कि स्थितियों के यथार्थ की व्याख्या का अधिकार सिर्फ राजनीतिक दल और उसके नेताओं को ही है। वे स्थितियों के विश्लेषण में शिरकत करना चाहते हैं। इसका कारण है। उनका मानना है कि यथार्थ की समझ को वे अनुभव और गहरा करेंगे जो उनकी रचना में आए हैं। अपनी इस सोच के कारण रघुवीर सहाय एक विशेष प्रकार के राजनीतिक कवि के रूप में सामने आते हैं। वे किसी दल के आदेश पर लिखने वाले कवि नहीं हैं। इसलिए उनकी रचनाओं में यथार्थ का सरलीकरण कहीं दिखाई नहीं देता। उनमें गहरी सर्जनात्मकता है जो राजनीति से बराबरी का रिश्ता रखकर उन्होंने संभव किया है। अपनी इस मान्यता के कारण उन्होंने राजनीतिक दलों और संगठनों से अपना रिश्ता व्यापक रखा। सिर्फ समाजवादी दल ही नहीं बल्कि भारतीय कम्युनिस्ट पार्टी, मार्क्सवादी कम्युनिस्ट पार्टी, नक्सल दलों, मानवाधिकार या नागरिक समस्याओं से जुड़े किसी भी संगठन ने जहाँ भी समानता और न्याय की लड़ाई शुरू की, रघुवीर सहाय तत्काल अपनी पत्रकारिता के माध्यम से उसमें शामिल हुए। अगर उस संघर्ष के अनुभव में उन्हें कुछ अद्वितीय और संवेदनात्मक दिखा तो उसे अपनी रचना का उपजीव्य भी बनाया।

अपने इसी विलक्षण व्यक्तित्व के कारण रघुवीर सहाय ने रचना के लिए यथार्थ की नई समझ विकसित की। वास्तविकता के यथातथ्य और निरुद्देश्य चित्रण को वे यथार्थ नहीं मानते। एक बातचीत के दौरान उन्होंने कहा था : 'निरा शब्दचित्र या फोटो क्यों न हो, यदि देखे जाने के साथ ही लोगों को बदल नहीं देती तो हम उसे यथार्थ नहीं मानेंगे; वह सिर्फ वास्तविकता हो सकती है, उसे महज वस्तुपरक कहा जा सकता है।' अपनी इसी बातचीत के दौरान उन्होंने कविकर्म को नए सिरे से परिभाषित किया था : 'किसी दिए हुए समय में कवि के राजनीतिक उद्वेलन की मात्राएँ घटती-बढ़ती रहती हैं। उनके कारण कवि का कर्म केवल कविता लिखने के रूप में परिभाषित नहीं किया जा सकता। समाज में समता और न्याय के लिए परिवर्तन के प्रयत्न का आनुषंगिक ही होता है कविकर्म। ऐसे सामाजिक प्रयत्नों के उतार-चढ़ाव के साथ-साथ कवि का अकेलापन घटता-बढ़ता रहता है। कविता लिखने पर दूसरे लोग उसमें शामिल हो जाएँगे यह आशा उसकी है। कविता लिखने के कर्म में ही निहित है कि दोतरफा (स्वयं और लोगों का) बदलाव होगा। इस आधार पर यथार्थ की यह परिभाषा कर सकते हैं कि वह जो बदलने के लिए प्रेरित करे, यथार्थ है। इसके अतिरिक्त यथार्थ का अगर कोई अर्थ निकलता है तो वह हमारे काम का नहीं है।'

यथार्थ की यह क्रांतिकारी समझ रघुवीर सहाय ने अपनी रचना-यात्रा में विकसित की और इसके आधार पर श्रेष्ठतम कृतित्व का सृजन किया। उनका वह सारा प्रकाशित-अप्रकाशित कृतित्व *रघुवीर सहाय रचनावली* के छह खंडों में संकलित है। 1945 से '90 तक के 45 वर्षों

में रघुवीर सहाय ने विभिन्न विधाओं में श्रेष्ठ साहित्य रचा। अपने सृजन की नवीनता से उन्होंने साहित्य की धारा को यथार्थवाद की नई दिशा की ओर ले जाने में ऐतिहासिक भूमिका निभाई। अपनी रचनाओं के माध्यम से उन्होंने यथार्थ का नया रूप सामने रखा जो निश्चय ही समाज के साथ साहित्य का क्रांतिकारी रिश्ता बनाता है। उन्होंने सैकड़ों कविताएँ लिखीं। उनका पत्रकारिता साहित्य बड़ी मात्रा में है। उन्होंने कहानियाँ, उपन्यास और नाटक भी लिखे हैं। बड़ी संख्या में अनुवाद भी किए हैं। उनका यह संपूर्ण कृतित्व साहित्य की अमूल्य निधि है जिसे *रचनावली* के रूप में सुरक्षित और सहज उपलब्ध बनाने की कोशिश की गई है।

रघुवीर सहाय का जीवन हलचलों से भरा था। अपने लेखन के आरंभिक वर्षों से अंतिम वर्षों तक वे निरंतर रचना के अनेक मोर्चों पर सक्रिय रहे। 1946 में उनकी पहली कविता छपी। साहित्य और पत्रकारिता की शुरुआत उन्होंने लखनऊ में की, जहाँ वे पैदा हुए थे। 1946 से 51 के आरंभिक महीनों तक उन्होंने पढ़ाई के साथ ही कविताएँ लिखीं और छपवाईं। इन दिनों सबसे अधिक वे रेडियो से जुड़े। रेडियो पर कविताओं के अलावा बच्चों के लिए दर्जनों कहानियों का भी प्रसारण किया। लखनऊ से ही निकलनेवाले *नवजीवन* दैनिक से पत्रकारिता की शुरुआत की। 1949 में *दूसरा सप्तक* के लिए अज्ञेय ने उनसे कविताएँ लीं और मई 1951 में उन्हें *प्रतीक* का सहायक संपादक बनाकर दिल्ली बुला लिया। 1952 में *प्रतीक* बंद हो गया। मई 53 से मार्च 57 तक आकाशवाणी के समाचार विभाग में रहे। 1959 में अज्ञेय के साथ अंग्रेजी त्रैमासिक *वाक्* निकाला। 1959 से 63 के मध्य तक आकाशवाणी में संवाददाता के रूप में काम किया। 1963 से 68 की फरवरी तक *नवभारत टाइम्स* के विशेष संवाददाता रहे। मार्च 1968 में समाचार संपादक होकर *दिनमान* में गए। 1970 से मार्च 83 तक *दिनमान* का संपादन किया। इसी महीने उनका *दिनमान* से *नवभारत टाइम्स* में तबादला कर दिया गया। अगस्त में उन्होंने *नवभारत टाइम्स* भी छोड़ दिया। तब से वे (1990 में निधन तक) साहित्य लेखन या फ्रीलांसिंग करते रहे। अपनी भागदौड़ भरी अखबार से जुड़ी जिंदगी के बावजूद उन्होंने बड़े पैमाने पर लेखन किया। लगातार उनकी पुस्तकें प्रकाशित हुईं और अपने दौर का प्रतिनिधित्व करने के कारण चर्चा में रहीं। रघुवीर सहाय का यह संपूर्ण प्रकाशित और अप्रकाशित साहित्य रचनावली के छह खंडों में कालक्रम से संकलित है। रचनावली के प्रत्येक खंड का शीर्षक भी दिया गया है ताकि उस खंड की रचनाओं के स्वरूप और प्रवृत्ति का यथासंभव रेखांकन हो सके। किसी रचनावली में पहली बार यह प्रयोग किया गया है। विभिन्न खंडों में रचनाओं और लेखों का संयोजन इस प्रकार है :

पहला खंड : फिर उन्हीं लोगों से—इस खंड में रघुवीर सहाय की संपूर्ण कविताएँ संकलित हैं। इस खंड में शामिल कविता संग्रहों के नाम हैं : *सीढ़ियों पर धूप में* (विभिन्न विधाओं का प्रतिनिधि संग्रह 1960), *आत्महत्या के विरुद्ध* (1967), *हँसो हँसो जल्दी हँसो* (1975), *लोग भूल गए हैं* (1982), *कुछ पते कुछ चिट्ठियाँ* (1989), *प्रतिनिधि कविताएँ* (1994) तथा *एक समय था* (1995)। इन प्रकाशित संग्रहों के अलावा अंतिम संग्रह प्रकाशित होने के बाद मिली कुछ अप्रकाशित कविताएँ भी हैं। संग्रह के परिशिष्ट में 'यह दुनिया बहुत बड़ी है, जीवन लंबा है' शीर्षक से रघुवीर सहाय की सैकड़ों आरंभिक कविताएँ संकलित हैं। इनमें से अधिकांश अप्रकाशित हैं। रघुवीर सहाय ने अपने जीवनकाल में ही अपनी आरंभिक कविताओं का यह संग्रह तैयार किया था, लेकिन अब तक यह अप्रकाशित था।

दूसरा खंड : आदमी की दुनिया—इस खंड में रघुवीर सहाय की कहानियाँ, उपन्यास, नाटक,

ललित लेख और व्यंग्य, यात्राएँ, बाल साहित्य, डायरी तथा विश्व कविता से अनुवाद संकलित हैं। रघुवीर सहाय की कहानियों के तीन संग्रह हैं : *सीढ़ियों पर धूप में* (1960), *रास्ता इधर से है* (1972) तथा *जो आदमी हम बना रहे हैं* (1982)।

इस संग्रह के बाद भी सहाय जी ने अनेक कहानियाँ लिखीं जो इस खंड में संकलित हैं। 1947 से 52 तक की उनकी सात ऐसी कहानियाँ भी दी गई हैं जो अब तक असंकलित थीं। उनमें से दो अप्रकाशित भी हैं। सहाय जी की कहानियों के शिल्प निर्माण को समझने की दृष्टि से उनकी ये आरंभिक कहानियाँ दिलचस्प हैं। *कोठरी की कैद* (1976) एक सरकारी पत्रिका में प्रकाशित संपूर्ण उपन्यास है। लेकिन *12 खंभा* (1952) उपन्यास अंश भर है। *अँधेरा* (1950), *मन की बात* (1951), *सुख के लिए* (1951), तथा *तीन नटकही* (1971) उनके नाटक हैं जो पुस्तकाकार प्रकाशित नहीं हुए थे। उन्होंने टीवी फिल्म *उधार की जिंदगी* (1980) की पटकथा लिखी थी। यह प्रेमचंद की कहानी *नैराश्य* पर आधारित है। प्रेमचंद की कहानी *सुभागी* पर बनी टेलीफिल्म (1984) की पटकथा भी उन्होंने लिखी। ये दोनों पटकथाएँ रचनावली में शामिल हैं। रघुवीर सहाय ने कोई यात्रा पुस्तक तो नहीं लिखी लेकिन समय-समय पर देश-विदेश के महत्त्वपूर्ण स्थलों की यात्राएँ कीं और अखबार तथा पत्रिकाओं के लिए उसके संस्मरण लिखे। वे सभी यात्रा-संस्मरण इस खंड में संकलित हैं। उन्होंने सर्वथा नए किस्म का बाल साहित्य भी लिखा है। उनकी पाँच बाल नाटिकाएँ (1949-59) और दर्जनों बाल कविताएँ हैं। उन्होंने बच्चों की कुछ कहानियाँ भी लिखी हैं। इस खंड में उनके बाल साहित्य का एक अलग हिस्सा है। उनकी डायरी के कुछ अप्रकाशित अंश भी दिए गए हैं। इनसे उनके आंतरिक व्यक्तित्व के गहरे संवेदनशील रूप का पता चलता है। परिशिष्ट के अंतर्गत रघुवीर सहाय द्वारा किया गया विश्व कविता का अनुवाद दिया गया है। उनके द्वारा समय-समय पर किए गए इन अनुवादों में उनके अपने शिल्प की सुंदरता भी है।

तीसरा खंड : यथार्थ का अर्थ—इस खंड में रघुवीर सहाय के आलोचनात्मक लेख, निबंध, पुस्तक समीक्षा और साक्षात्कार संकलित हैं। उनके आलोचनात्मक लेख *सीढ़ियों पर धूप में* (1960), *लिखने का कारण* (1978) तथा *यथार्थ यथास्थिति नहीं* (1984) में उपलब्ध हैं। लेकिन इसके अलावा सहाय जी ने साहित्य की प्रवृत्तियों और व्यक्तित्वों पर दर्जनों लेख लिखे हैं जो समय-समय पर पत्रिकाओं में प्रकाशित हुए हैं। इस दृष्टि से अज्ञेय, अमृतलाल नागर, भुवनेश्वर, शमशेर, विपिन कुमार अग्रवाल, मलयज और रेणु पर लिखे उनके संस्मरण उल्लेखनीय हैं। लोहिया के बारे में उनके संस्मरण से रघुवीर सहाय की वैचारिक जमीन परिभाषित होती है। उन्होंने अपने समय में प्रकाशित कुछ महत्त्वपूर्ण पुस्तकों की समीक्षाएँ भी लिखीं। अपने बाद की पीढ़ी के कवियों की नई किताबों पर लिखी उनकी टिप्पणियाँ काफी महत्त्वपूर्ण हैं। उनकी समीक्षाएँ सिद्धांत कथन या सरलीकरण से बोझिल नहीं हैं। उनमें पुस्तक के कथ्य और शिल्प पर पाठकों से सीधा संवाद है। जीवन के उत्तरार्द्ध में उन्होंने दर्जनों साक्षात्कार दिए। इनमें उन्होंने रचनाकर्म और समाज के बारे में महत्त्वपूर्ण टिप्पणियाँ की हैं। परिशिष्ट में रघुवीर सहाय द्वारा लिया गया यशपाल और रेणु का साक्षात्कार भी दे दिया गया है ताकि सहाय जी की नई साक्षात्कार-शैली का पता चल सके।

चौथा खंड : समय के दृश्य—चौथे खंड में पत्रकारिता संबंधी रघुवीर सहाय के विचार तथा एक पत्रकार की हैसियत से लिखी गई संपूर्ण राजनीतिक-सामाजिक टिप्पणियाँ, लेख और संपादकीय संकलित हैं। रघुवीर सहाय ने अपनी पत्रकारिता से जुड़े लेखन से महत्त्वपूर्ण सामग्री छाँटकर तीन पुस्तकें बनाई थीं : *ऊबे हुए सुखी*, *वे और नहीं होंगे जो मारे जाएँगे* तथा *भँवर लहरें और तरंग*

(1983)। इन किताबों में उन्होंने लेखों का संकलन कालक्रम से नहीं किया था। रचनावली के इस खंड में पुस्तक के लेखों को कालक्रम से दूसरे असंकलित लेखों के बीच यथास्थान रख दिया गया है। इससे 1965 से 90 के बीच की अवधि का एक 'साप्ताहिक' इतिहास तैयार हो गया है। 1963 में विशेष संवाददाता बनकर वे *नवभारत टाइम्स* में गए। उसमें उन्होंने खबरों के अलावा 'राजधानी की चिट्ठी' शीर्षक से लगातार एक साप्ताहिक कॉलम लिखा जिसमें उस हफ्ते की प्रमुख घटना का विश्लेषण होता था। 1965 से 68 तक लिखी इन टिप्पणियों के बाद *दिनमान* में लिखे उनके संपादकीय और लेख कालक्रम से शामिल हैं। इस दौर की संपूर्ण राजनीतिक, सामाजिक और सांस्कृतिक बहसें इसमें क्रमशः शामिल हैं। 1983 के बाद भी समय-समय पर सहाय जी प्रमुख घटनाओं पर लेख और टिप्पणियाँ लिखते रहे। उन्हें भी चौथे खंड में संकलित कर लिया गया है। समकालीन समय की पहचान की दृष्टि से यह सामग्री अत्यंत महत्त्वपूर्ण है।

पाँचवाँ खंड : लेखक के चारों ओर—पाँचवें खंड में रघुवीर सहाय के हिंदी संबंधी लेख और विभिन्न अखबारों और पत्रिकाओं में लिखे उनके कॉलम संकलित हैं। देश में हिंदी की हालत और उसके भविष्य पर सहाय जी ने लगातार लिखा। देश के राजकाज की भाषा हिंदी बनाने तथा अन्य भारतीय भाषाओं को उचित स्थान दिलाने के आंदोलन को उन्होंने आम लोगों के मौलिक अधिकारों की लड़ाई से जोड़ने की कोशिश की। यह संघर्ष आज भी चलाने की जरूरत है। अपने लेखन के आरंभिक वर्षों से ही रघुवीर सहाय ने विभिन्न अखबारों में लगातार कॉलम लिखा। जब किसी अखबार में रहे तो उस अखबार में, अगर किसी अखबार में नहीं रहे तो दूसरे पत्र-पत्रिकाओं में उन्होंने निरंतर कॉलम लिखकर तत्कालीन घटनाओं पर त्वरित टिप्पणी की। ऐसा ही एक कॉलम उन्होंने सन् 1960 से 63 के बीच *धर्मयुग* में 'दिल्ली की डायरी' शीर्षक से लिखा। 'दिल्ली मेरा परदेस' शीर्षक से यह कॉलम 1976 में पुस्तकाकार प्रकाशित भी हुआ। इसके अलावा रचनावली के इस खंड में शामिल रघुवीर सहाय के कॉलम इस प्रकार हैं : 'दिल्ली की झलकियाँ' [*जनसत्ता* (पुरानी), 1952], 'आज का प्रसंग' (*आकाशवाणी* 1964), 'दृष्टिकोण' (*कल्पना*, 1965), 'अंतर्धारा' (*दिनमान*, 1966) 'जी, आपने कुछ कहा' (*दिनमान*, 1981), 'गीली स्याही' (*नवभारत टाइम्स*, *सुलभ इंडिया*, *रविवार*, 1983-88), 'लेखक के चारों ओर' (*रविवार*, *प्रतिपक्ष*, 1984-85), 'बात' (*इतवारी पत्रिका*, 1986-87), 'अभी दिल्ली दूर है' (*हंस*, 1987) तथा 'अर्थात्' (*जनसत्ता*, 1984-90); इसके अलावा इस खंड में सिनेमा पर लिखी टिप्पणियाँ, फिल्म-समीक्षाएँ तथा टी.वी. और रेडियो पर लिखे लेख शामिल हैं।

छठा खंड : दूसरों के घर में—छठे खंड में रघुवीर सहाय द्वारा किए गए विश्व साहित्य से अनुवाद संकलित है। कायदे से तो इसी खंड में 'विश्व कविता का अनुवाद' भी जाना चाहिए था। लेकिन इस खंड की पृष्ठ संख्या की सीमा पार कर जाने के कारण 'विश्व कविता का अनुवाद' दूसरे खंड के परिशिष्ट में रखा गया है। इस खंड में संकलित अनुवाद इस प्रकार हैं—*बरनमवन* : शेक्सपियर (*मैकबेथ* 1980), *ऑथेलो* : शेक्सपियर (अप्रकाशित), *ट्वेल्थ नाइट* : शेक्सपियर (अप्रकाशित), *फागुन मेला* : शेक्सपियर (*मिड समर नाइट ड्रीम*, अप्रकाशित), *राशोमोन* : रियूनोसुके आकूतागावा (अप्रकाशित), *यह भी ठीक वह भी ठीक* : पिरेंदेलो (*राइट यू आर*, अप्रकाशित), तीन हंगारी नाटक (1983), *बिरजीस कदर का कुनबा* : फेदेरिको गार्सिया लोर्का (*दि हाउस ऑफ बर्नाडा एल्बा* 1985)। इन नाटकों के अलावा इवो आंद्रिच का उपन्यास *जेको* (1961) तथा रओ शि की एक रचना भी इस खंड में शामिल है। 1972 में सहाय जी ने भारतभूषण अग्रवाल के

साथ हंगारी कहानियों का अनुवाद किया था। '12 हंगारी कहानियाँ' शीर्षक से साहित्य अकादेमी ने यह अनुवाद प्रकाशित भी किया था। उसमें से रैजो कोस्तोलान्यि की कहानी *छुट्टी का दिन* इस खंड में संकलित की गई है। इन अनुवादों से रघुवीर सहाय के अनुवाद की सर्जनात्मकता का सहज ही अहसास हो जाता है। सहाय जी के कुछ अन्य अनुवाद जो काफी बड़े हैं वे पृष्ठ-सीमा के कारण इस खंड में शामिल नहीं किए जा रहे हैं। उनके नाम हैं : *विवेकानंद* (रोम्याँ रोलाँ 1967), *राख और हीरे* (पोल्स्की उपन्यास, येर्जी आंद्रजेयेव्स्की 1978), *द्रीना नदी का पुल* (इवो आंद्रिच, 1985) तथा *रिक्शावाला* (लाओ श, 1988)।

रघुवीर सहाय रचनावली के इन छह खंडों में अपने समय का इतिहास और संवेदनात्मक धड़कनें दर्ज हैं। इनसे गुजरना वर्तमान समाज और उसमें जी रहे लोगों को नए सिरे से समझना है। बेहतर समाज और मनुष्य बनाने की दिशा में रघुवीर सहाय के ये रचनात्मक प्रयास ऐतिहासिक भूमिका अदा करते हैं। इसलिए आनेवाले समय में इनकी प्रासंगिकता बढ़ती ही जाएगी। समता और लोकतांत्रिक अधिकारों के संघर्ष से जुड़ा रघुवीर सहाय का संपूर्ण लेखन समाज को मानवीय तथा मनुष्य को संवेदनशील बनाने की अंतहीन कोशिश है। वे अपने लेखन में लोकतंत्र और आजादी के मूल्यों की बार-बार याद दिलाते हैं जिन्हें हम भूलते जा रहे हैं। समाज में अगर लोकतंत्र, आजादी और मानवीय संवेदना के मूल्यों को बनाए रखना है तो रघुवीर सहाय जैसे अद्वितीय लेखक की रचनाएँ बार-बार पढ़ने और प्रकाशित करते रहने की जरूरत है। यह रचनावली उसी दिशा में उठाया गया एक छोटा-सा कदम है।

रघुवीर सहाय रचनावली के संपादन और प्रकाशन में काफी समय लग गया। 1990 में सहाय जी के निधन के कुछ ही समय बाद मैंने *रघुवीर सहाय रचनावली* पर काम शुरू कर दिया था। लेकिन बीच में अनेक प्रकार की रुकावटें आईं। कुछ निजी परेशानियाँ और कुछ ज़माने का गम! परिणाम हुआ कि रचनावली के संपादन में विलंब होता चला गया। हालाँकि इससे एक लाभ भी हुआ कि उनकी यहाँ-वहाँ बिखरी लगभग सारी रचनाएँ इकट्ठी कर ली गईं जिससे रचनावली में संपूर्णता आ सकी। रघुवीर सहाय अगर जीवित होते तो इस साल वर्ष 1999 में 70 साल के हुए होते। उनकी रचनावली का इस मौके पर निकलना एक सुखद संयोग ही है।

रचनावली के संपादन में जिन विद्वानों, मित्रों और स्वजनों का सहयोग मिला है उसके लिए अत्यंत आभारी हूँ। सहाय जी की पत्नी श्रीमती विमलेश्वरी सहाय ने जिस विश्वास और स्नेह से सहयोग दिया उसे कभी भुलाया नहीं जा सकता। उन्होंने सहाय जी के बारे में नई जानकारियाँ देकर कदम-कदम पर मेरी मदद की। डॉ. नामवर सिंह से अक्सर परामर्श मिलता रहा। उनकी पुस्तक *कविता के नए प्रतिमान* के लेखों ने रघुवीर सहाय के काव्यमर्म के विश्लेषण में महत्त्वपूर्ण भूमिका निभाई है। मैं कहना चाहूँगा कि उनकी इस पुस्तक के केंद्र में मुक्तिबोध ही नहीं रघुवीर सहाय भी हैं। श्री नेमिचंद्र जैन पहले व्यक्ति हैं जिन्होंने *आत्महत्या के विरुद्ध* प्रकाशित होते ही आलोचना में उसकी महत्त्वपूर्ण समीक्षा की थी। रचनावली के लिए उनके व्यावहारिक सुझावों पर मैंने अमल किया। श्री अशोक वाजपेयी ने भी रघुवीर सहाय के काव्य-महत्त्व को बार-बार रेखांकित किया है। रचनावली संपादन के दौरान वाजपेयी जी की सलाह से मैंने लाभ उठाया। डॉ. रामस्वरूप चतुर्वेदी से रघुवीर सहाय पर हुई बहसें महत्त्वपूर्ण रहीं। डॉ. मैनेजर पाण्डेय से भी चर्चाएँ होती रहीं। श्रीमती शीला संधू के राजकमल छोड़ने के बाद मित्र अशोक माहेश्वरी ने राजकमल सँभाला और उन्होंने शीला जी की तरह ही *रघुवीर सहाय रचनावली* स्तरीय ढंग से

निकालने में रुचि और तत्परता दिखाई। उन्होंने मेरी व्यस्त अखबारी जिंदगी से लगातार तालमेल बिठाया। इस कार्य में जिन अन्य मित्रों का महत्त्वपूर्ण सहयोग हासिल हुआ उनके नाम हैं : मंजरी जोशी, हेमासिंह, गौरी सहाय, वसंत सहाय, हेमंत जोशी, वागीश कुमार सिंह, पंकज सिंह, मधुसूदन आनंद, रजनी नागपाल, उषा पाहवा, कंचना तथा उपेंद्र झा। इन विद्वानों और मित्रों ने अनेक स्तरों पर रचनावली को यह रूप देने में मदद की। सब स्नेही जनों को बहुत धन्यवाद।

रचनावली के प्रकाशन के दौरान एक दुःखद घटना यह हुई कि 1998 में इसके प्रूफ-संशोधक श्री गजराज जी अचानक चल बसे। उन्होंने गहरी लगन से अपना काम सँभाल रखा था। उनकी याद आती रहेगी। गजराज जी के बाद श्री जगदीश गुप्ता ने जिम्मेदारी सँभाली और बेहतर ढंग से उसे पूरा किया।

पत्नी डॉ. राधिका शर्मा तथा बेटे तथागत प्रकाश और नवागत प्रकाश ने इस बृहद आयोजन के दौरान लगातार सहयोग किया। इसके लिए सिर्फ आभार व्यक्त करना काफी नहीं है।

नई दिल्ली
1999

—**सुरेश शर्मा**

फिर उन्हीं लोगों से

फिर उन्हीं लोगों से रघुवीर सहाय रचनावली का पहला खंड है। इसमें सहाय जी की सारी कविताएँ संकलित हैं। 1946 की उनकी पहली उपलब्ध कविता से 1990 की अंतिम कविता तक की संपूर्ण काव्य-यात्रा इस खंड में है। अपने समय में रघुवीर सहाय इस संग्रह की अधिकांश कविताओं को लेकर अपने समकालीन लोगों के सामने आ चुके हैं। *रचनावली* के इस खंड में इन कविताओं के अलावा उनकी सैकड़ों असंकलित-अप्रकाशित कविताओं को इकट्ठा करके एकसाथ प्रस्तुत किया जा रहा है। रघुवीर सहाय अपनी ये कविताएँ जिन लोगों को संबोधित कर चुके हैं उन्हें एक बार फिर से ये संपूर्ण रूप से संबोधित हैं। इसके साथ ही उनके बाद के लोगों के लिए भी उनकी कविताओं की यह पुनर्प्रस्तुति उपयोगी साबित होगी; क्योंकि रघुवीर सहाय के समय की विसंगतियाँ आज भी जस की तस मौजूद हैं। सहाय जी 1989 में अपने नए कविता संग्रह का नाम *फिर उन्हीं लोगों से* रखना चाहते थे। इसलिए उनकी संपूर्ण कविताओं को रचनावली के लिए प्रस्तुत करते हुए मुझे लगा कि कविता खंड का नाम *फिर उन्हीं लोगों से* रखना अधिक उपयुक्त रहेगा।

एक सम्मिलित कविता संग्रह तथा एक मिले-जुले कविता संग्रह के अलावा सहाय जी के कुल पाँच कविता संग्रह हैं। उनके नाम हैं : *दूसरा सप्तक* (1951, सम्मिलित कविता संग्रह), *सीढ़ियों पर धूप में* (1960, विभिन्न विधाओं में लिखी रचनाओं का मिला-जुला संग्रह), *आत्महत्या के विरुद्ध* (1967), *हँसो हँसो जल्दी हँसो* (1975), *लोग भूल गए हैं* (1982), *कुछ पते कुछ चिट्ठियाँ* (1989) तथा *एक समय था* (1995)।

रचनावली का कविता खंड संपादित करते हुए पहले योजना थी कि कविताओं का क्रम निर्धारण उसके सर्जन क्रम की दृष्टि से किया जाए। कवि की पहली कविता से शुरू करके उसकी अंतिम कविता तक पहुँचें। इस पद्धति से पहला खंड तैयार भी कर लिया था। लेकिन बाद में लगा कि कवि की सैकड़ों अप्रकाशित और अपरिचित रचनाओं के बीच उसकी परिचित और विख्यात रचनाएँ काव्य के इस बृहद् खंड में कहीं खो गई हैं। एक और गड़बड़ी दिखाई पड़ी। सहाय जी के विभिन्न संग्रह अलग-अलग समय की काव्य-प्रवृत्तियों के बीच अपनी अलग भूमिका निभाते हुए प्रकाशित हुए थे। उनके कविता संग्रह इतने मशहूर रहे हैं कि उनमें शामिल कविताओं को लोग उन संग्रहों के साथ पहचानते रहे हैं। इसलिए मैंने कविता के क्रम निर्धारण के स्वरूप को बदल दिया। काव्य संग्रहों को कालक्रम से जस का तस रहने दिया। फिर बृहद् परिशिष्ट में उनकी आरंभिक रचनाओं को रचनातिथि के क्रम से रखा। इनमें से अधिकांश रचनाएँ अप्रकाशित हैं।

आधुनिक काव्य परिदृश्य में सहाय जी के काव्य संग्रहों की चर्चित भूमिका के कारण रचनावली के भीतर भी उनके अस्तित्व को बचाए रखना जरूरी था। इसलिए उनके कवि-व्यक्तित्व की माँग को देखते हुए रचनावली के अंतर्गत उनकी कविताएँ उनके काव्य संग्रहों के क्रम से संकलित की

गई हैं। 'किसके बाद कौन-सी रचना' के अनुशासन को कुछ भिन्न तरीके से अपनाया गया है। प्रत्येक रचना के बारे में उसके नीचे यथासंभव उपलब्ध जानकारी दे दी गई है। उसकी रचनातिथि, वह कहाँ और कब छपी या प्रसारित हुई, इसका पूरा ब्योरा देने का प्रयास किया गया है। कुछ कविताओं के नीचे रचनातिथि नहीं है। उनके लिखे जाने के समय का अनुमान काव्य संग्रहों के रचनाकाल से लगाया जा सकता है।

रचनावली के इस पहले खंड की शुरुआत *दूसरा सप्तक* की कविताओं से होती है। अज्ञेय द्वारा संपादित सात कवियों के इस संकलन में रघुवीर सहाय सबसे कम उम्र के कवि थे। संग्रह के अन्य कवि थे : शमशेरबहादुर सिंह, भवानीप्रसाद मिश्र, शकुंत माथुर, हरिनारायण व्यास, नरेश मेहता तथा धर्मवीर भारती। शमशेर और भवानीप्रसाद मिश्र के साथ अज्ञेय ने बीसवर्षीय कवि रघुवीर सहाय को निश्चय ही उनकी कविता की ताज़गी के कारण संकलन में शामिल किया था। *दूसरा सप्तक* में रघुवीर सहाय की 1948-49 की कविताएँ संकलित हैं। उन वर्षों में उन्होंने काफ़ी संख्या में कविताएँ लिखीं। लगभग वे सारी कविताएँ इस खंड के परिशिष्ट में शामिल हैं। *दूसरा सप्तक* की कविताओं को उनके इस दौर की प्रतिनिधि रचनाएँ कहा जा सकता है। इन कविताओं में रोमानी प्रेम की अभिव्यक्ति, बौद्धिकता तथा प्रकृति को नए ढंग से देखने की कोशिश है। उन दिनों सहाय जी ने ग़ज़ल और गीत भी काफ़ी लिखे। वे *दूसरा सप्तक* में भी हैं। लेकिन *दूसरा सप्तक* उनकी स्वतंत्र कृति नहीं है, किसी के द्वारा संपादित है, इसलिए मैंने उसमें शामिल उनकी रचनाओं के क्रम में परिवर्तन करने की छूट ली है। मैंने *दूसरा सप्तक* में शामिल रघुवीर सहाय की कविताओं को उसके सर्जन के क्रम से व्यवस्थित कर दिया है ताकि पाठक कवि के विकास के पड़ावों से गुज़र सकें। *दूसरा सप्तक* की कविताओं के साथ प्रकाशित कवि के वक्तव्य के साथ स्वयं उस समय उसका लिखा आत्मपरिचय भी रहने दिया गया है। *दूसरा सप्तक* के बाद के संस्करण में संपादक अज्ञेय ने इस 'परिचय' में अपनी ओर से कवि के आगे के जीवन की घटनाओं को जोड़ा तथा कुछ बातें हटा दीं। रचनावली में पहले संस्करण का आत्मपरिचय ज्यों का त्यों जा रहा है। *दूसरा सप्तक* जब 1951 में छपकर आया तो रघुवीर सहाय *प्रतीक* में स. ही. वात्स्यायन के सहायक बनकर दिल्ली आ चुके थे। सहाय जी ने *दूसरा सप्तक* की प्रति अपने 'बाबूजी' को अर्थात् पिता को 10 सितंबर 1951 को भेंट की। पिता को भेंट की गई प्रति में पहले पृष्ठ पर उन्होंने अपनी कविता *यही मैं हूँ* भी उद्धृत की। यह कविता बाद में कवि ने *सीढ़ियों पर धूप में* संकलित की है। कविता की कुछ पंक्तियाँ हैं : "दुःखी मन में उतर आती है पिता की छवि / अभी तक जिन्हें कष्टों से नहीं निष्कृति / उन्हीं अपने पिता की मैं अनुकृति हूँ ...।" *दूसरा सप्तक* पहली बार *प्रतीक* प्रकाशन माला के अंतर्गत प्रगति प्रकाशन, 14-डी, फ़ीरोज़शाह रोड, नई दिल्ली से प्रकाशित हुआ था। पहले संस्करण का कापीराइट 'संगृहीत कवियों की ओर से प्रतीक प्रकाशन माला द्वारा सुरक्षित' था। *दूसरा सप्तक* का दूसरा संस्करण 1970 में छपा। नए संस्करण का कापीराइट प्रकाशक भारतीय ज्ञानपीठ के नाम हो गया।

रघुवीर सहाय की पहली स्वतंत्र पुस्तक *सीढ़ियों पर धूप में* 1960 में प्रकाशित हुई। इसमें उनकी कहानियाँ, कविताएँ और लेख संकलित हैं। यह पुस्तक सच्चिदानंद वात्स्यायन द्वारा संपादित है। छठे दशक के मध्य में वात्स्यायन ने नए कृतिकारों के स्वतंत्र संग्रह संपादित करने की योजना बनाई थी। सर्वेश्वरदयाल सक्सेना की *काठ की घंटियाँ* उन्होंने इसी योजना के तहत संपादित की थी। *सीढ़ियों पर धूप में* उसी 'नए साहित्य स्रष्टा' योजना में संपादित दूसरी पुस्तक थी। इसे भारतीय ज्ञानपीठ ने छापा था। इस पुस्तक का दूसरा संस्करण 37 साल बाद 1997 में वाणी प्रकाशन से छपा। संपादित पुस्तक होने के कारण *सीढ़ियों पर धूप में* की कविताओं को भी मैंने उसके पुराने क्रम में नहीं रहने दिया है। कवि के विकास के रेखांकन के लिए संकलन की कविताओं को सर्जन वर्ष के क्रम से रखा गया है। संकलन की कविताएँ 1950 से 1959 के बीच से चुनी गई थीं। इन कविताओं में

जीवन को स्वाभाविकता में जीने का आग्रह है। प्रेम और प्रकृति की नई संवेदनाओं को नए रूप में चित्रित करने का प्रयास है। छठे दशक में चलनेवाले 'नई कविता आंदोलन' की कविताओं से ये भिन्न हैं। इनमें मध्यवर्गीय ज़िंदगी के विरोधाभासों का गौरवीकरण नहीं है बल्कि उसकी सीमाओं से बाहर निकलने की छटपटाहट है। यही वह बिंदु है जहाँ से रघुवीर सहाय नई कवितावादियों से अलग होते हैं।

1957 में 'नई कविता' के दौर में ही रघुवीर सहाय ने 'हमारी हिंदी' जैसी नितांत भिन्न मिज़ाज की कविताएँ लिख ली थीं। मिज़ाज का यह नयापन 1959 में लिखी गई 'रचता वृक्ष', 'अभी तक खड़ी स्त्री', 'पत्तों का धुआँ', 'खड़ी स्त्री', 'तेरे कंधे', 'मैदान में' तथा 'प्रार्थनाघर' आदि कविताओं में भी है। ये कविताएँ कवि के अगले संग्रह *आत्महत्या के विरुद्ध* में संकलित हैं। *सीढ़ियों पर धूप में* के संपादक वात्स्यायन की रुचि-भिन्नता के कारण शायद 'हमारी हिंदी' कविता *सीढ़ियों पर धूप में* के अंतर्गत नहीं जा सकी होगी। दूसरा कारण इस कविता को लेकर उठा विवाद भी हो सकता है। कविता में हिंदी को 'दुहाजू की बीवी' कहे जाने पर कुछ 'हिंदीसेवियों' ने हल्ला मचाया था। इसी वजह से उत्तरप्रदेश सरकार ने *युगचेतना* पत्रिका का वह अंक ज़ब्त कर लिया था जिसमें यह कविता छपी थी। *सीढ़ियों पर धूप में* के दौर में सहाय जी की कविताओं में आई इस नई प्रवृत्ति को साठोत्तरी दौर में नया विस्तार मिला। *आत्महत्या के विरुद्ध* संग्रह की 'नेता क्षमा करें' कविता इस विस्तृत फलक की उनकी पहली कविता है। यह *कल्पना* के मई 1963 के अंक में छपी थी। इसमें सहाय जी का नया कविकर्म पहली बार पूरी तरह सामने आता है। इसके बाद के तीन-चार वर्षों में उन्होंने अनेक ऐसी कविताएँ लिखीं जिन्होंने कविता के नए सौंदर्यशास्त्र की ज़रूरत पैदा की। 'आत्महत्या के विरुद्ध' कविता में इस नए काव्य-सौंदर्य की श्रेष्ठतम परिणति देखी जा सकती है। यह कविता *कल्पना* के मई 1967 के अंक में छपी थी। सितंबर 1967 में राजकमल प्रकाशन, दिल्ली से *आत्महत्या के विरुद्ध* संग्रह आया। संग्रह में 1957 से 1967 तक की कविताएँ हैं। संग्रह का दूसरा संस्करण मई 1976 में और तीसरा अगस्त 1985 में छपा। इस संग्रह के पहले दो संस्करणों में कविताओं के क्रम एक-से हैं। लेकिन तीसरे संस्करण में सहाय जी ने कविताओं का पुराना क्रम बदलकर उन्हें नया क्रम दिया। कविताओं की प्रस्तुति को और अधिक प्रभावी बनाने के लिए उन्होंने यह परिवर्तन किया था। रचनावली में तीसरे संस्करण के कविता क्रम को ही रखा गया है। *सीढ़ियों पर धूप में* के बाद *आत्महत्या के विरुद्ध* का संसार एकदम बदल गया है। सहाय जी की कविताओं में इस संकलन की कविताओं से जिस नई प्रवृत्ति को विस्तार मिलता है वह है नई जीवन स्थितियों के बीच नए काव्य विषय की तलाश। वे जब नई जीवन स्थितियों के बीच से नया काव्य विषय लाते हैं तो उनकी भाषा बिलकुल नई होती है। पत्रकार रघुवीर सहाय की दुनिया ख़बरों की दुनिया है। इसलिए जिस दुनिया से वे ख़बरें लाते हैं उनकी कविता भी वहीं घटित होती है। अतः उनकी भाषा को ख़बर की भाषा जैसा पारदर्शी दिखना स्वाभाविक है। इसी तरह उनके काव्य शिल्प में ख़बर का निरावरण शिल्प भी दिख सकता है। रघुवीर सहाय की कविताओं का नया सौंदर्यशास्त्र यही है। इसे खबरों का सौंदर्यशास्त्र भी कह सकते हैं। *आत्महत्या के विरुद्ध* की कविताएँ रघुवीर सहाय के सिर्फ़ अपने अतीत से मुक्ति की कविताएँ नहीं हैं बल्कि पूरी काव्य-परंपरा के यथास्थितिवादी माहौल से मुक्ति की कविताएँ हैं। उनमें 'नई कविता' के बाद 'अकविता' के ध्वंसवादी मूल्य और आत्महत्या की घोषणाओं के विरुद्ध एक ज़िम्मेदार हस्तक्षेप है। यह हस्तक्षेप लोकतांत्रिक जीवन-मूल्यों का पक्षधर है। उनका यह प्रयास अन्य अनेक प्रगतिशील कवियों से जुड़कर उस कविता की पृष्ठभूमि बनता है जिसे आज हम जनसंबद्ध कविता के रूप में जानते हैं।

हँसो हँसो जल्दी हँसो में 1968 से 1974 के बीच की कविताएँ संकलित हैं। 1975 में नेशनल पब्लिशिंग हाउस, दिल्ली से प्रकाशित इस संग्रह के दो संस्करण निकल चुके हैं। *आत्महत्या के विरुद्ध*

में कवि ने जिस संसार की रपट लिखी है, *हँसो हँसो जल्दी हँसो* में उसके काफ़ी अंदर जाने की कोशिश है। अंदर जाकर कवि दहशत से भरी उस दुनिया का चित्रण करता है जिसमें उसे रहना पड़ रहा है। आपातकाल तो 26 जून 1975 को लगा लेकिन सत्ता के द्वारा आम नागरिकों के मौलिक अधिकार छीनने की प्रवृत्ति सातवें दशक के अंतिम वर्षों से ही प्रकट होने लगी थी। रघुवीर सहाय के कवि ने आपातकाल से पहले ही उसकी आहट पहचान ली थी। *हँसो हँसो* ··· की कविताएँ इसका उदाहरण हैं। कविताओं में हमलावर राजसत्ता के शिकार लोगों की हालत का बयान है। कविताओं के अंदर आए लोग—ख़ासकर स्त्रियाँ और बच्चे एक अंतहीन दहशत और आतंक झेल रहे हैं। इन कविताओं में 1975-76 के आपातकाल का पूर्वाभ्यास सहज ही दिखाई दे जाता है। *आत्महत्या के विरुद्ध* की अपेक्षा *हँसो हँसो जल्दी हँसो* में कवि ज़्यादातर बातें अपने हवाले से करता है।

कवि ने *आत्महत्या के विरुद्ध* और *हँसो हँसो जल्दी हँसो* संग्रहों में एक-एक कविता की संगीत स्वरलिपि भी दी है। *आत्महत्या के विरुद्ध* की कविता 'मैदान में' की स्वरलिपि कवि की पत्नी श्रीमती विमलेश्वरी सहाय ने तैयार की थी। *हँसो हँसो जल्दी हँसो* की कविता 'हा हा हा' की स्वरलिपि स्वयं कवि ने तैयार की। ये दोनों स्वरलिपियाँ संबद्ध संग्रह की कविताओं के साथ रचनावली में शामिल हैं। सहाय जी का मानना था कि आधुनिक कविता का संगीत से गहरा रिश्ता है इसलिए उन्होंने अपनी कविताओं की स्वरलिपि भी अपने दो संग्रहों में दी। उनका विश्वास था कि काव्यपाठ की लय और उसकी रचनात्मक प्रस्तुति से संप्रेषणीयता बढ़ जाती है। इसे ध्यान में रखकर उन्होंने 1974 में कविता के रचनात्मक मंचपाठ का कार्यक्रम शुरू किया। उन्होंने ऐसी प्रस्तुति अकेले भी की और समूह के साथ भी। उन्होंने अपने अलावा दूसरों की कविताओं पर भी ऐसे कार्यक्रम आयोजित किए। हिंदी में कविता का रचनात्मक मंचपाठ करनेवाले वे पहले कवि थे।

हँसो हँसो जल्दी हँसो के सात साल बाद 1982 में *लोग भूल गए हैं* संग्रह राजकमल प्रकाशन से छपा। इसका दूसरा संस्करण 1989 में हुआ। *लोग भूल गए हैं* संग्रह में *हँसो हँसो* ··· के संसार की जटिलताओं को और भी सूक्ष्मता से पकड़ने की कोशिश की गई है। कवि अपने निकट की दुनिया के एकदम पास आ गया है। कुछ कविताएँ छंद में भी हैं जो बिलकुल नया शिल्प गढ़ती हैं।

कुछ पते कुछ चिट्ठियाँ कवि के जीवन में प्रकाशित उसका अंतिम संग्रह है। यह संग्रह 1989 में राजकमल से ही प्रकाशित हुआ। इस संग्रह की कविताओं में कवि को जीवन-विरोधी होते समाज में अपनी पराजय का अहसास बार-बार होता है। यह पराजय कवि की अकेली पराजय नहीं है। वह उस पूरे समुदाय का पराजय-बोध है जो सामाजिक विसंगतियाँ ख़त्म करने के लिए संघर्षशील है। लेकिन सहाय जी का यह पराजय-बोध रचनात्मक है। वह साहसहीन नहीं बनाता, बल्कि वर्तमान दौर में पतन का विकल्प हासिल करने के लिए अपने पाठक के मन में गहरी छटपटाहट पैदा करता है।

एक समय था सहाय जी का अंतिम कविता संग्रह है। यह उनके निधन के चार साल बाद 1995 में राजकमल से प्रकाशित हुआ। इसे मैंने ही संकलित-संपादित किया था। रचनावली के लिए सहाय जी की रचनाओं का संकलन करते हुए उनकी नोटबुक और काग़ज़ के छोटे-छोटे पुर्जों पर उनकी सैकड़ों कविताएँ मिलीं। इनमें से अधिकांश उनके नितांत निजी संसार की कविताएँ थीं। बहुत संभव है सहाय जी इनमें से कुछ कविताएँ शायद प्रकाशन के लिए नहीं देते। लेकिन मुझे लगा कि ऐसी कविताओं से सहाय जी के कवि-व्यक्तित्व का एक और रूप सामने आता है। इसलिए ऐसी सब कविताओं का एक संग्रह बनाया गया—*एक समय था*, शायद कुछ इस भावना से भी कि अब कवि नहीं है तो उसकी सब रचनाएँ अमूल्य धरोहर की तरह बचा ली जाएँ। इस संग्रह की कविताओं में सहाय जी का परिचित काव्य-संसार तो है ही, इसके अलावा एक अलग दुनिया भी है जिसे हम उनकी कविताओं में देखने के आदी नहीं रहे हैं। सहाय जी की इस नितांत निजी दुनिया में अपनी ही मृत्यु का गहरा

अहसास और जीवन के बीत जाने की अनुभूति है। वे जीवन के अंतिम दौर में पत्नी और उसके अकेलेपन को नए सिरे से समझना चाहते हैं। बीते हुए सहजीवन का मूल्यांकन करते हैं ···।

इस अंतिम संग्रह के बाद कुछ ऐसी अद्यतन कविताएँ दी गई हैं जो इस संकलन के प्रकाशन के बाद प्राप्त हुईं। इन कविताओं के काव्य-विषय और शिल्प में ताज़गी है।

इन कविताओं के पश्चात् परिशिष्ट के चार हिस्से हैं। परिशिष्ट-1 में सहाय जी की प्रारंभिक कविताओं का अप्रकाशित संग्रह *यह दुनिया बहुत बड़ी है, जीवन लंबा है* संकलित है। इसमें 1946 से 1960 तक की कविताएँ हैं। सहाय जी के निर्देशन में मैंने यह संकलन 1982-83 में बनाया था। उन्होंने अपनी प्रारंभिक कविताओं के संग्रह का स्वयं ही यह नाम रखा था। संग्रह की 'अनिवार्यता' को लेकर भूमिका भी लिखी थी। यह संग्रह कवि कमलेश अपने प्रकाशन से छापना चाहते थे। उन्होंने संभवतः कविताओं के ब्रोमाइड भी तैयार करा लिए थे, लेकिन अंततः पुस्तक प्रकाशित होने से रह गई। रचनावली में इस अप्रकाशित संग्रह को शामिल करते हुए इसका विस्तार किया गया है। सहाय जी की दर्जनों आरंभिक कविताएँ मुझे रचनावली के संपादन के दौरान मिलीं। वे सब रचनाएँ मैंने इस संग्रह में शामिल कर ली हैं। इस दौर की काफ़ी कविताएँ *दूसरा सप्तक* और *सीढ़ियों पर धूप में* के अंतर्गत पहले ही संकलित हो चुकी हैं। वे कविताएँ इस संग्रह में शामिल नहीं हैं। *यह दुनिया बहुत बड़ी है* ··· की कविताएँ सहाय जी की तीन प्रारंभिक डायरियों, पुराने कागज़ों तथा तत्कालीन पत्र-पत्रिकाओं से हासिल हुईं। सहाय जी की आरंभिक डायरियों से उनके तत्कालीन मानस का अच्छा परिचय मिलता है। कविता लिखने के शुरुआती दिनों में उन पर एक हद तक छायावाद और सबसे अधिक बच्चन का प्रभाव था। कवि की दो आरंभिक डायरियों के ऊपर अलंकृत अक्षरों में लिखा है 'नक्षत्र'। जिल्द पलटते ही लगता है कवि ने इन दोनों डायरियों में अपनी तत्कालीन कविताएँ इकट्ठी करके काव्य संकलन की पांडुलिपि बनाने की कोशिश की है। पहली डायरी की जिल्द पटसन के कोमल धागों से बुनी है। उसमें 22 अगस्त 1946 से 22 अगस्त 1948 तथा उससे कुछ आगे की कविताएँ संकलित हैं। कवि ने इस संकलन का नाम *गीत भारती* रखा है। दूसरी तरफ़ लिखा है 'गेय भावना सत्य साधना'; जैसे यही उस समय कवि का काव्यादर्श हो। पहले पृष्ठ पर ही कवि ने अपनी ओर से चार पंक्तियाँ लिखी हैं :

किसकी विमल रश्मियों से हुआ आज ज्योतित तिमिर पंथ
किसके धवल हास्य में छिप गया आज दिन का करुण अंत
किसकी सजल दृष्टि से तर गया आज जीवन निशा का
हुई मुक्त मन की नई ज्योति सर्वत्र — नक्षत्र नक्षत्र।

दूसरी डायरी में 7 अक्टूबर 1946 से 18 अगस्त 1948 तक की कविताएँ संकलित हैं। कवि ने इस संकलन का शीर्षक दिया है 'सपने और सवेरा'। संकलन के पहले पन्ने पर कवि ने जो चार पंक्तियाँ लिखी हैं उनमें पहले संकलन से काफ़ी फ़र्क आ गया है। व्यक्तिगत रोमानी भाव की जगह सामाजिक चिंताओं ने ले ली है। कवि उन्हीं दिनों प्रगतिशील लेखक संघ में शामिल हुआ था। ये पंक्तियाँ कवि की तेज़ी से विकसित होती जीवनदृष्टि का परिचायक हैं :

ओले गिरें पड़े खेतिहर की खड़ी फ़सल पर पाला
पड़े सुनहले जल से भीगे खलिहानों में सूखा
नहीं थका है नहीं थकेगा मिहनत करनेवाला
नहीं रहा है नहीं रहेगा हिम्मतवाला भूखा।

लेकिन उन दिनों कवि की चेतना पर बच्चन इतना अधिक छाए हुए थे कि दोनों ही डायरियों के

पहले पन्ने पर बच्चन की ये चार पंक्तियाँ भी दर्ज हैं :

जग समझ पाया नहीं मेरी व्यथा
व्यर्थ ही मैंने हृदय अपना मथा
सूखने पर शेष क्या रह जाएगा
आँसुओं से है लिखी मेरी कथा!

बच्चन के तौर-तरीक़ों से सत्रहवर्षीय किशोर कवि रघुवीर सहाय का मन उन दिनों गहरे अनुप्रेरित था। इसीलिए पहली डायरी में बच्चन की इन पंक्तियों के नीचे उनके विख्यात हस्ताक्षर की नकल करने में उसने पूरी सफलता पाई है। बच्चन की प्रेरणा को उसने दूसरे *सप्तक* के वक्तव्य में स्वीकार भी किया : "एक बार बच्चन की कविताएँ पढ़ीं और उनकी वेदना से मेरा कंठ फूटा।" किशोर कवि में नए काव्य का आत्मविश्वास गिरिजाकुमार माथुर के माध्यम से आया : "कुछ समय बाद माथुर के सफल और असफल रंगों ने मुझे थोड़ी-बहुत अपनी सामर्थ्य का बोध कराया ... और मैंने सजग होकर लिखने की कोशिश की" *(दूसरा सप्तक)* ।

सहाय जी की दूसरी डायरी 'सपने और सवेरा' मुझे पहले मिली थी। उसकी पहली कविता है 'कामना'। यह 7 अक्टूबर 1946 को लिखी गई थी। मैंने 1981 में प्रकाशित अपनी पुस्तक *रघुवीर सहाय का कविकर्म* में इसे ही कवि की पहली उपलब्ध कविता के रूप में परिशिष्ट के अंतर्गत छापा था। लेकिन कुछ साल बाद मुझे कवि की पहली डायरी 'गीत भारती' मिली जिसकी पहली कविता 'अंत का प्रारंभ' है। यह कविता 22 अगस्त 1946 को 'कामना' से दो महीने पहले लिखी गई है। इसलिए सहाय जी की पहली उपलब्ध कविता 'कामना' नहीं, 'अंत का प्रारंभ' है। इस कविता से ही *यह दुनिया बहुत बड़ी है ...* संग्रह शुरू होता है। इससे पहले की उनकी एक और बिलकुल आरंभिक कविता का उल्लेख मिलता है। इस कविता का शीर्षक है : 'दसमी का मेला'। यह कविता 6 दिसंबर 1946 को लखनऊ रेडियो से प्रसारित हुई। *बाल सखा* पत्रिका में यह दिसंबर 1947 में छपी। यह कविता उपलब्ध नहीं हो सकी। संभवतः इन्हीं दिनों सहाय जी ने शिवाजी पर एक लंबी कविता लिखी थी जिसका 'रिकार्ड' भी बना था। यह आरंभिक कृति भी उपलब्ध नहीं हो सकी है। लेकिन उनके द्वारा सबसे पहली कविता लिखने का दिलचस्प वृत्तांत तो उनकी माँ और धर्मपत्नी से मालूम हुआ। उनकी दूसरी माँ ने बताया कि सहाय जी बचपन में बेहद आज़ाद तबीयत के थे। लखनऊ में जहाँ सहाय जी का पैतृक घर है उसके पीछे एक अख़्तर मियाँ रहते थे। आँखों में सुरमा डाले, लंबे और गोरेचिट्टे अख़्तर मियाँ! उन्होंने शादी नहीं की थी। कई तोते पाल रखे थे। माँ ने बताया कि बचपन में रघुवीर सहाय को इन सुंदर तोतों का पिंजरे में बंद रखा जाना अखरता था। नौ वर्ष के रघुवीर सहाय ने इन तोतों की क़ैद पर चार पंक्तियाँ लिखीं। यह उनकी पहली कविता थी। घर के लोगों को अहसास हुआ कि इस लड़के में विशेष क्षमता है। सहाय जी की पत्नी विमलेश्वरी जी ने बताया कि नुकीली नाकवाले अख़्तर मियाँ सन् 1957 के बाद भी ज़िंदा थे। तब भी उनके पिंजड़े में अनेक तोते थे।

तीसरी डायरी में अपेक्षया प्रौढ़ कविताएँ हैं। यह डायरी छठे दशक के पूर्वार्द्ध की है। इसकी अनेक कविताएँ कवि ने *सीढ़ियों पर धूप में* के अंतर्गत शामिल की थीं। इस डायरी की शेष कविताएँ *यह दुनिया बहुत बड़ी है* संग्रह में ले ली गई हैं। इस संग्रह की कविताओं में रोमानीपन के साथ ही यथार्थ से रिश्ता बनाने के कवि के प्रयत्नों को आसानी से देखा जा सकता है। इनमें से अधिकांश रचनाएँ तो महज काव्याभ्यास भर हैं। लेकिन ऐसी सब रचनाओं को इसलिए संकलित कर दिया गया ताकि देखा जा सके कि किन रास्तों से गुज़रते हुए रघुवीर सहाय कविता के शिखर तक पहुँचे।

परिशिष्ट-2 में 'हंसा का गीत' है। इसे सहाय जी ने 1979 में कुमार शाहनी की फिल्म 'तरंग' के लिए लिखा था। परिशिष्ट-3 में उनका एक आरंभिक रेडियो काव्यरूपक 'ऋतु संगीत' संकलित है। इसकी मूल पांडुलिपि पर उन्होंने कुछ प्रसारण संकेत भी दिए हैं। 'ऋतु संगीत' की स्क्रिप्ट के बिलकुल ऊपर लिखा है : 'ड्यूरेशन 15 मिनट'। इस रूपक का गद्य तो हिंदी में है लेकिन कविता अवधी में। सहाय जी की मातृभाषा अवधी थी। इस रूपक के काव्य में सहाय जी की अवधी का स्वाद लिया जा सकता है। रचना में विभिन्न ऋतुओं से वनदेवी के राग और विछोह का मार्मिक चित्रण है।

परिशिष्ट-4 में उनकी यह मौलिक अंग्रेज़ी कविता 'सेवन ओ'क्लाक' दी गई है जो 1947 में लिखी गई थी।

रघुवीर सहाय की लगभग साढ़े चार दशक की काव्य-यात्रा को समेटते हुए बार-बार यह अहसास होता रहा कि उनका जीवन बेशक लंबा न रहा हो लेकिन उनकी दुनिया बहुत बड़ी है। उसे बार-बार लोगों के सामने प्रस्तुत करते रहने की ज़रूरत है ताकि समाज में सबके लिए आज़ादी और समता हासिल करने की इच्छा बची रहे।

—सुरेश शर्मा

क्रम

दूसरा सप्तक
[1947-'49]

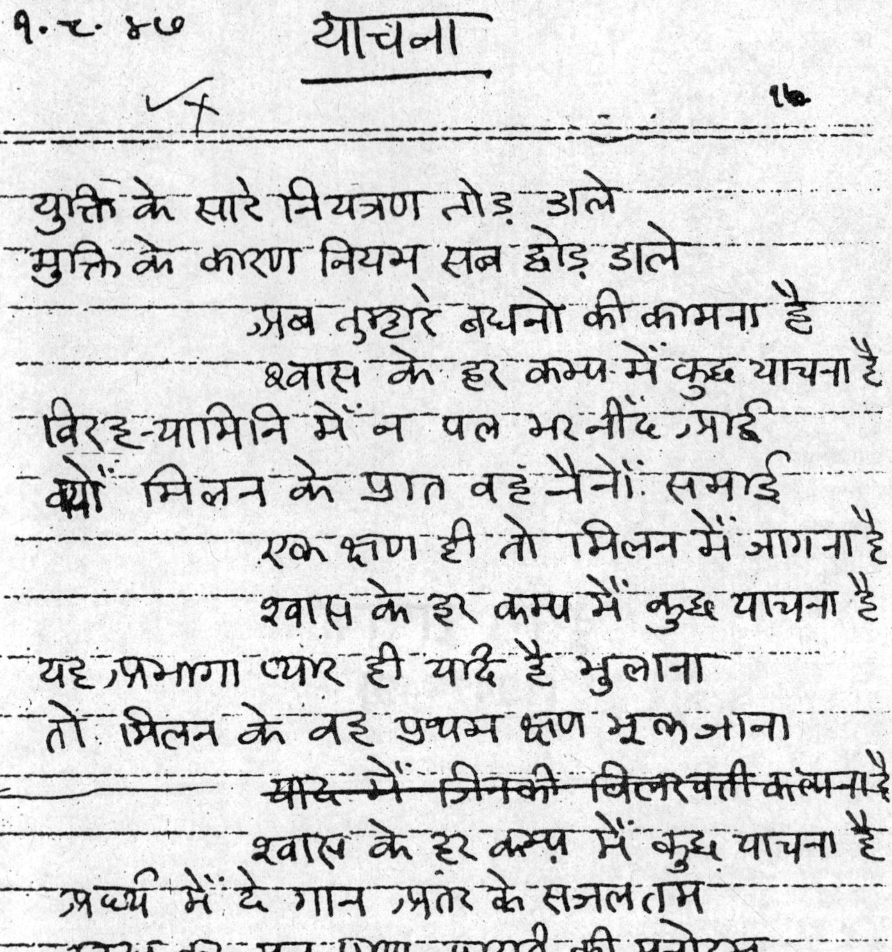
१.८.४७ याचना

१६

युक्ति के सारे नियंत्रण तोड़ डाले
मुक्ति के कारण नियम सब छोड़ डाले
अब तुम्हारे बंधनों की कामना है
श्वास के हर कम्प में कुछ याचना है
विरह-यामिनि में न पल भर नींद आई
क्यों मिलन के प्रात वह नैनों समाई
एक क्षण ही तो मिलन में जागना है
श्वास के हर कम्प में कुछ याचना है
यह अभागा प्यार ही यदि है भुलाना
तो मिलन के वह प्रथम क्षण भूल जाना
~~याद में जिनकी बिलखती कल्पना है~~
श्वास के हर कम्प में कुछ याचना है
अर्घ्य में दे गान अंतर के सजलतम
दग्ध कर मन प्राण आरती की मनोरम
व्यर्थ फिर भी जा रही आराधना है।
श्वास के हर कम्प में कुछ याचना है।

कवि की हस्तलिपि में 'दूसरा सप्तक' की एक कविता

परिचय

अपने बारे में

जन्म—लखनऊ, 9 दिसंबर 1926। पिताजी स्कूल मास्टर थे और हैं; परिवार—सामान्य मध्यवर्गीय, जिसमें सरकारी, आर्यसमाजी और कांग्रेसी प्रभावों के अंदर लोग मज़े-मज़े चलते रहे। बहुत समय तक इकलौता लड़का रहने के कारण पिताजी की धर्मभीरुता, सादगी और सहृदयता का मुझ पर गहरा असर पड़ा। यह मैं नहीं कह सकता कि कला के लिए अपनी रुचि मैंने किस एक व्यक्ति से पाई, मगर यह शायद सच हो कि पिताजी की सादगी से मैंने कला की प्रेरणा ली हो।

पढ़ने-लिखने में साधारण प्रतिभा दिखला सका। फ़र्स्टक्लास केवल एक बार आठवें दर्जे में आया, और थर्डक्लास केवल एक बार बी.ए. में। एम.ए. पिछले वर्ष में ज़रूरी हाज़िरी न भर सकने के कारण परीक्षा में बैठने नहीं दिया गया। यह 1949 में; तथा इसके पहले 1937 में पिता का दूसरा विवाह, और इसके बाद 1950 में जीविका की खोज में इलाहाबाद आना मेरे जीवन की फिलहाल बड़ी-बड़ी घटनाएँ हैं। एम.ए. में पढ़ते रहने के साथ 'नवजीवन' हिंदी दैनिक में उप-संपादक की हैसियत से कुछ समय तक काम किया, आजकल वह करता हूँ जिसे फ्री-लांसिंग कहते हैं।

संगीत, फ़ोटोग्राफ़ी और कॉफ़ी पीने का शौक है। चुने-चुने फ़िल्म देखता हूँ। एक बार मुझे और अपने बारे में पसंद है, वह यह कि हँसता काफ़ी से कुछ ज्यादा हूँ और कभी-कभी हँसा भी देता हूँ। तेज़ सवारियों पर बैठने और उन्हें खुद चलाने की तबीयत होती है। दोस्त बहुत से हैं मगर एक भी नहीं। और हाँ, चिट्ठियाँ बहुत लिखता हूँ।

वक्तव्य

कविता की जड़ें यथार्थ में होती हैं

ये कविताएँ 1947 से 1949 तक की रचनाओं में से संकलित हैं। मैंने 1947 में एक बार 'बच्चन' की कविताएँ पढ़ीं और उनकी वेदना से मेरा कंठ फूटा। तभी से लिखना आरम्भ किया। कुछ समय बाद माथुर के कुछ सफल रंगों ने मुझे अपनी थोड़ी बहुत सामर्थ्य का बोध कराया और मैंने अपनी कला के प्रति सजग होकर लिखने की कोशिश की।

पन्त और 'निराला' का अगर असर हुआ तो बहुत टेढ़े तरीके से। अन्य आधुनिक कवियों में 'अज्ञेय' और शमशेरबहादुर ने—जिनकी बौद्धिक आत्मानुभूति और बोधगम्य दुरूहता किसी हद तक एक ही-सा प्रभाव डालती हैं—मुझे अपनी आगामी रचनाओं के लिए काफ़ी तैयार किया है।

कोशिश तो यही रही है कि सामाजिक यथार्थ के प्रति अधिक से अधिक जागरूक रहा जाय और वैज्ञानिक तरीके से समाज को समझा जाय। वास्तविकताओं की ओर ऐसा ही दृष्टिकोण रहना

चाहिए और यही जीवन को स्वस्थ बनाए रख सकता था। शमशेरबहादुर का यह कहना मुझे बराबर याद रहेगा कि ज़िंदगी में तीन चीज़ों की बड़ी जरूरत है : आक्सीजन, मार्क्सवाद और अपनी वह शक्ल जो हम जनता में देखते हैं।

मगर मार्क्सवाद को कविता पर गिलाफ़ की तरह चढ़ाया नहीं जा सकता। उसके लिए मध्यवर्गीय, धोखा खाते रहनेवाले दुलमुल यकीन को, अपनी बौद्धिक चेतना को जागरूक रखना पड़ेगा और बराबर जागरूक रहकर एक दृष्टिकोण बनाना होगा। यह दृष्टिकोण सामाजिक, वास्तविक, साम्यवादी और इसलिए सही और स्वस्थ होगा। तभी कविता में जान और माने पैदा होंगे।

मैंने अपनी कविता के इस चरण तक पहुँचते-पहुँचते शैली में ताल और गति के कुछ प्रयोग कर पाये हैं। ताल को साधारण बोलचाल की ताल के जैसा बनाने में कुछ कविताओं में, जैसे 'अनिश्चय' और 'मुँह अँधेरे' तथा 'दुर्घटना' में, थोड़ी बहुत सफलता मिली है। हालाँकि उस कोशिश में भी कहीं-कहीं उर्दू की गति की बँधी हुई शैली का सहारा लेना पड़ा है। भाषा को भी साधारण बोलचाल की भाषा के निकट लाने की कोशिश रही है, मगर उसमें भी कहीं-कहीं भाषा की फ़िज़ूलखर्ची करनी पड़ी है। बहरहाल इस तरह की कोशिशें विचारवस्तु के दिल और दिमाग में उतरने के तरीके पर निर्भर रहेंगी और ज़रूरी है कि हम अपनी अनुभूति को उसी प्रकार सुधारें, ताकि कविता भी वैसी ही जानदार हो सके जैसी कि वे वास्तविकताएँ जिनसे हम कविता की प्रेरणा लेते हैं। विचारवस्तु का कविता में खून की तरह दौड़ते रहना कविता को जीवन और शक्ति देता है, और यह तभी सम्भव है जब हमारी कविता की जड़ें यथार्थ में हों।

[1947. *दूसरा सप्तक* (1951) में कविताओं से पूर्व कवि का परिचय और वक्तव्य]

याचना

युक्ति के सारे नियंत्रण तोड़ डाले,
मुक्ति के कारण नियम सब छोड़ डाले,
अब तुम्हारे बंधनों की कामना है।

विरह यामिनी में न पल भर नींद आई
क्यों मिलन के प्रात वह नैनों समाई
एक क्षण ही तो मिलन में जागना है।

यह अभागा प्यार ही यदि है भुलाना
तो विरह के वह कठिन क्षण भूल जाना
हाय जिनका भूलना मुझको मना है।

मुक्त हो उच्छ्वास अम्बर मापता है,
तारकों के पास जा कुछ काँपता है,
श्वास के हर कम्प में कुछ याचना है।

[रचना तिथि : 1. 8. 47. *नया कदम* (जनवरी 1948) में प्रकाशित]

ग़ज़ल

खोल दो अब द्वार प्रेयसि, प्रात का
मुक्त हो बंदी अभागिन रात का।

जानता हूँ किसलिए बिखरा तिमिर
क्योंकि खिलता था हृदय जलजात का।

तप्त है ज्वर से उजाले का बदन
उष्ण है संस्पर्श तेरे गात का।

प्रीत की वह रीत पिछली भूल जा
यह नहीं अवसर निठुर आघात का।

कौन कहता है कहानी प्यार की,
यह तुम्हें उत्तर तुम्हारी बात का।

[27. 9. 47. *यामा* (जनवरी 1948) में प्रकाशित]

वसंत

पतझर के बिखरे पत्तों पर चल, आया मधुमास
बहुत दूर से आया साजन, दौड़ा दौड़ा
थकी हुई, छोटी छोटी साँसों की, कम्पित,
पास चली आती हैं ध्वनियाँ
आती उड़ कर गंध बोझ से थकती हुई सुवास
पतझर के पीले पत्तों पर चल, आया मधुमास।

वन की रानी, हरियाली सा भोला अंतर,
सरसों के फूलों सी जिसकी खिली जवानी,
पकी फसल सा गदराया, गरुआ जिसका तन,
अपने प्रिय को आता देख लजाई जाती।
गरम गुलाबी शरमाहट सा हलका जाड़ा
स्निग्ध गेहुएँ गालों पर कानों तक चढ़ती
लाली जैसी फैल रहा है।
हिलीं सुनहली सुघर बालियाँ—
उत्सुकता से सिहरा जाता बदन
कि इतने निकट प्राण धन!
नवल कोपलों से रस गीले होंठ खुले हैं
मधु पराग की अधिकाई से कंठ रुँधा है
तड़प रही है वर्ष वर्ष पर मिलने की अभिलाष,
पतझड़ के बिखरे पत्तों पर चल, आया मधुमास!

उजड़ी डालों के अस्थिजाल से छन कर भू पर गिरी धूप
लहलही फुनगियों के छत्रों पर ठहर गई अब
हरा रुपहला बन कर; जादू ऐसा।
नीड़ बसे पंछी को लगनेवाला, टोना।
मधुरस उफना उफना कर आमों के बिरवों में बौराया
उमँग उमँग उत्कट उत्कंठा मन की, पिक स्वर बन कर चहकी
अंगड़ाई सुषमा की बाहों ने सारा जग भेंट लिया
गउझर फूलों की झुकी बेल—

महमह, चम्पा के एक फूल से विपिन हुआ।
सौरभ के आलिंगन में झुक सा आया स्वर्गाकाश
पतझर के बिखरे पत्तों पर चल, आया मधुमास!

यह रंग, उमंग, उत्साह, सृजनमयि प्रकृतिप्रिया का,
चिकना ताजा सफल प्यार फल और फूल का,
यह जीवन पर गर्व कि जिससे कलि इतराई,
जीवन का सुख भार कि जिससे अलि अलसाया,
तुहिन विंदु-सजलानुराग,
यह रंग विरंग सेंदुर सुहाग
जन पथ के तीर तीर छिटके।
जन जन के जीवन में ऐसे
मिल जाए जैसे नई दुल्हन से पहली बार सजन
मिलते हैं।
सब ऋतुओं का सुख खिंच आए इस फागुन के पास
सरस फ़लों की मीठी आशाओं की उड़े सुवास
नव आशाओं का मानव को बासंती उपहार,
मिले, प्यार में सदा जीत हो नहीं कभी हो हार
जिनको प्यार नहीं मिल पाया उन्हें फले मधुमास,
पतझर के बिखरे पत्तों पर चल, आया मधुमास।

[12. 2. 48. इसी वर्ष *रक्ताभ* (मार्च) में प्रकाशित। 5 फरवरी 1949 को कवि ने इसे लखनऊ रेडियो से पढ़ा।]

प्रभाती

आया प्रभात
चन्दा जग से कर चुका बात
गिन-गिन जिनको थी कटी किसी की दीर्घ रात
अनगिन किरणों की भीड़भाड़ में भूल गये
पथ, और खो गये, वे तारे।

अब स्वप्नलोक
के वे अविकल शीतल, अशोक
पल जो अब तक थे फैल-फैल कर रहे रोक
गतिवान समय की तेज़ चाल
अपने जीवन की क्षण-भंगुरता से हारे।

जागे जन-जन,

ज्योतिर्मय हो दिन का क्षण-क्षण
ओ स्वप्नप्रिये, उन्मीलित कर दे आलिंगन।
इस गरम सुबह, तपती दुपहर
में निकल पड़े
श्रमजीवी, धरती के प्यारे।

[5. 3. 48. इसी वर्ष *रंगभूमि* (जुलाई) में प्रकाशित]

सायंकाल

खिंचा चला जाता है दिन का सोने का रथ
ऊँची नीची भूमि पार कर
अब दिन डूब रहा है जैसे
कोई अपनी बीती बातें भुला रहा हो,
परती पर की दूब घास में अरझ-अरझ कर
उजले उजले अनबोए खेतों से होकर
धूप अनमनी सी वापस लौटी जाती है।

दूर क्षितिज पर महुओं की दीवार खड़ी है
जिस पर चढ़ कर सूरज का शैतान छोकरा
झाँक रहा है
चौड़े चिकने पत्तों की ललछौर फुनगियों को सरका कर
नीड़ों में फिर लौटी मँडराती पिड़कुलियाँ
निकल निकल जाती हैं उसके चपल करों से
अब छायाएँ दौड़ गई हैं लम्बी लम्बी
फैल गया गोरी धरती पर झिंझरा, झिंझरा
चाँदी के काँटों वाला बाँका बबूल
निर्जल मेघों की हलकी छायाओं जैसा
है खड़ा हुआ तन कर खजूर
छाया का बोझ फेंक दूर निज मस्तक से
हाटों से लौट रहे हैं जन
फैले फैले मैदानों में बहने वाली, लग रहीं हवाएँ उनके चौड़े सीनों से
उनके कंधों की लठिया जैसे सोने की
आगे आगे गोरू जिनकी चिकनी पीठों
पर साँझ बिछल कर चमक रही।
लो होता श्रम का समय शेष
अब शीतल जल की चिंता में

लगती बहुओं की भीड़ कुएँ पर
मंजी गगरियों पर से किरणें घूम घूम
छिपती जातीं पनिहारिन के साँवल हाथों की चुड़ियों में।

धीरे धीरे झुकता जाता है शरमाए नयनों सा दिन
छाया की पलकों के नीचे
लो डूब गया आलोक धवल
अंबर में सातों रंग छोड़
वे रुके हुए ऊदे मेघों की बाहों में
है श्याम धरा, रंगीन गगन।
हो गई साँझ,
सो रहा सत्य, जग रहे सपन।

[10. 7. 48. *प्रतीक* (मार्च 1949) में प्रकाशित। कवि ने अपनी डायरी में कविता के हाशिए पर लिखा है : 'अपने गाँव में, चौपाल में चारपाई पर पड़े-पड़े'।]

पहला पानी

बिजली चमकी
सुरपति के इस लघु इंगित पर
लो यहाँ जामुनी बादल नभ में ठहर गए
आशीष दे रहे हाथों से।

धीरे धीरे पूरब से आती हुई हवा
चारों दिशियों में गई फैल
ढक गये शीत से चौड़े चौड़े खेत, हार,
धरती-परती-घर-गलियारे सब जुड़ा गये
धीरे धीरे संध्या की सी बदरी छाई
दुपहर जल से गरुई हो कर कुछ झुक आई
आलोक गल गया अम्बर में
लो सहसा झर झर कर पहला झोंका
आया
हम बढ़े घरों की ओर तनिक जल्दी,
जल्दी,
दौड़े,
दौड़े,
दो गोरे गोरे बलगर बैलों की गोंई

हो गई ठुमक कर खड़ी पकरिया के नीचे
उड़ गई चहक कर नीबी की
सबसे ऊँची
फुनगी पर बैठी गौरैया
फैली चुनरिया अटरिया चढ़ लाई उतार
जल्दी जल्दी घाँघर समेट घर की युवती

खुल कर बरसा पहला पानी,
इन धुले धुले बिरवों के नीचे से हो कर
बह चली गाँव की गैल-गैल,
कच्ची मिट्टी की सुघर गेहुँई दीवारें
मन ही मन भीगीं,
छवनी छप्पर नत शिर
धारण करते जल
लम्बे लम्बे जनपथ पर रहकल की टेढ़ी-मेढ़ी लीकें
धुलती जातीं
फिर मिट्टी में जीवन की आशा जागी है,
गलते हैं दकियानूसी मिट्टी के ढेले
पिछली फसलों की गिरी पड़ रही हैं मेड़ें
सारे अनबोए खेतों की उजली धरती
अब एक हुई स्वीकार कर रही हैं नव जल
गुरु आज्ञा सा,
जितनी बूँदें,
उतने जौ के दाने होंगे,
इस आज्ञा में चुपचाप गाँव यह
चौपालों बँगलों में बैठे भीग रहा है खड़े खड़े
चौपालों बँगलों में बैठे
जन देख रहे जल का गिरना
चिड़िया चुनगुन से टुकुर टुकुर।

[17. 7. 48. कवि ने डायरी में कविता के हाशिए पर लिखा है : 'गाँव में पहले दौंगरे के तुरंत बाद।' इसी वर्ष *विश्ववाणी* (जुलाई) में प्रकाशित। 16 जुलाई को आकाशवाणी लखनऊ से 'मेघोत्सव' में पठित।]

मुँह अँधेरे

किसी दिन जाग के संयोग से मैं चिड़ियों के संग,
गर्म बिस्तर से तनिक उठ के

वातायन के बाहर देखता हूँ—
निःस्व है जग, तूफान आने के प्रथम सागर सा।
रसोईघर से निकलती हुई बिल्लियों की आँखें!
धीरे धीरे पुतलियाँ उनकी सिकुड़ती हैं,
छायाचित्र के एक दृश्य जैसा
चाँद सुबह का, होता जाता है उदास
सूखते फूल में जैसे अन्तिम सौरभ,
पृथ्वी पर मँडराता है ऐसे मन्द पवन।
बज उठती है कहीं पास अलारम की कर्कशा घंटी।
सुबह के चार बजे, शेष हैं विश्राम के पल,
सोती सड़कों को जगाते हैं नदी-स्नान को जानेवाले,
अस्फुट शब्दों के भजन झूलते हैं चलने के संग,
उषा के शीतल रोमांच के संग काँपते हैं।
छापेखानों से चल दिया होगा अखबार;
ठेलों की खड़खड़ाहट, दूधवालों के खनकते बरतन
जल्दी चलते हुए चप्पल के हकलाने के से
शब्द, पास आते हैं और दूर चले जाते हैं।
आने दो याद हमें अपने कारखानों की,
दिन शुरू होगा जिस पर कि बस किसी का नहीं,
रात को रोक नहीं सकती हैं मीठी नींदें,
होती जाती है जुन्हाई एक कोरा काग़ज़,
स्वच्छ अंधकार का जल, बैठता जाता है,
धरित्री की शिला,
स्वप्नों से भीगी, उठी आती है ऊपर, और ऊपर।

[21. 10. 48]

एकोऽहं बहुस्याम्

मैं, तुम, यह, वह—
मन के चारो कोने—
और व्यक्ति की ये सीमाएँ—
कब टूटेंगी?—
जब तुम होगी मुझ से दूर—
यह भी अपना
वह भी अपना
होगा—

मैं अपने वश में होऊँगा—
तब—
तथास्तु !

[1948]

अनिश्चय

जान पड़ता है वह दिन आ गया है
आज ही का दिन वह अवसर है
वह देर से आया हुआ अवसर उपयुक्त
वह एक बात कहने का, कोलाहल से भरी सड़कों पर
(एक वह बात) जिसे, सावधान चलते हुए
जगमगाते बाज़ारों में तनिक अपने को देख
कारखाने में झुके करघे पर,
अथवा फीकी छत या गगन में गर्म आँखों को गड़ा
निष्प्रयोजन कभी मुस्का के स्वतः,
किसी की बात सुनी-अनसुनी कर के
कभी अपने नाखूनों का यों ही चमकाते हुए
(एक वह बात) जिसे मैंने याद रक्खा है।
दुनिया अपनी तिरछी कीली पे घूमती रही है
एक के बाद एक, ऊँची-नीचा धरती पर उजले दिन
मैली रातें, गई हैं बीत, लुढ़कती हुई, शोर करती हुई।
जैसे रेलगाड़ी के निकल जाने पे तकवाहा किसान
खेत के तीर मड़ैया में तनिक घूम
एक क्षण नैचे की निगाली का बाये हुए मुँह से हटा
उसको देखता है ऐसे
मैंने देखा है उन्हें, धूप में बैठे-बैठे।
जब कभी पीछे से कन्धे पे हाथ रख के मेरे
चौंका कर मुझको निमन्त्रण देने आया है अतीत
अपने पुरखों के इस अतीत की धुएँ
जैसी लपकती हुई परछाइयों को
दोनों हाथों से उड़ा कर के, मुँह से फूँक,
सदा रक्खा है दूर।
जब कभी आगामी बातों का तनिक भास हुआ
पर-पुरुष से जैसे नवयौवना लज्जावती
नयन हटा लेती है जल्दी—

किया है घबरा के खुद अपना निरीक्षण मैंने
और कभी जब कभी गौरैया-सा मन
घर के आँगन में खेलने का हुआ
मैंने थामा है उसे कह के बचपना न करो,
बाग में धूप खाते-खाते जैसे मैं गरमा कर
उठके छाया में बरम्दे की चला आया हूँ
अपने में लौट गया था मेरा मन ऐसे ही।
पर इसका अर्थ नहीं मैं सदा निष्क्रिय ही रहा
मैंने तो चिन्तना की तपश्चर्या में गला डाला हृदय
ताज्जुब, मैंने सदा सोचा हृदय में, अपने माथे में नहीं
मेरे अंगों ने सोचा, खून ने मेरे सोचा
किन्तु क्यों!
जब कभी मेरे विचारों ने बाहर आना चाहा
जैसे सहमा हुआ खरगोश, उठता है झाड़ियों से
नन्हें सिर को तनिक—
चूके निशाने का देखें धुआँ कम हुआ या नहीं—
ऐसे जब मेरे विचारों नें कुछ समझना चाहा
चलते-चलते जैसे लिखता हो कोई काग़ज़ पर
ऐसे हिले-डुले मेरे अन्दर से वे अक्षर निकले,
लेकिन अब बात बहुत बढ़ गई है
धीर नहीं,
मेरे प्राणों के पहिये भूमि बहुत नाप चुके
सिनेमा की रीलों सा कस के लिपटा है सभी कुछ
मेरे अन्दर
कमानी खुलने को भरती है हुमास
लो सुनो, इतना ही कहना है सुनो
तुमसे मुझे
किन्तु ठहरो तो, शायद
इससे भी अच्छी कोई बात याद आ जाए।

[2. 2. 49. *नवजीवन* (दैनिक) में 21. 3. 1949 को प्रकाशित। *नवजीवन* और *दूसरा सप्तक* में प्रकाशित प्रारूपों में कहीं-कहीं शब्दों और पंक्तियों में भेद है। यहाँ *दूसरा सप्तक* का प्रारूप लिया गया है।]

संशय

तुम अप्रस्तुत ही रहोगे क्या मरण पर्यन्त!
जब निकट होगा तुम्हारा बिन बुलाया अन्त,

आ रहा होगा विगत सुस्पष्ट तुमको याद,
मन तुम्हारा स्वस्थ होगा बहुत दिन के बाद,
टँग गई होंगी तुम्हारी पुतलियाँ निर्धूम,
ऐंठती होगी तुम्हारी जीभ मुँह में घूम,
कुछ कहोगे उस समय कोई सुसज्जित बात.
या कहोगे—बीत जाने दो न यह भी रात।

[1949]

लापरवाही

पथ ही अनेक हैं अथवा कुछ दिग्भ्रम-सा होता है
मुझको तो एक ही बताई थी उसकी यह
तुमने पहचान, छिपी होगी तुम खड़ी वहाँ
मेरी प्रतीक्षा में।
बस, और शेष सब होगा निर्जन उस रास्ते पर।
अब मैं गलियारों में चलते हुए गाता नहीं
अतः तुम्हें सम्भवतः मेरा आना है नहीं जान पड़ा
मैंने भी छोड़ी लो अन्तिम मिलने की प्रत्याशा
जब इनमें से कश्चित् पथ पर भी नहीं हो तुम
किधर भी चला जाऊँ मैं
इसमें तुम्हारा क्या बनता या मेरा बिगड़ता है।

[1949]

समझौता

प्राण, मत गाओ प्रणय के गान,
पथ लगता अधिक सुनसान,
तेरे गीत गाने से।
दृष्टि जाती है जहाँ तक, राह जाती है वहाँ तक,
और इतना तो मुझे अनुमान ही से ज्ञात—
राह मेरी और भी है दृष्टि के पश्चात्—
अः न छाया कर दुपट्टे से मुझे,
अब यह नहीं अवसर करूँ विश्राम,
कम होगा नहीं यह घाम, तेरी प्रीत पाने से।

तुम चलो चुपचाप होकर,
ताकि खा जाओ न ठोकर,
और आँखों को गड़ा दो क्षितिज के भी पार,—
क्योंकि बसता है क्षितिज के पार भी संसार,—
अः न कर मोहित कनखियों से मुझे,
अब शान्त !
सुनने दे चरण की चाप,
पथ घटता स्वयं है आप,
मन पर जीत जाने से।

[1949]

कोशिश

कुछ बड़ा अगर हो सकता दिवस परीक्षा का !
कुछ कठिन अगर हो सकता मेरे लिए जगत् !
मुश्किल है यह –
अब तक तो अपने-आप बीतते आए दिन
सच कहता हूँ, मैंने इसमें कुछ नहीं किया
यह कहाँ आ गया बस यों ही चलते-चलते
मैं कितनी दूर निकल आया अपने घर से
धुँधला दिखलाई पड़ता है। बाहर भीतर
कुहरा छाया है जाड़ों की भारी सन्ध्या-सी यह विस्मृति !

पीछे, पीछे, पीछे अपने हटते जाओ,
ओ हटो, हटो जाने दो
पीछे जाने की दो राह मुझे। मैं लौट रहा हूँ
जैसे बैठे ही बैठे। उठती जाती है देह ऊर्ध्व में लगता है
कमरे की उजली दीवारें मेरे ऊपर सिमटी आती हैं
दिखती है केवल निब काग़ज़ पर जल्दी-जल्दी चलती।
गत कुछ वर्षों में घुलता जाता तन मेरा
पानी होकर मैं फैल गया हूँ अपनी पिछली बीती पर।
आता जाता है याद सभी कुछ; एक एक कर
ठिठक-ठिठक जाते हैं सम्मुख चित्र विगत के
कोई तो मेरे ऊपर मुस्काता है
कोई मुझको गुस्से से घूर देखता है
कुछ मित्र पुराने ऐसे कतरो जाते हैं

जैसे मैं उनसे पूछूँगा, बोलो भाई,
यह भी माना, तुम केवल एक निमिष भर थे
लेकिन फिर भी कुछ तो आखिर कर सकते थे।
क्या? पश्चात्ताप? नहीं, मेरा ध्येय नहीं
मेरे जीवन की कोई घटना हेय नहीं
कुछ कर न सका इसका भी मुझको खेद नहीं
लेकिन अब जो करना है उसकी चिन्ता है।
बन नहीं सका मैं खुद ही अपना उदाहरण
इसलिए कि ताजा कर पाऊँ शायद उसको
पड़ते हैं जैसे फूल चमेली के बासी
निर्गन्ध हुआ जाता है मेरा वर्तमान,
इसलिए कि मेरा रूप बड़ा कुछ हो जाए—
बढ़ते-बढ़ते मैं हुआ जा रहा था छोटा—
मैं जुटा रहा हूँ अपनी सब पिछली बातें,
सपने, वादे निश्चय भूले, दिन औ' रातें,
अब शेष नहीं रह गया नया कुछ होने को,
बस इधर पुराने जैसे पड़ते जाते हैं,
कोरे काग़ज़ पर तुरत लिखे गीले अक्षर
जो सूख रहे हैं मेरी आँखों के आगे।

[23. 11. 1949]

भला

मैं कभी-कभी कमरे के कोने में जाकर
एकान्त जहाँ पर होता है,
चुपके से एक पुराना काग़ज़ पढ़ता हूँ,
मेरे जीवन का विवरण उसमें लिखा हुआ,
वह एक पुराना प्रेम-पत्र है जो लिख कर
भेजा ही नहीं गया, जिसका पानेवाला,
काफी दिन बीते गुज़र चुका।

उसके अक्षर-अक्षर में हैं इतिहास छिपे
छोटे-मोटे,
थे जो मेरे अपने, वे कुछ विश्वास छिपे,
संशय केवल इतना ही उसमें व्यक्त हुआ,
क्या मेरा भी सपना सच्चा हो सकता है?

जैसे-जैसे उसका नीला काग़ज़ पड़ता जाता फीका

वैसे मेरा निश्चय, यह पक्का होता जाता है
प्रत्याशा की आशा में कोई तथ्य नहीं
उत्तर पाकर हो पाऊँगा कृतकृत्य नहीं
लेकिन जो आशा की,
जो पूछे प्रश्न कभी
अच्छा ही किया उन्हें जो मैंने पूछ लिया।

[1949]

सीढ़ियों पर धूप में

[1950-'59]

फूल : पत्ती

नीम में बौर आया
इसकी एक सहेजी सी गन्ध होती है
मन को खोल देती है
जब मारुत मन्द होती है
प्राणों ने एक और सुख का परिचय पाया।

दूसरे तीसरे जब इधर से निकलता हूँ
देखता हूँ
और इस वर्ष गुलमोहर में अभी तक फूल नहीं आया।
इसी तरह आशा करते रहना कितना अच्छा है
विश्वास रहता है कि वह प्रज्वलित रूप में फूल नहीं आया।
गमले में उगा नन्ही नन्ही पत्तियों का यह हरा सजग बिरवा
मुझे शान्ति देता है।
तुम्हें क्या देती है?
तुम्हारी [illegible] सैनिकों कुलबन्दियों की भाँति
तुम जैसा जीवन में जुते हो अनुयायियों
उन्हीं से मैं भी आधीन हूँ
अपने कर्मों से – अपनी ही भाँति

कवि की हस्तलिपि में 'सीढ़ियों पर धूप में' की कुछ पंक्तियाँ

समर्पण

इस पुस्तक में संगृहीत कृतियों की रचना के समय में बहुत कुछ त्यागा है, पर इतना अकेला कभी अपने को अनुभव नहीं किया जितना यह समर्पण लिखते समय कर रहा हूँ।

"वह कितना सुंदर था जो मैंने पाया था और मैं चला आया हूँ और दुःखी नहीं हूँ" यही मैं यह पुस्तक आपके पास छोड़ देते हुए कहना चाहता हूँ।

र.स.

आओ, जलभरे बरतन में

आओ, जलभरे बरतन में झाँकें
साँस से पानी में डोल उठेंगी दोनों छायाएँ
चौंक कर हम अलग-अलग हो जाएँगे
जैसे अब, तब भी न मिलाएँगे आँखें, आओ

पैठी हुई शीतल जल में छाया साथ-साथ भीगे
झुके हुए ऊपर दिल की धड़कन-सी काँपे
करती हुई इंगित कभी हाँ के, कभी ना के

आओ जलभरे बरतन में झाँकें।

[1950. *प्रतीक* (मार्च 1951) में प्रकाशित।]

होती

किसी महीने की आख़िरी रात चाँदनी से उजाली होती
किसी नवीना ने अपनी हल्की सफ़ेद साड़ी निकाली होती
यहाँ तिमंज़िले पे इस तरह हवा मज़ेदार आ रही है
कि सोचने अब लगे हैं हम भी हमारे भी एक साली होती।

[1950]

इतने में किसी ने

धुला हुआ कमरा है; छत तक दीवालें हैं
दौड़ी हुई ऊँची, सफ़ेद, साफ़, सादी
चुपचाप गोद में किताब एक मोटी
बन्द रख कर मैं बैठा रहने का हूँ आदी
आख़िर कब तक यों ही धोता रहूँगा मैं

दूसरों के मैले विचारों की लादी
अथवा शिवलिंग-सा होकर प्रतिष्ठित यहाँ
सोचता रहूँगा 'क्यों करूँ मैं शादी ?'
पता नहीं क्यों यह सामाजिक व्यवधान
तुला है करने पर मेरी बरबादी
मेरी प्रतिभा का कहीं मान नहीं, छिः छिः यह
नवयुग आज़ादी का, नवयुग की आज़ादी !
इतने में किसी ने टोक कर जैसे डपट दिया
"देख, सुन, समझ, अरे घरघुस जनवादी !"
चौंक देखा कोई नहीं, सुना केवल ढप्-ढप्
आँगन में गेहूँ का कूड़ा फटक रहीं
सोलह सेर वाले दिन देखे हुईं दादी।

[1950]

चाँद की आदतें

चाँद की कुछ आदतें हैं।
एक तो वह पूर्णिमा के दिन बड़ा-सा निकल आता है
बड़ा नक़ली (असल शायद वही हो)।
दूसरी यह, नीम की सूखी टहनियों से लटक कर
टँगा रहता है (अजब चिमगादड़ी आदत !)
तथा यह तीसरी भी बहुत उम्दा है
कि मस्जिद की मीनारों और गुम्बद की पिछाड़ी से
ज़रा मुड़िया उठा कर मुँह बिराता है हमें !
यह चाँद ! इसकी आदतें कब ठीक होंगी ?

[1951. सत्यप्रिय मित्र के छद्म नाम से *प्रतीक* (अक्टूबर 1951) में प्रकाशित]

आओ नहाएँ

आओ नहाएँ
छत से फुहार झरे खड़े रहें आँख मींच
कभी कभी चुपके से देखें धुल रही धूल थकी पिंडलियों की
थके थके एक दूसरे को उघरे देखें

आओ
कुछ भीगने दो
भीगे केशों में सुगन्धि आ जाने दो
कानों के पीछे का मैल निकल जाने दो
आह, चाहते क्या हैं ? कट जाएँ पाप ?

हिश्‌। खड़े रहें, भौंहों में ठंड पड़े
खड़े रहें, खड़े रहें
और निखर आएँ।

[1951. सत्यप्रिय मित्र के छद्‌म नाम से *प्रतीक* (नवम्बर 1951) में प्रकाशित]

करो सहन

कष्ट गहन
करो सहन,
ओ रे मन।

नहीं, नहीं, व्यथा में है सुख नहीं कोई व्यथा ही का
यह न समझ गौरव है दुख में, दुख की कथा ही का।
सुने कौन ?
सभी निजी विरह व्यथा में मौन।
मत कहो, सहो, सहो, सहो, रहो कि अभी है अस्पष्ट
क्या देता है कष्ट। करो वहन
माथे पर दिल का भार
जब तक प्रतिकार न हो, सहो, सहो
जब तक यह न हो बोध
मुझ में भी क्रोध
और लूँगा प्रतिशोध। और जब तक प्रतिशोध न हो
कष्ट गहन,
करो सहन,
ओ रे मन।

[1951. *प्रतीक* (फरवरी 1952) में प्रकाशित]

यही मैं हूँ

यही मैं हूँ
और जब मैं यही होता हूँ
थका, या उन्हीं-के-से वस्त्र पहने, जो मुझे प्रिय हैं—
दुःखी मन में उतर आती है पिता की छवि
अभी तक जिन्हें कष्टों से नहीं निष्कृति
उन्हीं अपने पिता की मैं अनुकृति हूँ
यही मैं हूँ।

[1951. *प्रतीक* (फरवरी 1952) में प्रकाशित]

शक्ति दो

शक्ति दो, बल दो, हे पिता
जब दुख के भार से मन थकने आय
पैरों में कुली-की-सी लपकती चाल छटपटाय
इतना सौजन्य दो कि दूसरों के बक्स-बिस्तर घर तक पहुँचा आएँ
कोट की पीठ मैली न हो, ऐसी दो व्यथा—
शक्ति दो।

और यह नहीं दो तो यही कहो,
अपने पुत्रों मेरे छोटे भाइयों के लिए यही कहो—
कैसे तुमने अपनी पीढ़ी में किया होगा क्या उपाय ?
कैसे सहा होगा, पिता, कैसे तुम बचे होगे ?
तुमसे मिला है जो विक्षत जीवन का हमें दाय
उसे क्या करें ?
तुमने जो दी है अनाहत जिजीविषा
उसे क्या करें ?
कहो, अपने पुत्रों मेरे छोटे भाइयों के लिए यही कहो।

[28. 12. 51. (रात—2.30)। *प्रतीक* (फ़रवरी 1952) में प्रकाशित]

आभार

मानता हूँ बन्धु यह आभार

तुम न होते तो न शायद जान पाता
इस व्यथा से भी कठिन है व्यथा से उद्धार,
मानता हूँ बन्धु यह आभार।

और तुम हो, इसलिए अब
(यह नहीं कि कहीं ज़रा
घट-वट गया है वेदना का भार)
इसलिए अब, जानता हूँ
यह कि अपनी व्यथा को तो तुष्टि देना सरल है
मन माँगता है, प्रिय, तुम्हारी व्यथा का प्रतिकार।

[1951. *प्रतीक* (फरवरी 1952) में प्रकाशित]

जभी पानी बरसता है

जभी पानी बरसता है तभी घर की याद आती है
यह नहीं कि वहाँ हमारी प्रिया, बिरहिन, धर्मपत्नी है—
यह नहीं कि वहाँ खुला कुछ है पड़ा जो भीग जाएगा—
बल्कि यह कि वहाँ सभी कमरों-कुठरियों की दिवालों पर
उठी छत है।

[1951]

समझौता

छद्म नाम को कीर्ति मिली है (मेरा कोई दोष नहीं !)
समझौता यह था, हम दोनों मिल कर नाम कमाएँगे
जो कुछ नामा घर आएगा, बाँट-बूँट कर खाएँगे
इसकी बेईमानी देखी ? मेरा हिस्सा मार दिया
मेरी बदनामी को भी ले कर इसको सन्तोष नहीं ?

[1951]

परिवर्तन

जानता हूँ उन सभी परिवर्तनों को
जो कि मुझमें अभी तक होते रहे हैं
देखिए ना,
पड़ा रहता था कभी मैं किलकता या अँगूठे को चूसता
या कभी पइयाँ फेंकता अपने खटोले में
तथा अब, बहुत कम, केवल ज़रूरत आ पड़े तब बोलता हूँ।

[1951]

अगर कहीं मैं तोता होता

अगर कहीं मैं तोता होता

तोता होता तो क्या होता ?
तोता होता।
होता तो फिर ?
होता, 'फिर' क्या ?
होता क्या ? मैं तोता होता।
तोता तोता तोता तोता
तो तो तो तो ता ता ता ता
बोल पट्ठे सीता राम।

[1951]

रूमाल

वह मेरा रूमाल कहाँ है?
कहाँ रह गया?
कहीं उसे मैं छोड़ न आया हूँ कुर्सी पर ? वह कितना मैला था
उससे मैंने जूता नाक पसीना और कलम की निब पोंछी थी।

[1951]

विदा

विदा, बन्धु, विदा
कातर अन्तर-आत्मा
विचलित परमात्मा में श्रद्धा
विदा आपको भी, परन्तु प्रिय—
सकुशल पहुँचने की दीजिएगा पाती
यह भी लिखिएगा कि याद मेरी आती
भी है कि नहीं।

अगम अगोचर जो जग का पालनकर्ता
वह क्या खा कर दुख देता या दुख हरता
आप मेरे प्रशंसक थे, गुणग्राहक थे
—आपसे था डरता
आपको भी विदा।
मिटे तो किसी भाँति यह दुविधा।
विदा, बन्धु, विदा।

[22, 23, 26 जनवरी 1952 को लिखित तथा संशोधित। संशोधन के दौरान इस कविता के दो और शीर्षक दिए गए थे : 'बिछुड़ने का गीत' और 'बालिग होने पर लिखा गया गीत'।]

सांत्वना

माधवी,
या और भी जो कुछ तुम्हारे नाम हों,
तुम एक ही दुख दे सकी थीं
फिर भला ये और सब किसने दिए हैं ?
जो मुझे हैं और दुख, वे तुम्हें भी तो हैं
यही क्या नहीं काफ़ी तर्क है कि मुझे दया का पात्र मत
समझो

न लज्जित हो,
न मन में ग्लानि अनुभव करो
छिः रो मत।

नहीं, यह कष्ट तुमने नहीं मुझको दिया है
तुम नहीं दोषी हो।

तथा यह भी करो न गुमान

प्यार दुलार से तुम बड़ी मुझको सांत्वना दोगी
किसी की देह में इतनी नहीं समर्थ्य होती है।
तुम्हारे हाथ में दे हाथ, सिर से सिर मिला कर बैठने से लाभ क्या
चाहे अभी तुम चाहती भी हो कि तुमको देर तक मैं एक चुम्बन दूँ
कि थोड़ा दुख तुम्हारा दूर हो जाये।

[1952. *प्रतीक* (फरवरी 1952) में प्रकाशित]

वसन्त आया

जैसे बहन 'दा' कहती है
ऐसे किसी बँगले के किसी तरु (अशोक ?) पर कोई चिड़िया कुऊकी
चलती सड़क के किनारे लाल बजरी पर चुरमुराए पाँव तले
ऊँचे तरुवर से गिरे
बड़े बड़े पियराये पत्ते
कोई छः बजे सुबह जैसे गरम पानी से नहायी हो—
खिली हुई हवा आयी, फिरकी सी आयी, चली गयी।
ऐसे फ़ुटपाथ पर चलते चलते चलते
कल मैंने जाना कि वसन्त आया।

और यह कैलेण्डर से मालूम था
अमुक दिन अमुक वार मदन महीने की होवेगी पंचमी
दफ़्तर में छुट्टी थी—यह था प्रमाण
और कविताएँ पढ़ते रहने से यह पता था
कि दहर-दहर दहकेंगे कहीं ढाक के जंगल
आम बौर आवेंगे
रंग-रस-गन्ध से लदे-फँदे दूर के विदेश के
वे नन्दनवन होवेंगे यशस्वी
मधुमस्त पिक भौंर आदि अपना-अपना कृतित्व
अभ्यास कर के दिखावेंगे

यही नहीं जाना था कि आज के नगण्य दिन जानूँगा
जैसे मैंने जाना, कि वसन्त आया।

[1952. *प्रतीक* (अप्रैल 1952) में 'भरा हर्ष वन के मन' शीर्षक से प्रकाशित]

मत पूछना

मत पूछना हर बार मिलने पर कि 'कैसे हैं'
सुनो, क्या सुन नहीं पड़ता तुम्हें संवाद मेरे क्षेम का,
लो, मैं समझता था कि तुम भी कष्ट में होगी
तुम्हें भी ज्ञात होगा दर्द अपने इस अधूरे प्रेम का।

[6. 4. 1952]

वसन्त की हवाएँ

और ये वसन्त की हवाएँ
दक्षिण से नहीं चारों ओर खुली-खुली चौड़ी सड़कों से आएँ

धूल, और एक जाना हुआ शब्द

जैसे मेरे लिखे लेख, पत्र, कविताएँ
काग़ज़ के साफ़-साफ़ बड़े-बड़े पेज वहाँ उड़ते हों।

[8. 4. 1952]

हमने यह देखा

यह क्या है जो इस जूते में गड़ता है
यह कील कहाँ से रोज़ निकल आती है
इस दुख को रोज़ समझना क्यों पड़ता है

फिर कल की जैसी याद तुम्हारी आयी
वैसी ही करुणा है वैसी ही तृष्णा
इस बार मगर कल से है कम दुखदायी

फिर ख़त्म हो गये अपने सारे पैसे
सब चला गया सुख-दुख बट्टेखाते में
रह गये फ़कत हम तुम वैसे के वैसे

फिर अपना पिछला दर्द अचानक जागा
फिर हमने जी लेने की तैयारी की

उस वक़्त तकाज़ा करने आया आग़ा

इस मुश्किल में हमने आख़िर क्या सीखा
इस कष्ट उठाने का कोई मतलब है
या है यह केवल अत्याचार किसी का

'यह तो है ही', शुभचिन्तक यों कहते हैं,
'अपमान, अकेलापन, फ़ाका, बीमारी'
क्यों है ? औ वह सब हम ही क्यों सहते हैं ?

हम ही क्यों यह तकलीफ़ उठाते जाएँ
दुख देने वाले दुख दें और हमारे
उस दुख के गौरव की कविताएँ गाएँ !

यह है अभिजात तरीक़े की मक्कारी
इसमें सब दुख हैं, केवल यही नहीं हैं
—अपमान, अकेलापन, फ़ाका, बीमारी

जो हैं, वे भी हो जाया करते हैं कम
है ख़ास ढंग दुख से ऊपर उठने का
है ख़ास तरह की उनकी अपनी तिकड़म

जीवन उनके ख़ातिर है खाना-कपड़ा
वह मिल जाता है और उन्हें क्या चहिए
आख़िर फिर किसका रह जाता है झगड़ा

हम सहते हैं इसलिए कि हम सच्चे हैं
हम जो करते हैं वह ले जाते हैं वे
वे झूठे हैं लेकिन सबसे अच्छे हैं

पर नहीं, हमें भी राह दीख पड़ती है
चलने की पीड़ा कम होती जाती है
जैसे-जैसे वह कील और गड़ती है

हमने यह देखा दर्द बहुत भारी है
आवश्यक भी है, जीवन भी देता है
—यह नहीं कि उससे कुछ अपनी यारी है

हमने यह देखा अपनी सब इच्छाएँ
रह ही जाती हैं थोड़ी बहुत अधूरी
—यह नहीं कि यह कह कर मन को समझाएँ

—यह नहीं कि जो जैसा है वैसा ही हो
यह नहीं कि सब कुछ हँसते-हँसते ले लें
देने वाले का मतलब कैसा ही हो

—यह नहीं कि हमको एक कष्ट है कोई
जो किसी तरह कम हो जाए, बस छुट्टी
कोई आकर कर दे अपनी दिलजोई

वह दर्द नहीं मेरे ही जीवन का है
वह दर्द नहीं है सिर्फ़ विरह की पीड़ा
वह दर्द ज़िन्दगी के उखड़ेपन का है

वह दर्द अगर ये आँखें नम कर जाए
करुणा कर आप हमारे आँसू पोंछें
—वह प्यार कहीं यह दर्द न कम कर जाए

चिकने कपड़े, अच्छी औरत, ओहदा भी
फ़िलहाल सभी नाकाफ़ी बहलावे हैं
ये तो पा सकता है कोई शोहदा भी

जब ठौर नहीं मिलता है कोई दिल को
हम जो पाते हैं उस पर लुट जाते हैं
क्या यही पहुँचना होता है मंज़िल को ?

हमको तो अपने हक़ सब मिलने चहिए
हम तो सारा का सारा लेंगे जीवन
'कम से कम' वाली बात न हमसे कहिए।

[25. 3. 1952. हंस (जुलाई 1952) में प्रकाशित]

ढाल पर

उस ढाल पर हम पट पड़े सोचा किये सोचा किये
अपनी पहुँच में दूब थी जितनी उसे नोचा किये

जब वह सहारा भी गया, यानी कि सब तिनके चुके
यों ही कोई ढेला उछाला और फिर गोचा किये।

उजली दुपहरी थी, हवा ठंडी, शुरू की जनवरी,
हम दो जने थे, मैं सयाना दूसरी थी छोकरी,
वह खिलखिलाती ही रही दो चोटियाँ गूँथे हुए,
जो काम था मेरे लिए, उसके लिए थी मसख़री।

फिर ऊब कर बोली, "तुम्हें क्या और कुछ आता नहीं ?
वह खेल खेलें दौड़ने का, यह हमें भाता नहीं"
मैं उठ पड़ा, "चल, ठीक है अब हो गयी तू भी दुखी
अब देख ले तू भी कि अपना दर्द यों जाता नहीं।"

[9. 6. 1952]

अब से जो कुछ कहना हो

अब से जो कुछ कहना हो वह
रंगों में ढाल लिया करना
यों इन गूँगे-बहरों को तुम
कुछ अपना हाल दिया करना
हाँ इतना और भला करना
जब कुछ तसवीरें बन जाएँ
अपने उन चील-बिलौटों पर
तारीख़ें डाल दिया करना।

[26. 6. 1952]

दाता, तुझको क्या मतलब

उनकी सहिष्णुता की सीमा से दाता तुझको क्या मतलब
वे जीवित रहते हैं जीवित ही रहने के लिए नहीं
तू देता है कष्ट, और कुछ तू दे ही क्या सकता है
वे सहते हैं कुछ मतलब से, कुछ सहने के लिए नहीं

तेरी विकृत आशाएँ हैं जिनके लिए दबा रखते हैं अपनी सत्

इच्छाएँ तेरे नौकर चाकर
वह बिरला ही होता है जो जीवन और माँगता है औ नहीं
माँगते थकता है।

किसे किसे तू बहलाएगा देकर वेतन-वृद्धि, विधाता
जिनका खण्डित व्रत जीवन का ? टुकड़ों में जो जी सकते हैं?
उन उन को ? हाँ, शायद उन उन को। हाँ शायद।
पर जो टूटे नहीं, क्योंकि वे खिंच सकते हैं
जिनकी समवेदना नहीं है व्यथा मात्र, वह अनुभव भी है
उनको, उनको, उनको आख़िर क्या कर देगा ?
जो अब अपने पड़ोसियों के भी कष्टों से उबर चुके हैं।

जब जब कोई बात किसी की मन को अपने लग जाती है
क्या उस सच को समझे बैठा होता है कहनेवाला
सरल नहीं है यों ही बैठे बैठे हमको दुख देना
आकस्मिक भी नहीं। इधर प्रस्तुत भी है सहनेवाला।
सहने का यह अर्थ नहीं है—'सहते जाओ, यही धर्म है यही
बचे रहने का रस्ता'
हम प्रस्तुत हैं, आज्ञा में नतमस्तक नहीं
न तुझको उत्तरदायी हैं।
मत कह कि आज यह सह लेना।
कहाँ कहाँ तू वार करेगा? जहाँ कवच है, वहाँ?
वहाँ तो कोई केवल पिछला क्षत है
हाँ, यह अपनी दुर्बलता है—केवल एक मोह का होना
पर यदि तज दें यह ओछापन, और अगर यह कहें कि अपने
सभी अंग ही मर्मस्थल हैं?
तेरे घातक अस्त्र हमारी तृष्णा पर तो चल जाएँगे
पर यदि यही विकलता अपने पुत्रों को भी हम दे जाएँ?

[25-27 जुलाई 1952]

प्रभु की दया

बिल्ली रास्ता काट जाया करती है
प्यारी-प्यारी औरतें हरदम बकबक करती रहती हैं
चाँदनी रात को मैदान में खुले मवेशी
आ कर चरते रहते हैं

और प्रभु यह तुम्हारी दया नहीं तो और क्या है
कि इनमें आपस में कोई सम्बन्ध नहीं।

[8. 8. 1952]

क्षमा न दो

यदि मैंने केवल आशा में जन्म बिताया हो
यदि मैंने अपनी इच्छाएँ आने दी हों
जैसे भी वे आना चाहें
यदि इस तृष्णा से फूटी हों कई अनर्गल आकांक्षाएँ
यदि जो चाहा वह न मिला हो
यदि स्वीकार किया हो मैंने जो पाया हो
तो मेरे परमेश्वर मुझको क्षमा न दो

यदि यह व्यथा विलासी की हो
अथवा यदि यह एक व्यथा हो
यदि इस दुख की एक दवा हो
यदि खोजी हो मैंने निष्कृति फैला आलिंगन को बाहें
करुणामयी नारी यदि मैंने दासी की हो
यदि यह ही प्रतिकार व्यथा का कर आया हो
तो मेरे परमेश्वर मुझको क्षमा न दो

पर मेरी आसक्ति सरल है
पर सच यह है इस दुख में अथवा उस सुख में
मैंने याद तुम्हारी की है
—विरक्त मन, विशृंखल जीवन—
यह क्या कम है बतला सकता हूँ वह छवि किस नारी की है ?
यदि जो सादा और सरल है वही मुझे माया हो
तो मेरे परमेश्वर मुझको क्षमा न दो।

[18. 10. 1952, *कल्पना*-91 (नवंबर 1958) में 'निष्कलंक' शीर्षक से प्रकाशित]

स्वागत-सुख

इससे और सरलतर होगा इस स्वागत-सुख का अभिनन्दन।

जैसे जैसे यह लिखता हूँ, छन्द बदन में नाच रहा है

मन जिस सुख को लिख आया है, फिर फिर उसको बाँच रहा है
विह्वलता स्तम्भित होगी यह, रच जाएगा मन में नर्तन
इससे और सरलतर होगा इस स्वागत-सुख का अभिनन्दन।

यह उद्वेलन तो आकस्मिक, सुख का आना है सुनियोजित
वेग मानवोचित होता है, धैर्य हुआ करता पुरुषोचित
मद-गज-गति से मैं जाऊँगा, लाख बुलाए प्रत्याकर्षण
इससे और सरलतर होगा इस स्वागत-सुख का अभिनन्दन।

हल्की सी आभा आने दे, चटक न रख खिड़की के परदे
कोने में आसनी बिछा दे, धूपदान को बाहर कर दे
धुआँ मात्र देगा जल कर के छोटे से कमरे में चन्दन
इससे और सरलतर होगा इस स्वागत-सुख का अभिनन्दन।

[19. 10. 1952]

क्या होगा

क्या होगा इस कभी-कभी के मधुर मिलन की घड़ियों का
जीवन की टूटी-टूटी इन छोटी-छोटी कड़ियों का
कैसे इनकी विशृंखलता मुझको-तुझको जोड़ेगी
क्या कल नाता वही जुड़ेगा आज जहाँ यह तोड़ेगी ?

[1952]

आज शाम को जो देखा

मेरे नए जूते का था लचकीला तला
रात अँधेरी सड़क पे देर तक मैं चला
कोई तीन बजे होंगे तब बिना थके हुए
लौट आया घर, सात बजे का था निकला

ऐसी ठंडी-ठंडी रात, ऐसा टूटा-टूटा ध्यान
क्या बताऊँ मुझे कर नहीं आएगा बयान
था बसन्त का महीना फ़रवरी जादूभरी
और व' रात, व' अँधेरा, व' हवा, व' सुनसान

पेड़ दोनों ओर राह के खड़े थे अकारण
कुछ दूर-दूर आपस में अनजान बन
कोई सूखे-सूखे बड़े-बड़े पत्तोंवाला था
था किसी का रुई की फुरेरी जैसा फूला तन

ख़ैर, पेड़ जैसे भी दिखायी देते थे अजीब
और ख़ास तौर से व' जो थे लैम्प के क़रीब
राह सीधी थी, हवा में धूल ज़रा नहीं थी
कोई घटना भी नहीं घटी अजीबोग़रीब

यहाँ तक कि याद भी व' किया मैंने कई बार
आज शाम को जो देखा : मोड़ लेती हुई कार
वो जो गाँव से बरात नयी दिल्ली में थी आयी
छोटी-छोटी दुकानों की लम्बी, बन्द व' कतार

कोई भेद शाम का न रात में मगर मिला
किसी दर्द से न जुड़ा इस दुख का सिलसिला
ख़ैर, गनीमत हुई कि वहीं शहर के शहर
घूम कर के रह गया व' रास्ते का फ़ासिला

और कन्धे पर व' भारी-भारी मुड्ढोंवाला कोट
हल्का हो गया : मगर व' गयी दिल को कचोट—
ताज़गी—था जिससे थोड़ा गुनगुना-सा अंधकार
लौट आया, खट, खट, खट, दरवाज़े पे की चोट।

[1952]

इस पीड़ा की इस पद्धति में

इस पीड़ा की इस पद्धति में
हम तो कुछ भी नहीं रहे
वह सब दुखड़े भूल गए
जो तुमसे अब तक नहीं कहे

दरद हमारा क्या था?
कोई भूख? या कि था बदहज़मी
बहस अगर इस पर हम करते

वे बातें होतीं रस्मी

जब तक उसको मन में रक्खा
वह पहचाना नहीं गया
जब उसने तुमको भी घेरा।
हमें नहीं वह रहा नया

अब हम अपनी बात कहें क्या
जब वह तुम भी जान गईं
—'एक तुम्हीं बेचैन नहीं हो।'
तर्क हमारा मान गईं

अब तो हम आगे आएँगे
आओ, यदि आना चाहो
कुछ मेरा ही भला न होगा,
होगा, अगर तुम्हारा हो

यहीं कहीं तक अगर गए
तो कैसा हमने साथ दिया
क्या मतलब? यदि छूने के ही लिए
हाथ में हाथ लिया

मुश्किल है यह? हाँ, है तो
जैसे कि और सब मुश्किल है
थोड़े ही में खुश हो जानेवाला
यदि अपना दिल है

जीवित रहना ही यदि होती
बस अपनी ज़िम्मेदारी
जैसे तैसे जी लेते हम
एक ज़िन्दगी दुखियारी

लेकिन हम तो उस मौके से
बाहर रहते आए हैं
जिसमें क्षणभर जी लेने की
कई एक सुविधाएँ हैं

बाहर बाहर जाते जाते

अब अपना मन ख़ाली है
लेकिन जा जा कर उसने
पगडंडी एक बना ली है

हरियाली दोनों ढिग होगी
जहँ तहँ होंगे फूल खिले
पर हम तो पगडंडी पर ही जाएँगे
हम चल निकले

क्या इसको भी कहें पलायन—
यह सीधे रस्ते चलना?
—क्योंकि घास में नहीं अरझने
ले जाती हमको छलना!

इतने बड़े जगत में होंगे ही
मैदान तमाम पड़े
उन्हें मार लें, औ पैरों से
उनकी दूब नहीं बिगड़े

ऐसा अपना ध्येय अगर हो
सीधा सादा और बड़ा
तो कोई निकले, वरना
हक्का-बक्का रह जाय खड़ा।

[1952. *राष्ट्रवाणी* (फरवरी 1957) में प्रकाशित]

व्यथा

'दिन-ब-दिन तुम दुखी होते जा रहे हो
कौन सा दुख तुम्हें प्रियवर सालता है?'
इस तरह से पूछते हो कुशल-मंगल तुम
बताऊँ क्या, कहा क्या जा सकेगा वह
वही जो मुझे तोड़े डालता है?

क्यों नहीं : यह सत्य है यद्यपि कि उसके लिए सारे शब्द छोटे हैं
कहूँ क्या?—'विरह की ज्वाला' 'ग़रीबी', 'भूख'
'दिल का दर्द' अथवा दाँत का?

न। यह पलायन है, व्यथा को एक दुख में देखना
यह उसे अंगीकार करना है
मनाना है कि उसकी तात्कालिक तुष्टि भी मिल जाय।

[1952]

जो अब कहने को करते हैं

जो अब कहने को करते हैं
वह पहले ही सह आए थे
जो अब सच होता जाता है
वह पहले ही कह आए थे

फिर से वह दर्द जगाती हैं
ये अपनी पिछली कविताएँ

जिस सच को हमने खोजा था
उतने थोड़े से अनुभव में
कुछ और ज़िंदगी जी आए
उस एक सचाई की रौ में
आगे भी राह दिखाती हैं
ये अपनी पिछली कविताएँ

तब तो बस खुश हो लेते थे
दिल का दुख दर्द जता कर के
कुछ कला-वला हो जाती थी
गाते थे भाव बता कर के

अब काम हमारे आती हैं
ये अपनी पिछली कविताएँ।

[1952. *नयी कविता-4* (1959) में *ये अपनी कविताएँ* शीर्षक से प्रकाशित]

हकीम

तूने पीछे से आ कर मुझको चूम लिया
मैं तुझे चूमने को थोड़ा सा घूम लिया

बस, जी हलका हो गया, आ गया मैं फिर से
वापस, काग़ज़-पत्तुर-फ़ाइल की ख़िदमत पर।

वह दर्द याद आता था मुझको आफ़िस में
सोतानींदी में रहा रात भर मैं जिसमें
इतने में आकर तूने यह राहत दे दी
ऐ वा हकीम, सिदक़े जाऊँ इस हिकमत पर।

ऐ नीमहकीम ख़तरएजान, बख़्शिए मुझे
ये अललटप्प ख़ूराकें मत दीजिए मुझे
ये छोटी-छोटी पुड़ियाँ—जो मज़दूरी ही
करने की ताक़त दें—क्यों लूँ इस क़ीमत पर?

[1952]

ओ रे साथी

ओ रे साथी मेरे यदि चरण थकें न मेरे
यदि मेरा मन थक जाय

ओ रे, उजाला उजाले में जो फूला न समाय
ओ रे, धूप में उघारे पीठ मन जो घमाय
यदि बैठे-बैठे यों ही
देह होवे झरसौंही
यदि तप-तप मन तच जाय

ओ रे, आँखों से दिखायी देवे सूनी-सूनी राह
ओ रे, कानों से सुनायी देवे कहीं से कराह
यदि दुखिया की हाय
पीछे दौड़ी-दौड़ी आय
यदि डर जाय मन, डर जाय

ओ रे, मन नहीं माने, यदि मन नहीं माने
ओ रे, माने नहीं मन बिना जाने पहचाने
कोई गह के छगुनियाँ
जिधर जाए दुनिया
उधर यदि मन नहीं जाय।

[1952]

थके हैं

बन्धु हम दोनों थके हैं
और यह तो भाग्य ही है साथ ही हम थक सके हैं।

"और पैदल मत चलाओ"

"इस नयी बनती सड़क पर पालकी तो क्या मिलेगी
हाँ, कहीं कोई भलामानस सफ़रमैना भले मिल जाय
गोरी, तब तलक धीरे चलो,
सर पर घड़ा औ घड़े पर गागर! कहीं गगरी छलक ···
(अधजल अगर हो क्यों न छलकेगी) ··· छलक नहिं जाय।"

बन्धु हम दोनों थके हैं
और जो हममें बची है शक्ति, अपने ही भरे की है।

"अरे, यह बक्स तुम ले लो,
हमें वह पोटली दे दो"

"भला ऐसे कहीं बँट जायगा बोझा?
तकल्लुफ़ क्या हमीं से कीजिएगा?
छेड़छाड़ बुरी नहीं, पर चाहती हो आप
उससे रास्ता कट जाय?
न् न्।"

बन्धु हम दोनों थके हैं
और थकते ही रहें तो साथ चलते भी रहेंगे
वह नहीं है साथ जिसमें तुम थको तो हम तुम्हें लादे फिरें
औ हम थकें तो दम तुम्हारा फूल जाय—हाय।

[1952]

झेल लेंगे

प्यारे क्या हाल हैं तुम्हारे, हमारी भी
याद कभी भूले भटके ही कर लिया करो

क्षण भर विद्रोह कर, विछोह के अकेलेपने
की मोह-माया से उबर लिया करो
अपनी कथा की व्यथा का अथाह शून्य
मेरे छटंकी भर दुख से भर लिया करो
उसे क्या करोगे कम वह जो दरद है
हाँ थकन हमारी कभी-कभी हर लिया करो।

बैठे हो मौन, कहीं ठहरे हो अनुभव में?
पैठे हो गहरे कि बैठे हो भरे हुए?
क्षण में जीवित हो कि क्षण-क्षण जीवित हो
कि क्षण में हो जीवित और क्षण में मरे हुए
हमने तो सहा था (कहा है किसी और ने)
जो हम कभी ये अब कह कर दूसरे हुए
तुम मत भुलाना बन्धु, सह लेना, जी लेना
हाँ जी को थोड़ा और पोढ़ा करे हुए।

मन की द्विधा है यह डूबा है गहरे वह
किन्तु नहीं डूबा है किसी एक रंग में
मन ही था कोई काली कामरी तो नहीं
था कि कर लेता सब रंग अपने ढंग में
ऐसे रंग-ढंग देख कर के हमारे ठीक
ही तो है काहे को रहोगे तुम संग में
कोई क्यों संग हो, जो संग हो तो जिए संग
जूझ क्यों मरे संग मन की इस जंग में।

आपमें और हममें सम्बन्ध एक ही है
यदि आप चढ़े कोठे तो खड़े हम दुवारे हैं
अपने दुवारे हैं आपके दुवारे नहीं
हैं तो हैं, आपकी बला से दुखियारे हैं
दुख से हैं दीन, क्या इसी से हैं हीन
थके हारे हैं, क्या हम इसी से बिचारे हैं?
आपकी सहानुभूति सुलभ है, विभूति कष्ट
की यह दुर्लभ है हम जिसके रखवारे हैं।

ऐसे दीनहीन असहाय हो के आए हो
कि जैसे कोई चुटकी संवेदना की दे देगा
ऐसे चिकने बने हो हट्टे कट्टे धरे हो कि
तुम्हें कोई काँटा कैसे कहाँ और क्यों छेदेगा

माँगने से मिलती नहीं है तुष्टि वेदना की
कोई बाप तुम्हें झुनझुनिया न ले देगा
जाओ कोई काम करो, हमें न बेराम करो
ऐसे ढोंगी मँगते को हर कोई खेदेगा।

कहिए कि धीर धरें, पीर यदि परायी हो
तो उसकी यह एक भली तदबीर है
और जो कि अपनी हो, तो सुनिए बैठकर
कथा महाभारत की है या कि पीर है
प्रेमिका की हो तो न कष्ट आप व्यर्थ करें,
प्रेमी बात का धनी और घर का अमीर है
जग की हो तो कोई बात नहीं झेल लेंगे,
झेलने को बैठा हुआ यहाँ रघुवीर है।

[1952. इसी वर्ष 'छह कवित्त' शीर्षक से *कल्पना* (दिसंबर) में प्रकाशित]

पढ़िए गीता

पढ़िए गीता
बनिए सीता
फिर इन सबमें लगा पलीता
किसी मूर्ख की हो परिणीता
निज घरबार बसाइए।

होंय कँटीली
आँखें गीली
लकड़ी सीली, तबियत ढीली
घर की सबसे बड़ी पतीली
भर कर भात पसाइए।

[1952]

तुम जानो

अब तुम जानो, तुम्हारा काम जाने।

हमने जो तुमसे करीं सच कनबतियाँ

कानों में उँगली दे दी
मुँह पे छा गयी सफ़ेदी
ऐसे चौंकी जैसे छू दी हों तुम्हारी छतियाँ
अय हम तो चल के आए थे तुम्हीं को ये बताने
अब तुम जानो तुम्हारा काम जाने।

हमें कोई जल्दी नहीं, कान में है डाल दी
जल्दी का काम नहीं—
—और ये भी आसान नहीं
तुमने इस कान सुनी उस कान निकाल दी—
अय बात तो ऐसी है लगे जीभ खुजलाने
अब तुम जानो तुम्हारा काम जाने।

तुम्हें क्या पता कि मेरे दिल पे कैसी आफ़त आई
मुझको तुमसे प्यार हुआ
जिया बेक़रार हुआ
हमने तो भाई अपने दिल की है बतायी
अय तुम्हारे मन की तो तुम्हारा राम जाने
अब तुम जानो तुम्हारा काम जाने।

[1952]

घड़ी-1

समय की गति क्या तुम्हारे हाथ में है, ऐ घड़ी
हमें रहती है हमेशा एक तरह की हड़बड़ी
वह तुम्हारी ही वजह से क्या
कि हम ही आलसी हैं?

[1952]

घड़ी-2

नियमित नाप समय की करती है घड़ी
उसे क्या पता किस पर क्या बिपता पड़ी
उसे समय का इस्तेमाल कहाँ पता
वरना वह टिकटिक करती छोटी बड़ी।

[1952]

घड़ी-3

घड़ी नहीं कहती है 'डिग' जा अपने पथ से
डिग जाने पर घड़ी नहीं कहती है 'धिक्'
और यह तो वह कभी नहीं कहती है, साथी 'ठीक' है
वह कहती है टिक-टिक-टिक-टिक-टिक-टिक-टिक
और टिक-टिक-टिक-टिक
और टिक-टिक-टिक
और टिक-टिक
और टिक
और टिक
और टिक
टिक्।

[1952]

यही बच रही

दिन यदि चले गये वैभव के
तृष्णा के तो नहीं गए
साधन सुख के गए हमारे
रचना के तो नहीं गए

जो कुछ झेला था इस तन पर
वह इस मन को दे डाला
फिर भी बहुत बची है
चुम्बन में जीवन की मधु-ज्वाला

वही बच रही कोंपल
आँधी ने जब टहनी दी झकझोर
भूसी का कबिरा क्या करता
तत्त्व तत्त्व रख लिया पछोर।

[9. 2. 1953. *नया साहित्य* (दिसंबर 1953) में प्रकाशित]

गले हमारे डाल सखी

बाहें ये गले हमारे डाल, सखी
मेरे कन्धों पर आ जायें ये बिखरे बाल, सखी

ओठों पर ओठ दहकते हों
आँखों पर आँखें मुँद जाएँ
भुजबन्धन कसता जाए—
यह आतुर तन उस तन में धँसता जाए
थक जाएँ
थक जाएँ तेरे कुच मेरे सीने पर धक्-धक् कर के
फड़कें
फिर रह जाएँ गुम्फित जंघाएँ
हो जाए वह क्षण जीवन-मरण-विशाल, सखी।

[2. 3. 1953. पुनर्लेखन : 5. 3. 1953]

ये क्षण

आने दो, ये मुझसे मिलने आए हैं।
की पूज्यचरण जीवन की पूजा-अर्चा
उसमें मैंने जो कुछ सुख दुख धन खर्चा
वह इनका ही तो था, लेने आए हैं।

ये मेरे चौंके-चौंके क्षण चिन्तन के
ले जाएँगे सुख पागल आलिंगन का
चुम्बन का, चुम्बन पर कातर चुम्बन का
ले जाएँगे स्मृति, ये क्षण पुनस्मरण के

जाने दो, जो ले जाएँ ले जाने दो,
भवबन्धन जब छूटेंगे तब टूटेंगे
प्राणप्रिय जब छूटेंगे तब छूटेंगे
तब तक तो तन कुछ हलका हो जाने दो।

[4. 3. 1953]

ज्वार

तट पर रखकर शंख-सीपियाँ
चला गया हो ज्वार हमारा
तन पर मुद्रित छोड़ गया हो सुख के चिह्न विकार हमारा
जब सब कर, हम चुके हुए हों, सह सब, चुके हुए हों
जब हम कह सब, चुके हुए हों—
तब तुम, तब तुम ज्वार हमारी तृष्णा के फिर आना
इस जहाज़ को बन्दर में पहुँचा जाना फिर आकर।

तब इस भोगी रोगी संसारी सम्पृक्त हृदय में
ओ अपनी लालसा, गर्व भर जाना
फिर हम निकलें
इस यान्त्रिक युग में भी अपनी जानी-पहचानी नौका के
तार-तार पालों को खोले
छलनी-छलनी काठ हमारी और परीक्षित-दीक्षित हो ले
यदि डगमग डोले तो डोले
और किसी दैनिक सूर्योदय में हम देखें
किसी नये बनढँके अँधेरे का कोई जलधुला किनारा
जब हम कर सब, चुके हुए हों, सह सब, चुके हुए हों
जब हम कह सब, चुके हुए हों
तब तुम, तब तुम ज्वार हमारी तृष्णा के फिर आना
इस जहाज़ को बन्दर में पहुँचा जाना फिर आकर
रत्नद्वीप है जाना हमको
फिर अपने घर आना हमको
पार किसे करना है यह मुक्तासर, यह भवसागर ?

[27. 3. 1953]

माँग रहे हैं जीवन

अपनी उन्मद जीवन-आशा से हम दण्डित
माथे मुकुट व्यथा का बाँधे
इस क्षण की महिमा से मण्डित
हम वैज्ञानिक हैं, हम पण्डित हैं, हम खण्डित
शरणागत हम

विह्वल भोगी बिकल विलासी हम नरनारी
उद्वेलित आन्दोलित आलोड़ित संसारी
निश्चल पीड़ा आज हमारी
डाल दिए हैं हमने काँधे

तेरे चरणों पर रख कर हम शिर स्वर्णोज्ज्वल
माँग रहे हैं जीवन, हे प्रिय, हे जीवितपल
क्षण जी लें तब आगामी क्षण तक पहुँचा दे
ये तन दुर्बल, हारे-माँदे।

[31. 3. 1953]

भक्ति है यह

भक्ति है यह
ईश-गुण-गायन नहीं है
यह व्यथा है
यह नहीं दुख की कथा है
यह हमारा कर्म है, कृति है
यही निष्कृति नहीं है
यह हमारा गर्व है
यह साधना है—साध्य विनती है।

[1953]

धीर धर गया अगर

व्यथा व्यथा में भी अन्तर है इतना जिसमें देह समाय
एक किसी की आत्मकथा है, एक दुखी की मोटी हाय
एक अल्पसन्तोष हमारा—तनरक्षा का सहज उपाय
एक हमारी महदाकांक्षा—जीवन-परम्परा का दाय।

दुख में दुख में भी अन्तर है, जो सहनेवालों में है
एक खुले घावों में है दुख, एक पके छालों में है
उस दुख से क्या लेना-देना जो मरनेवालों में है
हम उस दुख के अन्वेषक हैं जो जीनेवालों में है।

इसी विकलता में जीना है, इससे कैसा क्यों बचना
यही कष्ट तन का है मन का; नित्य आँच में है तचना
अगर साँच को आँच नहीं तो दुख को सच होगा जँचना
धीर धर गया अगर वीरवर तो कर जाएगा रचना।

[1953]

धिक् मेरी व्यथा को

मैंने ही तुम्हें अपने दुर्गुण बताए हैं
इतना कभी तुमने नहीं चाहा कि जान लो
कभी मेरी इस गठरी पर शक भी नहीं किया
तुमने व्यथा दी, समवेदना भी दी, क्षमा, ममता भी दी
नहीं कभी पूछा, "कौन है पात्र ?"—चुना नहीं।
लक्ष्मी, करुणावती थीं तुम, विलासी था मैं
किन्तु धिक् मेरी व्यथा को
जो और अधिक दया ही माँगती रही
—बन्दिनी नारी की दया जो केवल तन का समर्पण है।

[1953]

इतना ग़ुस्सा

चिटख़ती क्यों हो
इतना ग़ुस्सा !
बोसा भी तो नहीं
लिया है सिर्फ़ बुस्सा।

[1953]

वसन्त

वही आदर्श मौसम
और मन में कुछ टूटता-सा :
अनुभव से जानता हूँ कि यह वसन्त है।

[1953]

मर्म

तू हतविक्रम श्रमहीन दीन
निज तन के आलस से मलीन
माना यह कुण्ठा है युगीन
पर तेरा कोई धर्म नहीं ?

यह रिक्त-अर्थ उन्मुक्त छन्द
संस्मरणहीन जैसे सुगन्ध,
यह तेरे मन का कुप्रबन्ध—
            यह तो जीवन का मर्म नहीं।

[1953]

चरण-चिह्न

भभकती रेत : नंगे पैर
या पूनो : दुकेले सैर
पैरों के लिए कुछ भी नहीं है भिन्न
            चाहे आयँ चाहे जायँ
पग हर एक दुख का भार उतना ही उठाता है :
समय की रेत पर मेरे (बड़ों के) पदतलों के चिह्न
चाहे अमिट भी हो जायँ
यानी हवा पानी या किलकती बालिकाओं का
                        सुघर खिलवाड़
टस से मस न उन को कर सके
तो भी चरण के चिह्न अपनी दाब की
                        गहराइयों में
क्या कहीं यह भी लिखा-सा छोड़ जाएँगे
कि ऐसे रेत में चलना थकाता है ?

[1953]

जो कह डाला

सच? वह? जो हमने पाया था?
वह कह डाला :

जो कह डाला वह कह डाला
हालाँकि हमें वह तोड़ गया
यह एक अजब-सी घटना है
कुछ बहुत, बहुत-कुछ तो वह हममें जोड़ गया
लेकिन ये सब हैं अब बिलकुल-बिलकुल ख़ाली
अब नहीं रहे अपने खातिर इस्तेमाली
उस आलिंगन के इस चुम्बन के वे अंकन
जो इस तन पर वह छोड़ गया।

यह नहीं कि वह अनुभव केवल तीखा था
बस यह भी नहीं कि उसमें सहसा कोई सच दीखा था
हाँ, यह भी नहीं कि चौकन्ने हो तब से
यह नहीं कि अब हम सीख गए हों बचते हैं किस ढब से
हम पहले जितने तत्पर थे हम अब भी उतने तत्पर हैं
हम पहले जितने आतुर थे हम अब भी उतने आतुर हैं
हम पहले बहुत बहादुर थे, हम अब भी बहुत बहादुर हैं
फिर चोट वहीं पर खाएँगे यह घाव जहाँ हो आया है
जितना ज़िद्दी है मन उतनी हट्टी-कट्टी यह काया है।

[1953. इसी वर्ष *नया साहित्य* (16 दिसंबर) में प्रकाशित]

इतने शब्द कहाँ हैं

इतने अथवा ऐसे शब्द कहाँ हैं जिनसे
मैं उन आँखों कानों नाक दाँत मुँह को
पाठकवर,
आज आपके सम्मुख रख दूँ
जैसे मैंने देखा था उनको कल-परसों।

वह छवि मुझमें पुनरुज्जीवित कभी नहीं होती है
वह मुझमें है। है। वह यह है
मैं भी यह हूँ
मेरे मुख पर अक्सर जो आभा होती है।

[1953]

कैसे

मैं अलग रहूँ
तेरी क्षुद्र अकुलाहट से मेरी यह विशालतर करुणा
अलग रहे—
यह कैसे सम्भव है ?
तू मिल; मिलकर शान्त हो
वह मिलना भूल जा
तेरे उस तन्मय क्षण से मेरा जीवन-धन
कैसे अलग रहे ?

[1954]

जब मैं तुम्हें

जब मैं तुम्हारी दया अंगीकार करता हूँ
किस तरह मन इतना अकेला हो जाता है ?

सारे संसार की मेरी वह चेतना
निश्चय ही तुममें लीन हो जाती होगी।

तुम उसका क्या करती हो मेरी लाडली—
—अपनी व्यथा के संकोच से मुक्त होकर
जब मैं तुम्हें प्यार करता हूँ।

[1954]

स्वीकार

तुममें कहीं कुछ है
कि तुम्हें उगता सूरज, मेमने, गिलहरियाँ, कभी-कभी का मौसम
जंगली फूल-पत्तियाँ, टहनियाँ—भली लगती हैं

आओ उस कुछ को हम दोनों प्यार करें
एक दूसरे के उसी विगलित मन को स्वीकार करें।

[1954]

आज फिर शुरू हुआ

आज फिर शुरू हुआ जीवन
आज मैंने एक छोटी सी सरल सी कविता पढ़ी
आज मैंने सूरज को डूबते देर तक देखा

जी भर आज मैंने शीतल जल से स्नान किया

आज एक छोटी सी बच्ची आई, किलक मेरे कन्धे चढ़ी
आज मैंने आदि से अन्त तक एक पूरा गान किया

आज फिर जीवन शुरू हुआ।

[1954]

पानी

पानी का स्वरूप ही शीतल है

बाग़ में नल से फूटती उजली विपुल धार
कल-कल करता हुआ दूर-दूर तक जल
हरेरी में सीझता है
मिट्टी में रसता है
देखे से ताप हरता है मन का, दुख बिनसता है।

[1954. *नयी कविता-4* (1959) में प्रकाशित]

माला

प्रतिदिन एक बिछोह हुआ है
प्रतिदिन मैंने मोह किया
वन-उपवन में जो कुछ पाया
जयमाला में पोह दिया

अनगढ़ है पर सुन्दर है यह
मेरे मन का संचय है
फूल विवश मुरझा जाएँ

पर धागा ? वह मृत्युंजय है

गुँथी रहेगी माला, चाहे
जग सौरभ से भर न सके
जीवन की जय हो, यह जन
यह रण चाहे जय कर न सके।

[25. 9. 1954. 16. 2. 1956 को संशोधित]

पानी के संस्मरण

कौंध। दूर घोर वन में मूसलाधार वृष्टि
दुपहर : घना ताल : ऊपर झुकी आम की डाल
बयार : खिड़की पर खड़े, आ गई फुहार
रात : उजली रेती की पार; सहसा दिखी
शान्त नदी गहरी
मन में पानी के अनेक संस्मरण हैं।

[1954. *नयी कविता-4* (1959) में प्रकाशित]

अर्पित

गमले में उगा नन्ही-नन्ही पत्तियों का
हरा सजग बिरुवा मुझे शान्ति देता है।
तुम्हें क्या देती है तुम्हारी सेनापतियों, सैनिकों,
युद्धबन्दियों की पाँति ?
तुम जिस जीवन में जुते हो, अनुयायियो,
उसी में मैं भी अर्पित हूँ—
अपने कविधर्म से अपनी ही भाँति।

[1954. *युगचेतना* (फरवरी 1955) और *नयी कविता-4* (1959) में प्रकाशित। *युगचेतना* में यह कविता बिना शीर्षक के प्रकाशित है। *नयी कविता* में इसका शीर्षक है—'घोषणा']

प्रतीक्षा

दूसरे तीसरे जब इधर से निकलता हूँ
देखता हूँ, अरे इस वर्ष गुलमोहर में अभी तक फूल नहीं आया

—इसी तरह आशा करते रहना कितना अच्छा है
विश्वास रहता है कि वह प्रज्वलित रूप
मैं भूल नहीं आया।

[1954. *युगचेतना* (फरवरी 1955) तथा *नयी कविता-4* (1959) में प्रकाशित। *युगचेतना* में यह कविता बिना शीर्षक के छपी है। *नयी कविता* में इसका शीर्षक है—'गुलमोहर']

बौर

नीम में बौर आया

इसकी एक सहज गन्ध होती है
मन को खोल देती है गन्ध वह
जब मति मन्द होती है

प्राणों ने एक और सुख का परिचय पाया।

[1954. *युगचेतना* (फरवरी 1955) और *नयी कविता-4* (1959) में प्रकाशित। *युगचेतना* में यह कविता बिना शीर्षक के छपी है। *नयी कविता* में इसका शीर्षक है—'इस बार नीम में']

चेंज

किसी ने दोस्त से अपने कहा, "कुछ चेंज कम पड़ गई है;
क्या है?"
दुखी मैं भी खड़ा था, कहा, 'है, पर आप क्यों मुझसे
भला लेंगे?
न मेरा आप दुख जानें
न मैं दुख आपका जानूँ।"

[1954]

सभी लुजलुजे हैं

सभी लुजलुजे हैं,
मोलतोल करते हैं, हिचकिचाते हैं, मुकर जाते हैं
ऐंठते हैं, बिछ जाते हैं

तपाक से मिलते हैं, कतरा जाते हैं
बीड़ा उठाते हैं, बरा जाते हैं
सभी लुजलुजे हैं
गिजगिज हैं, गिलगिल हैं।

खौंखियाते हैं, किंकियाते हैं, घुन्नाते हैं
चुल्लू में उल्लू हो जाते हैं
मिनमिनाते हैं, कुड़कुड़ाते हैं
सो जाते हैं, बैठ रहते हैं, बुत्ता दे जाते हैं।

झाँय झाँय करते हैं, रिरियाते हैं,
टाँय टाँय करते हैं, हिनहिनाते हैं
गरजते हैं, घिघियाते हैं
ठीक वक़्त पर चीं बोल जाते हैं
सभी लुजलुजे हैं, थुलथुल हैं, लिबलिब हैं,
पिलपिल हैं,
सबमें पोल है, सबमें झोल है, सभी लुजलुजे हैं।

[1954]

नारी

नारी बिचारी है
पुरुष की मारी है
तन से क्षुधित है
मन से मुदित है
लपककर झपककर
अन्त में चित है।

[1954]

तर्क

यदि आप एक से सच्चा प्यार कर सकते हैं तो दो से भी
कर सकते हैं
यदि आप किसी को एक रूप में प्यार कर सकते हैं तो

दूसरे रूप में भी कर सकते हैं
यदि आप प्यार कर सकते हैं तो आप बाक़ी सब कुछ भी
कर सकते हैं
यदि आप नहीं कर सकते हैं तो आप खुश रहिए, आप खुशी
से मर सकते हैं।

[1955]

ऐसा ही होता

नीचे घास
ऊपर आकाश
ऐसा ही होता यदि जीवन में विश्वास।

[संभावित रचनाकाल—1955. *सीढ़ियों पर धूप में* के अंतर्गत कवि के लेख 'कविता और करुणा' के अंत में उद्‌धृत]

तोड़ो

तोड़ो तोड़ो तोड़ो
ये पत्थर ये चट्टानें
ये झूठे बन्धन टूटें
तो धरती को हम जानें
सुनते हैं मिट्टी में रस है जिससे उगती दूब है
अपने मन के मैदानों पर व्यापी कैसी ऊब है
आधे आधे गाने

तोड़ो तोड़ो तोड़ो
ये ऊसर बंजर तोड़ो
ये चरती परती तोड़ो
सब खेत बनाकर छोड़ो
मिट्टी में रस होगा ही जब वह पोसेगी बीज को
हम इसको क्या कर डालें इस अपने मन की खीज को?
गोड़ो गोड़ो गोड़ो?

[1955. *नयी कविता-4* (1959) में प्रकाशित]

दुनिया

हिलती हुई मुँडेरें हैं और चटखे हुए हैं पुल
बररे हुए दरवाज़े हैं और धँसते हुए चबूतरे
दुनिया एक चुरमुरायी हुई सी चीज़ हो गई है
दुनिया एक पपड़ियायी हुई सी चीज़ हो गई है

लोग आज भी खुश होते हैं
पर उस वक़्त एक बार तरस ज़रूर खाते हैं
लोग ज़्यादातर वक़्त संगीत सुना करते हैं
पर साथ साथ और कुछ ज़रूर करते रहते हैं
मर्द मुसाहबत किया करते हैं, बच्चे स्कूल का काम
औरतें बुना करती हैं—दुनिया की सब औरतें मिल कर
एक दूसरे के नमूनोंवाला एक अनन्त स्वेटर
दुनिया एक चिपचिपायी हुई सी चीज़ हो गई है।

लोग या तो कृपा करते हैं या खुशामद करते हैं
लोग या तो ईर्ष्या करते हैं या चुग़ली खाते हैं
लोग या तो शिष्टाचार करते हैं या खिसियाते हैं
लोग या तो पश्चात्ताप करते हैं या घिघियाते हैं
न कोई तारीफ़ करता है न कोई बुराई करता है
न कोई हँसता है न कोई रोता है
न कोई प्यार करता है न कोई नफ़रत
लोग या तो दया करते हैं या घमण्ड
दुनिया एक फँफुदियायी हुई सी चीज़ हो गई है।

लोग कुछ नहीं करते जो करना चाहिए तो लोग करते क्या हैं
यही तो सवाल है कि लोग करते क्या हैं अगर कुछ करते हैं
लोग सिर्फ़ लोग हैं, तमाम लोग, मार तमाम लोग
लोग ही लोग हैं चारों तरफ़ लोग, लोग, लोग
मुँह बाये हुए लोग और आँख चुँधियाये हुए लोग
कुढ़ते हुए लोग और बिराते हुए लोग
खुजलाते हुए लोग और सहलाते हुए लोग
दुनिया एक बजबजायी हुई सी चीज़ हो गई है।

[25. 2. 1957. इसी वर्ष *राष्ट्रवाणी* में 'लोग सिर्फ़ लोग हैं' शीर्षक से प्रकाशित]

शान्ति दो

शान्ति दो, शान्ति दो
चाहे वह कान्ति की बहन ही क्यों न हो
और वह नहीं दो तो कान्ति ही दो
फिर चाहे शान्ति भी दे देना

पर तब दया करके वह नहीं
जो कान्ति की बहन है।

[11. 7. 1957]

मेरा एक जीवन है

मेरा एक जीवन है
उसमें मेरे प्रिय हैं, मेरे हितैषी हैं, मेरे गुरुजन हैं
उसमें मेरा कोई अन्यतम भी है :

पर मेरा एक और जीवन है
जिसमें मैं अकेला हूँ
जिस नगर के गलियारों फ़ुटपाथों मैदानों में घूमा हूँ
हँसा-खेला हूँ
उसके अनेक हैं नागर, सेठ, म्युनिसिपल कमिश्नर, नेता
और सैलानी, शतरंजबाज़ और आवारे
पर मैं इस हाहाहूती नगरी में अकेला हूँ।

देह पर जो लता-सी लिपटी
आँखों में जिसने कामना से निहारा
दुःख में जो साथ आए
अपने वक़्त पर जिन्होंने पुकारा
जिनके विश्वास पर वचन दिए, पालन किया
जिनका अन्तरंग होकर उनके किसी क्षण में मैं भी जिया
वे सब सुहृद हैं, सर्वत्र हैं, सर्वदा हैं
पर मैं अकेला हूँ।

सारे संसार में फैल जाएगा एक दिन मेरा संसार
सभी मुझे करेंगे—दो चार को छोड़—कभी न कभी प्यार

मेरे सृजन, कर्म-कर्त्तव्य, मेरे आश्वासन, मेरी स्थापनाएँ
और मेरे उपार्जन, दान-व्यय, मेरे उधार
एक दिन मेरे जीवन को छा लेंगे—ये मेरे महत्त्व।
डूब जाएगा तन्त्रीनाद कवित्त-रस में, राग में, रंग में, मेरा
यह ममत्व
जिससे मैं जीवित हूँ।
मुझ परितृप्त को तब आकर वरेगी मृत्यु—मैं प्रतिकृत हूँ।

पर मैं फिर भी जियूँगा
इसी नगरी में रहूँगा
रूखी रोटी खाऊँगा और ठंडा पानी पियूँगा
क्योंकि मेरा एक और जीवन है उसमें मैं अकेला हूँ।

[1957. *युगचेतना* (सितंबर 1957) में 'एकांतवासी' तथा *नयी कविता-4* (1959) में 'वह जो बार-बार मरता है' शीर्षक से प्रकाशित]

धूप

देख रहा हूँ
लम्बी खिड़की पर रखे पौधे
धूप की ओर बाहर झुके जा रहे हैं
हर साल की तरह गौरैया
अब की भी कार्निस पर ला-ला के धरने लगी है तिनके
हालाँकि यह वह गौरैया नहीं
यह वह मकान भी नहीं
ये वे गमले भी नहीं, यह वह खिड़की भी नहीं
कितनी सही है मेरी पहचान इस धूप की।

कितने सही हैं ये गुलाब
कुछ कसे हुए और कुछ झरने-झरने को
और हल्की-सी हवा में और भी, जोखम से
निखर गया है उनका रूप जो झरने को हैं।

और वे पौधे बाहर को झुके जा रहे हैं
जैसे उधर से धूप इन्हें खींचे लिये ले रही है
और बरामदे में धूप होना मालूम होता है
जैसे ये पौधे बरामदे में धूप-सा कुछ ले आए हों।

और तिनका लेने फुर्र से उड़ जाती है चिड़िया
हवा का एक डोलना है : जिसमें अचानक
कसे हुए गुलाब की गमक है और गर्मियाँ आ रही हैं—
हालाँकि अभी बहुत दिन हैं—
कितनी सही है मेरी पहचान इस धूप की !

और इस गौरैया के घोंसले की कई कहानियाँ हैं
पिछले साल की अलग और उसके पिछले साल की अलग
एक सुगन्ध है
बल्कि सुगन्ध नहीं एक धूप है
बल्कि धूप नहीं एक स्मृति है
बल्कि ऊष्मा है, बल्कि ऊष्मा नहीं
सिर्फ़ एक पहचान है
हल्की-सी हवा है और एक बहुत बड़ा आसमान है
और वह नीला है और उसमें धुआँ नहीं है
न किसी तरह का बादल है
और एक हल्की-सी हवा है और रोशनी है
और यह धूप है, जिसे मैंने पहचान लिया है
और इस धूप से भरा हुआ बाहर एक बहुत बड़ा नीला
आसमान है
और इस बरामदे में धूप और हल्की-सी हवा और एक वसन्त।

[1957. *नयी कविता-4* (1959) में 'वसंत' शीर्षक से प्रकाशित]

आह, कितनी अच्छाइयाँ

आह, कितनी अच्छाइयों में से गुज़रा हूँ कि उनको सूत्रबद्ध
कर सकता हूँ
त्रुटिहीन ताल और लय की अनेक, देर तक वर्तमान
कृतियाँ हैं, दूसरों की, मेरी ओर फेंकी हुई, मेरे लिए
याद करता हूँ, वहाँ तक स्मृति जाती है जहाँ एक दीवाल है
और गरजकर लौट आती है अनेक चित्रों को नहलाती हुई।

बुनाइयों और छपाइयों को पसन्द करनेवाले उन लोगों के घरों की
सजावटों में जो अच्छे हैं, सूखा और सुरक्षित
मैं लौट आता हूँ। थकान और आधे अँधेरे आधे उजाले
के अनेक सम्पुजनों में से एक सम्पूर्ण हो जाता है

और लोगों की मुसकराहटें
असंख्य और असंख्य और असंख्य जीवन-बाधाओं के ऊपर
अलग-अलग मुक्त और प्रकट हैं।

[1958. *युगचेतना* (1958) में बिना शीर्षक के प्रकाशित]

भूले हुए शब्द की जगह

कितनी धड़कती भीड़ों में से ले आया
याद करना प्रार्थना के उस गीत का उसकी ठीक स्वरलिपि में

जो पंक्ति आधी याद थी
उस पर घुमड़कर खिल गई एक नई तितली,
धूप और फूल सहित सम्पूर्ण।
और एक शब्द भूले हुए शब्द की जगह रच गया जो
कवि देखता तो कह नहीं पाता कि वह उसका नहीं है।

[1958. इसी वर्ष *युगचेतना* में बिना शीर्षक के प्रकाशित]

दे दिया जाता हूँ

मुझे नहीं मालूम था कि मेरी युवावस्था के दिनों में भी
यानी आज भी
दृश्यालेख इतना सुन्दर हो सकता है :
शाम को सूरज डूबेगा
दूर मकानों की क़तार सुनहरी बुन्दियों की झालर बन जाएगी
और आकाश रंगारंग होकर हवाई अड्डे के विस्तार पर उतर आएगा
एक खुले मैदान में हवा फिर से मुझे गढ़ देगी
जिस तरह मौक़े की माँग हो :
और मैं दे दिया जाऊँगा।

इस विराट नगर को चारों ओर से घेरे हुए
बड़े बड़े खुलेपन हैं, अपने में पलटे खाते बदलते शाम के रंग
और आसमान की असली शकल।
रात में वह ज़्यादा गहरा नीला है और चाँद
कुछ ज़्यादा चाँद के रंग का
पत्तियाँ गाढ़ी और चौड़ी और बड़े वृक्षों में एक नयी ख़ुशबू-
वाले गुच्छों में सफ़ेद फूल

अन्दर, लोग;
जो एक बार जन्म लेकर भाई बहन माँ बन चुके हैं,
प्यार ने जिन्हें गला कर उनके अपने साँचों में हमेशा के लिए
ढाल दिया है
और जीवन के उस अनिवार्य अनुभव की याद
उनकी जैसी धातु हो वैसी आवाज़ उनमें बजा जाती है

सुनो सुनो, बातों का शोर;
शोर के बीच एक गूँज है जिसे सब दूसरों से छिपाते हैं
—कितनी नंगी और कितनी बेलौस !—
मगर आवाज़ जीवन का धर्म है इसलिए मढ़ी हुई करतालें बजाते हैं
लेकिन मैं,
जो कि सिर्फ़ देखता हूँ, तरस नहीं खाता, न चुमकारता, न
क्या हुआ क्या हुआ करता हूँ।
सुनता हूँ, और दे दिया जाता हूँ।
देखो, देखो, अँधेरा है
और अँधेरे में एक खुशबू है किसी फूल की
रोशनी में जो सूख जाती है

एक मैदान है जहाँ हम तुम और ये लोग सब लाचार हैं
मैदान के मैदान होने के आगे।
और खुला आसमान है जिसके नीचे हवा मुझे गढ़ लेती है
इस तरह कि एक आलोक की धारा है जो बाँहों में लपेट कर छोड़
देती है और गँधाते, मुँह चुराते, टुच्ची-सी आकांक्षाएँ बार बार
ज़बान पर लाते लोगों में
कहाँ से मेरे लिए दरवाज़े खुल जाते हैं जहाँ ईश्वर
और सादा भोजन है और
मेरे पिता की स्पष्ट युवावस्था।
सिर्फ़ उनसे मैं ज़्यादा दूर दूर तक हूँ
कई देशों के अधभूखे बच्चे
और बाँझ औरतें, मेरे लिए
संगीत की ऊँचाइयों, नीचाइयों में गमक जाते हैं
और ज़िन्दगी के अन्तिम दिनों में काम करते हुए बाप
काँपती साइकिलों पर
भीड़ में से रास्ता निकाल कर ले जाते हैं
तब मेरी देखती हुई आँखें प्रार्थना करती हैं
और जब वापस आती हैं अपने शरीर में, तब वह दिया जा
चुका होता है।

किसी शाप के वश बराबर बजते स्थानिक पसन्द के परेशान
संगीत में से
एकाएक छन जाता है मेरा अकेलापन
आवाज़ों को मूर्खों के साथ छोड़ता हुआ
और एक गूँज रह जाती है शोर के बीच जिसे सब दूसरों
से छिपाते हैं
नंगी और बेलौस,
और उसे मैं दे दिया जाता हूँ।

[1958]

सुकवि की मुश्किल

ये और आया है एक हल्ला, जो बच सकें तो कहो कि बचिए
जो बच न पाएँ तो क्या करूँ मैं, जो बच गए तो बहुत समझिए
सुकवि की मुश्किल को कौन समझे, सुकवि की मुश्किल सुकवि
की मुश्किल
किसी ने उनसे नहीं कहा था कि आइए आप काव्य रचिए।

[1959]

आत्महत्या के विरुद्ध
[1957-'67]

समय आ गया है
जब तब कहता है सम्पादकीय
हर बार दस बरस पहले मैं कह चुका होता हूँ
कि समय आ गया है

एक गाली, ऊबी, पीली, रोशनी, बीबी,
रोशनी, धुआँ, जाला, यमन, हरमुनियम अदृश्य
डब्बाबन्द शोर
गाती गला भींच आकाशवाणी अन्त में टड़ंग

नगर निगम ने त्योहार जो मनाया तो जनसभा की
मक्कार मरमरा मंत्री मुसद्दीलाल महन्त मंच पर
चढ़ा
छाती पर जनता की
बसन्ती रंग जानते थे न पंसारी न मुसद्दीलाल
दोनों ने राय दी
कन्धे से कन्धा भिड़ा ले चलो
पालकी

अकादमी की महापरिषद की अनन्त बैठक
अदबदा कर निश्चित कर देती है जब कुछ और नहीं पाती
तो अब का स्तर
एक नीली उँगली का निशान डाल दस्तख़त कर
तले हुए नाश्ते की तेलौस मेज़ पर

कल से ज़्यादा लोग पास मँडराते हैं
ज़रूरत से ज़्यादा ज्ञान पास ज़रूरत से ज़्यादा नीरोग
शक से कि व्यर्थ है जो मैं कर रहा हूँ
क्योंकि जो कह रहा हूँ उसमें अर्थ है।

कवि की हस्तलिपि में 'आत्महत्या के विरुद्ध' की कुछ पंक्तियाँ

वक्तव्य

अक्सर मुझे यह अहसास—एक तीखा अहसास—साहित्य के बारे में दुबारा सोचने को मजबूर करता है कि क्या आज हम यानी साहित्यकार अपनी उस ख़ास दुनिया से बेगाने नहीं होते जा रहे हैं जिसमें रहकर हम दुनिया में एक ख़ास ढंग से हिस्सा लेते और फिर एक ख़ास ढंग से ही उससे अलग हो जाते हैं। वह हमारी ख़ास दुनिया या तो नकली उदासीनता से या सतही दिलचस्पी से कमोबेश छिन्न-भिन्न हो चली है। अगर कोई चीज़ उसे सम्हाले हुए है तो वह यह ज़िद है कि साहित्य की आज भी अपनी एक दुनिया है और साहित्यकार की अपनी एक ज़िन्दगी।

मैं कहानी, कविता या नाटक में बाँटकर इस सवाल को आसान नहीं बनाना चाहता, लेकिन इतना ज़रूर कहना चाहता हूँ कि तीनों में शब्द के तीन तरह के इस्तेमाल की वजह से रचना की मुश्किलें हमें तीन तरफ़ को ले जाती हैं। रचना से गुज़रकर भले ही हम उसी एक मुश्किल पर आ जाते हों जिसका मैंने शुरू में ज़िक्र किया है।

पहले हम उस दूसरी दुनिया को देखें जिसमें हमें पहले से ज़्यादा रहना पड़ रहा है लेकिन जिससे हम न लगाव साध पा रहे हैं न अलगाव। लोकतन्त्र—मोटे, बहुत मोटे तौर पर लोकतन्त्र ने हमें इनसान की शानदार ज़िन्दगी और कुत्ते की मौत के बीच चाँप लिया है। इस स्थिति में सबसे आसान यह पड़ता है कि व्यक्ति-स्वातन्त्र्य की अभी तक बची सुविधा का फ़ायदा उठाकर मैं अपने लिए बचे रहने की निजी, बिलकुल अहस्तान्तरणीय रियायत ले लूँ। उससे कुछ मुश्किल यह है कि मैं यह रियायत अस्वीकार करूँ और उनके आसरे ज़िन्दा रहूँ जो इनसान के लिए दूसरे हथियारों से लड़ते हैं—साहित्येतर हथियारों से! सबसे मुश्किल और एक ही सही रास्ता है कि मैं सब सेनाओं में लड़ूँ—किसी में ढाल सहित, किसी में निष्कवच होकर—मगर अपने को अन्त में मरने सिर्फ़ अपने मोर्चे पर दूँ—अपनी भाषा के, शिल्प के और उस दोतरफ़ा ज़िम्मेदारी के मोर्चे पर जिसे साहित्य कहते हैं।

विराट भीड़ों के समाज को बदलने का आज सिर्फ़ एक साधन है : वह है उस सत्ता का उपयोग जो समुदाय का एक-एक व्यक्ति अलग-अलग निर्णयों से कुछ हाथों में देता है। सरकार, जो राज्य की प्रतिनिधि है, जो समाज की प्रतिनिधि है, जैसी भी वह हो सकती है—अधूरी, टूटी, नकली, मिलावटी, मूर्ख—अकेला कारगर साधन भीड़ के हाथ में है। मैं इस साधन के अधिक-से-अधिक सही इस्तेमाल के लिए लड़े बिना नहीं रह सकता लेकिन इसके माने यह नहीं कि मैं भीड़ का क़ायल हूँ। मैं बदमाशों, गधों, आधे पागलों और मक्कारों के लिए एक ज़िम्मेदारी महसूस करता हूँ पर जो कुछ मैं रचता हूँ सिर्फ़ अपनी ज़िम्मेदारी पर रचता हूँ—या फिर नहीं रचता। फ़िलहाल अपने को रचने योग्य बनाए रखने में लगा रहता हूँ।

इस तरह कह देने में यह संकट सुलझ जाता है, संकट नहीं रहता—जैसा कि व्याख्या करने

से हर संकट के साथ होवेगा—लेकिन करने में यही संकट है जो मेरा आज का संकट है। राजनीति की ओर मेरा यही रवैया है—संकटकालीन रवैया कह लीजिए—कि 'वह बहुत ज़रूरी है' या 'वह फ़िज़ूल है' दोनों फ़तवे संकट से भागने के बहाने हैं—वह बहुत ज़रूरी है, पर मैं भी अपने लिए बहुत ज़रूरी हूँ—अपनी उस कला-परम्परा के लिए जिसमें मैं अपनी एक मूर्ति बनाता और एक ढहाता हूँ और आप कहते हैं कि कविता की है।

वह संकट की दुनिया हमारी जमात की (सिर्फ़ इसी मामले में मैं साहित्यकारों की जमात का ज़िक्र कर सकता हूँ) ख़ास दुनिया है। अफ़सोस है हम उससे बेगाने होते जाते हैं—और जब तक उसमें रहते हैं आधे ज़िन्दा रहते हैं (यह शब्द अधमरे से ज़्यादा सही है) और जब मरते हैं तो दूसरी दुनिया में—वह राजनीति की हो या राजनीति के विरोध की—जाकर मरते हैं। भाइयो, अगर हम अपनी दुनिया में जूझते-जूझते ज़िन्दा नहीं रह सकते तो कम-से-कम इतना करें कि जब मरना पड़े तो उसी में मरने की कोशिश करें।

प्रथम संस्करण, 1967

—रघुवीर सहाय

दूसरे संस्करण की भूमिका

नेपथ्य से

आत्महत्या के विरुद्ध का दूसरा संस्करण मेरे लिए एक साधारण घटना नहीं है। पाठकों ने इसे पसन्द किया और आलोचकों ने इसे विवेचना के योग्य माना, इससे हर कवि की तरह मुझे भी संतोष और आत्मविश्वास मिला है किन्तु इससे बढ़कर मुझे इन कविताओं को स्वयं दुबारा पढ़ने से अपनी रचनात्मक कमज़ोरियों और सफलताओं की जो समझ मिली है वह मेरे लिए महत्त्वपूर्ण है।

अपनी इन कविताओं को मैं एक प्रकार से पीछे छोड़ आया हूँ और एक प्रकार से इनमें से कुछ मेरे काव्य व्यक्तित्व का, जैसा मैं उसे जानता हूँ, अभिन्न अंग बन चुकी हैं। मुझे यह प्रतीति है कि वह काव्य व्यक्तित्व ठीक वही नहीं है जैसा पाठक उसे जानते हैं और दूसरा संस्करण छपते समय तो यह प्रतीति एक व्यंग्यमिश्रित विस्मय बन जाती है—पाठक और अपने बीच एक सम्बन्ध को देखकर जो हम दोनों में से किसी ने दुराव के लिए नहीं बनाया है पर जिसमें निहित प्रीति के कारण, मैं जानता हूँ कि आलोचक और पाठक के मन में ठीक वही नहीं हैं जो मुझे तृप्तिकर होते।

कविता के अमरत्व में मेरा विश्वास नहीं है, किन्तु कविता लिखी जाने के बाद अपनी एक ज़िन्दगी जीती है और कभी-कभी वह काफ़ी लम्बी भी हो सकती है। कभी-न-कभी उसके मर जाने का दुख कवि को नहीं होना चाहिए—उसके लिए तो वह लिखी जाते ही मर चुकी होती है। किन्तु उसे जो बार-बार अलग-अलग समय में पढ़ते हैं वे यदि जीवन से कुछ ले रहे हों और स्वयं उनकी जीने की और बनाने की इच्छा बार-बार जी रही हो तो सम्भव है कि वे पुरानी कविताओं में भी जान डालते रहें—कविता इसी अर्थ में जीती रह सकती है। यही कवि भी अपनी कविता को दुबारा पढ़कर करता है पर वह किसी मरी हुई कविता को भी नहीं कह सकता कि यह मेरी नहीं थी।

एक बार फिर इन कविताओं को आपके हाथ सौंपते हुए मैं एक पुरानी बात दोहराना चाहता हूँ : 'वह कितना सुन्दर था जो मैंने पाया था और मैं चला आया हूँ और दुखी नहीं हूँ'; कविता लिखी जाते ही मर जाती है का यही अर्थ है।

मई 1976

—रघुवीर सहाय

तीसरे संस्करण की भूमिका

यह संस्करण

आत्महत्या के विरुद्ध का यह तीसरा संस्करण कुछ देर से ही आया है; लम्बे समय से यह कविता संग्रह अप्राप्य था और राजकमल के सूचीपत्रों में इसके विषय में यही सूचना छपती रहती थी। प्रथम बार 1967 में प्रकाशित होने पर सहृदय समाज में और गुरुजनों में इसे मान मिला और आलोचनाजगत में यह नयी कविता में एक नए जीवन के अध्ययन का विषय माना गया। 'इसमें काव्य नहीं अखबारी कतरनें हैं' कुछ ऐसा विवाद भी उठाया गया। इस विवाद के साहित्यिक कारण मुझे आज भी स्पष्ट नहीं हैं परन्तु इतना जानता हूँ कि अख़बार में लिखना या ख़बरनवीसी करना मैंने 1947 से ही अपनी मातृभाषा में उतना ही रचनात्मक माना है जितना कविता करना। जिन दिनों मैं 1960-67 में *आत्महत्या के विरुद्ध* की कविताएँ लिख रहा था उन दिनों रेडियो, टेलीविजन और अख़बार में इन माध्यमों की विद्या में सिद्धि पाने में संलग्न हुए मुझे कम-से-कम बीस वर्ष हो चुके थे। मैंने इन तीनों संस्थानों में बाक़ायदा नौकरी की—जबकि साहित्यकारों में आमतौर से ये काम या तो साहित्य की गरिमा के प्रतिकूल या सरकारी सम्मान के अनुकूल माने जाते थे—रेडियो में सलाहकारी और अनुवाद विभागों में शब्द-निर्माण करने को घोषित रूप से साहित्य-रचना में बाधक माना गया था मगर हिन्दी की पूजा और सेवा करने का मोह हिन्दी-प्रदेश में 1947 के बाद पहले बुजुर्गों को और फिर तुरन्त ही पूरी-की-पूरी एक नयी पीढ़ी को कठमुल्ला अनुवादक बनाने खींच ले गया था। मुझे स्वाभिमान है कि मैंने मातृभाषा और राष्ट्रभाषा की न सेवा की और न पूजा की, मैंने उसे बरता और मेरी कविताएँ उसी बरतने की उपज हैं, विशेष रूप से *आत्महत्या के विरुद्ध* की कविताएँ। कविताएँ अख़बारी भी हो सकती हैं, जैसे कवि-सम्मेलन छाप कविताएँ स्वभावतया होती हैं परन्तु आज कितने ही समर्थ कवि रेडियो और अख़बार में नौकरी कर रहे हैं और पिछली पीढ़ी की तरह यह रोना नहीं रो रहे हैं कि इससे उनकी साहित्य-रचना की क्षमता मर गई है। इसके विपरीत इनमें से जो यथेष्ठ जागरूक पत्रकार हैं उनकी यथार्थ के प्रति दृष्टि व्यापक, काव्य की अनुभूति उदार तथा अभिव्यक्ति समर्थ ही हुई है। वे इन दोनों का क्या प्रयोजन करते हैं, यह उनका कृतित्व ही सिद्ध करेगा। इसी तरह कविता की श्रेष्ठता को कविता ही सिद्ध करेगी; न कवि की सामाजिक-राजनैतिक पदवी सिद्ध करेगी न उसकी व्यावसायिक प्रतिष्ठा।

आत्महत्या के विरुद्ध का दूसरा संस्करण पहले के नौ वर्ष बाद प्रकाशित हुआ था और कुछ वर्ष के भीतर अप्राप्य हो गया था। यदि किसी प्रेमी पाठक को पुस्तक के लिए अकारण प्रतीक्षा करनी पड़ी हो तो आशा है, विलम्ब को क्षमा करेंगे।

—रघुवीर सहाय

9 अगस्त, 1985

चढ़ती स्त्री

बच्चा गोद में लिये
चलती बस में
चढ़ती स्त्री

और मुझमें कुछ दूर तक घिसटता जाता हुआ।

स्वाधीन व्यक्ति

इस अँधेरे में कभी-कभी
दीख जाती है किसी की कविता
चौंध में दिखता है एक और कोई कवि
हम तीन कम-से-कम हैं, साथ हैं।

आज हम
बात कम काम ज़्यादा करना चाहते हैं
इसी क्षण
मारना या मरना चाहते हैं
और एक बहुत बड़ी आकांक्षा से डरना चाहते हैं
ज़िलाधीशों से नहीं।

कुछ भी लिखने से पहले हँसता और निराश
होता हूँ मैं
कि जो मैं लिखूँगा वैसा नहीं दिखूँगा
दिखूँगा या तो
रिरियाता हुआ
या गरजता हुआ
किसी को पुचकारता
किसी को बरजता हुआ
अपने में अलग सिरजता हुआ कुछ अनाथ

मूल्यों को
नहीं मैं दिखूँगा।

खण्डन लोग चाहते हैं या कि मण्डन
या फिर केवल अनुवाद लिसलिसाता भक्ति से
स्वाधीन इस देश में चौंकते हैं लोग
एक स्वाधीन व्यक्ति से

बहुत दिन हुए तब मैंने कहा था लिखूँगा नहीं
किसी के आदेश से
आज भी कहता हूँ
किन्तु आज पहले से कुछ और अधिक बार
बिना कहे रहता हूँ
क्योंकि आज भाषा ही मेरी एक मुश्किल नहीं रही

एक मेरी मुश्किल है जनता
जिससे मुझे नफ़रत है सच्ची और निस्संग
जिस पर कि मेरा क्रोध बार-बार न्योछावर होता है

हो सकता है कि कोई मेरी कविता आख़िरी कविता हो जाए
मैं मुक्त हो जाऊँ
ढोंग के ढोल जो डुंड बजाते हैं उस हाहाकार में
यह मेरा अट्टहास ज़्यादा देर तक गूँजे खो जाने के पहले
मेरे सो जाने के पहले।
उलझन समाज की वैसी ही बनी रहे

हो सकता है कि लोग लोग मार तमाम लोग
जिनसे मुझे नफ़रत है मिल जाएँ, अहंकारी
शासन को बदलने के बदले अपने को
बदलने लगें और मेरी कविता की नकलें
अकविता जाएँ। बनिया बनिया रहे
बाम्हन बाम्हन और कायथ कायथ रहे
पर जब कविता लिखे तो आधुनिक
हो जाए। खीसें बा दे जब कहो तब गा दे।

हो सकता है कि उन कवियों में मेरा सम्मान न हो
जिनके व्याख्यानों से सम्राज्ञी सहमत हैं

घूर पर फुदकते हुए सम्पादक गद्‌गद हैं

हो सकता है
हो सकता है कि कल जबकि अँधेरे में दिखे
मेरा कवि बन्धु मुझे
वह न मुझे पहचाने, मैं न उसे पहचानूँ।
हो सकता है कि यही मेरा योगदान हो कि
भाषा का मेरा फल जो चाहे मेरी हथेली से खुशी से चुग ले।
अन्याय तो भी खाता रहे मेरे प्यारे देश की देह।

[13. 6. 1966. *कल्पना* (नवंबर 1966) में 'स्वाधीन कवि' शीर्षक से प्रकाशित]

मेरा प्रतिनिधि

उसके दिल की धड़कन
उस दिल की धड़कन है
भीड़ के शिकार के
सीने में जो है

हाहाकार
उठता है घोष कर
एक जन
उठता है रोष कर
व्याकुल आत्मा से आक्रोश कर
अकस्मात्
अर्थ
भर जाता है पुरुष वह
हम सबके निर्विवाद जीने में।

सिंहासन ऊँचा है सभाध्यक्ष छोटा है
अगणित पिताओं के
एक परिवार के
मुँह बाये बैठे हैं लड़के सरकार के
लूले काने बहरे विविध प्रकार के
हल्की-सी दुर्गन्ध से भर गया है सभाकक्ष।
सुनो वहाँ कहता है
मेरा प्रतिनिधि

मेरी हत्या की करुण कथा

हँसती है सभा
तोंद मटका
ठठाकर
अकेले अपराजित सदस्य की व्यथा पर
फिर मेरी मृत्यु से डरकर चिंचियाकर
कहती है
अशिव है अशोभन है मिथ्या है।

मैं
कि जो अन्यत्र
भीड़ में मारा गया था

लिये हुए मशअलें रात में
लोग
मुझे लाये थे साथ में
काग़ज़
था एक मेरे हाथ में
मेरी स्वाधीन जन्मभूमि पर जन्म लिये होने का मेरा प्रमाणपत्र।

मारो मारो मारो शोर था मारो
एक ओर साहब था
सेठ था सिपाही था
एक ओर मैं था
मेरा पुत्र और भाई था
मेरे पास आकर खड़ा हुआ एक राही था
एक ओर आकाश में हो चला था भोर।
मैं अपने घर में फिर
वापस आऊँगा
मैंने कहा

बीस वर्ष खो गए भरमे उपदेश में
एक पूरी पीढ़ी जनमी पली पुसी क्लेश में
बेगानी हो गयी अपने ही देश में
वह
अपने बचपन की
आज़ादी

छीनकर लाऊँगा।

तभी मुझे क़त्ल किया लो मेरे प्रतिनिधि मेरा प्रमाण
घुटता था गला व्यर्थ सत्य कहते-कहते
वाणी से विरोध कर तन से सहते-सहते
सील भरी बन्द कोठरी में रहते-रहते
तोड़ दिया द्वार आज; देखो देखो मेरी मातृभूमि का उजाड़ !

[जनवरी 1967]

अधिनायक

राष्ट्रगीत में भला कौन वह
भारत-भाग्य-विधाता है
फटा सुथन्ना पहने जिसका
गुन हरचरना गाता है।
मख़मल टमटम बल्लम तुरही
पगड़ी छत्र चँवर के साथ
तोप छुड़ाकर ढोल बजाकर
जय-जय कौन कराता है।
पूरब-पच्छिम से आते हैं
नंगे-बूचे नरकंकाल
सिंहासन पर बैठा, उनके
तमग़े कौन लगाता है।
कौन-कौन है वह जन-गण-मन-
अधिनायक वह महाबली
डरा हुआ मन बेमन जिसका
बाजा रोज़ बजाता है।

भीड़ में मैकू और मैं

जब समाजवादी दल खोज रहा था लड़के
मन्त्री बनने के लिए अगली सरकार में
मैं खोज रहा था भीड़ में रामलाल
वही मिल जाय अगर मैकू न मिले तो

मरते मनुष्यों के मध्य खड़ा मक्कार मन्त्री

कहता है सविश्वास
सरकार सिंचाई करे
सुनते हैं लड़के, अधेड़ पढ़ते हैं, याद करते हैं बूढ़े
यह विचार, अख़बार सीने पर धर जाता है लोंहे के
अक्षरों में एक धौंस, कोई छटपटाता नहीं।

चार बुद्धिजीवी घास पर बैठे हुई क्रान्तिवार्ता
हर कोई अपने को विद्रोह न करने के लिए फटकारता
अन्त में बचा एक ठस कार्यकर्ता—पार्टी की शक्ति—
घर छोड़ आया अपढ़ बच्चों को शहर में विचरता
विचारता किसी दिन एक प्रबल उथल-पुथल
बदल देगी क़स्बे की चेतना
बड़े कष्ट से मैं पिछले कुछ बरसों में
अपने को खींचकर लाया था दर्पण तक
उसमें जब देखा, देखी एक भीड़
मेरी तरह पटिया चिकनाए हुए

भीड़ में मैल का अपना रंग
भीड़ में एक मैलख़ोरा रंग
कुम्हलाए चेहरे, राष्ट्रीयता, व्यक्तिगत हाज़मे
ठुड्डियाँ
खून का दौरा, निजी बाल
निजी बग़ल
शहर में इन्सान एक ठोस व्यक्ति है और खोखला खब्द
गाँव में एक खोखला पिंजर और एक खोखला शब्द

रोज़-रोज़ थोड़ा-थोड़ा मरते हुए लोगों का झुण्ड
तिल-तिल खिसकता है शहर की तरफ़ :
फ़रमाइशी सम्भोग में सुनो एक उखड़ी साँस की
साँय-साँय, इस महान देश में क्या करें, कहाँ जायँ
घबराते लड़के गदराती औरत लेकर।

गन्ध भीड़ से नहीं स्त्री की पीठ से आती है
रँगी-चुँगी पंजाबिन धुली-पुँछी बंगालिन रूखी मराठिन के
सर से मरे इन्तज़ार की गन्ध, भीड़ में इन्तज़ार
जेठ की धूप में एक-दूसरे से सटी खुश औरतों की प्यार भरी
लम्बी कतार।

कितनी दूर कितनी दूर राजधानी से अकाल
मक्खन लो रोटी लो
चलो वहाँ हो आएँ
संस्कृति की गुदगुदी, करुणा की झुरझुरी बहस की भुखमरी
ले आएँ, बहस-बहस-तहस-नहस दूब हल्दी अच्छत
देख आएँ देवी-देउता का ठाँव पानी बिना सूना
मक्खन लो रोटी लो
चलो वहाँ हो आएँ
देख आएँ दिग्विजयनारायणसिंह ने
क्या किया भोलारामदास का
अलग-अलग खाती पकाती इस जाति ने
क्या किया जात पूछने के बाद प्यास का

भीड़ में मैलख़ोरी गन्ध मिली
भीड़ में आदिम मूर्खता की गन्ध मिली
भीड़ में
मुझे नहीं मिली मेरी गन्ध
जब मैंने साँस भर उसे सूँघा

पंडित राजाराम के ठंडे कमरे में
भीड़ का हिसाब हो रहा था
वहाँ मैंने पंडितजी को
सूँघा

गया वाजपेयी जी से पूछ आया देश का हाल
पर उढ़ा नहीं सका एक नंगी औरत को
कम्बल रेलगाड़ी में बीस अजनबियों के सामने
बेचू वल्द निरहू, ढोड़े मँगरे पाँचू गोबरे
पाँच भाई
बैठे थे
जाने कहाँ से न जाने कहाँ को जा रहे थे
डाँड़ भरने के लिए; तीन दिन तीन रात मैंने सफ़र किया
तीसरे दर्जे में अन्त में एक भिनभिनाते क़स्बे में पहुँचा
पिछड़े रिश्तेदारों के यहाँ; ढोड़े मँगरे होरे रस्ते में उतर गए।

ख़ब्ती औरत

हौंकता अन्धड़ अन्धा बाप गोद में मुँह खोले हाँफता बच्चा
दिखलाकर उसने दोहत्थड़ दिमाग़ पर मारा दिल दहलाकर
तिलमिलाकर मैंने हाथ जेब में डाला निकली अठन्नी
नहीं दी
वह बहुत थी

एक औरत, दो बच्चे, एक गोद एक पैदल
पता पूछती रहती है प्रधानमन्त्री का
दस बरस बेदख़ल हुए उसे हुए पाँच अधपागल

अत्याचार समाचार बन बह गया इंसान का अपमान छपा नहीं
दस बरस मुझे भी जड़ हो गए हुए
अब रह गया सिर्फ़ उस औरत का ख़ब्त

मैंने जब खा लिया घर से चल एक क्लर्क एक पुलिस कप्तान
एक उपसचिव एक दिनकर बुनकर लोहार कुम्हार पटहार
रामकुमार को मैंने अपना दिल उधार दिया
उसको गुँजाया गरमाया कमकर के लिए
थककर कुदाली रखकर जब उसने मुझ पर नज़र डाली
उसकी ख़ाली आँखों में था तिरस्कार

हम सब जानते थे ग़रीब क्या चीज़ होती है
हम सब ग़रीबी को बिसरा चुके थे
हममें से एक ने कहा रोज़ कम खाना मेरे दो बच्चों को तोड़ता
मरोड़ता कुतरता है रोज़-रोज़ कुछ समझे ?
बुझते हुए धीरे-धीरे एक दिन हज़ार लोग रोज़
सहने के अन्तिम कगार पर खड़े हो
भारतवर्ष में फलाँग पड़ते हैं
व्यक्ति-स्वातन्त्र्य के समुद्र में कोई धमाका नहीं

तब गज़ब का सफ़ेद कुरता पहने हुए
बोला उपप्रधानमन्त्री लेखक-सभा में
हममें से हरएक कपड़ों के नीचे तो नंगा है
फिर मुस्कराया मशीन पर

झप से अन्तर्ज्योति मुखड़े पर आयी
लेखराम दौड़े
इतने में चली गयी।

फ़िल्म के बाद चीख़

इस खुशबू के साथ जुड़ी हुई
है एक घटिया फ़िल्म की दास्ताँ
रंगीन फ़िल्म की

ऊबे अँधेरे में
खड़े हुए बाहर निकलने से पहले बन्द होते हुए
कमरे में
एक बार
भीड़ में
जान बूझ
कर चीख़
ना होगा
ज़िन्दा रहने के लिए
भौंचक बैठी हुई रह जाएँ
पीली कन्याएँ
सीली चाचियों के पास
टिकी रहें क्षण-भर को पेट पर
यौवन के एक महान क्षण की मरोड़
फिर साँस छोड़कर चले
जनता
सुथन्ना सम्हालती

सारी जाति एक झूठ को पीकर
एक हो गयी फ़िल्म के बाद
एक शर्म को पीकर युद्ध के बाद
सारी जाति एक

इस हाथ को देखो
जिसमें हथियार नहीं
और अपनी घुटन को समझो, मत

घुटन को समझो अपनी
कि भाषा कोरे वादों से
वायदों से भ्रष्ट हो चुकी है सबकी

न सही यह कविता
यह मेरे हाथ की छटपटाहट सही
यह कि मैं घोर उजाले में खोजता हूँ
आग
जबकि हर अभिव्यक्ति
व्यक्ति नहीं
अभिव्यक्ति
जली हुई लकड़ी है न कोयला न राख
क्रोध, नक्कू क्रोध, कातर क्रोध
तुमने किस औरत पर उतारा क्रोध
वह ज़ो दिखलाती है पेट पीठ और फिर
भी किसी वस्तु का विज्ञापन नहीं है
मूर्ख, धर्मयुग में अस्तुरा बेचती है वह
कुछ नहीं देती है बिस्तर में बीस बरस के मेरे
अपमान का जवाब

हर साल एक और नौजवान घूँसा
दिखाता है मेज़ पर पटकता है
बूढ़ों की बोली में खोखले इरादे दोहराता है
हाँ हमसे हुई जो ग़लती सो हुई
कहकर एक बूढ़ा उठ
एक सपाट एक विराट एक खुर्राट समुदाय को
सिर नवाता है

हर पाँच साल बाद निर्वाचन
जड़ से बदल देता है साहित्य अकादमी
औरत वही रहती है वही जाति
या तो अश्लील पर हँसती है या तो सिद्धान्त पर

सेना का नाम सुन देशप्रेम के मारे
मेज़ें बजाते हैं
सभासद भद भद भद कोई नहीं हो सकती
राष्ट्र की

संसद एक मन्दिर है जहाँ किसी को द्रोही कहा नहीं
जा सकता
दूधपिये मुँहपोंछे आ बैठे जीवनदानी गोंद-
दानी सदस्य तोंद सम्मुख धर
बोले कविता में देशप्रेम लाना हरियाना प्रेम लाना
आइसक्रीम लाना है
भोला चेहरा बोला
आत्मा ने नकली जबड़ेवाला मुँह खोला
दस मन्त्री बेईमान और कोई अपराध सिद्ध नहीं
काल रोग का फल है अकाल अनावृष्टि का
यह भारत एक महागद्दा है प्रेम का
ओढ़ने-बिछाने को, धारण कर
धोती महीन सदानन्द पसरा हुआ

दौड़े जाते हैं डरे लदेफँदे भारतीय
रेलगाड़ी की तरफ़
थकी हुई औरत के बड़े दाँत
बाहर गिराते हैं उसकी बची-खुची शक्ति
उसकी बच्ची अभी तीस साल तक
अधेड़ होने तक तीसरे दर्जे में
मातृभूमि के सम्मान का सामान ढोती हुई
जगह ढूँढ़ती रहे
चश्मा लगाए हुए एक सिलाई-मशीन
कन्धे उठाए हुए

वे भागे जाते हैं जैसे बमबारी के
बाद भागे जाते हों नगर-निगम की
सड़ाँध लिये-दिये दूसरे शहर को
अलग-अलग वंश के वीर्य के सूखे
अण्डकोष बाँध।
भोंपू ने कहा
पाँच बजकर ग्यारह मिनट सत्रह डाउन नौ
नम्बर लेटफारम
सिर उठा देखा विज्ञापन में फ़िल्म के लड़की
मोटाती हुई चढ़ी प्राणनाथ के सिर उसे
कहीं नहीं जाना है।

पाँच दल आपस में समझौता किये हुए

बड़े-बड़े लटके हुए स्तन हिलाते हुए
जाँघ ठोंक एक बहुत दूर देश की विदेश नीति पर
हौंकते डौंकते मुँह नोच लेते हैं
अपने मतदाता का

एक बार जान-बूझकर चीख़ना होगा
ज़िन्दा रहने के लिए
दर्शकदीर्घा में से
रंगीन फ़िल्म की घटिया कहानी की
सस्ती शायरी के शेर
संसद-सदस्यों से सुन
चुकने के बाद।

नेता क्षमा करें

लोगो, मेरे देश के लोगो और उनके नेताओ
मैं सिर्फ़ एक कवि हूँ

मैं तुम्हें रोटी नहीं दे सकता न उसके साथ खाने के लिए ग़म
न मैं मिटा सकता हूँ ईश्वर के विषय में तुम्हारा सम्भ्रम

लोगों में श्रेष्ठ लोगो मुझे माफ़ करो,
मैं तुम्हारे साथ आ नहीं सकता।

यानी कि आप ही सोचें कि जो कवि नहीं हैं
कि लोग सब एक तरफ़ और मैं एक तरफ़
और मैं कहूँ कि तुम सब मेरे हो
पूछिए, कौन हूँ मैं ?

मैंने कोशिश की थी कि कुछ कहूँ उनसे
लेकिन जब कहा तुमको प्यार करता हूँ
मेरे शब्द एक लहरियाता दोगाना बन
उकड़ूँ बैठे लोगों पर भिनभिनाने लगे

फिर कुछ लोग उठे बोले कि आइए तोड़ें पुरानी—फ़िलहाल—मूर्तियाँ
साथ न दो हाथ ही दो सिर्फ़ उठा

झोले में बन्द कर एक नयी मूर्ति मुझे दे गए

यानी कि आप ही देखें कि जो कवि नहीं हैं
अपनी एक मूर्ति बनाता हूँ और ढहाता हूँ
और आप कहते हैं कि कविता की है
क्या मुझे दूसरों की तोड़ने की फ़ुरसत है?

[*कल्पना*, मई 1963]

अपने आप और बेकार

यही मेरे लोग हैं
यही मेरा देश है
इसी में रहता हूँ
इन्हीं से कहता हूँ
अपने आप और बेकार।

लोग लोग लोग चारों तरफ़ हैं मार तमाम लोग
खुश और असहाय
उनके बीच में सहता हूँ
उनका दुख
अपने आप और बेकार।

देश की व्यवस्था का विराट वैभव
व्याप्त है चारों ओर

एक कोने में दुबक ही तो सकता हूँ
सब लोग जो कुछ रचाते हैं उसमें
केवल अपना मत नहीं दे ही तो सकता हूँ
वह मैं करता हूँ
किसी से नहीं डरता हूँ
अपने आप और बेकार।

[1966]

लोकतन्त्रीय मृत्यु

दिल्ली के वसन्त का वह एक विशेष दिन था
गर्मी थी और हवा थी जो धूप को उड़ाये लिये जाती है।
मौलसिरी के बड़े से पेड़ तले छाँह का छितरा हुआ घेरा था
सामने लहराते एक हज़ार फूलों के रंग से डरकर
सिमटे हुए लोग उसमें बैठे थे
मृत्यु की ख़बर की प्रतीक्षा में।

एक झीना-सा परदा था दोनों के बीच
लोगों के और मौसम के
मैंने उसे हटा दिया
कालातीत समय चारों ओर से घिर आया
न जीवन था उसमें न मृत्यु थी
सिर्फ़ बेहिसाब असंगतियों की एक धड़कती सत्ता
कास्मास फूल की खुली आँखें
अन्दर से बाहर को देखने लगीं
और धूप ने उठा रंगों को मनमानी जगह रोप दिया।

इस नयी सृष्टि में उठती गिरती है कोई चीज़, दूर
घर के भीतर एक थुलथुल राजनीतिक देह में
जो भी गतिशील है अपनी ओर से जीने के लिए लड़ता है
अपराधी-से आते हैं राज्यपाल मुख्यमन्त्री विधायक
बख़्शे हुए-से जाते हैं
और एक बहुत बड़े पिंजड़े में ज़ोर से चीख़ मारता है एक मोटा सुग्गा
जैसे उसी में राजा की जान हो

राजा मरेगा बजेगा इतिहास में नगाड़ा
पर यहाँ कुछ भी सुनायी न देगा मैदान में
सचिवजी देंगे जब लिखकर के सूचना
कहेंगे कि तोता गुज़र गया हमारी जान में।

[*कल्पना* (मई 1963) में 'राजकीय मृत्यु' शीर्षक से प्रकाशित]

टोपीवाला बाजा

इस विराट नगरी में बड़े-बड़े धोखे हैं
गुर्राते हुए बाजों में और कुलबुलाते हुए मसौदों में

और छोटे-छोटे धोखे फूलदानों में हैं
न छोटे न बड़े सौदों में नौकरियों के

थोड़ी-सी देर को लगता है सही
टोपियों का रखरखाव
जब तक कमरे में कोई बोले नहीं

जैसे ही मैंने कहा देश मेरा भी है यह
बाजा बेताल हो गया मैं अकेला
टोपियाँ समेटकर ले गए दीनानाथ
रह गए फूलदान और कुछ मसौदे
और अभी तक तो है मेरी नौकरी।

[*कल्पना*, मई 1963]

लाखों का दर्द

लखूखा आदमी दुनिया में रहता है
मेरे उस दर्द से अनजान जो कि हर वक़्त
मुझे रहता है हिन्दी में दर्द की सैकड़ों
कविताओं के बावजूद

और लाखों आदमियों का जो दर्द मैं जानता हूँ
उससे अनजान
लखूखा आदमी दुनिया में रहे जाता है।

[4. 2. 1961]

रचता वृक्ष

देखो वृक्ष को देखो वह कुछ कर रहा है
किताबी होगा कवि जो कहेगा कि हाय पत्ता झर रहा है

रूखे मुँह से रचता है वृक्ष जब वह सूखे पत्ते गिराता है
ऐसे कि ठीक जगह जाकर गिरें धूप में छाँह में

ठीक ठीक जानता है वह उस अल्पना का रूप

चलती सड़क के किनारे जिसे आँकेगा
और जो परिवर्तन उसमें हवा करे
उससे उदासीन है।

[1959]

नया शब्द

आज एक अतुकान्त जिज्ञासा
जो काव्य को नहीं मानती
शान्त जो करती है कौतूहल
विचित्र को जैसे नहीं पहचानती
जानती है सब कुछ एक ही बार में रहस्य
फिर भी जानबूझकर नहीं जानती
वह आज शब्द नहीं रही।

कोई और कोई और कोई और—और अब भाषा नहीं

शब्द, अब भी चाहता हूँ
पर वह कि जो जाए वहाँ वहाँ होता हुआ
तुम तक पहुँचे
चीजों के आरपार दो अर्थ मिलाकर सिर्फ़ एक
स्वच्छन्द अर्थ दे
मुझे दे। देता रहा है जैसे छन्द केवल छन्द
घुमड़ घुमड़कर भाषा का भास देता हुआ
मुझको उठाकर निःशब्द दे देता हुआ।

[1966]

अकेला

अकेला अकेला मकान
मेरी किताबें सिर्फ़ गणित की
परिहास में लिखीं
आसपास एक धुँधला उजाला निराशा का

क्रोध, लकड़ी और कपड़े से जोड़े हुए है यह मकान

शोर गाने का फोड़ता बार-बार दीवार में रोशनदान के कान
दिल्ली के मन्त्री का भाषण निचोड़कर
पिंपियाता हुआ जो
फ़िल्म-गीत
बम्बई ने लिक्खा

न कहीं। न। नहीं ही है शान्ति
सुविधा सब जगह है सब जगह
सिसकियाँ, ताड़ियाँ
सब जगह काली लम्बी गाड़ियाँ बीच के मार्ग पर

कहीं-कहीं नहीं है भ्रान्ति, वहीं है सबसे कम काव्य।

मूर्ख मूर्ख मेरी ओर

कल भी कहा था
आज दोहराता हूँ
पा लिया मैंने वह क्षण जिसमें
मनुष्य से बिना कारण प्यार
या नफ़रत करते हुए पाता हूँ
अपने को और बचा रखता हूँ
सपने को।

मूर्ख मूर्ख सब हो गए मेरी ओर
छोड़कर कायरता
लिख दिया गया स्कूलों में सुभाषित
'मरता क्या न करता'।

एक आँसू पिया मैंने
एक चीकट बिस्तरे पर एक गीला बेख़बर तन लिया मैंने
बचा सपने को
अँधेरा—आख़िरी तुक
यही होगी—
—जिया मैंने।

शहर से बाहर

एक दिन यों हुआ कि मैं शहर से दूर गया
और वहाँ आसमान मुझको दिखा
बररी हुई दरकी हुई धरती पे झुका
अपने आप और अपने मन से, बेकार।

मेरी वह ख़ास ख़ास ख़ास नफ़रत
जो लोगों के लिए मुझमें है, थी।
जैसे एक उजाला उजाड़-सा शीतल
और उसमें एक हरा अँखुआ
और उस पर आकाश के रंगों की झलक
जैसे कोई एक आँख से हँसे एक से रोए
वह मेरी नफ़रत थी वहाँ और मैं अकेला था और शाम थी
न कोई कोशिश थी न कोई काम था न कोई दर्द
क्या था वह अपने को खोले हुए आकाश में
जैसे एक पवित्र भय।
क्या था वह एक अकेले में वहाँ एक निगला पहाड़-सा
दिल में
सागरों की पछाड़-सा दिल में
आँधियों की दहाड़-सा दूर से लाकर कुछ मुझमें
डुबा जाता हुआ मूर्खों के बावजूद
उस क्षण मैंने देखा कि मैं मर सकता हूँ
ठीक उतने ही सहज जितने से और कुछ कर सकता हूँ
बिलकुल अपनी तरह और बेकार।

एक लड़की

तेरी कोहनियों ने हँसकर
मुझे कनखियों से देखा
तू उठी किस आजिज़ी से
बेसबर हुई तू कैसे

तेरी उँगलियों से छलका
डूबा हुआ उजाला
तेरी वे निराश बाँहें

तेरे वे उदास कन्धे
तू सहम गयी है भय से
कि तू शान्त है हृदय से।

तेरे कन्धे

एक रंग होता है नीला
और एक वह जो तेरी देह पर नीला होता है

इसी तरह लाल भी लाल़ नहीं है
बल्कि एक शरीर के रंग पर एक रंग

दरअसल कोई रंग कोई रंग नहीं है
सिर्फ़ तेरे कन्धों की रोशनी है
और कोई एक रंग जो तेरी बाँह पर पड़ा हुआ है।

[1959. इसी वर्ष *युगचेतना* (अप्रैल) में प्रकाशित]

मैदान में

अँधेरा यहाँ
अँधेरा नहीं है
एक ख़ास तरह का चाँदना है
और न तू गोरी है
तू
एक
लुनाई है डबडबायी हुई
काले
सिर्फ़ तेरे केश हैं
•
सूने मैदान में हम नहीं हैं
सिर्फ़ एक दिशा है
और गति है
और जिसमें ठिठके खड़े थे हम वह क्षण था

इसके बाद रोशनियाँ शहर की दिखायी देंगी।

[1959. इसी वर्ष *युगचेतना* (अप्रैल) में प्रकाशित]

खड़ी स्त्री

वह खड़ी थी
दुबली और थकी
और मुझे लगा कि वह खड़ी ही रहेगी
क्योंकि ऐसे ही वह पूर्ण होती है

तभी
वह
बोली—
नहीं
हँसी
नहीं
उसने देखा
और मैंने देखा कि वह अब सम्पूर्ण हुई।

[1959. इसी वर्ष *युगचेतना* (अप्रैल) में प्रकाशित]

खिंचा गुलाब

प्रार्थना में नमित रहकर
ज़रूरत-भर
जब
सिर उठाया
तब
सुबह हो गई

डाल पर ठहरा हुआ है खिंचा फूल गुलाब का।

[1959. इसी वर्ष *युगचेतना* (अप्रैल) में प्रकाशित]

पत्तों का धुआँ

धूप में सीधी सड़क के किनारे
थमा हुआ झरती पत्तियोंवाला बड़ा वृक्ष

नीचे
सूखे पत्तों के ढेर से उठता धुआँ

हवा ने उसे हाँ-ना कर बखेर दिया।

[1959. इसी वर्ष *युगचेतना* (अप्रैल) में प्रकाशित]

प्रार्थनाघर

सादी दीवार में
लकड़ी का द्वार
सिर झुकाए बन्द
लिख दिया उस पर पुरोहित ने सुलेख
कृपा करके यहाँ विज्ञापन न चिपकाएँ
यह हमारा प्रार्थनाघर है।

[1959. इसी वर्ष *युगचेतना* (अप्रैल) में प्रकाशित]

अभी तक खड़ी स्त्री

ग्रीष्म फिर आ गया
फिर हरे पत्तों के बीच
खड़ी है वह
ओंठ नम
और भरा-भरा-सा चेहरा लिये
बदली की रोशनी-सी नीचे को देखती

निरखता रह
उसे कवि
न कह
न हँस
न रो
कि वह
अपनी व्यथा इस वर्ष भी नहीं जानती।

[1959. इसी वर्ष *युगचेतना* (अप्रैल) में प्रकाशित]

हरी गहरी रात

जहाँ बच्चे
सो रहे थे
अधलिखे
ख़त से

एक कोने में खड़ा था अँधेरा असहाय

वहाँ मैं गया दूर जैसे बहुत कोई जाय

झुककर देखता हूँ
एक के मुँह पर हँसी थी
रुका ज्यों ही, आँख उसने खोल दी
शाम से चुप हरी गहरी रात आख़िर वक़्त पा
उसके पिता से बोल दी।

सफल जीवन

बरसों के बाद जब फिर मिले
तो देखा कि वे सब काम से लगे थे
जो कभी बिना वजह कुछ करने को तैयार थे
लोग लोग मार तमाम लोग गन्धाते मुँह चुराते
मेरी पिछली कविताओं से निकलकर खड़े हो गए
और मुझ पर मुस्कराने लगे।
सफल था उनका जीवन सबका एक लक्ष्य था
सबकी एक-सी गन्ध सबमें एक-सा प्रतिवाद
भ्रष्टाचार से
एक-सा आत्माभिमान सबमें न कम न ज़्यादा
सब खुश और समझदारी से दमदमाते हुए सबके
मुँह पर एक-सा तेल

न कहीं से हवा आए और यह पृष्ठ पलट जाए
कि मेरी कविता के मुहावरे की बहुत नकल हो चुकी
यह मैं चाहता, था कि भीड़ में से एक रो दिया भें से
एक आवाज़ आई कुएँ में से

खाना वह खा आया था अब तरस खा रहा था
याद था उसे गीत जो रफ़ी गत बरस गा रहा था।

शराब के बाद का सवेरा

शराब के बाद का सवेरा
न मालूम कहाँ होंगी कुतरी हुई किताब की खुशियाँ
भूले हुए डर के याद आने पर न मालूम कहाँ होंगी

रोज़ के बार-बार आने की ठहरी हुई तस्वीर में
एक खँडहर है।
किसी ने हरी साड़ी सूखने को टाँग दी है।

एक लड़की कि जिसकी बाढ़ मारी गई है
डर के मारे नहीं बताती है मुझको वह
अपना दुख

लाठी टेक माँगता है भीख बुड्ढा ठीक-ठीक
कितना दूँ मुझे बता नहीं सकता।
बस यहीं तक रात को पी थी
एक मुट्ठी-भर घिसी रंगीन छोटी पेंसिलें
एक नाटक का पुराना अकेले का टिकट
पाँच पैसे का कि जो सचमुच नहीं थे
ठण्डा सिक्का
कल
दे गई थी
माँ।

जन्म के कितने दिनों के बाद आई थी
वह मेरी मरी हुई माँ।
जो महान मकान बना है पड़ोस में
वह मुझ पर गिर पड़ेगा
फिर मेरी गर्मियों की छुट्टियाँ हो जाएँगी
मेरे अपने स्कूल के अन्दर से निकलकर
बचपन के आख़िरी दिन
आएँगे घर के कोने में
कहानियों की अलमारी की खुशबू

और ठण्डा चिकना फ़र्श
मलबे के तले से एक हाथ छुड़ाकर
उसे टोता हूँ। ढ नहीं ट

सो गए, वह रहे, सो रहे हैं सब बच्चे
जो मैंने पैदा किए
ख़त्म हो गया बहुत बड़े सुनसान में
एक इनसान का गुणगान, शराब का गिलास
गिलास गिलास मैंने कहा जाम नहीं
दिन निकला रामधुन नहीं रामसरन
चिड़ीदिल दिन-भर मेरे यहाँ
बैठा रहा अपने मरे दिल के बक्से पर

मैंने नहीं माँगी है यह ग़लीज़ शान्ति
पर वह आई है ये दोनों हथेलियाँ
मेरी हैं मैंने पहचाना देखो कितनी
बड़ी उपलब्धि

बस यहीं तक रात को पी थी

दिन निकला फोड़कर
चित्रगुप्त-सभा के सचिव के दाँत
नाम कहाँ तक याद रक्खूँ
लोगों को उनकी तोंद से जानता हूँ
पहले मुझे वही मिली देवीदयाल वर्मा में
कितनी शान्तिभरी घुटनभरी
आदमी से आदमी के बचाव की ढाल।

[जनवरी 1967]

अकाल

फूटकर चलते फिरते छेद
भूमि की पर्त गई है सूख
औरतें बाँधे हुए उरोज
पोटली के अन्दर है भूख।
आसमानी चट्टानी बोझ

ढो रही है पत्थर की पीठ
लाल मिट्टी लकड़ी ललछौर
दाँत मटमैले इकटक दीठ।
कटोरे के पेंदे में भात
गोद में लेकर बैठा बाप
फ़र्श पर रखकर अपना पुत्र
खा रहा है उसको चुपचाप।
पीटकर कृष्णा के तटबन्ध
लौटकर पानी जाता डूब
रात होते उठती है धुन्ध
ऊपरी आमदनी की ऊब।
जोड़कर हाथ काढ़कर खीस
खड़ा है बूढ़ा रामगुलाम
सामने आकर के हो गए
प्रतिष्ठित पंडित राजाराम।
मारते वही जिलाते वही
वही दुर्भिक्ष वही अनुदान
विधायक वही, वही जनसभा
सचिव वह, वही पुलिस कप्तान।
दया से देख रहे हैं दृश्य
गुसलख़ाने की खिड़की खोल
मुक्ति के दिन भी ऐसी भूल!
रह गया कुछ कम ईसपगोल!

[1967]

मेरा मींजा दिल

एक शोर में अगली सीट पे था
दुनिया का सबसे मीठा गाना
एक हाथ में मींजा दिल था मेरा
एक हाथ में था दिन का खाना।

इस डर से कि बस रुक जाएगी
आवाज़ जहाँ मैं दे दूँगा
मैं सुनता था। कोई छू ले कहीं
मेरी पीठ नहीं—आना जाना लोगों का

हँसना गन्धाना—सीने में भरे साबूदाना
दाँतों की चमक सुथरी नाकें—वह रोज़-रोज़
इस रोज़ आज कल भी मुझ पर झुक जाएगी
सूखी लड़की। चेहरा चेहरे चेहरों के मुँह
गाढ़े गोरे पक्के खुश चुप। अनजाने बेमन मुस्काना
मोटे बुज़दिल। घुप। शहरों के।

तब मैं समझा
वह अनिता थी
अनिता ? वह सीधी सलोतरी अपनी अनिता थी
रोज़ाना
जब तेज़ हुई बस
मैंने अंग्रेज़ी में कहा
ला काबाना

कोई सुन न सका।
मेरी खुशहाली के दिन में
मुझसे दो आने ले न सका। मैं हो न सका
मैं सो न सका मैं रो न सका मैं पों न सका
पों क्या माने ?

[24. 2. 1966]

भाषण

राम ने कहा था
राम ने कहा था
राम ने कहा था
श्रीराम ने कहा था कि मोहन एक अच्छा लड़का है
वह रोज़ सवेरे उठता है पैदल पढ़ने जाता है विद्या से उसे बड़ा प्रेम है
वह किसी की बात को नहीं मानता
सोच-समझकर अपना काम करता है।

श्रीमती गीताने का आज रात को ठीक समय पर आवागमन हुआ
दिन के आने से अनेक कठिनाइयों का सामना करना पड़ता है
संसार में किसी ने ठीक ही कहा है कि यदि दुनिया में
द्रोही आदमी न हो
तो आज के युग में कुछ हो सकता है

यदि किसी आदमी को घोंटकर पिलाया जाए कि ले भाई
तू ठीक समय पर इसका उपयोग करना।

हमारी फ़ैक्टरी में लोगों का आवागमन जारी रहने के कारण हमको
महान हानी रहती है
सरकारी अकादमी के अनुसार कुछ लोगों ने आज बताया कि भावी
जनता के कर्णधार को बताना होगा कि संसार का गोवा में दमन
कैसे किया जाए
जनता में आज का युग काव्य पर निर्भर है देश को बसाने के लिए
सारी दुनिया का भार देश पर हो सकता है प्रधानमन्त्री ने कहा है
कि भारत सरकार का मत बहस के समय पेश हो सकता है
सकता पड़ गया होनेवाली जनसभा में छोटेलाल ने आज कहा
कि प्रजासमाजवादी दल के नेताओं ने कहा
कि महाकवि कालिदास ने कहा कि कुटुम्ब के जनों को बताना चाहिए
कि लोक की रचना कब हुई
अपना भाषण अन्त में समाप्त करते हुए श्री त्यागी ने कहा बस भई बस।

नयी हँसी

महासंघ का मोटा अध्यक्ष
धरा हुआ गद्दी पर खुजलाता है उपस्थ
सर नहीं,
हर सवाल का उत्तर देने से पेश्तर

बीस बड़े अख़बारों के प्रतिनिधि पूछें पचीस बार
क्या हुआ समाजवाद
कहे महासंघपति पचीस बार हम करेंगे विचार
आँख मारकर पचीस बार वह, हँसे वह, पचीस बार
हँसें बीस अख़बार

एक नयी ही तरह की हँसी यह है

पहले भारत में सामूहिक हास परिहास तो नहीं ही था
लोग आँख से आँख मिला हँस लेते थे

इसमें सब लोग दायें-बायें झाँकते हैं

और यह मुँह फाड़कर हँसी जाती है।
राष्ट्र को महासंघ का यह सन्देश है
जब मिलो तिवारी से—हँसो—क्योंकि तुम भी तिवारी हो
जब मिलो शर्मा से—हँसो—क्योंकि वह भी तिवारी है
जब मिलो मुसद्दी से
खिसियाओ
जातपाँत से परे
रिश्ता अटूट है
राष्ट्रीय झेंप का।

[15. 3. 1967]

हमारी हिन्दी

हमारी हिन्दी एक दुहाजू की नयी बीबी है
बहुत बोलनेवाली बहुत खानेवाली बहुत सोनेवाली

गहने गढ़ाते जाओ
सर पर चढ़ाते जाओ

वह मुटाती जाए
पसीने से गन्धाती जाए घर का माल मैके पहुँचाती जाए

पड़ोसिनों से जले
कचरा फेंकने को लेकर लड़े

घर से तो ख़ैर निकलने का सवाल ही नहीं उठता
औरतों को जो चाहिए घर ही में है
एक महाभारत है एक रामायण है तुलसीदास की भी राधेश्याम की भी
एक नागिन की स्टोरी बमय गाने
और एक खारी बावली में छपा कोकशास्त्र
एक खूसट महरिन है परपंच के लिए
एक अधेड़ खसम है जिसके प्राण अकच्छ किए जा सकें
एक गुचकुलिया-सा आँगन कई कमरे कुठरिया एक के अन्दर एक
बिस्तरों पर चीकट तकिये कुर्सियों पर गौंजे हुए उतारे कपड़े
फ़र्श पर ढँनगते गिलास
खूँटियों पर कुचैली चादरें जो कुएँ पर ले जाकर फींची जाएँगी

घर में सब कुछ है जो औरतों को चाहिए
सीलन भी और अन्दर की कोठरी में पाँच सेर सोना भी
और सन्तान भी जिसका जिगर बढ़ गया है
जिसे वह मासिक पत्रिकाओं पर हगाया करती है
और ज़मीन भी जिस पर हिन्दी भवन बनेगा

कहनेवाले चाहे कुछ कहें
हमारी हिन्दी सुहागिन है सती है खुश है
उसकी साध यही है कि खसम से पहले मरे
और तो सब ठीक है पर पहले खसम उससे बचे
तब तो वह अपनी साध पूरी करे।

[1957. इसी वर्ष *युगचेतना* (जून-जुलाई) में प्रकाशित]

कोई एक और मतदाता

जब शाम हो जाती है तब ख़त्म होता है मेरा काम
जब काम ख़त्म होता है तब शाम ख़त्म होती है
रात तक दम तोड़ देता है परिवार
मेरा नहीं एक और मतदाता का संसार।

रोज़ कम खाते-खाते ऊबकर
प्रेमी-प्रेमिका एक पत्र लिख दे गए सूचना विभाग को

दिन-रात साँस लेता है ट्रांज़िस्टर लिए हुए खुशनसीब खुशीराम
फ़ुरसत में अन्याय सहने में मस्त
स्मृतियाँ खँखोलता हकलाता बतलाता सवेरे
अख़बार में उसके लिए ख़ास करके एक पृष्ठ पर दुम
हिलाता सम्पादक एक पर गुरगुराता है
एक दिन आख़िरकार दुपहर में छुरे से मारा गया खुशीराम
वह अशुभ दिन था; कोई राजनीति का मसला
देश में उस वक़्त पेश नहीं था। खुशीराम बन नहीं
सका क़त्ल का मसला, बदचलनी का बना, उसने
जैसा किया वैसा भरा

इतना दुख मैं देख नहीं सकता।

कितना अच्छा था छायावादी
एक दुख लेकर वह एक गान देता था
कितना कुशल था प्रगतिवादी
हर दुख का कारण वह पहचान लेता था
कितना महान था गीतकार
जो दुख के मारे अपनी जान लेता था
कितना अकेला हूँ मैं इस समाज में
जहाँ सदा मरता है एक और मतदाता।

एक अधेड़ भारतीय आत्मा

एक दिन
चिड़चिड़े बच्चों को लिये दवाखाने में खड़े खड़े
मुझे एकाएक लगा मैं अधेड़ हो गया
न गलाबन्द कोट
न दुपट्टा
न टोपी
मैं बड़ा हुआ हाहाहूहू करता हुआ

इन्हें टोहो
हड्डियाँ पसलियाँ
और पड़ोस के अमीर बच्चों का भय
उदास
ये नहीं हो पाते कुढ़न के मारे

प्रिय पाठक
ये मेरे बच्चे हैं
कोई प्रतीक नहीं
और इस कविता में
मैं हूँ मैं
कोई रूपक नहीं

यह मैं खड़ा हूँ
भरापूरा एक आदमी
आठ दस सफ़ेद बाल
आठ दस अधूरे स्वप्न
मक्कार बूढ़ों की परिषद में

एक ख़तरनाक बात
कहकर बैठ जाऊँगा

गाकर सुनाता है
जनवादी वादों की घोषणा
महामन्त्री
जनता के लिए नहीं
वह विरोधियों को प्रमाण दे रहा है
कि मैं दलबदल के लिए योग्य व्यक्ति हूँ

पुलकित उपराष्ट्रकवि
जनगंगातट पर बैठे
घिसते थे चन्दन
किसको तिलकित करें
आज नहीं जानते
वैसे लोहिया के यहाँ आने-जाने लगे हैं
दोनों
कल फिर होंगे राष्ट्रकवि, महामन्त्री
कल फिर मैं
एक बात कह बैठ जाऊँगा

खुली हुई खिड़की से आती है
माँ की याद
वह वापस जाना नहीं
आगे जाना है
प्रेम के पारावार के पार
और अपने पिता के
अनेक मधुर अनुभवों के संग

खुला अव्यथित वायुमण्डल जो बाहर है
उस पर एक क्षण मुझे विश्वास
नहीं होता
किन्तु फिर होता है
बचपन के अन्धकार में डर था
आज वह धुँधला है स्निग्ध है

कितनी देर से आए हो तुम मेरे ममत्व
जो जानता हूँ अब

वह सब जानते ही थे
न जानना है मृत्यु फिर से जानना जीवन
दोहराने दो मुझको अपनी बच्ची पर बाप का दुलार
वह जो अगली शताब्दी में विचित्र कोई मौत पाने को है

जो मुझसे नहीं मरा
शत्रु वह समाज में मृत्यु के नये प्रकार
खोजता रहेगा। अत्याचार अगले कुछ वर्षों में
और भी अनायास होगा
विद्रोह और काइयाँ

फिर बीस साल बाद
एक संयोग से
मैं वह कहूँगा जो
बीस साल से सच था

वापस ले जाओ मुझे एक बार उस दिन
जब मैंने कहा था कि भाषा को
मन्दिर में बन्द मत करो
उसे बोलो
मैंने कहा था कहा था कहा था हर बार जबकि बदल
नहीं पाया सरकार मैंने कहा था कि एक अंगुल
और गल गया गोश्त

वापस ले जाओ मुझे
वह नरेश बरनवाल
कहाँ होगा आज जिस पीले-से लड़के से
मेरी होड़ रहती थी

बाँध में दरार
पाखण्ड वक्तव्य में
घटतौल न्याय में
मिलावट दवाई में
नीति में टोटका
अहंकार भाषण में
आचरण में खोट हर हफ़्ते मैंने विरोध किया
सचमुच स्वाधीन हो जाने का इतना भय
एक दास जाति में !

जो अधेड़ होते हैं
जी नहीं सकते हैं
बाक़ी दिन
आस में
हर हफ़्ते जय जय जय
सुनते रह नहीं सकते

हर संकट भारत में एक गाय
होता है
ठीक समय ठीक बहस कर नहीं सकती है
राजनीति
बाद में जहाँ कहीं से भी शुरू करो
बीच सड़क पर गोबर कर देता है विचार
हाय-हाय करते हुए हाँ-हाँ करते हुए हें-हें करते हुए
समुदाय
एक हज़ार लोग ध्यानमग्न सुनते हुए
एक अदद रिंरियाता है सितार
जगे रहो जाने किस वक़्त सब एकमत हो जाएँ।

जिसको आगे चलकर राजकाज करना है
दाँत माँज रखता है मुस्काने के लिए
मुसकाकर प्राध्यापक-परिषद में मुझे आँख मारी
गृहमन्त्री ने
कहते तुम ठीक हो चुप रहो
और मेरे साथ बेईमानी में शरीक़ हो

संघ रहे संघ रहे उसने कहा
भारत का। चाहे हर भारतीय हर भारतीय का
गुलाम रहे

बीस बरस बीत गए
लालसा मनुष्य की तिलतिल कर मिट गई
अब नहीं हो सकता कोई लेखक महान
पहले तो बाम्हन होंगे फिर ठाकुर होंगे
फिर बारी आएगी चमारों की
तब तक चमार कायथ न बन गए होंगे !

टूटते टूटते
जिस जगह आकर विश्वास हो जाएगा कि

बीस साल
धोखा दिया गया
वहीं मुझे फिर कहा जाएगा विश्वास करने को
पूछेगा संसद में भोलाभाला मन्त्री
मामला बताओ हम कार्रवाई करेंगे
हाय-हाय करता हुआ हाँ-हाँ करता हुआ हें-हें करता हुआ
दल का दल
पाप छिपा रखने के लिए एकजुट होगा
जितना बड़ा दल होगा उतना ही खाएगा देश को

सबसे बड़े नेता के बूढ़े हो जाते ही
लग लेगा पीछे एक कम बूढ़ा
जाने किस वक़्त वह मर जाए जो ज़्यादा बूढ़ा है।

गिरीश की मृत्यु

एक महान राष्ट्रीय दायित्व ने मुझे जगा दिया
उठ बैठा मैं
डकारता अपनी पतली टाँगें निहारता
अपने को झाड़ता कविता लिखने के लिए

फ़र्श धोता है कथाकार
जब वह आख़िरकार उजाला होने ही लगता है तो पोतना लिये
बीचोंबीच फँसा खड़ा रहता है कथाकार
कितनी शानदार शाम होती है वह कितना भयावह अकेलापन
शीशे में देखती हो जैसे अभिनेत्री खोले हुए अधेड़ सर

तीन रात लगातार मैंने सपने में देखा मुझे तिगुना कर
उलझाया। हर बार मैं घटा-घटाकर अपने को
निकल आया
अन्त में नहीं समझ पाया जब इतना भी क्यों हूँ
जग पड़ा।

सबसे बड़ा प्रश्न है योजना-आयोग में
पहले पण्डे या पहले क्रान्ति या पहले कवि
पहले स्वागतसमिति

पहले ढोलताशा टमटम राष्ट्रपति
ख़ौफ़नाक दर्दनाक
उपमाएँ लिये हुए राजनीति के लिए
कुँकुआते राजकवि बाद में
महँगी मचलती महिलाओं से रमणीय ये विरोध
दरवाज़े आ बैठा सुबह-सुबह
आठ बरस का लड़का काला दुबला ऊबा सुनता है।

शायद एक दुनिया तेज़तर्रार औरतों गुस्सेवर मर्दों
मटकते बच्चों धमकाते बाजों की दुनिया है
शायद—
भारत की मिट्टी से पैदा तीखी बू वाली
पसरी विज्ञापन में प्यार से पहनती उतारती
पुरुषों के कपड़े हिरदै लगाती लड़कियों की दुनिया

मैं जानना चाहता हूँ अगर इसके एक डण्डा अँधेरे में मारा जाय
कौन-सी बोली में यह क्या चिल्लाएगी

झुका हुआ बैठा रहा घुटने पर
बाप देर तक दवाख़ाने में था सकून
देर तक घुट-घुटकर—क्या तोड़ूँ क्या तोड़ूँ—
नंगा सर नीचा किये तरबतर इन्तज़ार
बुड्ढा करता रहा
घूसख़ोर बस का
धीरज से मुरझाता दिन-भर
—एक दिन अपना घर बनाने की आशा में

मेरे लिए महान लाओ कुछ टण्डा पेय
मैले नाखूनवाले चीकट लड़के ने
नहीं सुना जो मैंने पूछा था
पहले वह चाहता था कि मैं समझ लूँ
कि वह मेरा कौन है

ऊब कोई रोग नहीं
भय कोई शोक नहीं
ऊब और भय का
चितपट किया चित्रपट किया चौपट किया

उन दिनों मैं अपने को खोज रहा था
प्यार करने के लिए मैंने छुट्टी नहीं ली भाग लिया
एक लड़की का कौन-सा भाग ? भरे-भरे गालों के बदले
उसे कितना अधिकार दिया जाए जानने के लिए
उसकी दुखभरी जड़ता के बदले चुमकार दिया
एक अन्य लड़की
साथ-साथ खँडहरों में घूमी
किसी क्षण अकेले मुझे इनकार करने का इन्तज़ार
करती एक अन्य लड़की मैंने देखा आख़िरकार एक व्यक्ति है
ठोस मांस और पोले मांस का बना जीव
हाँफती हड़ैली वह दौड़ी घर की ओर बस की दिशा में
एक चिड़चिड़ी ज़िन्दगी लेस-पोतकर

क्या तोड़ूँ क्या तोड़ूँ जो मुझे अपनापा मिले समुदाय में
मोरारजी देसाई की औचक खीस नहीं

कितनी सुन्दर आँखें
देखो खेत की मेड़ पर खड़े होकर दूर-दूर तक फैली रेत
देखो मैंने देर तक देखीं आत्मनिष्ठ आत्मरत आत्मकेन्द्रित अहं
निस्सन्देह मुझमें था
वह मुझे मिली नहीं बिस्तर में
सर खुजलाकर बोला मित्र, तुम रह गए
निस्सन्देह रह गया मैं जबकि और सब
एक धुर पहुँच गए
महासंघ के दो दल फाड़ती दरार में ठूँस दिया मोटा मुँह
मधुर मुसद्दी ने
देखो भविष्य की सूखी कर्कश पीठ
जो वह हमारी ओर किये हुए लेटा है
देखो महापौर के भौचक चेहरे तले
अतल मानवमय पारावार का कीचड़

गाँव-गाँव में दिया जन-जन को
विश्वास
नेकराम नेहरू ने
कि अन्याय आराम से होगा आमराय से होगा नहीं तो
कुछ नहीं होगा
गाँव का

उसी दिन, बुड्ढों की तरह नहीं मरा मेरा बाप
लड़ते-लड़ते मरा
बिना दवा के नहीं बिना सिफ़ारिश के
ट्रक से टकराकर
छिटककर गिरीश गिरा हलवाई समिति ने
जहाँ आज तक सड़क पर पारपथ नहीं
खुलवाया—
वहीं।

आत्महत्या के विरुद्ध

समय आ गया है जब तब कहता है सम्पादकीय
हर बार दस बरस पहले मैं कह चुका होता हूँ कि समय आ गया है

एक ग़रीबी, ऊबी, पीली, रोशनी, बीवी
रोशनी, धुन्ध, जाला, यमन, हरमुनियम अदृश्य
डब्बाबन्द शोर
गाती गला भींच आकाशवाणी
अन्त में टड़ंग।

अकादमी की महापरिषद की अनन्त बैठक
अदबदा कर निश्चित कर देती है जब कुछ और नहीं पाती
तो ऊब का स्तर
एक सीली उँगली का निशान डाल दस्तख़त कर
तले हुए नाश्ते की तेलौस मेज़ पर।

नगरनिगम ने त्योहार जो मनाया तो जनसभा की
मन्थर मटकता मन्त्री मुसद्दीलाल मंच पर चढ़ा
छाती पर जनता की
बसन्ती रंग जानते थे न पंसारी न मुसद्दीलाल
दोनों ने राय दी
कन्धे से कन्धा भिड़ा ले चलो
पालकी।

कल से ज़्यादा लोग पास मँडराते हैं
ज़रूरत से ज़्यादा आसपास ज़रूरत से ज़्यादा नीरोग

शक से कि व्यर्थ है जो मैं कर रहा हूँ
क्योंकि जो कह रहा हूँ उसमें अर्थ है।

कल मैंने उसे देखा लाख चेहरों में एक वह चेहरा
कुढ़ता हुआ और उलझा हुआ वह उदास कितना बोदा
वही था नाटक का मुख्यपात्र
पर उसकी ठस पीठ पर मैं हाथ रख न सका
वह बहुत चिकनी थी।

लौट आओ फिर उसी खाते-पीते स्वर्ग में
पिटे हुए नेता, पिटे अनुचर बुलाते हैं
मार फड़फड़ाते हैं पंख साल दो साल गले बँधी घंटियाँ
पढ़ी-लिखी गरदनें बजाती हैं फिर उड़ जाता है विचार
हम रह जाते हैं अधेड़
कुछ होगा कुछ होगा अगर मैं बोलूँगा
न टूटे न टूटे तिलिस्म सत्ता का मेरे अन्दर एक कायर टूटेगा टूट
मेरे मन टूट एक बार सही तरह
अच्छी तरह टूट मत झूठमूठ ऊब मत रूठ
मत डूब सिर्फ़ टूट जैसे कि परसों के बाद
वह आया बैठ गया आदतन एक बहस छेड़कर
गया एकाएक बाहर ज़ोरों से एक नक़ली दरवाज़ा
भेड़कर
दर्द दर्द मैंने कहा क्या अब नहीं होगा
हर दिन मनुष्य से एक दर्जा नीचे रहने का दर्द
गरजा मुस्टंडा विचारक—समय आ गया है
कि रामलाल कुचला हुआ पाँव जो घसीटकर
चलता है अर्थहीन हो जाए।

छुओ
मेरे बच्चे का मुँह
गाल नहीं जैसा विज्ञापन में छपा
ओंठ नहीं
मुँह
कुछ पता चला जान का शोर डर कोई लगा
नहीं—बोला मेरा भाई मुझे पाँव-तले
रौंदकर, अंग्रेज़ी।

कितना आसान है पागल हो जाना

और भी जब उस पर इनाम मिलता है
नक़ली दरवाज़े पीटते हैं जवान हाथों को
काम सर को आराम मिलता है : दूर
राजधानी से कोई क़स्बा दोपहर बाद छटपटाता है
एक फटा कोट एक हिलती चौकी एक लालटेन
दोनों, बाप मिस्तरी, और बीस बरस का नरेन
दोनों पहले से जानते हैं पेंच की मरी हुई चूड़ियाँ
नेहरू-युग के औज़ारों को मुसद्दीलाल की सबसे बड़ी देन

अस्पताल में मरीज़ छोड़कर आ नहीं सकता तीमारदार
दूसरे दिन कौन बताएगा कि वह कहाँ गया
निष्कासित होते हुए मैंने उसे देखा था
जयपुर-अधिवेशन जब समेटा जा रहा था
जो मजूर लगे हुए थे कुर्सी ढोने में
उन्होंने देखा एक कोने में बैठा है
अजय अपमानित
वह उसे छोड़ गए
कुर्सी को
सन्नाटा छा गया

कितना आसान है नाम लिखा लेना
मरते मनुष्य के बारे में क्या करूँ क्या करूँ मरते मनुष्य का
अन्तरंग परिषद से पूछकर तय करना कितना
आसान है कितनी दिलचस्प है नेहरू की
आशंसा पाटिल की भर्त्सना की कथा
कितनी घुटन के अन्दर घुटन के
अन्दर घुटन से कितनी सहज मुक्ति

कितना आसान है रख लेना अपने पास अपना वोट
क्योंकि प्रतिद्वन्द्वी अयोग्य है
अत्याचारी हत्या किये जाय जब तक कि स्वर्णधूलि
स्वर्णशिखर से आकर आत्मा के स्वर्णखण्ड
किये जाय
गोल शब्दकोश में अमोल बोल तुतलाते
भीमकाय भाषाविद हाँफते डकारते हँकाते
अँगरेज़ी की अवध्य गाय
घंटा घनघनाते पुजारी जयजयकार
सरकार से क़रार जारी हज़ार शब्द रोज़

क़ैद
रोज़ रोज़ एक और दर्द एक क्रोध एक बोध
और नापैद

कल पैदा करना होगा भूखी पीढ़ी को
आज जो अनाज पेट भरता है
लो हम चले यह रक्खे हैं उर्वरक संबंधी
कुछ विचार
मुन्न से बोले विनोबा से जैनेन्द्र दिल्ली में बहुत बड़ी लपसी
पकायी गयी युद्ध से बदहवास
जनता के लिए लड़ो या न लड़ो
भारत पाकिस्तान अलग-अलग करो
फिर मरो कढ़िल कर
भूल जाओ
राजनीति
अध्यापक याद करो किसके आदमी हो तुम
याद करो विद्यार्थी तुम्हें आदमी से
एक दर्जा नीचे
किसका आदमी बनना है—दर्द?
दर्द, खैराती अस्पताल में डाक्टर ने कहा वह मेरा काम नहीं
वह मुसद्दी का है
वही भेजता है मुझे लिखकर इसे अच्छा करो
जो तुम बीमार हो तुमने उसे खुश नहीं किया होगा
अब तुम बीमार हो तो उसे खुश करो
कुछ करो
उसने कहा लोहिया से लोहिया ने कहा
कुछ करो
खुश हुआ वह चला गया अस्पताल में भीड़
भौचक भीड़ धाँय धाँय
सौ हज़ार लाख दर्द आठ दस क्रोध
तीन चार बन्द बाज़ार भय भगदड़ गर्द
लाल
छाँह धूप छाँह, नहीं घोड़े बन्दूक
धुआँ खून ख़त्म चीख़
कर हम जानते नहीं
हम क्या बनाते हैं
जब हम दफ़नाते हैं
एक हताश लड़के की लाश बार-बार

एक बेबसी
थोड़ी-सी मिटती है
फिर करने लगती है भाँय-भाँय
समय जो गया है उसके सन्नाटे में राष्ट्रपति
प्रकटे देते हुए सीख समाचारपत्र में छपी
दुधमुँही बच्ची खाती हुई भीख
खिसियाते कुलपति
मुसद्दीलाल
घिघियाते उपकुलपति
एक शब्द कहीं नहीं कि वह लड़का कौन था
क्या उसके बहनें थीं
क्या उसने रक्खे थे टीन के बक्से में अपने अजूबे
वह कौन कौन से पकवान
खाता था
एक शब्द कहीं नहीं एक वह शब्द जो वह खोज
रहा था जब वह मारा गया।

सन्नाटा छा गया
चिट्ठी लिखते लिखते छुटकी ने पूछा
'क्या दो बार लिख सकते हैं कि याद
आती है?'
'एक बार मामी की एक बार मामा की ?'
'नहीं , दोनों बार मामी की'
'लिख सकती हो ज़रूर बेटी,' मैंने कहा
समय आ गया है
दस बरस बाद फिर पदारूढ़ होते ही
नेतराम, पदमुक्त होते ही न्यायाधीश
कहता है—समय आ गया है—
मौका अच्छा देखकर प्रधानमन्त्री
पिटा हुआ दलपति अख़बारों से
सुन्दर नौजवानों से कहता है गाता बजाता
हारा हुआ देश।
समय जो गया है
मेरे तलुवे से छनकर पाताल में
वह जानता हूँ मैं।

[*कल्पना* (मई 1967) में प्रकाशित]

मैदान में

स्वरलिपि : विमलेश्वरी सहाय

स स ग ग ऽ ऽ | ग म ग ग रे ऽ ऽ | स स ग रे
अँ धे ऽ रा ऽ ऽ | य हाँ ऽ ऽ ऽ ऽ ऽ | अँ धे रा ऽ

ग म ग प ऽ ऽ ऽ |
न हीं ऽ है ऽ ऽ ऽ |

प प ध ऽ ऽ ध प म ग रे | रे ऽ रे ग म प ग ऽ ऽ ऽ
इ क खाऽ ऽ स तरह काऽ | चाँ ऽ द ना ऽ ऽ है ऽ ऽ ऽ

ग ऽ ग रे ग ऽ ऽ स रे स रे स ऽ ऽ |
औऽ र न तू ऽ ऽ गोऽ रीऽ है ऽ ऽ |

सं सं सं सं रे ऽ ऽ ऽ सं सं ऽ ऽ ऽ म रे ऽ ऽ रे ऽ ऽ ऽ |
तू ऽ ऽ ए ऽ ऽ ऽ क लु नाऽ ऽ ऽ ऽ ई ऽ ऽ है ऽ ऽ ऽ |

रे ग म ऽ ऽ रे ऽ ऽ स ग ऽ ऽ ऽ |
डबऽ बा ऽ ऽ ई ऽ ऽ हु ई ऽ ऽ ऽ |

ग म ग म रे रे ऽ रे ग रे ग स ध़ ऽ ऩि स ऽ ऽ ऽ |
काऽ ऽ ऽ ले सिर्फ ते ऽ ऽ ऽ रे के ऽ श हैं ऽ ऽ ऽ |

स ऽ रें ऽ सं रें सं रें सं ऽ ऽ | नि ऽ ऽ प ध प ऽ ऽ
सू ने म य दाऽ ऽ न में ऽ ऽ | हमऽ ऽ न हीं हैं ऽ ऽ

सं ऽ नि ऽ प ध नि ध ऽ ऽ | ध ऽ ऽ रे रे म ग ऽ ऽ |
सि र्फ ए क दि शा है ऽ ऽ | औऽ ऽ र ग ति है ऽ ऽ |

ग ऽ ऽ म ग ऽ ऽ | स ऽ रे ऽ ग रे ऽ ऩि स रे म ऽ ऽ |
औऽ र जिस में ऽ ऽ | ठिठ के ऽ ख ड़े ऽथे हम वो क्ष ण ऽ ऽ |

स ऽ ऽ ऽ |
था ऽ ऽ ऽ |
स ऽ ग ऽ द ग म ग रे ऽ | रे रे ग रे स नि़ ध़ नि़ नि़ स ऽ ऽ ऽ
इस के बा ऽ द रो ऽ श नि याँ ऽ | श हर की दि ऽ खा ई दे गीं ऽ ऽ ऽ

हँसो हँसो जल्दी हँसो

[1968-'74]

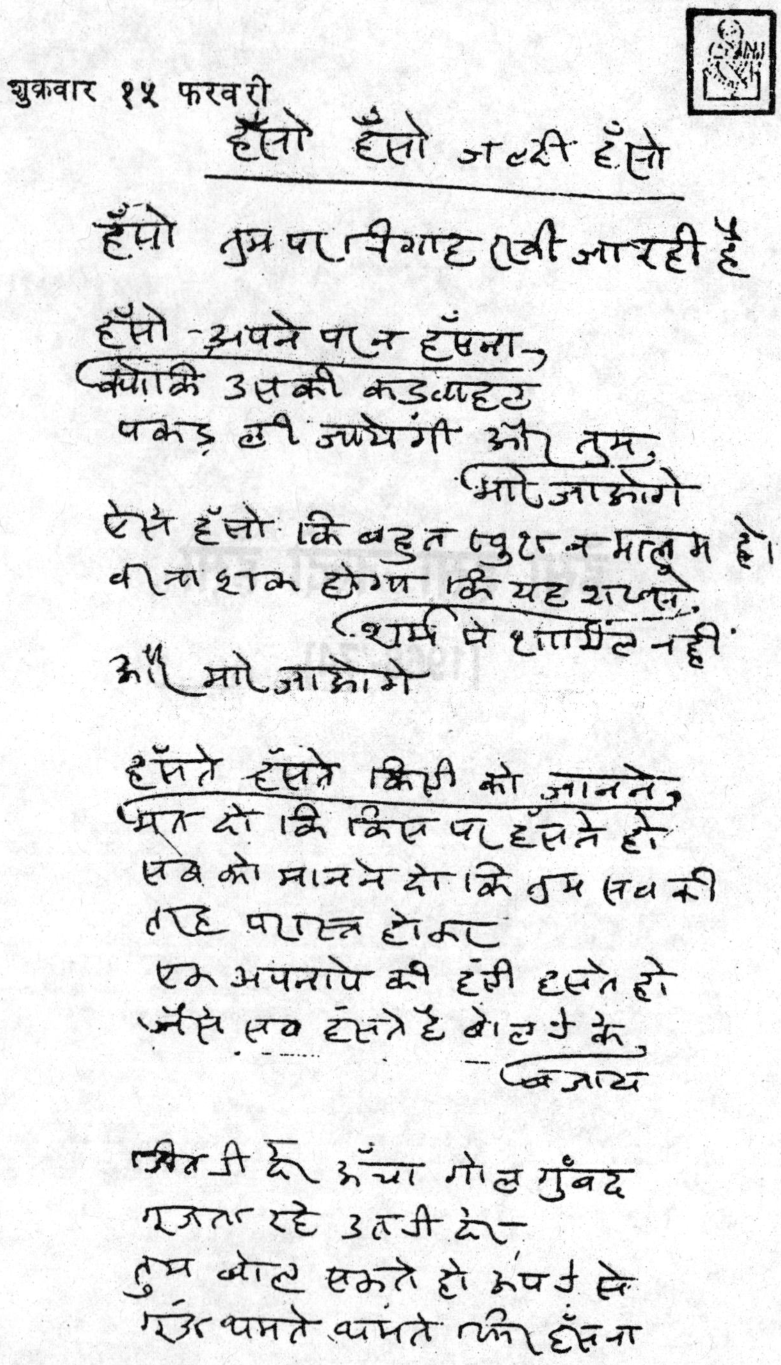

शुक्रवार १५ फरवरी

हँसो हँसो जल्दी हँसो

हँसो तुम पर निगाह रखी जा रही है

हँसो अपने पर न हँसना
क्योंकि उसकी कड़वाहट
पकड़ ली जायेगी और तुम
मारे जाओगे
ऐसे हँसो कि बहुत खुश न मालूम हो
वरना शक होगा कि यह शख्स
शर्म मे शामिल नहीं
और मारे जाओगे

हँसते हँसते किसी को जानने
मत दो कि किस पर हँसते हो
सब को मानने दो कि तुम सब की
तरह परास्त होकर
एक अपनापे की हँसी हँसते हो
जैसे सब हँसते हैं बोलने के
बजाय

जितनी देर ऊँचा गोल गुँबद
गूँजता रहे उतनी देर
तुम बोल सकते हो अपने से
गूँज थमते थमते फिर हँसना

कवि की हस्तलिपि में 'हँसो हँसो जल्दी हँसो' कविता की कुछ पंक्तियाँ

अपने उस अकेलेपन को
जो भय और साहस के बीच
कभी कभी
वहाँ मिला करता है जहाँ
कोई जीवित मित्र आ नहीं पाता
सिर्फ़ उनकी याद आ सकती है
जो ठीक उसी जगह मारे गये थे

दूसरे संस्करण की भूमिका

निवेदन

इस पुस्तक का दूसरा संस्करण आपके हाथ में देते हुए मुझे कृतज्ञता का बोध होता है और मैं एक बार फिर पहचान पाता हूँ कि कविता एक सतत प्रक्रिया है।

इस प्रक्रिया में एक बार पड़ जाने के बाद फिर वापस लौटना नहीं होता। नये अनुभव करने ही होते हैं और उन्हें नये सिरे से समझना और बताना ही होता है : एक नयी दुनिया बनाते रहना होता है और ऐसे कि जो बना चुके हैं वह पुरानी होने पर भी उससे संगत रहे जो बनायी जा रही है। ये कविताएँ पढ़ी जा रही हैं यह जानकर मैं इसीलिए एकसाथ संतुष्ट और सचेत होता हूँ और यह भी याद करता हूँ, कि कविता की यह प्रक्रिया अभी शेष नहीं हुई है, आगे क्या और कब लिखूँगा यह नहीं कह सकता परंतु लिखूँगा, यह उतना ही निश्चित है जितना यह कि लिख चुका हूँ।

इस संग्रह की कविताएँ इससे पिछले संग्रह *आत्महत्या के विरुद्ध* के 1967 में प्रकाशन के बाद से लेकर 1974 तक की अवधि में लिखी गयी हैं। संग्रह की शीर्षक कविता 1972 में तथा कुछ एक अन्य कविताएँ इसके आगे-पीछे पत्रिकाओं में प्रकाशित हो चुकी हैं। किंतु अधिसंख्य कविताएँ पहली बार संग्रह में ही प्रकाशित हुई हैं। 1975 में प्रकाशित होने के संयोग से यदि किसी को भ्रम हो कि इस संग्रह की कविताएँ आपत्कालीन स्थिति के दौरान लिखी गयी थीं तो वह दूर हो जाना चाहिए। आपत्कालीन स्थिति घोषित होने से पूर्व ही जो लोग एक लंबे दौर में लोकतंत्र के क्षय के प्रमाण और आनेवाले संकट को पहचानते रहे थे उनमें से यह कवि भी एक था और उसने जो पहचाना वह तभी लिखा था। आपत्कालीन स्थिति के दौरान उसने कोई कविता नहीं लिखी। वह पहले की तरह आगे आनेवाले संकट को पहचाननें में लगा रहा और अब भी लगा हुआ है।

22 सितम्बर, 1978 —रघुवीर सहाय

हा हा हा

हा हा हा
तुमने मार डाले लोग
हा हा हा

क्योंकि वे हँसे थे
तुमने मार डाले लोग
तुमने मार डाले लोग
हा हा हा

क्योंकि वे सुस्त पड़े थे
तुमने मार डाले लोग
तुमने मार डाले लोग
हा हा हा

क्योंकि उनमें जीने की आस नहीं रही थी
तुमने मार डाले लोग
तुमने मार डाले लोग
हा हा हा
तुमने मार डाले लोग

क्योंकि वे बहुत सारे लोग थे
इसी तरह के बहुत सारे लोग।

[प्रतिपक्ष (1.12.1974) में प्रकाशित]

जीने का खेल

मुझे क्यों लग रहा है कि बच्चे घर में लौट आये
आँख मूँदे उनकी बोली उस वाले कमरे में
क्यों सुनने लगा हूँ मैं

मेरी कल्पना उनके सब संवाद तर्क सहित सुनती है

एक दिन
मेरे अपने जीवन में ही खत्म होने वाला
है यह खेल
इस घर की दीवार पर मेरी तसवीर होगी
बच्चे आयेंगे पर मेरी कल्पना में नहीं—अपने
समय से आयेंगे
और उनकी बोली में उनका तर्क नहीं होगा
जिसको आज सुनता हूँ।

दो अर्थ का भय

मैं अभी आया हूँ सारा देश घूम कर
पर उसका वर्णन दरबार में करूँगा नहीं
राजा ने जनता को बरसों से देखा नहीं
यह राजा जनता की कमज़ोरियाँ न जान सके इसलिए मैं
जनता के क्लेश का वर्णन करूँगा नहीं इस दरबार में

सभा में विराजे हैं बुद्धिमान
वे अभी राजा से तर्क करने को हैं
आज कार्यसूची के अनुसार
इसके लिए वेतन पाते हैं वे
उनके पास उग्रस्वर ओजमयी भाषा है

मेरा सब क्रोध सब कारुण्य सब क्रन्दन
भाषा में शब्द नहीं दे सकता
क्योंकि जो सचमुच मनुष्य मरा
उसके भाषा न थी

मुझे मालूम था मगर इस तरह नहीं कि जो
ख़तरे मैंने देखे थे वे जब सच होंगे
तो किस तरह उनकी चेतावनी देने की भाषा
बेकार हो चुकी होगी
एक नई भाषा दरकार होगी

जिन्होंने मुझसे ज़्यादा झेला है
वे कह सकते हैं कि भाषा की ज़रूरत नहीं होती
साहस की होती है
फिर भी बिना बतलाये कि एक मामूली व्यक्ति
एकाएक कितना विशाल हो जाता है
कि बड़े बड़े लोग उसे मारने पर तुल जायें
रहा नहीं जा सकता

मैं सब जानता हूँ पर बोलता नहीं
मेरा डर मेरा सच एक आश्चर्य है
पुलिस के दिमाग़ में वह रहस्य रहने दो
वे मेरे शब्दों की ताक में बैठे हैं
जहाँ सुना नहीं उनका ग़लत अर्थ लिया और मुझे मारा

इसलिए कहूँगा मैं
मगर मुझे पाने दो
पहले ऐसी बोली
जिसके दो अर्थ न हों।

[मार्च 1972]

पानी पानी

पानी पानी
बच्चा बच्चा
हिन्दुस्तानी
माँग रहा है
पानी पानी

जिसको पानी नहीं मिला है
वह धरती आज़ाद नहीं
उस पर हिन्दुस्तानी बसते हैं
पर वह आबाद नहीं

पानी पानी
बच्चा बच्चा
माँग रहा है

हिन्दुस्तानी

जो पानी के मालिक हैं
भारत पर उनका कब्ज़ा है
जहाँ न दें पानी वाँ सूखा
जहाँ दें वहाँ सब्ज़ा है

अपना पानी
माँग रहा है
हिन्दुस्तानी

बरसों पानी को तरसाया
जीवन से लाचार किया
बरसों जनता की गंगा पर
तुमने अत्याचार किया

हमको अक्षर नहीं दिया है
हमको पानी नहीं दिया
पानी नहीं दिया तो समझो
हमको बानी नहीं दिया

अपना पानी
अपनी बानी हिन्दुस्तानी
बच्चा बच्चा माँग रहा है

धरती के अन्दर का पानी
हमको बाहर लाने दो
अपनी धरती अपना पानी
अपनी रोटी खाने दो

पानी पानी
पानी पानी
बच्चा बच्चा
माँग रहा है
अपनी बानी
पानी पानी
पानी पानी
पानी पानी।

आज का पाठ है

आज का पाठ है : मृत्यु के साधारण तथ्य
अनेक हैं; मुख्य लिखो

वह सबको एक सी नहीं आती
न सब मृत्यु के बाद एक हो जाते हैं
वैसे ही जैसे पहले नहीं थे

लाश वह चीज़ है जो संघर्ष के बाद बच रहती है
उसमें सहेजी हुई रहती है : एक पिचकी थाली
एक चीकट कंघी और देह के अन्दर की टूट
सिर्फ़ एक चीख़ बाहर आती है जो कि दरअसल
एक अन्दरूनी मामला है और अभी शोध का विषय है

तब वह—चीख़ नहीं—लाश भेज दी जाती है छपाई के लिए
अन्त में वह देसी भाषा की एक कविताई बन जाती है
विश्वव्यापी अँग्रेज़ी में तर्जुमा के लिए

मैं क्या कर रहा था जब मैं मरा
मुझसे ज़्यादा तो तुम जानते लगते हो
तुमने लिखा मैंने कहा था स्वाधीनता
शायद मैंने कहा था बचाओ
अब मैं मर चुका हूँ
मुझे याद नहीं कि मैंने क्या कहा था

जब एक महान संकट से गुज़र रहे हों
पढ़े लिखे जीवित लोग
एक अधमरी अपढ़ जाति के संकट को दिशा देते हुए
तब
आप समझ सकते हैं कि एक मरे हुए आदमी को
मसख़री कितनी पसन्द है
पर
तब मैं पूछूँगा नहीं कि सौ मोटी गरदनें
झुकी हैं
बुद्धि के बोझ से
श्रद्धा से

कि लज्जा से
मैं सिर्फ़ उन सौ गंजी चाँदों पर टकटकी बाँधे रहूँगा
—अपनी मरी हुई मशीनगन की टकटकी।

[1972. इसी वर्ष *धर्मयुग* में यह कविता 'टकटकी' शीर्षक से प्रकाशित]

वह कौन था ?

वह जनसभा न थी राष्ट्रीय दिवस था
एक बड़े राष्ट्र का
कितने आरामदेह होते हैं अन्य बड़े राष्ट्रों के
राष्ट्रदिवस दिल्ली में
एक मंत्री भीड़ के बीच खोया सा सहसा मिल गया मुझे
देखते ही बोला—अच्छे हो !
मैंने कहा—हुजूर ने पहचाना !
तब कहने लगा जैसे यही पहचान हो
तुम अभी संकट से मुक्त नहीं हुए हो
फिर जैसे शक हो गया हो कि भूल की—
क्षण भर घूरा मुझे
बोला—कल मेरे पास आना तब बाक़ी बताऊँगा

जाने कौन व्यक्ति था जिसको इसने मुझे समझा।

आनेवाला ख़तरा

इस लज्जित और पराजित युग में
कहीं से ले आओ वह दिमाग़
जो खुशामद आदतन नहीं करता

कहीं से ले आओ निर्धनता
जो अपने बदले में कुछ नहीं माँगती
और उसे एक बार आँख से आँख मिलाने दो

जल्दी कर डालो कि फलने फूलनेवाले हैं लोग
औरतें पिएँगी आदमी खाएँगे—रमेश
एक दिन इसी तरह आएगा—रमेश

कि किसी की कोई राय न रह जाएगी—रमेश
क्रोध होगा पर विरोध न होगा
अर्ज़ियों के सिवाय—रमेश
ख़तरा होगा ख़तरे की घंटी होगी
और उसे बादशाह बजाएगा—रमेश

[*प्रतिपक्ष* (1.12.1974) में प्रकाशित]

बड़ा हो रहा है

बड़ा हो रहा है लड़का
उन औज़ारों के बिना
जिनसे वह बनाता और तोड़ता हुआ बड़ा होता
वह सिर्फ़ बड़ा हो रहा है।

[1972]

औरत की ज़िन्दगी

कई कोठरियाँ थीं क़तार में
उनमें किसी में एक औरत ले जायी गयी
थोड़ी देर बाद उसका रोना सुनाई दिया

उसी रोने से हमें जाननी थी एक पूरी कथा
उसके बचपन से जवानी तक की कथा।

[मई 1972. *प्रतिपक्ष* (1.12.1974) में प्रकाशित]

भय

कितनी सचमुच है यह स्त्री
कि एक बार इसके सारे बदन का एक व्यक्ति बन गया है
उसके बाल अब घने काले नहीं
दुख उसे केशों का नहीं है
वह उदास नहीं डरी हुई है अधेड़ है औरत है
सुन्दर है

होनी की तसवीर एकदम उसके मन में चमक गई है इस क्षण
वह जवानी में बहुत कष्ट उठा चुकी है
अब वह थोड़े थोड़े लगातार स्नेह के बदले
एक पुरुष के आगे झुक कर चलने को तैयार हो चुकी है
वह कुछ निर्दय पुरुषों को जानती है जिन्हें
उसका पति जानता है
और उसे विश्वास है कि उनसे वह पति के ही कारण
सुरक्षित है
वह हाथ रोककर एकटक देखती है हाथ
फिर पहले से धीमे कंघी को बालों में फेर ले जाती है उनके
सिरे तक।

सेब बेचना

मैंने कहा डपट कर
ये सेब दाग़ी हैं
नहीं नहीं साहब जी
उसने कहा होता
आप निश्चिन्त रहें
तभी उसे खाँसी का दौरा पड़ गया
उसका सीना थामे खाँसी यही कहने लगी।

[1972. *प्रतिपक्ष* (दिसम्बर 1974) में प्रकाशित]

वे उसकी इज़्ज़त करते हैं

वह बैठा है सुखी आदमी
जब वह हँसता है तो मन ही मन हँसता है
बाहर से लगता है वह मुसकरा रहा है

उसने अपने से घटिया लोगों को मित्र बनाया है
और उन्हें पहले से भी घटिया होने का मंत्र बताया है

वे उसकी इज़्ज़त करते हैं

उसको सब विख्यात जनों का कच्चा चिट्ठा मालुम है

उसे सुनाता है पर निन्दा नहीं किसी की करता है
इससे सब निर्भय होकर रस लेते हैं

वे उसकी इ़ज़्ज़त करते हैं।

आपकी हँसी

निर्धन जनता का शोषण है
कह कर आप हँसे
लोकतंत्र का अंतिम क्षण है
कह कर आप हँसे
सब के सब हैं भ्रष्टाचारी
कह कर आप हँसे
चारों ओर बड़ी लाचारी
कह कर आप हँसे
कितने आप सुरक्षित होंगे
मैं सोचने लगा
सहसा मुझे अकेला पा कर
फिर से आप हँसे।

[प्रतिपक्ष (1.2.1974) में प्रकाशित]

संस्कृत

सेनाएँ मारकर मनुष्य को
खोद कर ज़मीन को
डेरा डाल देती हैं
किसी तरह आम का पेड़ बच रहता है

दोनों सेनाएँ कहीं और जाकर लड़ने के लिए
समझौता करती हैं

तब ज़मीन ख़ाली कर जाने का समारोह
उसी पेड़ के तले होता है

उसी आम के नीचे बाँधकर मारा था

उन्होंने अठारह बरस के उन लड़कों को
हिन्दी बोलने वाले गाँव के लड़कों को
जो सेना को नहीं माने थे

उसी आम के नीचे आम के वृक्ष का
शास्त्रीय गुणगान करने आए हैं
वयोवृद्ध संस्कृतज्ञ।

[1972]

बचे रहो

हज़ार कई हज़ार हज़ारों मर गए भूख से
—ऐसा कहा
इतनी बड़ी संख्या बतायी कि उतनी बड़ी
आड़ हो गई
कि कोई देख नहीं पाया कि मैं
उनमें नहीं था।

लुटेरा

कैसे उत्साह से
अपनी उन्नति की
ख़बर वह बताता है

बोलते बोलते
जैसे कि देश की
दरकी हुई धरती पर
कूदता कूदता
उससे कहीं बाहर
जान लेकर भागा जाता हो।

काबुल स्वप्न

पथरीला काबुल
पुलिस ने पकड़ा
जेब में पिस्तौल
मैंने दिखाया
उसने लिखा
छोड़ दिया
खँडहर में युद्ध हुआ
सब भागे
मैंने गोली दागी
बादशाह ज़ख़्मी हुआ
फिर दिखे एक के बाद एक
दोस्त जिन्हें कभी जाना था
एक ने जेल में मुझसे लम्बी बात की
वह औरत थी
ऊँचा जाँघिया पहने
घुटनों के बल बैठी
बोली यह झूठ है
कि तुम बरी होगे
झूठ नहीं मैंने कहा
पिस्तौल मैंने फेंकी थी
रेत में वह मिलेगी नहीं
और खून साबित न होगा
मैं नहीं मालूम छूटा
या छूट निकला
एक परिवार में
टीन के डिब्बे
खाने पकाने के रक्खे थे
मशीन से ढाले कबाड़ की छत थी
फ़र्श में दो छेद थे
एक में आप मूत लें और दो टके दें
साथी ने कहा : यह एक यूरोपीय था
मैंने बच्चों की ओर पीठ कर मूता
सीढ़ी पर मिले दो जने
जिन्हें जैसे सब जानते थे
बँधे हुए गाहक रहे होंगे

मुझे याद आने लगा अपना घर
जहाँ मेरा बचपन बीता था
सब पुरखे जो कि मर चुके थे
मैंने ज़िंदा देखे
वे चकित थे कि मैं
क्यों काबुल गया क्रांति करने।

क़िले में औरत

उस घर में बीस औरतें थीं
उनमें थी सिर्फ़ एक बुढ़िया
प्यारी बुढ़िया प्यारी बुढ़िया
वे धोती थीं वे मलती थीं वे हँसती थीं
वे घुसती और दुबकती थीं
वे माँग जिस समय भरती थीं
तब कितना धीरज धरती थीं
वे सब दुपहर में एक क़िले पर
पहरा देती सोती थीं
वे ठिगनी थीं वे दुबली थीं
वे लम्बी थीं वे गोरी थीं
वे कभी सोचती थीं चुपचाप न जाने क्या
वे कभी सिसकती थीं अपने सब के आगे

उस दिन बुढ़िया बीमार पड़ी
मर्दों ने कहा औरतों की बीमारी है
वह बुढ़िया औरत के रहस्य—
उन बीस जनों के औरतपन—की गठरी बन
कोने में खटिया पर जा करके पहुड़ रही
वह पहुड़ी रही साल भर तक फिर गुज़र गई
औरतें उठीं घर धोया मर्द गए बाहर
अर्थी लेकर।

बड़ी हो रही है लड़की

जब वह कुछ कहती है
उसकी आवाज़ में
एक कोई चीज़
मुझे एकाएक औरत की आवाज़ लगती है जो
अपमान बड़े होने पर सहेगी

वह बड़ी होगी
डरी और दुबली रहेगी
और मैं न होऊँगा
वे किताबें वे उम्मीदें न होंगी
जो उसके बचपन में थीं
कविता न होगी साहस न होगा
एक और ही युग होगा जिसमें ताक़त ही ताक़त होगी
और चीख़ न होगी

लम्बी और तगड़ी बेधड़क लड़कियाँ
धीरज की पुतलियाँ
अपने साहबों को सलाम ठोंकते मुसाहबों को ब्याह कर
आ रही होंगी जा रही होंगी
वह खड़ी लालच से देखती होगी उनका क़द

एक कोठरी होगी
और उसमें एक गाना जो खुद गाया नहीं होगा किसी ने
क़ैदी से छीन कर गाने का हक़ दे दिया गया होगा वह गाना
कि उसे जब चाहो तब नहीं जब वह बजे तब सुनो
बार बार एक एक अन्याय के बाद वह बज उठता है

वह सुनती होगी मेरी याद करती हुई
क्योंकि हम कभी कभी साथ साथ गाते थे
वह सुर में मैं सुर के आसपास

एक पालना होगा
वह उसे देखेगी और अपने बचपन की यादें आएँगी
अपने बच्चे के भविष्य की इच्छा
उन दिनों कोई नहीं करता होगा
वह भी न करेगी।

हँसो हँसो जल्दी हँसो

हँसो तुम पर निगाह रखी जा रही है

हँसो अपने पर न हँसना क्योंकि उसकी कड़वाहट
पकड़ ली जाएगी और तुम मारे जाओगे
ऐसे हँसो कि बहुत ख़ुश न मालूम हो
वरना शक होगा कि यह शख़्स शर्म में शामिल नहीं
और मारे जाओगे

हँसते हँसते किसी को जानने मत दो किस पर हँसते हो
सबको मानने दो कि तुम सबकी तरह परास्त होकर
एक अपनापे की हँसी हँसते हो
जैसे सब हँसते हैं बोलने के बजाय

जितनी देर ऊँचा गोल गुंबद गूँजता रहे, उतनी देर
तुम बोल सकते हो अपने से
गूँज थमते थमते फिर हँसना
क्योंकि तुम चुप मिले तो प्रतिवाद के जुर्म में फँसे
अन्त में हँसे तो तुम पर सब हँसेंगे और तुम बच जाओगे

हँसो पर चुटकुलों से बचो
उनमें शब्द हैं
कहीं उनमें अर्थ न हों जो किसी ने सौ साल पहले दिए हों

बेहतर है कि जब कोई बात करो तब हँसो
ताकि किसी बात का कोई मतलब न रहे

और ऐसे मौकों पर हँसो
जो कि अनिवार्य हों
जैसे ग़रीब पर किसी ताक़तवर की मार
जहाँ कोई कुछ कर नहीं सकता
उस ग़रीब के सिवाय
और वह भी अक्सर हँसता है

हँसो हँसो जल्दी हँसो
इसके पहले कि वह चले जाएँ

उनसे हाथ मिलाते हुए
नज़रें नीची किए
उनको याद दिलाते हुए हँसो
कि तुम कल भी हँसे थे।

[रचनातिथि : 13 अगस्त 1971]

रामदास

चौड़ी सड़क गली पतली थी
दिन का समय घनी बदली थी
रामदास उस दिन उदास था
अंत समय आ गया पास था
उसे बता यह दिया गया था उसकी हत्या होगी

धीरे धीरे चला अकेले
सोचा साथ किसी को ले ले
फिर रह गया, सड़क पर सब थे
सभी मौन थे सभी निहत्थे
सभी जानते थे यह उस दिन उसकी हत्या होगी

खड़ा हुआ वह बीच सड़क पर
दोनों हाथ पेट पर रखकर
सधे कदम रख करके आए
लोग सिमट कर आँख गड़ाए
लगे देखने उसको जिसकी तय था हत्या होगी

निकल गली से तब हत्यारा
आया उसने नाम पुकारा
हाथ तौलकर चाक़ू मारा
छूटा लोहू का फ़व्वारा
कहा नहीं था उसने आख़िर उसकी हत्या होगी

भीड़ ठेलकर लौट गया वह
मरा पड़ा है रामदास यह
देखो देखो बार बार कह
लोग निडर उस जगह खड़े रह
लगे बुलाने उन्हें जिन्हें संशय था हत्या होगी।

[1974]

मुझे कुछ और करना था

मुझे कुछ और करना था
पर मैं कुछ और कर रहा हूँ
मुझे कुछ और करना था इस अधूरे संसार में मुझे
कुछ पूरा करना था मकान मालिक से वायदे के अलावा मुझे
इस डरावने समाज में रहकर चीख़ते रहने के अलावा कुछ
        और मुझे
करना था इस ठसाठस भरे कमरे में हाथ में तश्तरी लिए
        खड़े खड़े
खाते रहने के अतिरिक्त—रिक्त तश्तरी के अतिरिक्त—
        तोड़ना था मुझे
बहुत कुछ इसी वर्ष
पर मैं बना रहा हूँ शीशे के सामने हजामत

गाना था गरजना था हँसना था मुझे शायद
कहीं शायद जाना था
सालन पकाना था समेटकर आस्तीन
हौंककर डराना था अकड़ू को
और भी बुलकारना था बड़बोले को
ललकारना था मुझे बाँके को
गोद में लेकर सुलाना था अपने हाथों पीटे हुए बच्चे को

मुझे कुछ और करना था हाँफते हुए नमस्ते करने के अलावा
        आज सुबह
चकित नहीं रह जाना था मुझे देखकर
चालीस के आसपास का समाज
पर मैं चकित हूँ कि कब हो गए सब सफल लोग सफल

मैंने रोज़ रोज़ देखी एक बड़ी जाति के जबड़े में जाती एक
        छोटी आस था
पाँच राज्य के अकाल में जीवित रह जाने की शर्म ढोते हुए
मुझे कुछ करना था
पर मैं पुस्तकालय में बैठा हूँ
एक बार खोजता हूँ एक परिचित मुँह एक बार लपककर
        फिर
एक मोटी किताब

जानना था जानना था जानना था
किस वक़्त देश का कामकाज हमउम्र लोगों के हाथ आ
गया
पर मैंने जाना कि यह समाज
विद्रोही वीरों का दीवाना है विरोध का नहीं।

सड़क पर रपट

देखो सड़क पार करता है पतला दुबला बोदा आदमी
आती हुई टरक का इसको डर नहीं
या कि जल्दी चलने का इसमें दम नहीं रहा
आँख उठा देखता है वह डरेवर को
देखो मैं ऐसे ही चल पाता हूँ

मैंने इस तरह के आदमी इस बरस पिछले के मुकाबले बहुत
देखे
जिनको खाने को पूरा नहीं मिला बरस भर
कैसे भी पहुँच जाते हैं दफ़्तर वक्त से
घर लौट आते हैं देर सबेर घरवालों को कभी अस्पताल
में पड़े नहीं मिलते हैं

मैंने इस वर्ष देखे एक ख़ास किस्म के नौजवान रँगेचुंगे
चुस्त
उठाकर अँगूठा रोकते हुए मोटर
सवारी का हक़ भाईचाराना माँगते
इस वर्ष कारें भी बढ़ीं नौजवान भी
इस वर्ष मैंने देखा बल्कि एक दिन देखा
एक दिन अस्पताल एक दिन स्कूल के सामने
खड़ा हुआ एक लँगड़ा बूढ़ा एक दिन नन्हा लड़का पार
जाने को एक एक घंटे इन्तज़ार में
कि कोई कारवाला गाड़ी धीमी करे
इस वर्ष मैंने और भी देखा
कुत्ते जगह जगह कुचले
वे ठिठक गए थे जहाँ थे बीच रस्ते पर
उनके न ताक़त थी उनके न इच्छा थी कि दौड़कर बच जाएँ

यह रपट यहीं खत्म होती है चाहे एक मामूली बात और
जोड़ लें
कि इस वर्ष मैंने और अधिक मोटर मालिक देखे नियम
तोड़ कर
बायें हाथ से अगली गाड़ी से अगिया जाते हुए

उन लड़कों का यहाँ ज़िक्र नहीं किया गया
जो इन्हें देखकर ख़ून का घूँट पीकर रह जाते हैं
क्योंकि उनमें से कोई दुर्घटना में शामिल नहीं हुआ।

पैदल आदमी

जब सीमा के इस पार पड़ी थीं लाशें
तब सीमा के उस पार पड़ी थीं लाशें
सिकुड़ी ठिठरी नंगी अनजानी लाशें

वे उधर से इधर आ करके मरते थे
या इधर से उधर जा करके मरते थे
यह बहस राजधानी में हम करते थे

हम क्या रुख़ लेंगे यह इस पर निर्भर था
किसका मरने से पहले उनको डर था
भुखमरी के लिए अलग अलग अफ़सर था

इतने में दोनों प्रधानमंत्री बोले
हम दोनों में इस बरस दोस्ती हो ले
यह कह कर दोनों ने दरवाज़े खोले

परराष्ट्र मंत्रियों ने दो नियम बताए
दो पारपत्र उसको जो उड़ कर आए
दो पारपत्र उसको जो उड़ कर जाए

पैदल को हम केवल तब इज़्ज़त देंगे
जब देकर के बंदूक उसे भेजेंगे
या घायल से घायल अदलेबदलेंगे

पर कोई भूखा पैदल मत आने दो
मिट्टी से मिट्टी को मत मिल जाने दो
वरना दो सरकारों का जाने क्या हो।

अंधी पिस्तौल

सुरक्षा अधिकारी सेनाधिपति के
घूर कर देखते हैं मेरा चेहरा
बहुत दिनों से उन्होंने नहीं देखा है मेरा चेहरा
धीरे धीरे कम होती गई है मेरी और सेनाधिपति की
बातचीत
इसलिए मैं सिपाहियों की निगाह में अजनबी हो गया हूँ

ये सिपाही भी कोई दूसरे हैं
पहले जो थे कुछ अदब करते थे
मेरा भी और उनका भी
अब जो हैं इतने उजड्ड हैं कि मैं
सेनाधिपति के लिए चिंतित हूँ

ये वरदी नहीं पहने हैं सिर्फ़ कमीज़ पतलून
उसके नीचे वे सौ फ़ी सदी हिंदुस्तानी हैं

उन्हें वरदी पहनायी गई होती तो अच्छा रहता
अब जब वे पिस्तौल निकालेंगे कितना अचरज होगा
और किस पर दागेंगे यह देखकर तो
और भी ज़्यादा।

अधिकार हमारा है

इस जीवन में
मैं प्रधानमंत्री नहीं हुआ
इस जीवन में मैं प्रधानमंत्री के पद का
उम्मीदवार भी शायद हरगिज़ नहीं बनूँ
पर होने का अधिकार हमारा है
भारत का भावी प्रधानमंत्री होने का

अधिकार हमारा है

तुम हँस सकते हो हँसो कि हाँ हाँ
हो जाओ अधिकार तुम्हारा है
तो सुनो कि हाँ अधिकार हमारा है

भारत के कोई कोने में
मर कर बेमौत जनम लेकर
भारत के कोई कोने में
खोजता रहूँगा वह औरत
काली नाटी सुंदर प्यारी
जो होगी मेरी महतारी

मैं होऊँ मेरी माँ होवे
दोनों में से कोई होवे
अधिकार हमारा है
भारत का भावी प्रधानमंत्री
होने का अधिकार हमारा है।

हिंदू पुलिस

बूढ़े सुकुल का जब अन्त समय आया
गिरते गिरते उसके शव ने मुँह बाया
सठिआया अपाहिज कुछ समझ नहीं पाया

सुना था जहाँ पर है कन्याकुमारी
दूर उसी दक्षिण से जब पहली बारी
गया आया हिंदू तो गोली क्यों मारी

आँखें फाड़े सुकुल यह रहस्य देखता
उत्तर दक्षिण के 36 भये देवता
केन्द्रीय रिज़र्व पुलिस भारत की एकता।

[मई 1972. *प्रतिपक्ष* (1.12.1974) में 'एकता' शीर्षक से प्रकाशित]

बाराबंकी

मैंने कहा : ज़िंदाबाद
दल के दल लोग बोले ज़िंदाबाद
बोले : कार्यक्रम क्या है ?
मैंने कहा : डर और हिम्मत
बोले : नीति क्या है ?
मैंने कहा : खोज
बोले : नीति किसकी है ?
मैंने कहा : क्या ?
बोले : नहीं किस विचारक की ?
मैंने कहा : क्या ?
बोले : यदि तुम्हें नहीं पता कि तुम विश्व के
राष्ट्रों में किसके समर्थक हो
तो तुम पर बाराबंकी की जनता विश्वास ही क्यों करे ?

[1974]

बुद्धिजीवी का वक्तव्य

मरने की इच्छा समर्थ की इच्छा है
असहाय जीना चाहता है।
आओ सब मिलकर उसे बस जीवित रखें

सब नष्ट हो जाने की कल्पना
शासक की इच्छा है
आओ हम सब मिलकर
उसे छोड़ बाकी सब नष्ट करें

सुन्दर है सर्वनाश
वही सर्वहारा के कष्टों को सार्थक करता है
और हमारे कष्टों को मनोरंजक भी।

अकेली औरत

मोहन बीमार पड़ा
कमला को लगा कि वह अब सारी दुनिया को
छोड़कर उसके पास आया है

दो दिन ऐसा रहा
फिर मोहन रोग के एकांत के भीतर
और कहीं चला गया
कमला फिर अकेली रह गयी कमला।

प्रेम के लोग

हम जिस अनजान चीज़ को
प्रेम कहते हैं
वह कुछ लोग हैं
उन्हें हम और तुम चाहते हैं
वे लोग चले जाएँ अपने अपने रास्ते
तो दो हो जाएँ हमारे तुम्हारे रास्ते।

लुभाना

खड़ी किसी को लुभा रही थी
चालिस के ऊपर की औरत
घड़ी घड़ी खिलखिला रही थी
चालिस के ऊपर की औरत
खड़ी अगर होती वह थककर
चालिस के ऊपर की औरत
तो वह मुझको सुन्दर लगती
चालिस के ऊपर की औरत
ऐसे दया जगाती थी वह
चालिस के ऊपर की औरत
वैसे काम जगाती शायद
चालिस के ऊपर की औरत।

रोया

मैंने जमा कीं
नौ जवान
या दस बेबस लड़कियाँ
और उन्हें चिपके कपड़े पहना दिए
फिर मैं रोया उनके स्तनों की असली शक्ल देख़कर।

नंगी औरत

नाटक शुरू होने के पहले सहसा मैंने
पहचाना एक अधेड़ औरत का दर्द
वह मुझे घूरे जाती थी

क्या तुम मानोगी कि दुगन में बजता तबला
अश्लील है
अगर उस पर अपने को थिरकते देखो।

दर्द

देखो शाम घर जाते बाप के कंधे पर
बच्चे की ऊब देखो
उसको तुम्हारी अँग्रेज़ी कह नहीं सकती
और मेरी हिंदी
कह नहीं पायेगी
अगले साल।

मेरा लड़का

मैंने देखा मेरे एक बड़ा लड़का था
परदेश में था वह
जिस दिन उसे आना था नहीं आया
फिर सहसा जाना कि वह कभी था ही नहीं।

[1974]

टेलिविज़न

मैं सम्पन्न आदमी हूँ है मेरे घर में टेलिविज़न
दिल्ली और बंबई दोनों के बतलाता है फ़ैशन
कभी कभी वह लोकनर्तकों की तसवीर दिखाता है
पर यह नहीं बताता है उनसे मेरा क्या नाता है
हर इतवार दिखाता है वह बंबइया पैसे का खेल
गुंडागर्दी औ' नामर्दी का जिसमें होता है मेल
कभी कभी वह दिखला देता है भूखा नंगा इंसान
उसके ऊपर बजा दिया करता है सारंगी की तान

कल जब घर को लौट रहा था देखा उलट गई है बस
सोचा मेरा बच्चा इसमें आता रहा न हो वापस
टेलिविज़न ने ख़बर सुनायी पैंतिस घायल एक मरा
ख़ाली बस दिखला दी ख़ाली दिखा नहीं कोई चेहरा
वह चेहरा जो जिया या मरा व्याकुल जिसके लिए हिया
उसके लिए समाचारों के बाद समय ही नहीं दिया

तब से मैंने समझ लिया है आकाशवाणी में बनठन
बैठे हैं जो खबरों वाले वे सब हैं जन के दुश्मन
उनको शक था दिखला देते अगर कहीं छत्तिस इंसान
साधारण जन अपने अपने लड़के को लेता पहचान
ऐसी दुर्भावना लिये है जन के प्रति जो टेलीविज़न
नाम दूरदर्शन है उसका काम किंतु है दुर्दशन।

यूरोप में फ़िल्मघर में

पास बैठी औरत मैं छू नहीं सकता
परदे पर पुरुष देख उसकी सिसकारी सुन पाता हूँ
अपने मुंशी पति पर गुस्सा छिपाने में
एक अधेड़ बीवी जाँघ ठोककर हँसती है
बदला ले रही है एक कल की छोकरी
नोचकर छोकरे की नंगी पीठ और
उसे ऊपर आने से रोके भी हुए है

फेंककर मारे आपस में लोगों ने ताने अंडों के सजे फूल

रंगबिरंगे जूठन के सागर पर तैर आईं बोतलें
एक बूँद बदन की बू अपने में बंद किए
चुम्मों के बीच चुइंगगम चुभलाती हुई गोरी गुलाम
गरदनें फ़िल्म के भीतर से देखती हुई जाती हैं परदे के
भीतर

एकाएक फ़िल्म अवाक् हो गई है

एक के बाद एक जाते रहते हैं होंठ खोले चेहरे
कामातुर होने की नकल किए

झुंड के झुंड बछड़े
बाँ बाँ बाँ बाएँ दमामा
दाएँ झाँझ साँस गरम मांस नरम मादाओं के हरम में
एक शामिला मिलावटी शरम
एक बड़ी देग़ को पोंछता हुआ हाथ
खाता हुआ चमड़ा चबाता हुआ जबड़ा उठा
(आवाज़ें मेरी हैं)
निःशब्द उसने
सारा परदा ढँक लिया।

उन्होंने कहा यह एक चाल है

वह प्यार करती थी
पर जब कुछ दिन गए
मुझसे डरने लगी
मेरे द्वारा राज्य से डरने लगी जिसमें हम दोनों हैं
वह दौड़ी हुई मुझसे कहने आती है
कि मैंने घर का सारा काम कर दिया है
वह दिन भर जोड़ कर रखती है
वह सब जो महामंत्री ने दिन भर तोड़ा है देश में
हाँ उसके हाथ खुरदरे हो गए हैं पाँव फट गए हैं

वह सोचे बैठी है कि इस तरह घर बचा रहेगा
क्योंकि मैंने उससे छिपाया है कि मेरे पास
उसके क़त्ल का हुक्म कब का आ चुका है

मैंने कहा था मुझे मार डालो
और उसकी जान बख़्श दो
पर उन्होंने कहा यह एक चाल है

नरनारी सम्बन्ध का अध्ययन करनेवाले विभाग के
संगणक की यही राय थी
हम दोनों के भेदों का ब्योरा
उसमें हमारे पड़ोसी ने डाला था

इस सेवा के बदले उसने अपनी बीवी
बचा रखना चाहा था
वह उसे बचा सका
पर खुद मारा गया

उसके क़त्ल का हुक्म उसकी बीवी को था।

अधूरे काम

ख़ैराती अस्पताल
बूढ़ा बीमार है
पास में छोटे छोटे
पुत्र चार पाँच हैं
पुत्र जानते नहीं
पिता मर रहा है

कई बार जीवन में
पिता पिट चुका है
आज उसे अपने पर
झुँझलाहट आई है
दुनिया से जो पिछले
सात आठ बरसों से
एकाएक उसके प्रति
निर्दय हो गई है
वह बदला ले लेता
किसी तरह एक बार

मौत पास आ गई

वह विचलित हो गया
बच्चों पर झल्लाया
गुस्सा उतरने से
पहले उसे होश आया
मरने से पहले उसे
माफ़ी माँगनी होगी
इतने में मौत
एकदम पास आ गई

सारे अधूरे काम
नई पीढ़ी करती है
अपने पिता को माफ़
नई पीढ़ी करती है।

तसवीर देखना

एक दिन अपने
आप बनी हुई पंक्ति में
बैठे हुए कुछ लोग
इंतज़ार करते थे

मैंने उनकी फ़ोटो
खींच ली

वह सीधी पीठ वाली
बड़े जूड़े की रेखा

और तमाम अनजाने
लोग साफ़ साफ़ आए

फिर कभी फ़ोटो निकाल कर
देखूँगा

अपना बेगानापन
पहचानने के लिए।

काला नंगा बच्चा पैदल

काला नंगा बच्चा पैदल बीच सड़क पर जाता था
और सामने से कोई मोटर दौड़ाए लाता था
तभी झपट कर मैंने बच्चे को रस्ते से खींच लिया
मेरे मन ने कहा कि यह तो तुमने बिलकुल ठीक किया
वहीं देखकर एक भिखारी मैंने उससे यों पूछा
क्या यह साथ तुम्हारे है ? वह पल भर ठिठका बोला हाँ
फिर कुछ आशा से बतलाने लगा कि साहब इसकी माँ
गुज़र गई है इसके दो भाई भी मैंने दिये गँवा
मैं अपने से पूछ रहा हूँ मैं यह सुनकर क्यों भागा
क्यों एकदम सो गया वह कि जो था मुझमें एकदम जागा।

अतुकांत चंद्रकांत

चंद्रकांत बावन में प्रेम में डूबा था
सत्तावन में चुनाव उसको अजूबा था
बासठ में चिंतित उपदेश से ऊबा था
सरसठ में लोहिया था और ... और क्यूबा था
फिर जब बहत्तर में वोट पड़ा तो यह मुल्क नहीं था
हर जगह एक सूबेदार था हर जगह सूबा था

अब बचा महबूबा पर महबूबा था कैसे लिखूँ।

राष्ट्रीय प्रतिज्ञा

हमने बहुत किया है
हम ही कर सकते हैं
हमने बहुत किया है
पर अभी और करना है
हमने बहुत किया है
पर उतना नहीं हुआ है
हमने बहुत किया है
जितना होगा कम होगा
हमने बहुत किया है

जनता ने नहीं किया है
हमने बहुत किया है
हम फिर से बहुत करेंगे
हमने बहुत किया है
पर अब हम नहीं कहेंगे
कि हम अब क्या और करेंगे
और हमसे लोग अगर कहेंगे कुछ करने को
तो वह तो कभी नहीं करेंगे।

अकेली दुपहर

उस दुपहर की बात याद है
शहर आंध्र का एक अजनबी
पैदल लम्बी लम्बी सड़कें
वही गंदगी वही सजावट

पर कुछ नया नया लगता था
बचपन और परायापन भी
चलते चलते आँखें खोले
बेमतलब थकते जाना भी

सहसा ठहर गया परदेसी
उसे याद आए कुछ रुपये
जो थे उसके पास कि जिनसे
उसे भरोसा अपने पर था

उनसे आ सकती थी बोतल
छोटी सी सस्ती शराब की
वह अनजाने खड़ा हुआ था
शराबख़ाने के दरवाज़े

ज़ोर लगाकर अपने भीतर
उसने इस ख़तरे को टाला
उसने बोतल नहीं ख़रीदी
वह आगे चल दिया कहीं को।

तैरते होटल में मस्ती के आठ दिन

एम.एम.टी. वरुणदेव
विश्व का विलासपोत अनुपम सम्पन्नतम
यूनान की कातोरिकालीस कम्पनी से भाड़े पर लाया गया है

आप ही की ख़ातिर

सागरविहार के वास्ते
पाँच स्टार होटल के सारे साज सामान इसमें हैं
भारत में पहली बार सागरविहार अब शुरू होगा

यही है वह जहाज़ एक बार नहीं सात सात बार
बम्बई के अन्दर से एक होटल तैर कर जाएगा
इसमें केन्द्रीय अनुकूलवात मिलेगा
तीन मदिरालय जहाँ पाँच महाद्वीपों के विविध मद्य मिलेंगे

दो दो आरामगाह पसरे पड़े रहने को
और एक दीवाने ख़ास
महलों के राजसी भोजों के योग्य उपलब्ध है
और खुले आकाश के नीचे तालाब
चाहे धूप में नहाएँ चाहे चाँदनी में
आपके ठहरने का कमरा भी इसी अमीराना अंदाज़ से
सजा होगा

जैसा बाक़ी कुछ है

पूरा फ़र्श ढाँके हुए क़ालीन
संगीत के बटन के दबाते ही संगीत
नम्बर घुमाते ही टेलीफ़ोन
और जहाज़ के अपने टेलिविज़न केन्द्र से
हर समय टेलिविज़न

और उधर जाएँ तो पाएँगे रंगमंच
पुस्तकालय वाचनालय
चुंगीमुक्त दूकान
मालिशघर हम्माम

भारत के लोकनृत्य
और योगासन सिखाने का इंतजाम भी होगा
और एक ज्योतिषी रहेगा कि सुखद भाग्य बतलाए
ज़लविहार के पथ में कहाँ कहाँ जाएँगे
सो भी सुन लीजिए
द्वीपों में अद्‌भुत अज्ञात द्वीप लक्षद्वीप
जहाँ आज तक कोई सभ्यता गई नहीं
जिससे वहाँ जो है अछूता है
आप उसे पहली बार भोगेंगे

वास्तव में लक्षद्वीप की आदिम जनता ने
कोई आलीशान जलयान नहीं देखा है
इससे तैयार रहें
बहुत बड़ा स्वागत दल कितने उल्लास से
उमड़ कर आएगा सागर के तट पर
अपने विचित्र वस्त्र धार कर
गोवा भी जाएँगे
सन्त ज़ेवियर देखें
श्रीलंका जाएँगे
बौद्ध मंदिर देखें
मत भूलें भारत के सर्वप्रथम जलविहार के इस आयोजन में
आप चुने चुने बड़े लोगों के साथ होंगे
हालाँकि ख़र्च ऐश्वर्य के आठ दिनों के बदले
ऐसा कुछ बहुत नहीं

जल्दी नाम लिखवा लें कि अवसर अनूठा है
कि कुल साढ़े चार सौ सीटों में बस पचास
हिन्दुस्तानियों के वास्ते सुरक्षित हैं।

आमार सोनार दिल्ली

जो लड़की वह खड़ी है कमज़ोर
साँस लेती भारी बस्ता लिए
काले पाँवों ठिठक कर
क्या तुम उसके सिर पर लदी
उसके माँ बाप की तरसती

ज़िंदगी देख सकते हो
एक क्षण में ?

आमार सोनार दिल्ली में मक्खन का
विज्ञापन
जिस दिन
तफ़रीहन आदतन खाने वाले
बच्चों के लिए छपता है
उसी दिन
उसी समय
क्या तुम उसकी नृशंसता देख सकते हो ?

नहीं
तो क्या साहस की बंबइया फ़िल्म
जो दिल्ली में बनती है
तुम उसमें संवाद
या गीत लिख दे सकते हो
—यही कि मैं शिशु सहित माँ के
साथ हूँ साथ हूँ साथ हूँ साथ हूँ
बशर्ते कि बलात्कार से माँ
और बन्दूक़ से बच्चा
अपने को बचा ले।

चेहरा

चेहरा कितनी विकट चीज़ है
जैसे जैसे उम्र गुज़रती है वह या तो
एक दोस्त होता जाता है या तो दुश्मन

देखो सब चेहरों को देखो
पहली बार जिन्हें देखा है
उन पर नज़र गड़ा कर देखो
तुम को ख़बर मिलेगी उनसे
अख़बारों से नहीं मिलेगी

सब जाने पहचाने चेहरे

जाने कितनी जल्दी में हैं
कतराते हैं मुड़ जाते हैं
नौजवान हँसता है कह कर
ठीक सामने 'तो मेरा क्या'

लोग देखते खड़े रहे सब
पहने सुन्दर सुथरे चेहरे
हँस करके पूछने लगे फिर
अगर वही हो तुम जिससे तुम
लड़ते हो तो लड़ते क्यों हो

बोले थे अभी आप जाने क्या
सबको सुनाई दिया हा हा हा

आपके विचार में तर्क है धमकी है
तर्क करने पर दंड देने की धमकी है
आप जासूस हैं आप हैं डरावने
आप विश्वास से देख रहे सामने

झुर्रियाँ डरा हुआ दुबला साँवला चेहरा
बस से उतरी हुई भीड़ में एक एक कर देखा वह नहीं था
पिछली बार बहुत देर पहले उसे अच्छी तरह देखा था
रोज़ आते जाते हैं बस में लोग एक दिन ख़त्म हो जाते हैं
या कि ख़त्म नहीं होते चुपचाप
मरने के लिए कहीं दुबक जाते हैं

एकाएक चौंक कर डूबे किताब में आदमी ने फ़ोन किया
गणतन्त्र दिवस की परेड का मेरा पास कहाँ है
वह पढ़ा लिखा पुरुष पुलिस को देखने
जाएगा जिससे उसे राजपुरुष देख लें

दफ़्तर में दल के गया वे जमे बैठे थे
तने हुए जितना वे तन सकते थे मोटे शरीर
उनके तले शक्ति थी दबी हुई जनता की
उस शक्ति की पीड़ा उनके चेहरे पर थी
जब वे एक लम्बी पाद पादे राहत मिली

खेत में सजी हुई क्यारियाँ थीं

उनमें पानी भरा था
मैंने हाथ से उन्हें पटीला
अँखुए झाँकते दिखाई दिए
सपना था यह
धीरे से बदल गया

अब मुझे याद नहीं शायद मेरी बीवी थी
खुले बाल दूर देखती हुई दौड़ी आती थी
दौड़ता आया लड़का हाँफता हाथ में ··· आप इसे
पीछे भूल गये थे मुझसे कहा
दौड़ने में उसका चेहरा सफ़ेद पड़ गया था
आँखें फट रही थीं क्योंकि उसके तन में
काफ़ी ख़ून नहीं था

जो शरीर सूखे मरे पाए गए
उनमें न जाने कितने कलाकारों के थे
उनकी कोई रचना छपी नहीं थी बल्कि
उनकी कोई रचना हुई नहीं थी, क्योंकि
अभी उन्हें करनी थी
दो हज़ार वर्ष के अत्याचार के नीचे से उठ कर
उन्हें एक दिन करनी थी रचना
इसके पहले ही वे मारे गए
इस वर्ष पिछले वर्ष की तरह

सभा में बैठा था हिन्दी का लेखक
राजा ने कहा कि मेरे भाषण के बाद
इसका कोई हिन्दी में उल्था कर देगा
लेखक अपनी जगह बैठा डरने लगा
अनुवाद करने को उसे कहा जायेगा
क्योंकि वह हिन्दी का लेखक है
लेकिन अध्यक्ष हिन्दी वाले थे
कहा कोई बात नहीं
बाकी भाषण हिन्दी में होंगे
अब पचास मिनट बचे और पन्द्रह वक्ता हैं
बोल लें हिन्दी पाँच पाँच मिनट

लोगों को जब मारो तो वे हँसते हैं
कि वाह कितना मेरा दर्द पहचाना

बहुत दिन हो गए जिनसे मिले हुए
उनमें से बहुत से अब मिलने के क़ाबिल नहीं रहे
वे इतने बूढ़े हो चुके हैं कि उन्हें अब भविष्य के
किसी मसले पर मुझसे कोई बात करने को
नहीं रह गई है
वे क्रोध में कहते हैं कुछ अनर्गल जो
मैं समझ पाता नहीं सत्य या असत्य है
जब मैंने कहा कि यह फ़िल्म घातक है
इसमें मनुष्य को झूठा दिखाया है
तो प्रधानमंत्री नाराज़ हुए—यह व्यक्ति मेरे विरुद्ध है

छोटे क़द के बूढ़े जब अमीर होते हैं
कितने दुष्ट लगते हैं
हँसमुख जब रहते हैं
बूढ़े होने के साथ थकती है बुद्धि
किन्तु देह में बल है
इससे भय लगता है

जीने का अच्छा ढंग बूढ़े होते होते क्षय होते जाना है
किन्तु लोग देह स्वस्थ रखने पर बहुत ज़ोर देते हैं
काले कुम्हलाये हुए काले रंग वाले नौजवानों की एक
सभा में बैठा है बूढ़ा जिसे राज्यसभा में अच्छे स्वास्थ्य
के बल पर हिस्सा मिलने की उम्मीद है

कुछ चेहरों को हम सुन्दर क्यों कहते हैं
क्योंकि वे ताक़तवर लोगों के चेहरों से दो हज़ार साल से
मिलते जुलते चले आते हैं
सुन्दर और क्रूर चेहरे मशहूर हैं दूर दूर तक
देसी इलाकों में

चेहरे वाक्य हैं कहानियाँ किताबें कविताएँ आवाज़ें हैं
उन्हें देखो उन्हें सुनो
मसनद लगाये हुए व्यक्ति ने बार बार कहा है
तुम उनमें से एक हो
पर उसका मतलब है तुम और एक हो
सब चेहरे सुन्दर हैं पर सबसे सुन्दर है वह चेहरा
जिसे मैंने देर तक चुपके से देखा हो

इतनी देर तक कि मैंने उसमें और उसके जैसे
एक और चेहरे में अन्तर पहचाना हो

तू सुन्दर है
इसलिए नहीं कि डरी हुई है
तू अपने में सुन्दर है

वह आ कर बैठा धीरे से
घूरने लगा घबराया सा
मेरे यन्त्रों को मुझसे आँख चुरा
वे अद्‌भुत चमकीले डब्बे युद्ध के चित्र लेते थे
घाव को असल से बढ़िया रंग दे करके
कैमरे के उधर की बिलखती एक जाति के
और चौदह बरस के लड़के के दरमियान
मैं किसका प्रतिनिधित्व करता था

जादूभरा कैमरा वह छूना चाहता था
चौदह बरस की उम्र में वह जानना ही जानना चाहता था
उसे इतना कौतूहल था कि वह
अपनी निर्धनता को भूल गया
सहसा उसने जैसे मन्त्रमुग्ध
दोनों हाथों से वह बक्सा उठा लिया

क्षण भर मैं डरा फिर अभिजात स्नेह से
कहा लो देखो मैं तुम्हें बतलाता हूँ
उसने एक बार कैमरे पर हाथ फेरा
और मुझे इतनी नफ़रत से देखा कि किसी ने
कभी नहीं देखा था

प्राचीन राजधानी अधमरे लोग
वही लोग ढोते उन्हीं लोगों को
रिक्शे में
पन्द्रह लाख आबादी दस लाख शरणार्थी
रिक्शेवाले की पीठ शरणार्थी की पीठ
एक सी दीखती
बस चेहरे हैं जैसे बलपूर्वक अलग अलग किए गए
एक बुढ़िया लपकी हुई जाती थी

पीछे पीछे चुप चलती थी औरत वह बहन थी
आगे आगे लाश पर पूरा कफ़न नहीं था
वे उसे ले जाते थे जल्दी जल्दी जला देने को

वह लड़की भीख माँगती थी दबी ढँकी
एकाएक दूसरी भिखारिन को वहाँ देख
वह उस पर झपटी
इतनी थोड़ी देर को विनय
और इतनी थोड़ी देर का क्रोध
जर्जर कर रहा है उसके शरीर को

अपने बच्चों का मुँह देखो इस साल
और अगले साल के लिए उनके पुराने कपड़े तहा कर रख लो
उनकी कहानी का अन्त आज ही कोई जान नहीं सकता है।

फूलमाला हाथों में

जब हत्यारे सारे शब्दों को
तोड़ लेंगे

तब वे अपने अपने मित्रों को
मार देंगे

एहतियातन

फूलमाला हाथों में
बच्चों के

काले काले हाथों में
बच्चों के

दुबले पतले बच्चों के
हाथों में

हत्यारे पालम से आकर उतरे हैं
पालम पर

बच्चे उनसे काफी दूर बैठे हैं
पालम पर

टेलिविज़न
दूरबीन से
पहचान कर
ले आएगा
एक हत्यारे और एक बच्चे को
तसवीर में
बच्चा उससे पूछेगा जब आप इतने प्यारे हैं
तो आप इतने डर हुए क्यों।

गुलाम स्वप्न

एक बड़े खँडहर के ऊपर की मंज़िल में
दो लड़कियाँ दिखाई दीं
एक धारीधार कमीज़ पहने खड़ी थी
एक गाल पर हाथ धरे बैठी थी
वह एक सफ़ेद साड़ी पहने थी

छोटी ने मुझको पहचाना
बाबू
बड़ी के भरे चेहरे को तब धीरे धीरे मैंने जाना
बेटी

वे क़ैदख़ाने में थीं अपने बाप को
हत्या में मदद पहुँचाने के जुर्म में

फिर मैंने देखा कि मैंने एक कमरे में
एक आदमी को गिर कर मरते हुए देखा है

मैंने बहुत बहस की कई दफ़्तरों में
जाने क्यों सारा दारोमदार एक छाते पर था
मैं छटपटाया कि वह मेरा सिद्ध हो
पर उनको उसमें खून लगा हुआ मिल गया

मुझे याद नहीं कि मेरा क्या हुआ

दोनों लड़कियों को जनमक़ैद मिली

कई बरस बीत गए

बड़ी उसी खँडहर में बैठी थी
वह तब से और बड़ी नहीं हुई थी
पर उसके चेहरे पर उम्र दिख रही थी
छोटी कहाँ है
जब मैंने पूछा
तो जाने किसने बताया कि वह अब नहीं है

वह भागी होगी
खिलखिलाती हुई
फिर अन्त कहाँ कैसे हुआ होगा नहीं पता

मैं बूढ़ा हो गया

मैंने कहा इतने बरस बाद भी
सत्य यही है
मैंने हत्या नहीं की

वे ऊपर वाले कमरे में चले गए
और वहाँ बड़ी गोल मेज़ पर बैठा हुआ
उनके बीच वह भी था जिसको मैंने अपने
कगरे में मरते हुए देखा था

वे बहुत देर तक बातचीत करते रहे
मुझे पता नहीं चला
किस तरह के सबूत की उन्हें खोज है
सिर्फ़ यह सुना कि प्रश्न एक बड़े दायरे से जुड़ा है

मेरा कोई निर्णय नहीं हो सका
इससे कोई परेशान नहीं था
कोई एक निर्णय नहीं हो सका
इससे कोई परेशान नहीं था

उनके पास मेरी दो संतानें क़ैद थीं

(वे भी नहीं जानते थे कि एक कहाँ गई)।

संस्कृति मन्त्री से कहा राजा ने देखो देखो मंत्री जी
हर एक विद्या के भीतर कितने ही प्राचीन कलारूप—
क्या तुम्हें यह उपयोगी नहीं दिखाई देता ?
क्यों नहीं तुम सैकड़ों कलाकार इसी काम पर लगा देते
कि वे उनमें से पुराने रूप लेकर नई रचनाएँ करें ?
क्या तुम नहीं समझ पाते कि यह उनको
एक अनिश्चित आगामी कल रचने से रोके रखने का सरलतम ढंग है ?

यह समाज मर रहा है इसका मरना पहचानो मंत्री
देश ही सब कुछ है धरती का क्षेत्रफल सब कुछ है
सिकुड़ कर सिंहासन भर रह जाए तो भी वह सब कुछ है
राजा ने मन में कहा जो राजा प्रजा की दुर्बलता नहीं पहचानता
वह अपने देश को नहीं बचा सकता प्रजा के हाथों से

यह समाज मर रहा है : नकल अपनी ही नकल करता जा रहा है
गाने में बजाने में पहनने में कुछ भी बनाने में यह उस
ज़रूरत की पवित्रता से तपाया हुआ निखरता नहीं जिससे वह बनाता है
चाहे वह भजन की धुन हो चाहे स्मारक का शिलालेख
यह नहीं कि वह सिर्फ़ कृतित्वहीन है
बल्कि उन कम होते हुए लोगों को भी अधिकाधिक
बड़ा शत्रु मानता जा रहा है जो अब भी अपनी आग से रचते हैं
और अपने लिए रचते हैं अपनी आग
इस तरह राजा ने सोचा एक बड़ी लड़ाई जारी है—
कितनी सुन्दर !—
और कहा उन कम होते हुए लोगों को संस्कृति मंत्रालय भी
अपना शत्रु माने सब समाज के साथ

जनता से उसने कहा मैं जानता हूँ बहुत गिर चुका है तुम्हारे साथ
तुम्हारे विचारकों का व्यवहार
वे आते हैं और जहाँ काफ़ी जी लिए
जीवन को सब कोई एक से शब्दों में निस्सार बता कर चले जाते हैं,
उनकी शैलियों में वैविध्य भी अब तक नहीं रहा जो मुझे रुचता था
इसलिए नौजवानों को पहले रोटी के बारे में सोचना चाहिए
और बाद में कुछ और जिसके लिए वक़्त बहुत पड़ा है बुढ़ापे में
इतना प्रकट कह कर राजा स्वगत बोला—जैसा वह
अब भी कभी-कभी करता था—

जो बूढ़े हो चुके वे हो चुके ख़त्म
जो बूढ़े हो रहे हैं वे अभी ज़िन्दा हैं
जो जवान हैं और नतीजों पर पहुँच चुके हैं
वे भी ख़त्म हो चुके
जो जवान हैं और हर बार ग़लतियाँ करके
जानते जा रहे हैं कि ग़लतियाँ क्या हैं
वे अभी ज़िन्दा हैं
जो अधमरे आदमी के चारों ओर पीटने वालों की भीड़ देख
मन में हिसाब बैठाते हैं कि अब वह बचेगा या नहीं
और बचता न दिखे तो ऐलान करते हैं कि एक नया आदमी
पैदा करना है साथियो
वे ख़त्म हो चुके
जो अधमरे आदमी हैं वे ज़िन्दा हैं, ऐसा स्वगत सोच कर
जोर से बोला : 'वही देश के दुश्मन हैं'
जो लोग कम होते जा रहे हैं 'शत्रु हैं' संस्कृतिमंत्री ने मन ही मन दुहराया
जो लोग जो लोग जो लोग
कम होते कम होते कम होते
जा रहे जा रहे जा रहे
अन्त में उसने कहा हैं हैं हैं।

[1972. *नया प्रतीक* (जून 1974) में प्रकाशित]

हा हा हा

स्वरलिपि : रघुवीर सहाय

स - ग - प — — — — — — —
हा ऽ हा ऽ हा ऽ ऽ ऽ ऽ ऽ ऽ ऽ
प - प - ध ध प — — — — — — —
तुम ने माऽर डा ले लो ऽ ऽ ऽ ऽ ऽ ऽ ग़
म - ग - रे — — — — —
हा ऽ हा ऽ हा ऽ ऽ ऽ ऽ ऽ
ग ग ग स रे रे स — — — — — — —
तुम ने माऽर डा ले लो ऽ ऽ ऽ ऽ ऽ ऽ ग
स - ग - प — — — — — — —
हा ऽ हा ऽ हा ऽ ऽ ऽ ऽ ऽ ऽ ऽ

गं - रें - सं - नि — — — — — — —
क्यों कि वे हँ से ऽ थे ऽ ऽ ऽ ऽ ऽ ऽ ऽ
प - प - ध ध प — — — — — — —
तुम ने माऽर डा ले लो ऽ ऽ ऽ ऽ ऽ ऽ ग
म म ग स रे रे स — — — — — — —
तुम ने माऽर डा ले लो ऽ ऽ ऽ ऽ ऽ ऽ ग
स - ग - प — — — — — — —
हा ऽ हा ऽ हा ऽ ऽ ऽ ऽ ऽ ऽ ऽ
गं - रें - सं - नि - ध — — — — — — —
क्यों कि वे ऽ सुऽस्त प ड़े थे ऽ ऽ ऽ ऽ ऽ ऽ ऽ
प - प - ध ध प — — — — — — —
तुम ने माऽर डा ले लो ऽ ऽ ऽ ऽ ऽ ऽ ग
म म ग स रे रे स — — — — — — —
तुम ने माऽर डा ले लो ऽ ऽ ऽ ऽ ऽ ऽ ग
स - ग - प — — — — — — —
हा ऽ हा ऽ हा ऽ ऽ ऽ ऽ ऽ ऽ ऽ

गं - रें - सं - नि - ध - प - म -
क्यों कि उन में जी ने की ऽ आऽ स न हीं र ही
ग — — — — — — —
थी ऽ ऽ ऽ ऽ ऽ ऽ ऽ
ग - ग - ग ग ग — — — — — — —
तुम ने माऽर डा ले लो ऽ ऽ ऽ ऽ ऽ ऽ ग
म म ग स रे रे स — — — — — — —
तुम ने माऽर डा ले लो ऽ ऽ ऽ ऽ ऽ ऽ ग
स - ग - प — — — — — — —
हा ऽ हा ऽ हा ऽ ऽ ऽ ऽ ऽ ऽ ऽ
म म ग स रे रे स — — — — — — —
तुम ने माऽर डा ले लो ऽ ऽ ऽ ऽ ऽ ऽ ग

स - ग - प - ध - नि नि सं — —
क्यों कि वे ब हु त सा रे लो ऽग थे ऽ ऽ
— — — — — —

ऽ ऽ ऽ ऽ ऽ ऽ
गं गं रें - सं - नि - ध नि
इस ही तरह के ब हु त सा रे
सं — — — — — — — — — — —
लो ऽ ऽ ऽ ऽ ऽ ऽ ऽ ऽ ऽ ऽ ग

लोग भूल गए हैं
[1975-'82]

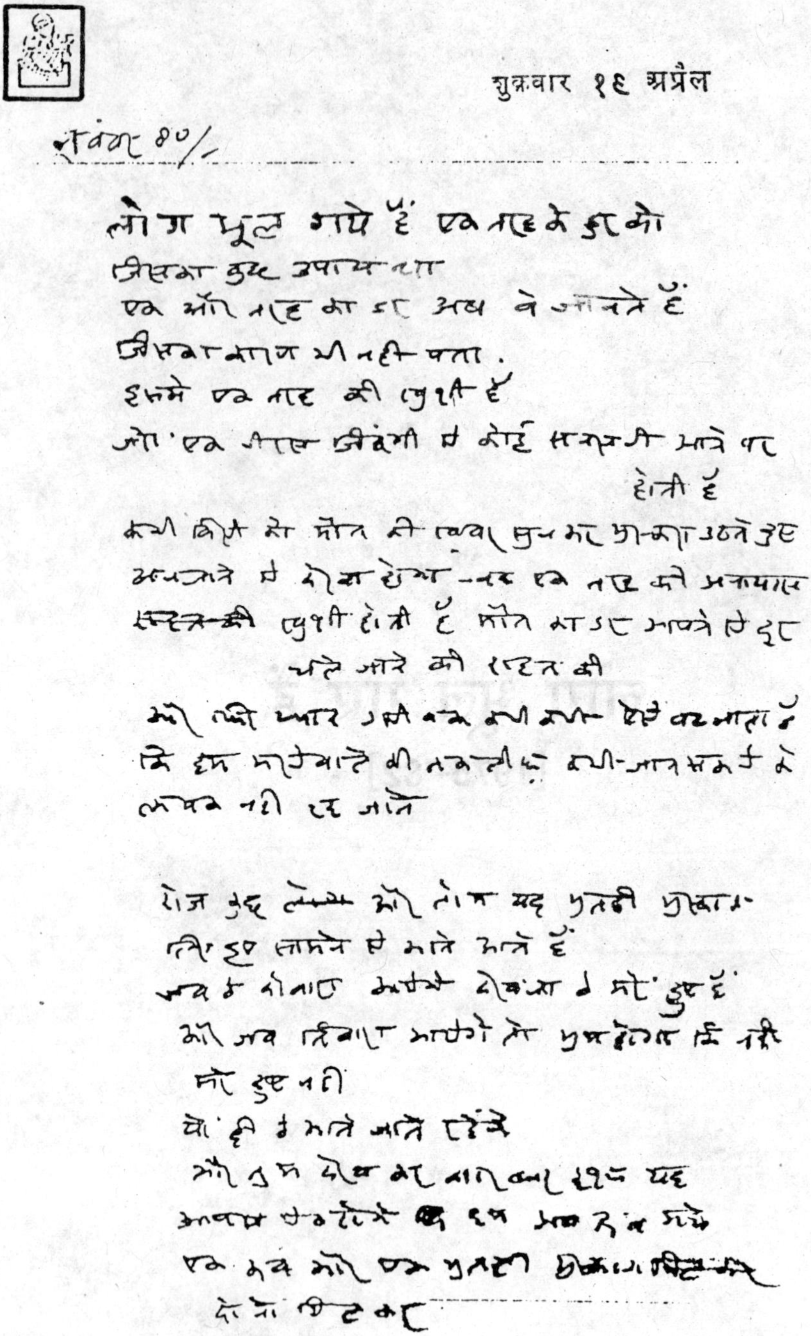

कवि की हस्तलिपि में 'लोग भूल गए हैं' कविता की कुछ पंक्तियाँ

विमलेश्वरी सहाय को

निवेदन

इस संग्रह की रचनाएँ मेरे काव्य-जीवन के जिस दौर में लिखी गई हैं वह अभी हाल में शुरू हुआ और अभी निबटा नहीं है; दिखता है कि वह अभी चलेगा मँझधार से या कहें कि बीच भँवर से लिखी हुई कविता प्रकाशित कर देने का यह मेरा पहला अवसर है। इसके पूर्व *आत्महत्या के विरुद्ध* और हँसो, *हँसो, जल्दी हँसो* दोनों एक-एक निष्कृति के सूचक थे उसके पहले *सीढ़ियों पर धूप में* कविता के एक से अधिक पड़ावों तक सहेजकर ले जाई गई उपलब्धियों का संचय था। उसके भी पहले *दूसरा सप्तक* में आकलित रचनाएँ अत्यन्त प्राथमिक कविताओं के अभ्यासमूलक दौर से निकलते ही अपनी दुनिया में पैर रखने के समय की कविताएँ थीं। अलबत्ता जैसा *हँसो, हँसो, जल्दी हँसो* में हुआ था, प्रत्येक संग्रह में कुछ रचनाएँ कहीं तो एक दिशा में चलने की तैयारी करके वह रास्ता छोड़ देने की निशानियाँ थीं, कहीं भविष्य में उस रास्ते को फिर पकड़ने के लिए पहचानें थीं।

अपनी कविता के वर्तमान दौर में से एक बार बाहर आकर अपना अधूरापन पाठकों को दिखाने के पीछे समाज के वर्तमान दौर का एक दबाव है जो कवि पर पड़ रहा है। अपने को पूरा करना अपने अधूरेपन को समाज के सामने परीक्षा और पड़ताल के वास्ते लाए बिना आज सम्भव नहीं रह गया है। ऐसा न करूँ तो मुझे दो बड़े ख़तरे खड़े होते दीखते हैं जो वास्तव में एक ही के दो रूप हैं : कवि कहीं क्रान्ति का पुजारी और मसीहा एकसाथ बनकर दिखाने में अपने कर्तव्य से भागने का रास्ता न निकालने लगे, या कहीं आत्मदया के आत्मपीड़क भाव में लिप्त होकर लोगों से वैसी सहानुभूति न माँगने लगे जो न केवल लोगों की रागात्मक शक्ति का शोषण करेगी बल्कि उन्हें स्वयं अपनी वेदना पहचानने में भटकाएगी। जिस एक ख़तरे के रूप ये दोनों हैं वह अहंवाद का ही ख़तरा है। अहंवाद को पहले के आलोचकों ने शायद पूरी तरह नहीं पहचाना था। जिस कवि को उन्होंने अपने बारे में कुछ भी ऐसा कहते पाया जो सतही तौर पर दूसरों के बारे में न हो, उसे अहंवादी कहकर दुत्कार दिया। वास्तव में अहं खुलेआम जनसाधारण के बारे में लिखने का अहंकार करनेवाले कवियों में भी हो सकता है, यह आज ही प्रकट होकर दिख रहा है। जैसे राजनीति में वैसे ही कविता में भी जन के साथ कानूनी रिश्ते तो बने हुए हैं, लेकिन एक इंसानी रिश्ता रह नहीं गया है। इससे कवि भी राजनीतिक की तरह आत्मरहित बनता जा रहा है।

आज के कवि का अपनी परीक्षा के लिए समाज के सामने आना, विशेष रूप से तब जबकि उसे समाज में अपने अस्तित्व को अर्थात् समाज से अपने रिश्ते को समझने में संशय हो रहा हो, उसे अहं के रचनाविरोधी ख़तरे से बचाएगा। क्या उसकी रचना सचमुच कहीं झूठे विश्वासों को झूठा बताती है ? और जो नया विश्वास देती है वह लोगों के मन में क्या स्वयं उनकी एक नई पहचान पैदा करता है? लोग कवि की रचना में क्या उस नए विश्वास को पहचानकर देख

पाते हैं कि अवश्य ही यह कविता उन्हें बता रही है कि खुद उनमें नया क्या है? पाठक का पुनरुज्जीवन कर सकना आदेश या उपदेश देनेवाले अहं का विसर्जन करके ही सम्भव है और इसी की परीक्षा के लिए कवि को बार-बार अपनी रचनाएँ प्रकाशित करनी होती हैं। आज अन्याय और दासता की पोषक और समर्थक शक्तियों ने मानवीय रिश्तों को बिगाड़ने की प्रक्रिया में वह स्थिति पैदा कर दी है कि अपने अधिकारों के लिए संघर्ष करनेवाले जन मानवीय अधिकार की अपनी हर लड़ाई को एक पराजय बनता हुआ पा रहे हैं। संघर्ष की रणनीतियाँ उन्हीं के आदर्शों की पूर्ति करती दिखाई दे रही हैं जिनके विरुद्ध संघर्ष है क्योंकि संघर्ष का आधार नये मानवीय रिश्तों की खोज नहीं रह गया। न्याय और बराबरी के लिए हम जिस समाज की कल्पना करते हैं उसमें मानवीय रिश्तों की शक्ल क्या होगी यह उस समाज के लिए संघर्ष के दौरान ही तय होना चहिए। कवि इस संघर्ष में बार-बार मानवीय रिश्तों की खोज करेगा और उनको जाँचेगा, सुधारेगा, बनाएगा और फैलाएगा। ये संबंध हृदय परिवर्तन से नहीं बनेंगे, संघर्ष के नतीजों की बार-बार जाँच से बनेंगे। जहाँ तक हृदय का सवाल है, कम से कम मुझे दृढ़ आस्था है कि लोग न्याय और बराबरी के जन्मजात आदर्श को नहीं भूलते : इतिहास के किसी दौर में कुछ लोग अवश्य इन्हें भूल जाते हैं पर इन्हें याद कराने के लिए उनसे कहीं बड़ी संख्या में मनुष्य जीवित रहते हैं। इन्हीं के सामने अपने आंतरिक संघर्ष की जाँच के लिए कवि अपनी रचना लाता है चाहे रचने के एकान्त के बीच में से उठकर ही क्यों न आना पड़े।

—रघुवीर सहाय

मकर संक्रांति
14 जनवरी, 1982, नई दिल्ली

यह संस्करण

लोग भूल गए हैं के दूसरे संस्करण की भूमिका लिखते हुए मैं पहले संस्करण की भूमिका के ये वाक्य दोहराना चाहता हूँ कि लोग न्याय और बराबरी के जन्मजात आदर्श को नहीं भूलते : इतिहास के किसी दौर में कुछ लोग इन्हें अवश्य भूल जाते हैं पर इन्हें याद कराने के लिए उनसे कहीं बड़ी संख्या में मनुष्य जीवित रहते हैं।

संभव है कि विस्मृति का यह दौर अपने साथ एक मक्कारी और चालाकी ले आए और इतिहास को तोड़-मरोड़कर वर्तमान के पतन का गुणगान करे जैसा आज कर रहा है; पर यही समय है कि निराशा में अपने कर्तव्य को न खोजकर, झूठी आशा या खोखले शब्द को कविता बनाकर उस आदमी को धोखा न दे, जो आज चाहे निरक्षर हो पर कल हर कविता पढ़कर उससे एक नई कविता बनाएगा और वह वर्तमान कविता से ज्यादा बड़ी और सच्ची होगी।

कविता शब्द का निरा संस्कार नहीं है। न वह वर्तमान की निरी व्याख्या है, न इतिहास का निरा पुनरवलोकन और न अतीत से भविष्य के निरे अंतरावलंबन का औचित्य। इन सबके समेत वह कुछ है तो साहस है जो हमारे जाने बिना दूसरे को मिलता है बशर्ते कि वह दूसरा हमारी कविता में हो।

9 जनवरी, 1989

—रघुवीर सहाय

कला क्या है

कितना दुःख वह शरीर जज़्ब कर सकता है?
वह शरीर जिसके भीतर खुद शरीर की टूटन हो
मन की कितनी कचोट कुण्ठा के अर्थ समझ
उनके द्वारा अमीर होता जा सकता है?

अनुभव से समृद्ध होने की बात तुम मत करो
वह तो सिर्फ़ अद्वितीय जन ही हो सकते हैं
अद्वितीय यानी जो मस्ती में रहते हैं चार पहर
केवल कभी चौंककर
अपने कुएँ में से झाँक लिया करते हैं
वह कुआँ जिसको हम लोग बुर्ज़ कहते हैं

अद्वितीय हर व्यक्ति जन्म से होता है
किन्तु जन्म के पीछे जीवन में जाने कितनों से यह
अद्वितीय होने का अधिकार
छीन लिया जाता है
और अद्वितीय फिर वे ही कहलाते हैं
जो जन के जीवन से अनजाने रहने में ही
रक्षित रहते हैं

अद्वितीय हर एक है मनुष्य
औ' उसका अधिकार अद्वितीय होने का
छीनकर जो खुद को अद्वितीय कहते हैं
उनकी रचनाएँ हों या उनके हों विचार
पीड़ा के एक रसभीने अवलेह में लपेटकर
परसे जाते हैं तो उसे कला कहते हैं!

कला और क्या है सिवाय इस देह मन आत्मा के
बाक़ी समाज है
जिसको हम जानकर समझकर

बताते हैं औरों को, वे हमें बताते हैं

वे, जो प्रत्येक दिन चक्की में पिसने से करते हैं शुरू
और सोने को जाते हैं
क्योंकि यह व्यवस्था उन्हें मार डालना नहीं चाहती

वे जिन तकलीफ़ों को जानकर
उनका वर्णन नहीं करते हैं
वही है कला उनकी
कम-से-कम कला है वह
और दूसरी जो है बहुत-सी कला है वह

कला बदल सकती है क्या समाज ?
नहीं, जहाँ बहुत कला होगी, परिवर्तन नहीं होगा।

[1980. *समकालीन भारतीय साहित्य* (जनवरी-मार्च 1981) में प्रकाशित]

विचित्र सभा

एक सभा हुई
उसमें आंदोलन के नेता बुलाए गए
पहले वे आ नहीं रहे थे
फिर आ गए क्योंकि मैं भी सभा के
पक्ष में था

सभा अन्त होने लगी तब बाजा बज उठा,
उसके बन्द होते ही मंच पर अँधेरा हुआ
और मंच पर बैठे लोगों के पीछे आकृतियाँ खड़ी हो गईं
रोशनी पीछे थी आकृतियाँ काली थीं
उन्होंने नेताओं पर बन्दूकें तान दीं
नेता पीछे से घिर गए और आगे वे उठकर जाना चाहते थे
तो आगे जनता की भीड़ थी जिसके बारे में आयोजक मानते थे
कि वह नेताओं को घेरकर उनसे जवाब माँगेगी
और उन्हें भागने नहीं देगी
जैसे ही पिस्तौलें तनती हैं नेता असलियत समझ खड़े हो जाते हैं
जनता भी खड़ी हो जाती है मानो उन्हें भागने से रोकेगी
उसमें कई तरह के चेहरे हैं : मैं भी हूँ

विजय चौधरी से मैं कहता हूँ—तुम यह लो नेताओं पर तान दो
वह (मेरे हाथ में एक बन्दूक है) बैठा रह जाता है
मैं ही तुरन्त यह सोचकर कि मैं जो कर रहा हूँ इस वक़्त
वही सही है
रघुपति पर बन्दूक तान देता हूँ
रघुपति पूछते हैं : आप किस तरफ़ हैं
मैं बहुत अर्थ-भरे स्वर में कहता हूँ आप ही की तरफ़
अर्थात् मैं जो कर रहा हूँ देश के हित में
और आपके हित में कर रहा हूँ
आप हमें स्वीकारें

रघुपति विस्मय में पड़कर मुझे एक क्षण देखते हैं
फिर अपनी निर्मल आँखें झुका सोच में डूब जाते हैं
न जाने कौन आदेश देता है कि बाहर चलें और नेताओं को
वहाँ ले जाकर
उनसे बातें करेंगे (या उनको सज़ा देंगे?)

लाइन बनाकर लोग बढ़ते हैं
कई नौजवान नेता जब बाहर (पण्डाल या कमरा ?) पहुँचते हैं
तो न उनके पीछे
बन्दूकधारी होते हैं न आगे जनता
वे लगभग आज़ाद हो जाते हैं

मैं सोचता हूँ कि ये भाग जाएँगे
तभी देखता हूँ कि भीड़भाड़ हो गई और जो योजना थी कि
हममें से कोई नेताओं को बताएगा कि उनकी ग़लतियाँ क्या थीं
और कहेगा कि जनता नेताओं से जवाबतलब करे,
वह बिगड़ रही है

एक दरवाज़े से हरयाणा में दिखा कि लोग
निकलते दिखाई देते हैं
उन्हें योजना में दिलचस्पी नहीं है
उनसे कोई चिल्लाकर कहता है रुकिए
वे रुक नहीं रहे हैं

एक जलूस रामलीला से निकला (बड़ी भारी पालकी)
किसी ने कहा : उसे रोककर उनको सब बातें समझा दो
तो ये जीवन में सुधार करेंगे

वह भी शोरगुल में होने से रह गया
मैं देखता हूँ कि मैंने क्या कर डाला
बन्दूक मेरे हाथ में अब नहीं है

पर जब ज़रा देर को थी तब की तसवीर दीख जाती है
और मैं ग्लानि से भर जाता हूँ
क्या जवाब दूँगा कि मैं तुम्हारी तरफ़ हूँ
मैंने बहुत सोचकर के कहा था (मेरा मतलब यह था कि मुझे भी
आलोचना की ज़रूरत है). पर यह मैंने क्या कर डाला

यह भी दिखा था कि जनता संगठित होकर
आलोचना नहीं कर पा रही है
और बन्दूक हाथ से चली गई है
मैं नहीं जानता कि रघुपति का क्या हुआ।

कल के लिए

यही मेरा घर है यही कारख़ाना है
जितनी जगह कमरे में है उससे कम मैंने ली है
बहुत नहीं चाहिए बहुत चाहने का मतलब लूटना होगा

मैंने लड़के से कहा कि मेरा चश्मा लाओ
और वह सुनकर चला गया
उससे कुछ कहने पर उसमें एक अपनी दुनिया बनने लगती है
और वह वहाँ से बहुत देर में आता है

तो मैं ठहरा रहा इस चश्मे के लिए

वह आया लिए हुए आपने मँगाया था
ओह मैंने माँगा था अब ज़रूरत नहीं
उतनी देर नहीं पढ़ा सोचता रह गया

एकाएक याद आया कौन कह रहा था कि हम लोग
इन्तज़ार किया करते हैं कि कोई आए हमारे यहाँ

तुम हँसते हो कभी बिना जाने हुए
कभी मुस्कराते हुए दीख पड़ते हो

पर वह मुस्कराहट नहीं
वह है एक दुःख भरे जीवन में एक क्षण
कोई एक चीज़ के खुलने से मांस में आया हुआ ढीलापन
अक्सर याद करो तो देखोगे कि तुम तब खुश नहीं थे
कि जब मुस्कराए थे

जीवन का जीना ही सम्भव कर देता है
मैं हूँ यह एकाएक चौंककर जानना
किन्तु मैं गए जन्म में क्या था यह रहस्य
चिन्तित नहीं करता
बीस वर्ष में क्या हुआ यह सवाल करता है

हिन्दी के नेता बोले बड़ी देर तक हिन्दी
जनता ने पूछा अंग्रेज़ी बोल सकते हैं
उनमें से सबसे बड़ी चुटियावाला आया
अंग्रेज़ी बोल गया बाकी हिन्दीवाले रह गए

युवक का चलना उजाले में चुपचाप
आना और खड़े रहना एक शफ़ाखाने में
वह उसको धक्का दे कुछ हथिया नहीं सकता
जब डाक्टर से वह मर्ज़ का नाम लेता है
जो उसे दूसरे डाक्टर ने बताया है तो
वह नहीं मानता
तब वह उदास लौट जाता है हाथ में दवा लेकर
एक आज़ाद और कठोर व्यक्ति बन जाता है वह थोड़ी देर

यही सब लिखता हूँ
क्योंकि जो चारों ओर लोग हैं उनको विश्वास नहीं
तभी तो लिखता हूँ
वे नहीं समझते
वे अपनी ही बात समझना चाहते हैं
मैं उनकी भाषा में नहीं कह रहा हूँ
फिर भी मुझे उनसे अपना लिखा छिपाना नहीं है
क्योंकि उसे दिखाकर ही जाना जा सकता है
कि मैंने जो कहा
कल
कहीं और
वह समझा जाएगा या नहीं समझा जाएगा।

[1981]

रंगों का हमला

यदि मैं चित्रकार होता
कुछ रंगों को छोड़ चुका होता जो डिब्बों में आते हैं और बड़ी
दीवारों पर पोते जाते हैं
सड़क पार करने में ठिठके व्यक्ति को दबा लेते हैं जो

कुछ पीड़ाएँ काँटेदार तार के बाड़ों से बनती हैं
उनको कैसे ले पाते हैं कलाकार मानो वर्तुल रेखाओं से कुछ सजा रहे हों
नहीं जानता

सबसे ताज़ा शैली तो यह है कि ढेर से मरे हुओं की लाशों का संपुजन
एक सन्तुलित संपुजन, करें और उससे तटस्थ हो कहें कि यह आकार सृष्टि है

और न जाने कितने चेहरे ऐसे हैं कि कसम ले लो मैं नहीं बनाता

वह भूखा लड़का जिसको मालूम है कि तसवीर बनेगी
वह औरत जो पहरे में भी कड़े-छड़े पहने है खुश है
वह बूढ़ा जो सिर्फ़ झुर्रियों के कारण आँका जाता है
मैं न आँकता

मैं वे खण्डहर भी न आँकता जो हिन्दू मुस्लिम दंगों में बच रहते हैं
यह बतलाते हुए कि हम तब वहाँ नहीं थे

रंग एक दमदार चीज़ है इसीलिए वह सबसे ज़्यादा
कब्ज़ा करने क़ाबिल भी है
शब्दों से भी ज़्यादा
शब्दों को तो यों ही कह देते हैं ब्रह्म शब्द के अर्थ
निकल सकते हैं दो रंगों के नहीं
इसलिए रंग बनाने और बेचनेवाले अपने चित्रकार लेकर आते हैं
तसवीरें रंगीन बनाने को अकाल की

मैं तो केवल चित्रकला सीखना चाहता हूँ पर मुझको
एक तेज आलोक एक आकाश एक या एक अँधेरा
कहाँ मिलेगा जो कि कुँवारे रंगों में है
मुहावरों में नहीं बचा है

देखो जिनको मारा है उनके चेहरों को

उन पर कोई रंग नहीं है
पर सौदागर ज़रा देर में उनमें कोई रंग डालकर
उनको कपड़े पहना देंगे चिकनाए आवरण पृष्ठ पर

यदि तुम रंगों का यह हमला रोक सको तो रोको वरना
मत आँको तसवीरें
कम-से-कम
विरोध में

और अगर चेहरे गढ़ने हों तो अत्याचारी के चेहरे खोजो
अत्याचार के नहीं
इसको हम जानते बहुत हैं, वह अब भी छिपता फिरता है।

[9.9.1979]

एक दिन रेल में

एक दिन रेल में
एक आदमी मिला
एकदम चुप खड़ा

उसके हाथ काले थे
उसका जिस्म काला था
वह ज़रा इधर बढ़ा

पाँव एक-एक कर
सब समेटने लगे अपने जूते देखकर
असरे-पसरे लोग थोड़ा
थोड़ा झेंपने लगे
जी हाँ एक-एक कर

काम खोजता हुआ
कुछ न सोचता हुआ
कुछ न बोलता हुआ
वह चला गया युवक
हाथ में लिए बुरुश
भेद खोलता हुआ।

[18.1.1976]

नन्हीं लड़की

नन्हीं लड़की खाती है
तन्मय एक रोटी

खा लेती है फिर तनिक थमकर
एक फल कुछ और तन्मय
फिर वह लेट जाती है धूप में

हम उसकी तन्मयता किस तरह
जिया रक्खें
जिससे वह उसके कंधों की गोलाई में
खिलकर आ जाए एक दिन एक न एक दिन

हम रोटी और फल बचायेंगे
यह उसके सीने में एक दिन उदय होगा

उसके हाथ उसके हाथ
हमसे कह रहे हैं कि हम ऐसा करें
हम उससे कहेंगे कि वह आज की सुबह
याद करे याद रखे
हम आज रात को याद करेंगे दिन
भर में हमने क्या किया।

[18.1.1976]

भविष्य

सब कुछ लिखा जा चुका है अतीत में
यह आकर मत कहो मुझसे पण्डितजनो
एक बात अभी लिखी नहीं गई बाक़ी है
होने को भी बाक़ी लिखी जाय या न जाय
वह तुम जानते हो क्या? अपनी रटी बोली में
तुम वह भी बतला सकते होगे,
क्यों नहीं
विश्वविद्यालयों ने ऐसा कर रखा है प्रबन्ध
यहाँ मैं अकेला एक छोटी-सी चीज़ का

अपने समाज में अर्थ देख रहा हूँ
वहाँ कह रहे हो तुम यह तो होता ही है

यह जो समझ है इतिहास की भ्रष्ट है
यह अत्याचार को शाश्वत रखने की
अन्यायी भाषा है कि जिसके प्रतिष्ठान में विद्या बन्द है
विद्या जो मुक्त हमें करती है वह विद्या

होगा ही अत्याचार और होता रहेगा
यह केवल इतना ही सच है कि हारे हैं
हारे हैं हार भी रहे हैं हम बार-बार
इस वक्त आज अभी फिर हारे
और यह स्वीकार करना कि हारे हैं
हर बार ताक़त नहीं दे रहा

जब दलित लोग दमनकारी के तंत्र की
उनहार करते हैं अपने को सान्त्वना
देते हैं हम जीते सबसे बड़ी जीत
दमन की होती है उस पर दलित को
बधाइयाँ देती है दमन तंत्र की प्रजा

फैला विराट है विशाल है अपार देश
पर अपार से भी ज़्यादा अथाह है
हम कितने गहरे में चले जाएँ और एक
ताक़त ले आएँ वहीं कहीं बूड़ नहीं रहें

होशियार, हलचल है बहुत गतिविधियाँ हैं
तीस साल से जो अध्यक्ष थे बने हुए
दोमुँही भाषा के बूते जो एकसाथ
निर्भीक दिखते थे पाखण्डी भी थे
आज इन दो को छोड़ कुछ नहीं रह गया
अब वह बर्बरता के बूते अध्यक्ष हैं

हा-हा-हा, इस पर, भी हँस लो
पर हिन्दी में हँसी पर तो लिख चुका हूँ
उसमें जो समय-समय पर साझा होता है
कभी खिसियाहट का पर्देदारी का या
अक्सर समृद्धि का वह भी बता चुका

किन्तु आज देखो जो हँसते हैं मिलने पर

उनमें घबराहट है हाँ वह दिखती नहीं
वे नहीं चाहते अविश्वास दिख जाए
आशा है उनके विरोधी मिल जाएँगे
पर यह सन्दिग्ध है इससे अलगाव
अभी बने रहने दो थोड़ा-सा दिखला दो

इस तरह मिलते हैं लोग आजकल हमसे
मानो राष्ट्रीय प्रश्न सब मिल तय कर लेंगे
औ' सबकी कोई-न-कोई जगह होगी
पर अत्याचारी के मन में डर बैठा है
और उसके अनुचरों के मन में अविश्वास
कभी सोचता है वह उससे हँसकर बोले
जिसकी हत्या की थी
कभी चाहता है जब तक बने बने रहो
और इसके बच्चों को भी मार कर जाओ।

[1981]

ईश्वर

कुछ दिन से मेरा मन मुक्त है
ईश्वर का भय नहीं
केवल एक अनुभव है कि वह मुझे मिला था

अब उससे परिचय है
पर मित्रता नहीं

मैंने जो अपने को छोड़ दिया था उस पर
वह अब वापस लिया
अगली मुठभेड़ तक

हाँ उसने गई बार रक्षा की
पर मैंने भी अपना अहं दिया

वह बड़ा है मुझसे पर वह मुझसे इतना ज़्यादा बड़ा रहे
यह रिश्ता देर तक चल नहीं सकता है

बार-बार त्यागूँगा अपने को
उसके क़रीब होना है बराबर।

तुम्हारे विचार

ये सब मेरे विचार हैं जिन्हें तुम आज
धड़ल्ले से प्रकट कर रहे हो
पर ये ठीक-ठीक वे विचार नहीं—धन्यवाद
क्योंकि मैं कभी ताक़त से नहीं बोला
उम्मीद से बोला कि शायद मैं सही हूँ
ताक़त से नहीं कि चाहे सही हूँ या नहीं हूँ
बोल मैं ही सकता हूँ

यह ताक़त आज से पहले तुम्हारी आवाज़ में
नहीं थी, तुम्हारे विचार में भी दम नहीं था
पर आज जब तुमने मेरे विचार ले लिए हैं
और उन्हें सत्ता की ताक़त से कहा है
तो उस पर एक ख़ास तरह की हँसी आती है
पर मैं उसे दबाता हूँ क्योंकि मैं
तुम्हारे हाथों
अपने विचार की बरबादी बचाने के लिए
अपने विचार को अपनी ही तरह कहने के लिए
रखता हूँ
और तुम्हें एक अन्धी गली में फँसने के लिए
छोड़ता हूँ।

[1978. *साप्ताहिक हिन्दुस्तान,* 15 अगस्त 1979]

मेरी दुनिया

एक आश्रय से दूसरे में आकर
मैं एक बन्धन से मुक्त हो जाता हूँ
यही मेरी मुक्ति है

बार-बार एक दासता से दूसरी में कम या ज़्यादा
आज़ाद होते हुए
उतनी देर में मैं बना लूँ एक दुनिया अपने भीतर
और बाहर तक पहुँचा दूँ
ताकि वह नष्ट न हो
और जब दोबारा एक बार

घर बदलूँ
वह दुनिया मेरी कुछ बड़ी हो गई हो।

मेरा घर

मेरी कविता में माँ
मेरी कविता में बीवी-बच्चे
मेरी कविता में गौरैया बसन्त की
धूप और पानी के संस्मरण
सब वहीं रह गए
और मैं चल दिया
इनकी स्मृतियाँ रह गईं
वहीं मेरे घर

जाओ जिसे यात्रा में दो दिन
पड़ाव हो
या तो माँ मिलेगी
या उसकी याद में
धूप में खिला फूल

मेरे घर रह जाना।

उम्र

जब तुम बच्ची थीं तो मैं तुम्हें
रोते हुए देख नहीं सकता था
अब तुम रोती हो तो देखता हूँ मैं।

[9.2.1981]

प्रेम

अचानक ठहाका सुन पड़ता है
परमात्मा है उसी का एक हिस्सा है वह हँसी

परमात्मा है तभी वह लड़की जो हँस रही है
बची है हँसने के लिए

एक यज्ञ है उसकी हँसी
पूर्ण करती है हमको

ध्यान से सुनो कुछ भी व्यक्तिगत नहीं है उस हँसी में
वह हमें मोहित नहीं मुक्त करती है
कोई दर्द नहीं उस हँसी में
दर्द हमारे अन्दर उठता है वह हँसी ख़त्म हो जाने के
देर बाद
जब हम परमात्मा के आगे अपने को प्रेममय पाते हैं।

हिंसा

धर्माधिराज हल्के-हल्के मुस्काते थे
वह सोच रहे थे होकर मेरे वशीभूत
ये सभी जगह से ठुकराए भारत सपूत
मेरी निश्चलता से हो जाएँगे परास्त

वह बैठे चरखा कात रहे थे कान दिए
कब कहाँ कौन-सा शब्द सुन पड़े अकस्मात
जिससे मैं फ़ौरन पैदा कर लूँ एक बात
उस नौजवान की व्याकुलता को तोड़-मोड़

वह सुनकर आलोचना नहीं दिखते कठोर
जो उनके भीतर कौंध रहा है बार-बार
वह ज्ञान नहीं है हिंसा का है वह विचार
पर बोलेंगे मानो वह जीवन को निचोड़

देखो वह बोल रहे हैं कितनी बड़ी बात
कहते हैं बदल रहा है भारत का समाज
वह बदलेगा चाहे कोई कुछ करे आज
चाहे न करे इसलिए आप निश्चिन्त रहें

वह तुले हुए हैं व्याकुलता की हत्या पर
'हर प्रश्न बन गया है व्यापक उलझा-पुलझा
निरपेक्ष दृष्टि से देखो तो सब है सुलझा'
सुनकर हताश नवयुवक उठ गए दिशाहीन

यह वृद्ध-युवक संवाद हो चुका बार-बार
व्याकुलता युवजन की न मरी वह दुर्निवार
पर गाँधी के शिष्यों ने फिर-फिर कर प्रहार
हिंसा का निश्चित किया देश-भर में प्रचार।

नशे में दया

मैं नशे में धुत था आधी रात के सुनसान में
एक कविता बोलता जाता था अपनी जान में

कुछ मिनट पहले किए थे बिल पे मैंने दस्तख़त
ख़ानसामा सोचता होगा कि यह सब है मुफ़त

तुम जो चाहो खा लो पी लो और यह सिगरेट लो
सुन के मुझको देखता था वह कि अपने पेट को ?

फिर कहा रख करके सिगरेट जेब में मेरे लिए
आज पी लूँगा इसे पर कल तो बीड़ी चाहिए

एक बण्डल साठ पैसे का बहुत चल जाएगा
उसकी ठण्डी नज़र कहती थी कि कल कल आएगा

होश खो बैठे हो तुम कल की ख़बर तुमको नहीं
तुम जहाँ हो दरअसल उस जगह पर तुम हो नहीं

कितने बच्चे हैं ? कहाँ के हो ? यहाँ घर है कहाँ ?
चार हैं, बिजनौर का हूँ, घर है मसजिद में मियाँ

कोरमा जो लिख दिया मैंने तुम्हारे वास्ते
खुद वो खा लोगे कि ले जाओगे घर के वास्ते ?

सुन के वह चुप हो गया और मुझको यह अच्छा लगा
लड़खड़ाकर मैं उठा और भाव यह मन में जगा

एक चटोरे को नहीं उस पर तरस खाने का हक़
उफ़ नशा कितना बड़ा सिखला गया मुझको सबक़

घर पे जाकर लिख के रख लूँगा जो मुझमें हो गया
सोचकर मैं घर तो पहुँचा पर पहुँचकर सो गया

उठ के वह कविता न आई अक़्ल पर आई ज़रूर
उसको कितना होश था और मुझको था कितना सरूर।

[31.10.1981]

मनुष्य-मछली युद्ध

जो मछलियाँ मीठे पानी में रह रही हैं
उन्हें हम समुद्र में डाल रहे हैं
क्योंकि मीठे पानी की मछलियाँ बिकती हैं
क्योंकि हम समुद्र से मछलियाँ पकड़ते हैं
क्योंकि हमारी नावें विकराल हैं
नदी में समातीं नहीं

हम मछलियाँ पकड़ते हैं क्योंकि उन्हें
डब्बे में बन्द कर बेचेंगे
डब्बे में बन्द मछली हमारे लोकतंत्र का प्रतीक है
हर एक के लिए ताज़ी मछली की जगह उपलब्ध

हम विज्ञान को जीत रहे हैं
मछली को डब्बे में बन्द करने के लिए
उस मछली को मीठे पानी में न रहने देने के लिए विधि आविष्कार
कर रहे हैं

मगर विज्ञान हमको जो आँकड़े देता है
वे बताते हैं कि मछलियों में समुद्र से
लौटकर मीठे पानी में जाने की अदम्य इच्छा है

हम मछली की नस्ल तगड़ी कर रहे हैं
ताकि वह स्वादु हो और महँगी भी

मछली तगड़ी हो रही है और मीठे पानी में
लौट आने को ताक़त से तड़प रही है

हम विज्ञान से इन नतीजों पर पहुँचे हैं
कि हमें मछली को समुद्र में डालकर
उसे इतनी जल्दी मार लेना होगा
कि वह नदी में फिर न आने पाए।

[19.9.1978. *आजकल* (जनवरी 1980) में प्रकाशित]

कैसियस क्ले की हार

जो अपने स्वामी को ख़ून से तौलेंगे
आज,
कल भी वे तौलेंगे स्वामी को ख़ून से
आज अपने ख़ून से
कल मेरे ख़ून से
परसों वे ख़ून जमा करेंगे
बच्चों का इसलिए

उस कैसियस क्ले ने जब हार अपनी मान ली
बच्चे से
तो वह एक बच्चे की हत्या के दोष से बच गया
वह अपनी देह की ताक़त का
उपयोग करना बचा गया
पर उसने बच्चे के निश्छल चरित्र से
हार नहीं मानी है

क्योंकि हम बच्चे को कैसियस क्ले से लड़ने
आज ले जाते हैं
और यह सिफ़ारिश करवाते हैं
कि कैसियस क्ले उससे हार अपनी मान ले

कैसियस क्ले बार-बार हार मान लेता है
और एक बच्चे को हिंसा के धन्धे में

साझा दे देता है
जो कि मनोरंजन के लिए लड़ने गया
उसके—अपने नहीं
और लौटा सीखकर कि
मनोरंजन के लिए ही वह लड़ेगा

हिंसा केवल हिंसा कितनी आसान है
उसमें राज्याश्रय है उसमें क्षमादान है

ताक़तवर लोग खोजते हैं कमज़ोर को
एक तरफ़ अस्पताल, झोपड़ी, हज़ार वर्ष से
वंचित जाति वर्ग लाश लुटे लोग
ढहे घर दुआर जिसको वे अभय दें और
दूसरी तरफ़ चित्रकार जो अपने ख़ून से
काग़ज़ पर उनकी तसवीर आँकें
जन के मन भय भरें।

नींद

तुम एकटक देखती हुई बैठी थीं
कहीं बहुत दूर नहीं गया था वह चेहरा
अब तक के दुःखों के आसपास ही कहीं ठहरा हुआ खड़ा था

मैं इतनी जल्दी में नहीं हूँ मैंने मन में कहा
कि तुमको इस रूप में पाकर भी रुकूँ नहीं
मैंने सब कामों से छुट्टी ले ली है कि मैं पास रहूँ तो मैं रहूँगा
यहीं
पश्चात्ताप की हल्की-सी पीड़ा झेलता
इन्तज़ार करता एक हल्की-सी राहत का
मुझे नहीं मालूम वह क्योंकर आएगी

तुम उठीं और जहाँ थीं वहाँ ठहरी-सी
और कहीं चली गईं
तुमने करवट बदली

मैं वहीं पास में बैठा था डरता-सा अपने से

तुम जागीं जैसे ढारस बँधा
और थोड़ी देर बाद तुम सो गईं
चेहरे पर दर्द उभरकर आया
छा गया
एक छोटे अक्षर में छपी हुई पुस्तक-सा खुल गया
वह चेहरा

सोती ही रहो
मैं पढ़ता हूँ
भाषा की गूँजों को घर में सुनते हुए
बार-बार हम दोनों का अतीत।

[14.9.1978. *आजकल* (अक्टूबर 1979) में प्रकाशित]

उसका निर्जन

उसने कहा देखो मैं बीमार रहती हूँ
मैं नहीं चाहती कि मेरे बच्चे मेरी पीड़ा को
देखने के आदी हो जाएँ
या मुझ पर दया करें या मुझको भुला दें
यह उसने दस साल पहले कहा था

आज वह बार-बार कहती है
मुझे तकलीफ़ है और विस्तार से
उसको बतलाती है और बहुत देर तक

जैसे वह पीड़ा एक अन्तहीन निर्जन हो
जहाँ सिर्फ़ वह हो और वही उसे
देखकर अचरज में पड़ी हो।

[1981]

स्त्री

स्त्री की देह
मुस्कुराती स्त्री

उसकी देह

पीठ इधर करते ही
उसके जीवन के
दस बरस और दिखे

हर स्त्री के
गर्भ में रहते हैं
उसके आनेवाले क्लेश

जब वह घुटने मोड़कर
करवट लेती हो
तब देखोगे कि तुम
देख रहे हो कि
उस पर अन्याय होंगे ही

पर उसका चेहरा उसका विद्रोह है
यह कितनी कम औरतें जान पाती हैं
इस भ्रम में भूली हुई कि वह भविष्य है
वह घुटने मोड़कर करवट लेट जाती हैं।

[18.1.1976]

औरत का सीना

वह बिसातख़ाने में मेरे बहुत पास में खड़ी थी
कुछ ख़रीदती हुई अपने जीवन में कौतूहल
पैदा करती और कुछ सफलता जो अब तक मिली थी
उसके सहारे समझाती यह मन को कि उसका भविष्य है

हाथ में वापस जब रेज़गारी आई तो उसके चेहरे पर
सन्तोष झलका कि सभी चीज़ महँगी है हो तो हो
थोड़ी सही वह ख़रीद सकती है
तभी ग़ौर से मैं उसे बिना उसके देखे देखने लगा

वह जवान थी उसके जिस्म में जान थी
पर क्या चीज़ टूटी पड़ी थी उस चेहरे में

थोड़ा-सा गोश्त और वह ज़रा ताक़तवर हो जाती
देह से
ख़ूनी नाख़ून गदेली में समेटे हुए
पुरुष के मुक़ाबले
पर उसके गाल भरे तक नहीं थे
उन पर चित्तियाँ थीं

तब मैंने देखा कि उसको इतने क़रीब
पाकर यह क्या हुआ इतना अजब दर्द
वह नफ़रत नहीं था वासना नहीं था

वह जो था अन्त में आदर था
वह था उसका सीना आँखों के सामने
उसकी अकेली असहाय
और ग़ैरबराबर औरत
का वह सर्वस्व था और मेरे बहुत पास।

लोग भूल गए हैं

लोग भूल गये हैं एक तरह के डर को जिसका कुछ उपाय था
एक और तरह का डर अब वे जानते हैं जिसका कारण भी नहीं पता

इसमें एक तरह की खुशी है
जो एक नीरस ज़िन्दगी में कोई सनसनी आने पर होती है
कभी किसी को मौत की ख़बर सुनकर मुस्करा उठते हुए अनजाने में देखा होगा

वह एक तरह की अनायास खुशी होती है
मौत का डर अपने से दूर चले जाने की राहत की
और फिर ध्यान उसी वक़्त कभी-कभी ऐसे बँट जाता है कि हम
मरनेवाले की तकलीफ़ कभी
जान सकने के लायक़ नहीं रह जाते

रोज़ कुछ और लोग वह भुतही मुस्कान लिये हुए सामने से जाते हैं

जब वह दोबारा आएँगे देखना वे मरे हुए है
और जब तिबारा आएँगे तो भ्रम होगा कि नहीं मरे हुए नहीं

यों ही वे आते-जाते रहेंगे
और तुम देखकर बार-बार यह दृश्य आपस में कहोगे हम ऊब गए

एक ऊब और भुतही मुस्कान दोनों मिलकर
एक खुशी और एक बेफ़िक्री बनते हैं
आज के समाज का मानस यही है तुम कहते हो इस कविता में
बग़ैर यह जाने कि तुम कितना कम इस समाज को जानते हो
कितना कम जानते हो तुम उस डर के कारण को
आज की संस्कृति का जो मूल स्रोत है

और क्या जानते हो तुम अतीत को?
तुम नहीं जानते तुम्हारे पुरखे कितने वर्ष हुए कहाँ-कहाँ थे
पीछे चलते हुए
तुम ठहर जाते हो सबसे समृद्ध और शक्तिवान
अपने किसी पूर्वज पर
उसके पीछे चलो
वह कैसे धनी हुआ किस बड़े अत्याचारी का गुमाश्ता बनकर
उनका भी बाप कहाँ रद्दी बीनता था
और किस-किसके सामने गिड़गिड़ाता था
तुम्हारा आदिपुरुष एक लावारिस बच्चे का दुत्कार से भरा
जीवन जीकर कैसे बड़ा हुआ
तुम्हें नहीं मालूम
तुम्हें नहीं मालूम कितना था वह धर्मात्मा
और उसके प्राणों ने किस तरह की यातनाएँ उठाई थीं

यात्रा में घर से निकलते ही एक सुख होता है
और शहर छोड़ते ही पश्चात्ताप एक
जिनको तुम पीछे छोड़ आए हो उनसे तुम्हारा व्यवहार उचित नहीं था
निर्दय था लोभी था
उनके साथ रहते हुए निजहित में लिप्त
और वे केवल छूट नहीं पाने की दुविधा में तुम्हारे साथ रहते थे
अब भी क्या मुक्त हैं तुम्हारे जाने पर वे?
नहीं
जानते हैं कि लौटकर तुम फिर से
उसी रुग्ण रिश्ते को फिर से बनाओगे
कहते हैं कि हम बहुत बेचारे हैं
क्रोध इस घर में न करो
टूटे हुए बच्चों के सहारे क्रोध से टूट जाते हैं

समय ही करेगा दुःख दूर यों कहते हो
आनेवाला समय कितने अन्यायों के बोझ से लदा हुआ
इस दुःख को काटेगा
अन्याय के शिकार के लिए मन में समाज के जगह नहीं होगी तो

एक घनी नफ़रत और साधारण लोगों से बदले की भावना
इन तमाम बूचे उटंगे मकानों को बनाती चली जाती है
यह संस्कृति इसी तरह के शहर गढ़ेगी

हम उपन्यास में बात मानव की करेंगे
और कभी बता नहीं पाएँगे
सूखी टाँगें घसीटकर खम्भे के पास में आकर बैठे हुए
लड़के के सामने पड़े हुए तसले का अर्थ

हम लिखते हैं कि
उसकी स्मृतियों में फ़िलहाल एक चीख़ और गिड़गिड़ाहट की हिंसा है
उसकी आँखों में कल की छीनाझपटी और भागमभाग का पैबन्द इतिहास
उसके भीतर शब्दरहित भय और जख़्मी आग है

यह तो हम लिखते हैं पर उस व्यक्ति में हैं जो शब्द वे हम जानते नहीं
जो शब्द हम जानते हैं उसकी अभिव्यक्ति नहीं विज्ञापन हमारा है

कितनी ईमानदारी से देखती है
वह लड़की दर्पण
वह लड़की जो बहुत सुन्दर नहीं है पर कुछ उसमें सुन्दर है
कौन पहचानेगा कि आख़िर वह क्या है जो सुन्दर है ?
वह खुद
वह खुद शीशे में जो पढ़ेगी वही सही होगा
नहीं तो और जो होगा
वह किसी बड़े राष्ट्र द्वारा
आदिवासियों में पाई जानेवाली किसी विचित्रता का
होवेगा आविष्कार

दुनिया ऐसे दौर से गुज़र रही है जिसमें
हर नया शासक पुराने के पापों को आदर्श मानता
और जन वंचित जन जो कुछ भी करते हैं कामधाम रागरंग
वह ऐसे शासक के विरुद्ध ही होता है
यह संस्कृति उसको पोसती है जो सत्य से विरक्त है

देह से सशक्त और दानशील धीर है
भड़ककर एक बार जो उग्र हो उसे तुरन्त मार देती है

अपने-अपने क़स्बों का नाम न लेकर वे लखनऊ का नाम लेते हैं
जहाँ वे नौकरी करने आए थे
जैसे वहीं पैदा हुए और बड़े हुए हों
क्योंकि वह किसी क़दर आधुनिक बनना है
और फिर दिल्ली उन्हें समोकर अथाह में आधुनिक होने
की फ़िक्र मिटा देती है

दूर के नगर से पत्र आया है
लिखा है कि गुड्डन की माँ का स्वर्गवास हो गया है
नहीं लिखा यह कि बीस वर्ष से विधवा थी वह
उसके बीस वर्ष कोई नहीं लिखता क्योंकि एकसाथ बीस वर्ष हैं अब वे
भाषा की बधिया हमेशा वक़्त के सामने बैठ जाती है

छुओ पोस्टकार्ड को उसमें दोटूक सन्दर्भहीन समाचार फिर पढ़ो
और कोशिश करो कि उस नगर के अकाल का कोई अतापता
लिपि से ही मिल जाए
नहीं वह सुथरी है साफ़ है सधी है अजब से तरीके से
लिखनेवाला मानो मर चुका था बच रहा था केवल धीरज
देखो अपने बच्चों के दुःख को देखो
जब उनकी देह में तुम देखते होगे अपने को देखना
वही मुद्राएँ जो तुम्हारी हैं बार-बार उन पर आ जाती हैं
हड्डियाँ जिससे वे बने हैं—एक परिवार की
और बचपन के गुदगुदे हाथ की हल्की-सी झलक भी

नाच गाना और भोग-विलास
फ़ुरसती वर्ग के लड़के लड़कियों के शगल बनते हैं
फिर इनका रोब घट जाता है और ये समाज में वहीं कहीं पैठ
जाते हैं बिखराव बरबादी और हिंसा बनकर

एक बहुत बड़े षड्यंत्र के बीच में अपने घर में रहनेवालों से रिश्ते बनाओ
और सुधारो
घर में रह सकते नहीं हो मगर सारा दिन
कुछ दुःख बाहर से ले आएँगे तुम्हारे घर उस घर के लोग
और लोगों को भी बार-बार घर से बाहर जाना होगा

शिक्षा विभाग ने कुछ दिन पहले ही घोषित किया है
छात्रवृत्ति के लिए अर्हता में यह भी शामिल हो
कि छात्र के पिता की हत्या हो गई है

सावधान, अपनी हत्या का उसे एकमात्र साक्षी मत बनने दो
एकमात्र साक्षी जो होगा वह जल्दी ही मार दिया जाएगा।

[नवम्बर 1980]

पहचानना

एकाएक किसी चेहरे को देखकर मुझे जब लगता है कि यह वही है
तब थोड़ी देर में ग़ौर से देखकर जान पाता हूँ वह नहीं है
दोनों की यह तुलना ऐसी प्रक्रिया है जो जीवन दे जाती है
हथियार मुझसे यह छीन ही नहीं सकता।

निमंत्रण

कुछ निमंत्रण जिनमें पहुँचा नहीं
उनके चिकने काग़ज़ के पीछे मैं लिखूँगा
कि अब मैं चाहता क्या हूँ

दूर उस घर में कितनी भली
हँसी वह खुशी की है
हँसो और खुश रहो
मुझे पड़ा रहने दो यहीं दूर
जीना चाहता नहीं

क्या यह कह रहा हूँ कि मैं जीना नहीं चाहता?
ठहरो यह अनिश्चित था
क्यों मैंने कह डाला
जब तक कि तय न हो क्या चाहता हूँ मैं
कोई पढ़े नहीं
और पढ़े तो उधर छपा निमंत्रण ही पढ़े
जहाँ मैं गया नहीं।

कार्रवाई

उस बूढ़ी औरत की ज़िन्दगी दुःख की कहानी है
और इस नौजवान के पास वक़्त नहीं
वह शायद मौत के करीब आ चुकी है पर दौड़ नहीं रही है
हाँ यह शायद दौड़ते दौड़ते टकराकर मरेगा

यही वक़्त है अभी कुछ करो नौजवान
और उस औरत के दुःख भरे जीवन में पैठ जाओ
यही मौत के ख़िलाफ़
अपनी मौत के ख़िलाफ़
एक काम है जो कर सकते हो।

कविता

कविता तभी होती है जब विषय से दूर और वस्तु के
निकट होती है
कविता अकेला करती है
और जब हम बहुत तरह के अन्य काम करते हैं तो
उनसे कविता में बाधा इसलिए नहीं पड़ती
कि वे दूसरे प्रकार के काम हैं
बल्कि इसलिए कि वे हमेशा हमें बाध्य करते हैं
कि हम दूसरों के साथ काम करें
जबकि कविता अकेले ही काम करने का तकाज़ा करती है।

आख़िरी वक़्त

मैंने सब पुराने कपड़े हटा दिए
जो कि रखे थे कि शायद फिर ग़रीबी आ जाएगी
उनकी जगह नए कपड़े हो जाएँ यह चाहा
वह इच्छा आख़िरी वक़्त की इच्छा लगने लगी।

आनेवाला कल

मुझे याद नहीं रहता है वह क्षण
जब सहसा एक नई ताक़त मिल जाती है
कोई एक छोटा-सा सच पकड़ा जाने से
वह क्षण एक और बड़े सच में खो जाता है
मुझे एक अधिक बड़े अनुभव की खोज में छोड़कर

निश्चय ही जो बड़े अनुभव को पाए बिना सब जानते हैं
ख़ुश हैं
मैं रोज़-रोज़ थकता जाता हूँ और मुझे कोई इच्छा नहीं
अपने को बदलने की क़ीमत इस थकान को देकर चुकाने की

इसे मेरे पास ही रहने दो
याद यह दिलाएगी कि जब मैं बदलता हूँ
एक बदलती हुई हालत का हिस्सा ही होता हूँ
अद्वितीय अपने में किन्तु सर्वसामान्य

हर थका चेहरा तुम ग़ौर से देखना
उसमें वह छिपा कहीं होगा गया कल
और आनेवाला कल भी वहीं कहीं होगा।

बेचारा वक्ता

उसकी हर बात व्यवस्था से बँधी है
इससे उम्मीद है कि बहुत दिन जियेगा
इस वक़्त वह बोल रहा है लगातार एकरस
यही वक़्त है कि अपनी वह कविता लिखो
जो हल्के से कहीं मिली थी

तुम जल्दी में थे और उसे फिर के लिए रखकर चले गए थे
वह फिर आ गया है इस आक्रामक सभ्यता में दरार दिखते ही
और वह निश्चिन्त मोटा ताज़ा नाटा-सा आदमी जो दिख रहा है
उसकी भूमिका कौन रंगमंच में कर सकेगा सोचो
यदि कविता नहीं लिखो

और भाषण मत सुनो

जब वह बोलकर बैठा कवि ने कविता पढ़ी
सब सुनकर स्तब्ध हुए और अन्तिम पंक्ति पर वह हँसा
चाभी खुल गई हो इस तरह

इस भ्रम में मत रहो कि वह ग़लत समझा है
उसके तनावों को समझो—वह हर बार धाराप्रवाह भाषा से
मुक्त होता है।

दयाशंकर

इस बड़े शहर में कई नागरिक रहते हैं
उनमें से एक दयाशंकर कहलाता है
वह नक़लनवीसी करके एक कचहरी में
तनख़्वाह एक सौ दस रुपये घर लाता है

उसका घर एक कोठरी एक बरम्दा है
उसमें बीवी औ' पाँचों बच्चे रहते हैं
वह भी रहता है रहता क्या है कोने में
बैठा अक्सर बेमतलब सर खुजलाता है

बच्चों को दोनों वक़्त दाल रोटी देकर
सर झुका दयाशंकर की बीवी कहती है
तुम भी खा लो थाली को वहीं फर्श पर रख
वह बड़े नेम से हर लुकमा चबलाता है

बच्चे छोटे हैं इतने छोटे मगर नहीं
किससे मिलकर रहना चाहिए डरकर किससे
वे खूब समझते हैं कब क्या कहना चाहिए
हाँ बच्चा है तो वह है जो तुतलाता है

उस रोज़ रात को बिस्तर पर कुछ शरमाकर
मुंशी की बीवी ने मुंशी से कहा सुनो
मेरा मन पूआ खाने को जब करता है
तब मुझको यह होना मुश्किल दिखलाता है

यह बात दयाशंकर ने दुःख के साथ सुनी
वह सात जनों के लिए कहाँ पूआ लाते
वह चुप होकर के लेट रहे इसलिए कि वह
माने बैठे थे पूआ पति घर लाता है

तब ज़रा देर कर इन्तज़ार बीवी बोली
उठ पड़ो अभी हम लोग पका खाएँ पूआ
बच्चे सोते हैं मीठी नींद झगड़ करके
बस जो तुतला है कभी-कभी अकुलाता है

वह उठी अरे वह कितनी सुन्दर लगती थी
दुबली कोई आवाज़ न होने दी उसने
ऐसे चुपचाप पकाये उसने चार पुए
जैसे पूआ ही मधुर मिलन कहलाता है

दोनों अपने-अपने हिस्से के पूए ले
जैसे थे जहाँ वहाँ पर बैठे खाते हैं
इतने में सब बच्चे एकदम से जगते हैं
उठ पड़ते हैं मुसकाते हैं सो जाते हैं।

चेहरा

यह चेहरा एक लड़के जैसा हो चला है
शायद यह लड़की की बन्धन से मुक्ति का पहला उपाय है
पर लड़के-सा चेहरा अपने में कुछ नहीं
उसके संग क़ीमती कपड़े और अँग्रेज़ी चाहिए
मगर यह लड़की ग़रीब घर की है
वह स्वीकृत वर्ग में शामिल होना चाहती है
और उस वर्ग की लड़कियाँ जो लड़का बनती हैं
उनकी तरह बनने की इसकी कोशिश एक दुःखभरी कोशिश है
क्योंकि वह चेहरा बदलकर अपने वर्ग का ही लड़का बनेगी
एक कहीं और अधिक लाचार व्यक्ति एक तरसी हुई सहमी हुई
असहाय लड़की।

बचपन

ख़ुशियों की एक दुनिया एक घड़ी की तरह जी रही है
बेबस ज़िन्दगी में टिक-टिक है
हम सब पचास के हो गए एक-दूसरे का मुँह ताकते खड़े हैं
हम बचे हुए हैं और इस पर हमें गर्व है कि
कोई डर नहीं है
जिससे डर था उससे दोस्ती कर ली है
लोग देखते हैं कितना सुरक्षित है
और सड़क पर एक हथियारबन्द के हाथों लुटते हुए
मुँह से आवाज़ नहीं निकलती
क्योंकि वह कह चुका है कि कोई सुनेगा नहीं

मैं उन गलियों से फिर एक बार जाना चाहता हूँ
जो मेरे घर के पीछे के इलाके में रची थीं
वे बत्तख़ें वे टाट के परदे लोना लगी दीवालें
और एक विचित्र-सा अनुभव कि रास्ते कई तरफ़
से आकर जाकर मेरा मोहल्ला बन गए हैं
जो बचपन में कई बार कई तरफ़ से घर
पहुँचने पर होता था।

अधेड़ औरत

मैंने यह रूप पहले नहीं देखा था
तुमने यह प्यार पहले नहीं पाया था
अब यह भय पहचानेंगे हम दोनों जने
कि अब से अपना अतीत अनजाने बदलेगा।

याद

यह तो संयोग था कि छोटा था उम्र में
जिस दौर से गुज़रा था वह बड़ा था

लोगों के आतंकित चेहरे कब लौटेंगे
मैं याद करता हूँ

अन्त में जानता हूँ
मैं भी स्मृति में उनकी बन्द हूँ
पर जब मिलेंगे हम नीचे को देखेंगे
हर जिस्म एक ज़िन्दगी—और एक अद्वितीय ज़िन्दगी
पर कितना अनछुआ

अब याद आता है कि उन जल्दी से बीते क्षणों में
कहीं किसी दरार में एक सुख की दुनिया थी
मेरी बहन की मुस्कान हल्की-सी ख़ुशबू गाना
उसका ससुराल चले जाना और खुश रहना

तुम अब भी इस दुनिया में उस बच्चे जैसे हो जो अपनी
बहन के जीवन में ख़ुशी देखता है
पीड़ाएँ नहीं जानता।

बलात्कार

औरतों के चेहरे समाज के दर्पण हैं
पुरुषों जैसे
किन्तु जो दर्द दिखलाते हैं उनमें मिठास है
पुरुष गिड़गिड़ाते हैं औरतें सिर्फ़ चुपचाप थाम लेती हैं बेबसी

कोई शरीर नहीं जिसके भीतर उसका दुःख न हो
तुम उसमें जब प्रवेश करते हो और वह नहीं मिलता
वही है बलात्कार
बाक़ी है प्रेम और दोनों के बीच की कोई स्थिति नहीं है।

फ़ायदा

इतिहास की व्याख्या करता हूँ
हमदर्द सुनते हैं और अपनी उन्नति की सोचते रहते हैं
उस समय
उन्हें मतलब नहीं कि वक़्त ने समाज के साथ क्या किया है
वे जानना चाहते हैं कि वक़्त ने जो हालत की है समाज की
उसमें वे सबसे ज़्यादा क्या पा सकते हैं।

मुआवज़ा

सब लोग किसी न किसी दुख में बुझे रहते हैं
जब कोई मिलता है किसी से पहली बार तो दोनों
खेल खेलते हैं कि पहले सहानुभूति कौन किसको दे

नफ़रत करते हुए मैं कोई सृष्टि कर नहीं सकता
सब छोड़ना होगा लिखने के वास्ते
जितने निस्व हो सकते हो उतने हो जाओ

औरत जो प्रेमपगी मेरे पास धूप में
बैठी है वह किसी का बच्चा पेट में लिए हुए
मुझे एकटक देखे जाती है मानो मैं नहीं हूँ
जो है सो दुनिया में बस उसका प्रेम है

कौन आदमी है जो बचा रह जाता है
हर बार जब ताक़तवर लोग अपने मन का
संसार रचने को सामूहिक हत्याएँ करते हैं
कौन है जो बचा रहकर फिर पहचाना जाता है
और बचा रहता है
कौन है वह कि जो बचा तो रहता है
पर उसकी पहचान नहीं हो पाती है
और कौन है वह जो जैसे ही पहचाना जाता है
मार दिया जाता है

एक समय आता है बोलना बेकार होकर रह जाता है
क्योंकि तब साथ उसके कर्म नहीं होता है
एक समय ऐसा भी आता है बोलने के समय

भ्रष्ट कर्म करते हैं बेकार तब हो जाता है बोलना
भ्रष्ट कर्म करके और बोलने से बेहतर क्या होगा कर्महीन
बोलते रहना? हाँ उसमें वक़्त के सामने डाले
जाने की चुनौती है

बड़े होते जाते हैं एक गुलाम जीवन की पद्धति की पहचान
जिसने हमें बचपन में दुख के दिन दिखाए थे
और बढ़ाते जाते

अब उसके सुख लेते बड़े हो रहे हैं हम
पर अपने बचपन की याद हम नहीं करते
करते हैं तो सबसे दया माँगते हैं हम

और आज जो बचपन में उस गुलामी में पिसते हैं
जिसमें पिसते थे हम इस शोषक सभ्यता में शासक पक्ष में
मिल जाने के पहले
उनसे हम कहते हैं देखो हमको देखो हम पर विश्वास करो
हमने भी बचपन में दुःख ये उठाए हैं

यह प्रमाणपत्र है जिसके आधार पर हम अधेड़पन में
उस शोषण में साथ दे सकते हैं शान्ति से

बुद्धि और अनुभव कर जाते हैं सन्तुलित
जीवन के अर्थ का संक्षिप्त सारांश लेकर हम खुश रहते
शेष भूल जाते हैं

स्त्री मर गई एक छोटे-छोटे बच्चे छोड़कर
और इस घटना को इस अधेड़ उम्र में देखकर
बच्चों की रोटी के सोच में पड़ गया मेरा मन
कितना आसान था प्रेम छोड़ पैसे की शरण में आ जाना
प्रेम जो समाज में न्याय की लड़ाई है
पैसा जो सिर्फ़ है मुआवज़ा मौत का।

धूप का इतिहास

क्या कर रहे हो यहाँ पारक में बैठे तुम जब तुम्हें इस उम्र में किसी कुरसी पर लदे हुए या किसी कुरसी पर टिके हुए कलम घिसते रहना चाहिए।

एक हस्ताक्षर या एक टालमटोल के मज़मून में फ़र्क ही क्या है दोनों एक-दूसरे से जुड़ ही जाते हैं।

यह कविता तुम क्यों लिखने लगे एक घिसीपिटी शैली में भागती हुई गद्य की पंक्तियाँ : ये ज़रूर पहले कोई आज़मा चुका होगा लेकिन ये नई हैं क्योंकि मैंने इन्हें पहली बार लिखा है : और है कैसे पंक्ति के आरम्भ में आ गया यह मैं पहली बार किसी क़दर भरोसे से जान रहा हूँ यह हूँ तो अन्त में आया (है भी था) देखो बात यह है कि फिर से पहचान

रहा हूँ मैं अपने को बाक़ी सबको मगर अब याद रहे छन्द नहीं चाहिए वह सारी चिड़ियों की अतुकान्त चहक को बिगाड़कर रख देगी और यह हरी छालवाला दरख़्त यह इतना खुलापन तो पहले पहचाना था इतना आकाश और अवकाश दोनों अभी तक बचा है (फिर वही छन्द!) जहाँ इस धरती पर शोषण के इतिहास में पैर जमाकर बैठे होने की जगह पर एक जगह खड़ा चल रहा हूँ अभी उठकर भी चलूँगा सिर्फ़ अतीत में नहीं जहाँ खड़े-खड़े गया था भविष्य में भी जाऊँगा यहाँ से वहाँ तक जहाँ तक शरण है मगर जो कर रहा हूँ पलायन नहीं है खुली धूप में रहना यह मुझे लिखकर बताना क्यों पड़ता है।

कई वर्ष पहले यह कभी सोच नहीं सकता था कि यदि कोई अपने वक़्त की तरफ़ ज़िम्मेदारी नहीं निभा रहा होगा तो एक दिन मैं उसका जवाबदेह होऊँगा मैं सिर्फ़ अपना काम करता हूँ यह मेरा काम है काफी है यह कभी समझा था लेकिन उस बात और आज में मेरे बच्चों के धीरे-धीरे बड़े होने में कितने मेरे अनुभव कितने मेरी पत्नी के विचार कितने हम दोनों के बचपन के क़िस्सों का अन्तराल एक स्फटिक पत्थर सा खड़ा है उस पर चढ़कर मैं इस पार चला जाता हूँ पाँव तले अपनी विकीरित परछाईं चीन्हता हुआ यह शरीर एक दो बड़े बड़े रोगों के बावजूद तब से कहीं ज़्यादा तगड़ा है और मेरी वासना पहले के मुक़ाबले कहीं ज़्यादा खरज का स्वर पैदा करती है चीत्कार पानी में डूबा हुआ गूँजकर कातर कर जाता है रोया हूँ कई बार ऐसे निराले में कभी नहीं यौवन के दिन में जो था फिर भी यह एक क्षण को मेरा जानना कि एक बड़ी क़ीमत चुकाने को बाक़ी है एक अन्धकार की गुफ़ा के मुहाने पर बच्चों से विदाई लेने जैसा लगता है।

शुक्रिया शुक्रिया हरियाले एकान्त। वह औरत पीछे से उठती है और जो बटोर कर रखती है वे तमाम खाने के बरतन नहीं हैं एक चदरा है धूप में आँख पर ढाँकने लाई थी इससे बच्चों को बुलाती है धूप ढल चली है अब घर चलना होगा नहीं वह सिर्फ़ धूप जहाँ है वहाँ जगह बदल रही है। शुक्रिया शुक्रिया मैं भी और बैठता मगर बेचैन हो गया हूँ। नमस्कार।

खिलवाड़

सहसा सुर बदलकर
वह बोलने लगा
वह अपनी पुस्तक का पाठ
सरपट पढ़ने लगा
यह तो खिलवाड़ था
उसकी उत्साह भरी उम्र में
अपने पर अब तक की लदी हुई
दुनिया के साथ एक क्षण का
खिलवाड़ था

मैंने सुना लड़के को इस तरह बोलते
क्षण भर को मेरा मन मुक्त हुआ
एक अजब ढंग से
मुझको ताक़त मिली
एक अजीब क़िस्म की

उसने यह वर्तमान
क्षण भर चूर किया
वह अपने में स्वतंत्र
वह आनेवाले दिन से स्वतंत्र
बीते बचपन की स्मृति से स्वतंत्र
अपने मनोरंजन से मुग्ध
एक व्यक्ति था।

संघर्ष

वह कभी-कभी ज़रा सी बात पर ख़ुश हो जाती है
इतनी ख़ुश कि ख़ुशी छिपा नहीं पाती
और थोड़ी देर में वह लाचार सी दिखने लगती है
वह ज़रूर कहीं कमज़ोर हो गयी है

वह कभी कभी इतनी शांति से कहती है हाँ, सुख है,
कि संतोष के क्षण में एक अखिल आनंद
थामे हुए वह महान है

ये उसके संघर्ष की दो पहचानें हैं
—दुख ने जो तोड़ा है उसको बनाने का संघर्ष

प्रेमीजन

ये कितने सुदर चेहरे हैं
दिख रही औरतों पर पुरुषों की छाप
मगर
पुरुषों पर केवल छाँह औरतों की दिखती

बढ़ गई उम्र
ये उससे थोड़ा सा पीछे ही ठहर गई

झुर्रियाँ : अधूरी कविताएँ
मैं इन्हें पढ़ूँ तो मुझको छंद सुनायी दें

ये इतने सुंदर चेहरे अनुभव में डूबे
ये प्यार परायेपन का अंतर भूल चुके
इनसे बोलूँ ऐसे कि मुझे ये सुनें नहीं

इनमें से कोई मित्र नहीं
बस परिचित हैं
परिचय भी अभी हुआ है
—यह लिखते लिखते

उतने क्षण में ये फिर हो गए अजनबी हैं
ये सुंदर पशुओं के से अनजाने चेहरे
अपनी दुनिया में मौन ताकते हुए मुझे।

बैंक में लड़कियाँ

बैंक में लड़कियाँ
बड़ी होती जाती हैं
और इतनी भीड़ से घिरी हुई एकाकी

वह अपने तीस बरस
औरत और व्यक्ति के बनने के तीस बरस
लिए हुए रोज़ यहाँ आती है वक़्त से
ध्यान से सुनती है नौजवान ग्राहक को
खो नहीं जाती है स्वप्न में
उस लड़के को कहीं जाने नहीं देती है फ़िलहाल
फिर चला जाता है वह अपने काम से
इस लेनदेन के बाद वह बजाती है एक सुहानी घण्टी
दौड़कर भीड़ भर जाती है छोटे छोटे पुरुषों की एकांत में
कुटे पिटे चेहरों पर लालच लिए हुए
खिड़की से झाँकते।

चिथड़ा-चिथड़ा मैं

अब देखो बाज़ार में एक ढेर है चिथड़ों का
और एक मैं हूँ कि जिसके चिथड़े सब एक जगह नहीं हैं

वे मेरी धज्जियाँ कहाँ गईं
खोजकर लाओ उन्हें
सिरहाने रात को रख जिनको सोया था
उन काग़ज़ों में से

मैं चिथड़े चिथड़े हो गया हूँ
यही मेरी पहचान है
—चिथड़ा चिथड़ा मैं
मैं जानता हूँ कि मैं एक हूँ एक अदद
पर मैं उन चिथड़ों को देखना चाहूँगा

उनको जमा करो
—अरे कुछ मेरे हैं
और कुछ मेरे नहीं
वे मेरी धज्जियाँ नहीं हैं
—पैबंद थे

लोग शानशौक़त दिखाते हैं
दुनिया भर के चिथड़े जोड़कर
मुझको बस इतने ही चाहिए
खुला रहे बदन जिन्हें ओढ़कर।

जड़

सहना परायी पीड़ाओं को बार बार
जीते रहने का अकेला उपाय है
सहो
फिर उसी समय
दूर खड़े हो अपने को देखो

साथी के दुख में

यह एक अजब चीज़ है
कि जो यह नहीं किया
तो जानो जड़ हुए

जब उसके साथ होगे
वह एक बोझा होगा

अन्त में उसी के पास आओगे
तब कोई भाषा भी पास नहीं होवेगी
कुछ कोशिश करके तुम गाओगे
औ' वह आवाज़ तब अपने पर रोवेगी।

अरे अब ऐसी कविता लिखो

अरे अब ऐसी कविता लिखो
कि जिसमें छंद घूमकर आय
घुमड़ता जाय देह में दर्द
कहीं पर एक बार ठहराय

कि जिसमें एक प्रतिज्ञा करूँ
वही दो बार शब्द बन जाय
बताऊँ बार बार वह अर्थ
न भाषा अपने को दोहराय

अरे अब ऐसी कविता लिखो
कि कोई मूड़ नहीं मटकाय
न कोई पुलक पुलक रह जाय
न कोई बेमतलब अकुलाय

छन्द से जोड़ो अपना आप
कि कवि की व्यथा हृदय सह जाय
थाम कर हँसना रोना आज
उदासी होनी की कह जाय।

हिन्दी

हम लड़ रहे थे
समाज को बदलने के लिए एक भाषा का युद्ध
पर हिन्दी का प्रश्न अब हिन्दी का प्रश्न नहीं रह गया
हम हार चुके हैं

अच्छे सैनिक
अपनी हार पहचान
अब वह सवाल जिसे भाषा की लड़ाई हम कहते थे
इस तरह पूछ :
हम सब जिनके ख़ातिर लड़ते थे
क्या हम वही थे?
या उनके विरोधियों के हम दलाल थे
—सहृदय उपकारी शिक्षित दलाल?

आज़ादी के मालिक जो हैं गुलाम हैं
उनके गुलाम हैं जो वे आज़ाद नहीं

हिन्दी है मालिक की
तब आज़ादी के लिए लड़ने की भाषा फिर क्या होगी?

हिन्दी की माँग
अब दलालों की अपने दास-मालिकों से
एक माँग है
बेहतर बर्ताव की
अधिकार की नहीं

वे हिन्दी का प्रयोग अँग्रेज़ी की जगह
करते हैं
जबकि तथ्य यह है कि अँग्रेज़ी का प्रयोग
उनके मालिक हिन्दी की जगह करते हैं
दोनों में यह रिश्ता तय हो गया है

जो इस पाखण्ड को मिटाएगा
हिन्दी की दासता मिटाएगा
वह जन वही होगा जो हिन्दी बोलकर
रख देगा हिरदै निरक्षर का खोलकर।

पहले आप

'पहले आप' की संस्कृति—
इसलिए कि अपनों में मुठभेड़ें कम हों
इसलिए कि निर्बल इसके बाद अपना हक़ छोड़ दें

देख लो ग़रीब मरीज़ खड़े डरता है
कि कुछ सजेधजे लोग
डागदर के कमरे में पहले घुस गए

वे मानो कीच के समुद्र में
अपने अधिकार के लिए आते और जाते हैं
रोग और पैसा हो तो पहले मैं होगा
और फिर मैं।

ख़ुशामद

साहब ख़ुशामदी को गाली देते हैं सबके आगे
ख़ुशामदी का चार जनों में सर ऊँचा हो जाता है
सब कहते हैं साहब को झूठी तारीफ़ पसन्द नहीं
वह बेचारा तो मुरीद है बस दर्शन को आता है

साहब कहते हैं तू बकता है तेरा ईमान नहीं
मगर चाहते हैं यह झूठा चापलूस नज़दीक रहे
वह जो दिल्ली जा करते हैं यह पटने में किया करे
भीतर से गीदड़ का बच्चा ऊपर से निर्भीक रहे

कभी किसी दिन साहब सचमुच कोई अच्छा काम करें
तो उसकी तारीफ़ न करना वह कुढ़कर रह जाएँगे
उनको आदत नहीं पड़ी है सच्ची बातें सुनने की
सबके आगे तुमको कैसे अपमानित कर पाएँगे।

व्यावहारिक लोग

एक दिन घर लौटा
हाथ में किताब थी
और फूलगोभी थी

वाह, कविता मिली

आजकल किताब फूलगोभी सी नरम है
और फूलगोभी है आजकल की किताब सी नीरस

तुरंत एक सुंदरी से कहा जा करके
देखिए अदलबदल लीजिए आप इन दोनों को
वह नहीं समझी

लोग बहुत व्यावहारिक हो गए हैं
कोई ऊलजलूल नहीं बोलते
एक मुनाफ़ाख़ोर सभ्यता में मज़ाक़ की जगह नहीं रह गई
(मनोरंजन की है जो नफ़रत से पैदा हो)

कोई चीज़ अपनी जगह से मत सरकाओ
व्यापारी व्यवस्था को उसकी ज़रूरत है
फूलगोभी पढ़ने औ' किताब खाने से लाभ क्या होगा?

सस्ते दाम की दुकान

अर्थशास्त्री बोला
सस्ते दाम की दुकान दाम के नियंत्रण के वास्ते ज़रूरी है
कुछ तो मिल जाये ग़रीब पेट भर लें
कि बेचारों को नसीब
हलवा है न पूरी है
खाएँगे फिर भी कम चाहे सस्ता बिके
कि एक तो बहुत हैं
दूसरे कम मजूरी है
तीसरे समस्त अन्न में से सस्ती दुकान को
थोड़ा देना हमारी मजबूरी है

हम गेहूँ देंगे
और चीनी भी देंगे
क्योंकि चीनी के खाने का अनुभव ज़रूरी है
वे अपनी चीनी कुछ पैसों के बदले में हमको दे देंगे
क्योंकि पैसा ज़रूरी है
उससे ख़रीदेंगे वे महँगा माल
क्योंकि हमने बताया है कि वह भी ज़रूरी है
ऐसे सुख सम्पत्ति चीनी के बहाने बढ़े
तो सस्ते दाम की दुकान ही ज़रूरी है।

साफ़ कमीज़

लोग बैठा दिए गए हैं द्वारपाल
पर उनका मुख्य काम है सलाम करना
वे सलाम करते हैं कभी जान करके
कि इस शख़्स को है हमको सलाम करना
कभी सोच करके कि शायद वही हो वह
कि जिस शख़्स को है हमको सलाम करना
क्या है वह चीज़ जो कि पैदा करती है भ्रम
किस सफ़ेदपोश को है कब सलाम करना

शायद वह दे देगा मुझको मेरा हिस्सा
वह
नक़ली धागे के वस्त्र जो पहरता
अपनी बिरादरी में ढाँके असलियत
नक़ली धागे का वह विज्ञापन करता
बहुत हुआ अपनी कमीज़ धो लेता है
दफ़्तर का काम नहीं उससे सपरता
गाता जाता है और धोता है साफ़ साफ़
द्वारपाल से मिलने के लिए सँवरता।

कैमरे में बंद अपाहिज

हम दूरदर्शन पर बोलेंगे
हम समर्थ शक्तिवान

हम एक दुर्बल को लाएँगे
एक बन्द कमरे में

उससे पूछेंगे तो आप क्या अपाहिज हैं?
तो आप क्यों अपाहिज हैं?
आपका अपाहिजपन तो दुख देता होगा
देता है?
(कैमरा
दिखाओ इसे बड़ा बड़ा)
हाँ तो बताइए आपका दुख क्या है
जल्दी बताइए वह दुख बताइए
बता नहीं पाएगा

सोचिए
बताइए
आपको अपाहिज होकर कैसा लगता है
कैसा
यानी कैसा लगता है
(हम खुद इशारे से बताएँगे कि क्या ऐसा?)
सोचिए
बताइए
थोड़ी कोशिश करिए
(यह अवसर खो देंगे?)
आप जानते हैं कि कार्यक्रम रोचक बनाने के वास्ते
हम पूछ-पूछकर उसको रुला देंगे
इन्तज़ार करते हैं आप भी उसके रो पड़ने का
करते हैं?
(यह प्रश्न पूछा नहीं जाएगा)

फिर हम परदे पर दिखलाएँगे
फूली हुई आँख की एक बड़ी तसवीर
बहुत बड़ी तसवीर
और उसके होंठों पर एक कसमसाहट भी
(आशा है आप उसे उसकी अपंगता की पीड़ा मानेंगे)

एक और कोशिश
दर्शक
धीरज रखिए

देखिए
हमें दोनों एक संग रुलाने हैं
आप और वह
दोनों

(कैमरा
बस करो
नहीं हुआ
रहने दो
परदे पर वक़्त की क़ीमत है)
अब मुस्कुराएँगे हम

आप देख रहे थे एक सामाजिक उद्देश्य से युक्त कार्यक्रम
(बस थोड़ी ही कसर रह गई)
धन्यवाद।

अज्ञातवासी

सेंसर के दिनों में एक लेखक जी
एक दैनन्दिनी लिखते थे
एक दिन उसमें यह दर्ज किया
(वह पहला ही दिन था)
मैंने उनका लिखा यहाँ पद्य में मानो उल्था कर दिया है

आये अख़बार नहीं
स्थिति में तनाव था
—घर पर भी लगता था
च. प. ने फोन किया
'रेडियो पर प्र. म. बोली हैं औ' मैं छुट्टी गया'

वह सचमुच राहत महसूस कर रहा था
कि उसको फ़ुरसत मिली
हाँ और भी थे जो छुट्टी नहीं जा सके
पर एक उत्तेजना से भरी सांत्वना उनमें भी थी
जैसे क. प. स. द. में

इतने में झु. झु. की फ़ोन पर
गम्भीर आवाज़ आई
'क्या जो सुन रहा हूँ सत्य है?'
फिर भोलापन थोड़ा छोड़कर
मुझ पर हमला किया 'आप बहुत उग्र थे
उसी का परिणाम है
देशवासियों के सर आ पड़ा'

'उग्र? कहाँ? मैं तो ख़ामोश था'

'नहीं, आप नहीं थे'
कई बार दोहराया

भो. ना. के यहाँ रा मासूम अचरज से
अ. आ. से कह रहे थे कि अब क्या होगा?
और अ. आ. 'ऐसा भी होता है कोई क़ानून क्या'
कहकर मुँह बाये थे बेचारे

क. प्र. का ख़्याल था कि क्रांति एक प्रक्रिया होती है औ' वह निश्चिन्त हैं
माने कि इस समय जिनका दमन होगा वह उनमें नहीं हैं
'आज हो रहा है जो उससे मेरा नुक़सान कोई नहीं है'
(मैं कब कहता हूँ कि क्रान्ति आज ही हो ले)

एक अजब तरह का आराम
पर इसके पीछे कितना खुख्वल सारा दिन
और उस शून्य में चुन चुन कर हत्या

क. खुश था अब सब गिर कर मेरे स्तर तक आ जाएगा
तब मिटेगा कलंक जो मैं लगा चुका अपने सर
पर भीतर भीतर वह वध्य हो गया है
यह वह नहीं जानता

छ. आए, गरम थे
'आपने नाक
अपनी कटा दी चुप रह गए
यह क्रान्तिकारी परम्परा के विरुद्ध कार्य है
आपके प्रशंसकों को पसंद नहीं आया'
फिर कहा

'विश्वविद्यालय में हमारे बड़ा ज़ोर है विरोध का
कल शिष्टमण्डल हम
प्र. म. के पास ले जाएँगे
कि कम से कम वहाँ वाक् स्वातंत्र्य रहने दें'

आज यह डायरी मिल गई
पढ़कर लेखक से पूछा भाई
ये सब क. ख. ग. घ. कौन हैं

उसे याद ही नहीं आ सका
किनको किनको थे छद्म नाम ये दिए गए

पर वे सब हैं यहीं
इन्तज़ार करते हैं
उसी एक राहत का
अज्ञातवास में।

एक रात नागा

न सही आज रात को कविता
कागज़ पेंसिल सिरहाने रख सोने की आदत में
आज एक नागा हो रहा है
और भी अकेला हो रहा हूँ मैं और अपने में पूरा।

[3.11.1980]

बड़ा आदमी

मुझे विश्वास नहीं है
कि मेरे जीते जी
यह देश क्यों
कोई भी देश
अपने मनुष्यों को
आदमी बना लेगा

क्रांतिकारी लेखक को आशा है
कि औरों पर उसका अविश्वास
उसको तो उसके ही जीवन में
एक बड़ा आदमी बना देगा।

अभिनेत्री

अभिनेत्री जब बँध जाती है
अपने अभिनय की शैली से
तो चीख़ उसे दयनीय बनाती है
पुरुषों से कुछ ज़्यादा
औ' हँसी उसे पुरुषों से ज़्यादा बनावटी

यह इस समाज में है औरत की विडम्बना
हर बार उसे मरना होता है
टूटा हुआ बचाती है
वह अपने भीतर टूटफूट के
बदले नया रचाती है

पर देखो उसके चेहरे पर
कैसी थकान है यह फैली
हँसने रोने को कहती है
उससे पुरुषों की प्रिय शैली

इन दोनों से कुछ ज़्यादा
औरत का चेहरा कह सकता है
पर क्या उसकी ऐसी आज़ादी
पुरुष कभी सह सकता है

वह उसे हँसाता रहता है
वह उसे सताता रहता है
वह अपने सस्ते रंगमंच पर
उसे खेलाता रहता है

औरत का चेहरा है उदास
पर तह करती है अट्टहास

उसके भीतर की एक गरज
अनमनी चीख़ बन जाती है

वह दे सकती थी कभी कभी
अपने संग्रह से गुप्तदान
पर दया सरेबाज़ार वही
खुद एक भीख बन जाती है।

दुर्भिक्ष

वह आया और चबूतरे पर खड़ा हुआ
जँगले को खटखटा कर उसने बुलाया
और अपना बरतन वाला हाथ उठाया
मैंने कहा अरे, फिर सकता खा गया
वह मुझसे बड़ा था उसी इस्कूल में था
कुछ बरस पहले यह सुना था कि
कहीं चला गया है
आज उसे देखकर पहला ख़्याल यह आया
कि मुझे शर्म लगती है
और इसको लगेगी पहचाने जाने पर
जानें किसी चीज़ ने पुकारा तुम कौन हो
और उसने ठीक वही देवीदत्त घोषाल नाम बतला दिया
तब मैंने पूछा कि मुझे पहचानते हो
और वह बोला कि तुम सहाय के लड़के हो
तुम छोटे थे जब उनके साथ स्कूल आते थे
मुझे याद है कि यह सुन करके मैं भौंचक रह गया
उसको हम दोनों की याद थी
अपने अध्यापक की
और उनके पुत्र की
एक को आदर और दूजे को स्नेह वह देता था
और ये दोनों काम बच गए थे उसके जीवन में
उथलपुथल के बाद
उसने कहा था (मानो बरतन खड़काकर) यह
मैं शायद पागल हूँ शायद पागल नहीं

मैंने फिर पूछा पढ़ाई क्यों छोड़ दी

वह कुछ समझा नहीं
सिर्फ़ कहा अब मैं पढ़ता नहीं
लोग कहते हैं तुमसे नहीं होगा
जाओ कुछ ला दो न

यह कहकर उसने प्रश्न पूछने का मेरा अभिमान
तोड़ दिया
हम दोनों तो दुनिया से नाता जोड़े थे
और देवीदत्त को बाहर कर दिया था
पर उसने दुनिया को छोड़कर आने को
जँगले के बाहर से हमको पुकारा
मैं कुछ कह नहीं सका
सीधे पिता के पास जाकर उनसे पूछा
वह जो था देवीदत्त क्या आप जानते हैं पागल हो गया है?
और वह बोले हाँ, बहुत होनहार था, आया है?
उसको खिला देना, उसके कोई नहीं, बस बूढ़ा बाप है
एक के बाद एक विपदा पड़ती गई, घर नष्ट हो गया

मैं बैठक में लौटा
दो रोटी लाया था, भीतर बुलाकर परस दिया
उसने उठाया वह परोसा और रख लिया बूढ़े बाप के लिए
और वह चला गया आदर से झुक प्रणाम करके जो हाल में सीखा था
जाते वक़्त हमको धकेल कर छोड़ गया जहाँ हम पहले थे

यही लाचारी है संतुलित लोगों की
उन पर विश्वास नहीं करते हैं सरफिरे।

[1981]

अन्न का रस

खाने के पहले कृतज्ञ होता हूँ मैं
खाने के बाद भी
कहाँ आ जाते हो श्रेय लेने को
हर बार
ईश्वर

क्या तुम नहीं जानते
कि अन्न जो तुमने उगाया है
उसमें एक रस है
जो मैं ही जानता हूँ?

रोग

रोग फिर उभरता है देह में
भागदौड़ में इतना किसको है अवकाश
ठहरे उपचार अपना करे
मैंने मान लिया है कि रोग सबसे जोड़ देता है
यह अनुभव काम में लगे हुए अपना दुख सबसे छिपाने से
आया है।

एकान्त जीवन में जैसे ही देता है यह अनुभव
रोग तब कहाँ रह जाता है
यदि वह है तो।

भेंट

कई बार चाहा है कि अपने स्वभाव को छोड़कर
हर मिलनेवाले से घुलूँ मिलूँ नहीं
बल्कि कुछ रोआब डालकर रहूँ दूर दूर
थोड़ी ही देर बाद यह मुश्किल हो गया
और मैं उससे अपने हृदय की व्यथा कहने लगा
वह बस मेरी नहीं समाज की व्यथा थी
वह सुनता रहा और एक घटना घटी
वह कहीं बहुत विचलित हो गया
इतना कि जितने आराम से कह रहा था मैं
वह उसे कहीं न कहीं चतुराई दिखने लगा
फिर वह जो बोला सो मैंने अनुभव किया
कि वह मेरी झूठी तारीफ़ था
इस तरह वह भेंट ख़त्म हुई जबकि मैं
सच्चे दिल से खुलकर उससे मिला।

ख़ुशी

नहीं, मुक्ति भय से न चाहिए
यदि निर्भय होना है

मुक्ति एक झूठ है
बहुत बड़ी हो गई है यह मेरी पीड़ा
इसको बताना है
इसके अथाह में खो जाने के पहले

तीस थे श्रोता
पर कितने अकेले में मैंने कविता पढ़ी
वह मेरी बिखरी टूटी कविता
एक नहीं कर सकी तीस श्रोताओं को
मुझे एक कर गई
और यह बता गई
कि एक मैं कितना अधूरा हूँ

कौन सी ख़ुशी है वह
जो यदि बताऊँ
पीड़ा का पता मिले?

स्वच्छन्द लेखक

लोग भूल जाते हैं
दहशत जो लिख गया
कोई किताब में

लोग भूल जाते हैं
झेली थी यातना
जो अपने आप में

अत्याचारी का मुँह
लोग भूल जाते हैं
उसके मुस्काने पर

याद रह जाता है
तब कैसे हँसते थे
बच्चे घर आने पर

पाँच बरस बहुत बरस
होते हैं एक गुलाम
औ' ग़रीब देश में

इतने में गया हुआ
वक़्त लौट आता है
एक नये वेश में

हत्या कमज़ोर की
सीधे-सीधे हत्या
गाँव-गाँव होती है

कोई रोता नहीं
हाँ, मारी नहीं गई
तो विधवा रोती है

पढ़े-लिखे लोगों का
जब दिल बहलाता है
ख़ून किसी और का

करता है आक्रमण
निरक्षर निहत्थे पर
दमन नए दौर का

आज मौन देख रहे हैं
जाता है शासक
हिंसा के रास्ते

कल तक जो व्याकुल थे
सिर्फ़ बोलने की आज़ादी
के वास्ते

सूखी मिट्टी पर वे
भूखों के दावों को

वाणी नहीं देते

देते हैं हथियार
शासक ग़रीबों को
पानी नहीं देते

दोनों मिलकर के यों
नया दमन चक्र यह
प्रेम से चलाते हैं

जो मारा गया है
उसके भी बोली थी
लोग भूल जाते हैं

वह बोली कहाँ गई?
उस पर बन्दूक ने
लगाया प्रतिबन्ध है

कलम लिए बैठा है
शब्दों की खोज में
लेखक स्वच्छन्द है।

आज़ादी

चारों दिशाओं से चारों दिशाओं में
उजड़े घर छोड़कर
दूसरे उजाड़ों में लोग जा रहे हैं
भूख और अपमान की ठोकरें खाकर

इतिहास, पीड़ा का इतिहास उनको बताता है
यह ज़मीन यहाँ से वहाँ तक जुड़ी है
वह उनका घर नहीं
उनके बच्चे ही उनका घर हैं

बहुत बड़े देश में बहुत से मनुष्यों की पीड़ाएँ
अगर उसे बड़ा नहीं करती हैं तो ज़मीन को

उसके हत्यारे छोटा कर देते हैं
बेचकर विदेश में भेजने के लिए

ये पहाड़, जंगल, मिट्टी के मैदान हरे
छोटे हो रहे हैं जो इतिहास में बड़े देश के प्रमाण थे
इनकी विशालता का कोई गुणगान अब सुन नहीं पड़ता
देश के बड़े देश होने का गौरव अब
व्यक्ति की विदेश में प्रतिष्ठा बढ़ाता है
देश में बर्बरता
हत्याएँ चीथड़े ख़ून और मैल आज भारतीय संस्कृति के मूल्य हैं
और दया करते हैं लोग यह मानकर कि कष्ट अनिवार्य है
दया के पात्र को :
लूट ने ज़मीन के अंदर तक मिट्टी को तोड़ दिया है
उसमें कहीं एक बीज था
उसे उठा लें अपने हाथ में
और वह मिट्टी भी :
हम अपना भूगोल ही भूल गए हैं
हर हत्या हमसे कुछ दूर हुई दिखती है
जबकि वह हमारे बहुत पास में हुई है
हत्याएँ याद रह जाती हैं लाशों के चेहरे नहीं याद रहते
उनकी ज़िन्दा तसवीरें कम छपी थीं
वही बार-बार दीख पड़ता है रूपवान चेहरा जो
लाशों के पास अफ़सोस में खड़ा था
दिन ब दिन जानते जाते हैं हम वह हमारा चेहरा नहीं

आज यही कफ़नढँके चेहरे हैं एकसाथ रहने के
बचेखुचे कुछ प्रमाण और इन्हें जो याद रख नहीं सकते हैं
वे ही समाज पर राज कर रहे हैं
चेहरे के बिना लोग
कल किसी और बड़े देश के गुलाम हो जाएँगे।
हम अपने देश के उजाड़ों में खोजते रहेंगे अपना चेहरा
—आज़ादी !

कुछ पते कुछ चिट्ठियाँ
[1982–'89]

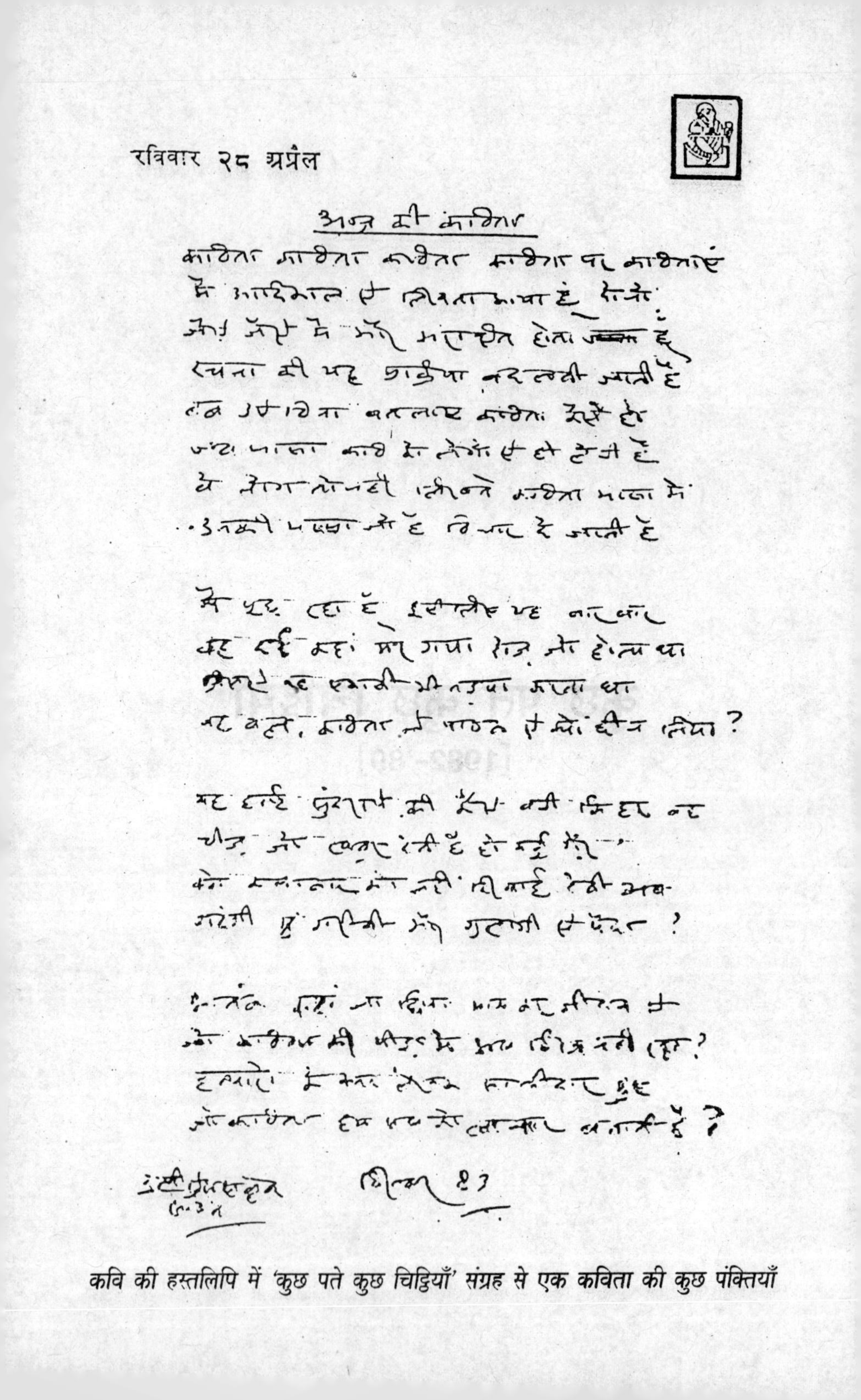

रविवार २८ अप्रैल

आज की कविता

कविता कविता कविता कविता पर कविताएं
मैं आदिकाल से लिखता आया हूं देखो
और और के और महसूस होता [illegible] हूं
रचना की यह प्रक्रिया बदलती जाती है
तब उपाधियां बतलाए कविता कैसे हो
[illegible] कवि के लोगों से हो देती है
ये लोग जो नहीं लिखते कविता [illegible] में
उनको [illegible] और है [illegible] दे जाती है

मैं पूछ रहा हूं इसीलिए यह बार-बार
यह कहां खो गया रोज़ जो होता था
[illegible] यह [illegible] भी तड़पा जाता था
यह कहते, कविता ने [illegible] से क्यों छीन लिया?

यह कैसी पुरस्कारों की [illegible] की ज़िद [illegible]
चीज़ जो [illegible] है [illegible]
[illegible] नहीं दी जाई [illegible]
अंग्रेज़ी [illegible] गलती से [illegible] ?

[illegible]
और कविता की पीढ़ी के [illegible] क्यों रहे?
[illegible]
और कविता [illegible] है?

[illegible]
[illegible] ८३

कवि की हस्तलिपि में 'कुछ पते कुछ चिट्ठियाँ' संग्रह से एक कविता की कुछ पंक्तियाँ

समर्पण

अपने पिता श्री हरदेव सहाय की स्मृति को

शक्ति दो, बल दो, हे पिता
जब दुख के भार से मन थकने आय
पैरों में कुली की सी लपकती चाल छटपटाय
इतना सौजन्य दो कि दूसरों के बक्स बिस्तर घर तक पहुँचा आएँ
कोट की पीठ मैली न हो ऐसी दो व्यथा
शक्ति दो—

और यह नहीं दो तो यही कहो,
अपने पुत्रों मेरे छोटे भाइयों के लिए यही कहो—
कैसे तुमने अपनी पीढ़ी में किया होगा क्या उपाय ?
कैसे सहा होगा, पिता, कैसे तुम बचे होगे?
तुमसे मिला है जो विक्षत जीवन का हमें दाय
उसे क्या करें?
तुमने जो दी है अनाहत जिजीविषा
उसे क्या करें?
कहो, अपने पुत्रों मेरे छोटे भाइयों के लिए यही कहो।

नयी दिल्ली, 1951

निवेदन

कवि का आज का संकट नया नहीं है। नया केवल संघर्ष के पिछले दौर में पराजय का बोध है और साथ ही यह प्रश्न भी कि अन्याय और दासता की पोषक और समर्थक शक्तियों ने जब ऐसी स्थिति उत्पन्न कर दी है कि मानवीय अधिकारों के लिए संघर्ष करनेवाले अपनी हर लड़ाई में उन्हीं के आदर्शों की पूर्ति करते दिख रहे हैं जिनके विरुद्ध संघर्ष है, तब रचनाकार इस संघर्ष में अपनी हिस्सेदारी कैसे निबाहे।

पिछले संग्रह की कविताएँ लिखते समय सामाजिक चेतना और रचनात्मक अभिव्यक्ति के जिस दौर के बीच से कवि अपनी कविताएँ लेकर पाठकों के सामने अपनी परीक्षा के लिए उपस्थित हुआ था वह दौर अभी समाप्त नहीं हुआ है। भाषा के अनेक प्रकारों पर व्यावसायिक और राजनैतिक कब्जे ने भाषा की रचनात्मकता को अनेक प्रकार से विकृत और कुंठित कर दिया है, नई प्रतिभा को सामाजिक चेतना के विषय में बलपूर्वक अशिक्षित करके मनुष्यों के बीच साझेदारी के संबंध तोड़े हैं और उनकी जगह बनावटी रागात्मकता के नए समझौते आरोपित किए हैं, जो उसके किसी पक्ष को कोई आत्मिक बल नहीं देते। वे प्रत्येक अनुभव को एक सनसनी और प्रत्येक मनुष्य को एक वस्तु बनाते चले जाते हैं। इस ध्वंस-व्यापार का प्रतिष्ठान नई प्रतिभा को लगातार लुभाता और पथभ्रष्ट करता रहता है। रचनात्मकता के विरुद्ध इतना बड़ा अभियान आज़ादी के बाद दासता की पहली बार एकत्र शक्तियों ने चलाया है।

जिस तरह रचनात्मकता और आज़ादी एक ही मानवीय आकांक्षा के पर्याय हैं, उसी तरह समता की लड़ाई और कविता भी एक ही मानवीय उत्कर्ष के पर्याय हैं। बहुत-सी बहसें इनकी तदर्थ व्याख्याएँ करने से पैदा होती हैं परंतु रचनात्मकता की लड़ाई में कवि के लिए आज के संघर्ष की रणनीति नहीं बतातीं।

पराजय के जिस दौर का बोध हमें हो रहा है उसमें पीछे मुड़कर देखें तो अपनी भूल जान पाएँगे। राजनैतिक संगठन, विचारधारा का समर्थन और अनेक प्रकार के सामाजिक चक्रव्यूहों में योद्धा का स्थान—यह सब समय-समय पर संघर्ष का आधार हो भी सकता है और नहीं भी हो सकता है। पर कवि का हर समय सार्थक अभिज्ञान यही है कि संघर्ष का आधार नए मानवीय रिश्ते की खोज होना चाहिए और यह खोज जारी न रहने पर वे परिणाम निकल सकते हैं जिनको आज हम देख रहे हैं—इतिहास और परंपरा की विकृति के द्वारा एक बनावटी इतिहास का निर्माण और आनेवाली पीढ़ी की प्रायोजित अशिक्षा।

इसीलिए यह संग्रह आपके सामने लाते हुए मैं फिर दोहराना चाहता हूँ कि वह रचना जो पाठक या श्रोता के मन में पतन का विकल्प जाग्रत नहीं करती, न तो साहित्य की उपलब्धि होती है न समाज की। विकल्प की चेतना के विपरीत यदि कविता कुछ करती है तो वह यथास्थिति

को ही यथार्थ के रूप में आरोपित करने का दुष्प्रयत्न और रचना-परंपरा की विश्व-उपलब्धियों को पीछे लौटाने का दूसरा नाम है और रचना नहीं है। वह रचना के साधन का रचना-विरोधी उद्देश्यों के हाथों में पड़ना है।

यह जोखम आज पहले से कहीं अधिक व्याप्त है। इसके जवाब में कवि फिर एक बार कुछ पतों पर चिट्ठियाँ लिख रहा है, जो डाक से नहीं भेजी जा सकतीं क्योंकि पते बदलते रहते हैं। ये कविताएँ भी न व्यक्तिगत संदेसे हैं, न गश्ती परिपत्र। ये हर पाठक के पास पहुँचने और बोली या पढ़ी जाने पर चिट्ठियाँ बनती हैं।

—रघुवीर सहाय

25 जुलाई, 1989
सी-3, प्रेस एन्क्लेव,
मालवीय नगर, नई दिल्ली

उनहार

यह किताब अधिक संगठित है
भावों के मुक़ाबले
जो कभी टहलते कभी मँडराते हुए
आते हैं इसके पन्नों में से होकर
पन्नों में से नहीं।

क्या ये स्मृतियाँ हैं विचारों की जो
अपने साथ कोई आदमी लिए हुए
हलकी-सी कोशिश करती हैं पहचान की ?

यह किताब कुछ अनुभव ऐसे बताती है
दस बरस पहले हुए थे जो
पर इसमें आज क्यों दिखाता है यही नहीं ?

बचपन में जो शहर देखा था, उसके जो सपने थे
उनकी यादें—देखो—
पता नहीं क्या सच है क्या स्मृति है
और यह आदमी कल था या आज है ?
बहरहाल यह किताब अधिक संगठित है कि
इसमें कल तर्क सहित लिखा गया एक पूरा अनुभव अब तक है
सिर्फ़, मैं इसे जब-जब पढ़ता हूँ, कुछ पन्ने
अपने मज़मून के बावजूद
आरपारदर्शी हो जाते हैं।
ये पन्ने ठीक वहीं आते हैं
जहाँ किसी से कोई सूरत मिलने-जुलने लगती है
(जो कि बिला शक एक धोखा है मगर इस किताब का बड़प्पन भी।)

[31.12.1982]

आज की कविता

कविता कविता कविता
कविता पर कविताएँ
मैं आदिकाल से लिखता आया हूँ दोनों :
जैसे जैसे मैं और अरक्षित होता हूँ
रचना की यह प्रक्रिया बदलती जाती है।

तब, उसे बिना बतलाए कविता कैसे हो
जब भाषा कवि को लोगों से ही लेनी है।
वे लोग तो नहीं लिखते कविता भाषा में—
उनकी भाषा जो है, विचार दे जाती है।

मैं पूछ रहा हूँ इसीलिए यह बार-बार
वह दर्द कहाँ मर गया रोज़ जो होता था
जिससे वह एकाकी भी तड़पा करता था
वह बल, कविता ने पाठक से क्यों छीन लिया ?

यह दृष्टि सुंदरापे की कैसे बनी कि हर वह
चीज़ जो ख़बर देती है हो गई ग़ैर ?
क्यों कलाकार को नहीं दिखाई देती अब
गंदगी, ग़रीबी और गुलामी से पैदा ?

आतंक कहाँ जा छिपा भाग कर जीवन से
जो कविता की पीड़ा में अब दिख नहीं रहा ?
हत्यारों के क्या लेखक साझीदार हुए
जो कविता हम सबको लाचार बनाती है ?

[दिसंबर 1983]

कविता पाठ

सन्नाटा छा जाए मैं जब कविता सुना कर उठूँ :
वाह वाह वाले निराश हो घर जाएँ,
घर जाकर मेरी कविता सुनें जैसी उन्हें याद रह जाए
वैसी सही, कोई हर्ज नहीं—
अगर एक दो शब्द वे अपने मन से जोड़ भी दें

कोई हर्ज नहीं, मगर उन्हें लगने लगे घटक शब्द
कहीं ग़लत जुड़ गया और वे सोचते रह जाएँ
देर तक देर तक क्या है वह :
और जब याद आ जाए तो उसको निकाल दें मेरी कविता में से
फिर लंबी साँस संतोष की लें।

उधर सभाकक्ष में कोई
दोहराता हो बार बार कवि अपनी पंक्तियाँ।

[27.8.1984]

गद्य

सुंदर सुगठित गद्य, सहृदय के हाथों लिखा
पढ़ते पढ़ते चित्त, यात्राएँ करने लगा
स्मृतियों का इहलोक, किसी और ने था रचा
भूले बिसरे मित्र, किंतु मुझे मिलने लगे
उनका अपना कथ्य, वही गद्य कहने लगा।

[मई 1985]

हत्या की संस्कृति

अंग्रेजी पढ़ा लिखा हत्यारा कहता है
"मुझे कहीं छिपना है, पुलिस पीछे पड़ी है"
आधुनिक प्रेमिका कहती है "ख़ून, अरे लाओ, पट्टी कर दूँ"
औरत से कहता है अभिजात अपराधी "धन्यवाद।"

(यह एक शब्द में संस्कृति है)

पट्टी करती है जब सर झुका कामिनी
मानो संवाद में बड़ा अभिप्राय भर कहता है
"तुमने पूछा नहीं ख़ून कैसे लगा ?"

"यह मैं पूछना नहीं चाहती
इस समय मेरे लिए इतना ही काफ़ी है कि तुम मुश्किल में हो।"

हत्या की संस्कृति में प्रेम नहीं होता है
नैतिक आग्रह नहीं
प्रश्न नहीं पूछती है रखैल
सब कुछ दे देती है बिना कुछ लिए हुए पतिव्रता की तरह।

[मई 1985]

साथी

नुक्कड़ की दुकान पर भीड़ ने जहाँ सड़क के कीचड़ में
आदमी के खड़े होने भर की जगह छोड़ी है
वहीं वह खड़ा है पिये हुए।
उसके चिमिरखी शरीर का अंदर से डोलना
देख नहीं पाते हैं भीड़ से रास्ता निकालते
संतुलित राहगीर।

हर ख़रीदार को वह सलाह देता है
बिन कहे
बिन बोले उसकी पसंद की
तारीफ़ करता है
कुछ ख़रीदता नहीं, कुछ माँगता नहीं

जब नशा उतरेगा
दारिद्र्य का एक फ़ोटो बन जायेगा
उजले काले का इक धुँधला निगेटिव
मानो बाज़ार सब बंद हो गए हों :

जब नशा उतरेगा तब जान ही चुके होंगे हम
कि वह पिये था
कहो, कौन हममें से उसके आनंद को
बाँटेगा
जब शराब पास में किसी के नहीं होगी ?

[13.7.1985]

प्रश्नमंच

"जब कोई सरकार नागरिकों को शांति और समृद्धि का आश्वासन देने के लिए राजाज्ञा का आश्रय लेती है, चौकन्ना होने का समय आ जाता है कि इसका प्रतिलोम तो नहीं होने वाला है ?"

किसने कहा था यह और कब ?
प्रश्नमंच में पूछा जाता है—
उत्तर बता नहीं पाते हैं श्रोता
हमको लगता है यह हमीं ने कहा है, पर
याद नहीं कर पाते कैसे कब !

अध्यापक से

मरने से पहले घर एक बार जाने की आकांक्षा
साहित्य के अंदर कितना पिटा हुआ वाक्य बन जाती है।

अरे भले आदमी, अध्यापक,
लेखक की यह जीवन भर की कमाई थी
करुणा से स्वर कँपाय तुमने बहाय दी।

[12.12.1984]

सच क्या है?

सच क्या है ?
बीते समय का सच क्या है?
क्रूरता, जो कुचल कर उस दिन की गई
वही सच है उसे याद रख, लिख अरे लेखक
दस बरस बाद बचे लोग समझते होंगे
युग नया आ गया
तब हुकुम होगा कि दस बरस पहले का वह दमन
वास्तविक यथार्थ में क्यों हुआ था, समझ !
क्यों गला बच्चे का घोंटा गया था,
यह उसकी घुटन से अधिक अर्थवान है !
वह बता !

तब यह लिखा हुआ पढ़ कर सुना देना
कहना, यही सत्य मेरा यथार्थ है
क्योंकि इस दुःख का मैं भागीदार हूँ
यह मेरा ज्ञान इतिहास का सत्य है
तथ्यों की भूल के कारण भी झूठ न हो जाएगा
उन सारे कारणों को हम सँवार दें तर्क से
तो अत्याचारों को सहने का वह अनुभव
व्यर्थ न हो जाएगा।

यह मैं क्यों कहता हूँ?
क्योंकि आज ताक़तवर
धरती निचोड़ कर दौलत बढ़ाएँगे
और उसे इस तरह बाँटेंगे कि हर समय
उनको ग़रीबी की जगह मिलती रहे
ऐसे मानवीयता बची रहे पृथ्वी पर
हर समय एक नई क्रूरता पैदा होती रहे
जैसे एक मौसम बना कर पकाया हुआ बेफ़सल फलफूल।

इस झूठे करुणामय मन को धिक्कार है
वह दुख ही सच्चा है जो हमने झेला है।

[3.1.1984, पुनर्लेखन : 12.12.1984]

वृद्ध का वक्तव्य

मैं अभी कल तक मानता ही नहीं था
कि बूढ़ा हो रहा हूँ
यह क्या हुआ है कि दो ही चार दिन में बुढ़ा गया ?
कोई विचार, कर्म, अपराध ऐसा नहीं किया
जिससे अकस्मात आयु क्षीण हो जाए

"कुछ नहीं हुआ है, पुरुषों को ऐसा ही होता है
कुछ है जो उनमें हर वक़्त मरा करता है,"
ऐसा मुझसे कहा कमला ने प्यार से।
शायद सच कहा हो।
कितने रस गंध रंग रूप परस
मैंने भोगे होंगे; बीच बीच में अपनी देह को

जाँचता रहता हूँ, परिपक्व हो रही
स्मृतियों का संचय जब एक दिन अनुभव के संबंध
विस्मृत कर देता है
तब चुंबन एक एक याद नहीं रह जाता
एक वृहद् अतृप्ति बाक़ी रह जाती है।

पूछ लिया "ऐसा क्यों?" इसका उत्तर न था
कमला समझ नहीं पाई यह अपने से बाहर का संसार।

जितना समेट हम लेते हैं गठरी में
जादू के खेल सी टोकरी ख़ाली निकलती है
दुःख को उसकी जगह नहीं दी गई
और वह उड़ गया पंख फड़फड़ा कर।

[15.12.1984. पुनर्लेखन : 8.8.1987]

रिजरफ़ रेल

यहाँ पँचकुइयाँ से शीला सिनेमा तक
थूक ही थूक है रात के दस बजे
भीड़ अब नहीं है। वे सब कहाँ गए,
बीमार फेफड़े, हाँपते लपकते हुए
फेंक कर गए हैं जो दिल्ली के हाज़िरी खाते में दस्तख़त
ज़रा ज़रा दूर पर।

आखिर हम आधी रात की गाड़ी के पहले
टेसन पहुँच गए।

खड़ी रेलगाड़ी में आलीशान सन्नाटा
धुले पुँछे डब्बे हैं, सूखे, कीचड़ नहीं,
हर सीट रिजरफ़ है, गिने चुने असबाब
सुंदर सलोतर हैं।

आराम, एकांत, इंतज़ाम, स्वच्छता,
लोग रबर के बने निःशब्द आते हैं क़वायद करते हुए
बाजा कोई नहीं मगर मौन उत्सव है
ख़ास ख़ास लोगों का।

पूछो, सवाल है लोग कहाँ लोप हो गए हैं?
टेसन से हाँक कर उन्हें कहाँ तुमने बंद कर दिया?
जीवन से जूझते फेफड़ों के सबूत
जिनके दिखे थे अभी
यहाँ आते हुए?

[28.5.1985. *जनसत्ता* (10 जुलाई 1988) में प्रकाशित]

विदाई

युग बदलता है उमर ढलती है
औरतें मर्दों को जगत के अनुसार जीवन बदलने का परामर्श देती हैं
पुरुष भी थक चुके होते हैं, एक चोट खाते ही ध्वस्त होने के पूर्व
सोचने लगते हैं क्या पतन ही जीवन जीने की क़ीमत है
क्या मेरा झूठा अहंकार ख़ुशी भरे जीवन से वंचित मुझे करता है
और अब अहंकार से पैदा कर रहा हूँ मैं क्या ?

वक़्त जब बदलता है एक सिरे से मानक तब बदल जाते हैं बहते हुए
ज़ोर से पानी पर उतराते जाते हैं वे चिकने खोपड़े
जो कल तक परिचित थे
आज उन्हें हम देखना नहीं चाहते :
सहसा पता चलता है वे ही सच हो गए लेकिन इतिहास जो बनाते हैं, ये नहीं।
वे जो हारे हैं इतिहास को बनाते हैं।

मैं रो नहीं रहा, मैं गा नहीं रहा अपना सुसंस्कार
जब मैं मेहमान को बताता हूँ कुछ नहीं और उसके जाने पर फूल बाँध देता हूँ उसके रूमाल में
जबकि पार्टी में हैं सब कठोर चेहरों पर तेजयुक्त मुस्कानें।

[दिसम्बर 1984]

बाप का बेटे से बोलना

तू बड़ा हो रहा है
तो मैं भी कुछ बड़ा ही हो रहा हूँ

जब तू और छोटा था
तेरे मचलने को बस तेरा बचपना समझता था
नहीं जानता था कितनी कचोट हो सकती है
बालक के मन में
क्योंकि तब तू जो था सो था ही
मैं भी तब आज से छोटा था
तब मैंने सोचा था शायद तरसता है
भूख से, लालच से तू कभी
अब जानता हूँ कि तब कितना कड़वापन
कितनी मरोड़ कहीं अंतर में होती रही होगी !
अब बड़े होने पर जानता हूँ, बच्चे
बड़े होते जाते हैं
लेकिन सुरक्षित नहीं होते।
अपने बच्चों की पीड़ा ही अनुभूति है
पीड़ा की
अपनी ख़ुद की पीड़ा में बहुत बनावट है
और दूसरों की पीड़ाएँ सच्ची नहीं।

[25.9.1984]

मरघट

शानदार मौत थी
इसलिए कि कोई न भीड़ थी
न था रोना धोना
हम लोग एक बड़े ख़ाली खेत में गए
गाँव के सिमटने से बचा रह गया था जो
और एक हल्की सी देह को फूँक आए।

"कहाँ है मरघट?" जो पता दिया गया था
पूछता उसे चला रामजस स्कूल के पीछे
एक जगह दो लड़के बोले "हाँ, रामजस?
वहीं हम पढ़ते हैं—मरघट वहीं पर है?"
—मुँह बाकर रह गया वह युवक—
यह तो पता ही न था !

फिर हम भटक गए

अंत में एक किसी से मिले
दोनों ने सुखमय आश्चर्य से पूछा—
"मरघट? मरघट? मैं वहीं जा रहा हूँ, चलिए"
यों रस्ता मिल गया।

दाह-संस्कार में बड़ी कार्रवाई थी
यह लाओ, वह लाओ, यहाँ धरो, वहाँ धरो,
सात मन लकड़ी, पुरानी, सूखी भारी
डब्बा भर एक वही दारा सिंह वाला घी
तीन हवन सामग्री के पाकिट, बस ख़तम।
जब चिता चुन गई नियम के अनुसार
संपुजन सुंदर था, शिल्प में रीतिमत
शव उससे ढँक गया।

तब मुखाग्नि दी गई। तालियाँ बजी नहीं, कैमरे नहीं खड़के।
नीरव विनम्रता : सब जानते थे कि क्या कर्मकांड है
पर किसी पर कोई बंधन नहीं था सिवाय मौन रहने के।

वह थी तिहत्तर की
ऐसे ही हम भी थे
उस उम्र के जहाँ हर पुरुष समवयस्क लगता है—
"यह यहाँ वालों का, 'लोकप्रिय' मरघट है"
कोई हिंदी बोला
श्री तनखा ने कहा, "हम जहाँ रहते हैं ज़्यादातर लोग मियाँ बीवी हैं,"
उम्र हो चली है, पूरी अवकाशप्राप्त लोगों की बस्ती है—
आज यह, कल वह, छह बरस में मैं इस मरघट में बीस बार आया हूँ।
इस तरह हमने उस बस्ती के इस निर्जन द्वीप का भूगोल पहचाना।

लौट कर नहाया, हल्का हुआ,
मानो बड़ा काम कर आया हूँ:
देह में फुर्ती, दिमाग़ में रोशनी—
यह क्या एक मौत का करिश्मा है
मेरे स्वास्थ्य में सुधार?
कमला ने कहा, "नहीं तुम पैदल चले थे,
भीतर से विह्वल हुए थे, उदास भी,
ठंड हो चली थी तब लाल लाल लपटों को तापा था,
कुछ भारी लकड़ियाँ उठाई थीं

दस लोगों के साथ अनायास नम्र हो अपने जीवन की
निस्सारता जानी थी
तभी लग रहा है कि रक्तचाप ठीक है।"

[9.12.1984. *समकालीन साहित्य* (जनवरी-मार्च 1985) में प्रकाशित]

घिसी पेंसिल

फिर रात आ रही है
फिर वक़्त आ रहा है
जब नींद दु:ख दिन को
संपूर्ण कर चलेंगे
एकांत उपस्थित हो, 'सोने चलो' कहेगा
क्या चीज़ दे रही है यह शांति इस घड़ी में?
एकांत या कि बिस्तर या फिर थकान मेरी?
या एक मुड़े काग़ज़ पर एक घिसी पेंसिल
तकिये तले दबा कर जिसको कि सो गया हूँ?

[12.12.1984]

खड़ी बोली

भाषा की ऊष्मा से फूटते नहीं हैं शब्द
भीगी पोटली में अब।
कविता बनाकर मैं मोड़ कर रख देता रहा हूँ
दो दिन में खोल कर पढ़ लेता रहा हूँ
आड़े तिरछे अँखुए चिटख़ी दरारों में झाँकते मिले हैं।
आज यह नहीं हुआ
सावधान!
क्या खड़ी बोली में अनजाना शब्द अब
नहीं रहा
जिसको परंपरा देती थी?

[मई 1985]

क़स्बे में दिन ढले

क़स्बे में दिन ढले
युवती के चेहरे पर
लालटेन की आभा :
ऊब और कोहरे में
खोया हुआ आँगन
करती है पार उसे रोशनी लिए युवती।

[12.12.1984]

दो छोटे बच्चे

दो छोटे बच्चे सटे सटे सो गए थे
उनकी माँ ठिकाना आने पर उतरी
और बहुत ख़ुश ख़ुश
मुझे दिखाती हुई बच्चों को जगाकर साथ लेती गई।

[दिसम्बर 1984]

परिवार

मुझको मालूम है
तुम मेरे सपनों में
और कभी अपने भी सपनों में
छिप छिप कर रोती हो।

य सब मेरे लड़के
जहाँ कहीं भी हों परदेस में
अपनी लड़ाइयाँ लड़ते हैं
बार बार लौटकर मुझको बताते नहीं।

लड़कियाँ बाप की एवज़ी करती हैं
सबको ख़ुश रखती हैं
जो वह रख नहीं सका।

[*जनसत्ता*, 10 जुलाई 1988]

कैंसर

कैंसर से बहुत दिन बचे रह लेने का एक ही उपाय है
कि पता मत लगने दो कि तुम्हें कैंसर है, दूसरों को
और ख़ुद को भी, ख़ुद को ज़्यादा ज़रूरी है।
मगर जिन्हें डाक्टर बता देता है उन्हें यह भी बताता है
कि रोगी से मत कहो, रोगी की राजनीति यह है कि वह
समाज में अरक्षित है, मित्रों की राजनीति यह है कि
मरता है उसे मारने में विजय है। इसलिए जो रोगी का कैंसर
जानते हैं उन्हें पतनशील जाति में संवाद की
आक्रामक सभ्यता में नियत अमानुषिक संबंध की
रक्षा करनी है, रोगी की नहीं। वे बताते हैं कि रोगी को
कैंसर है मगर उसे यह ख़बर बचने के लिए नहीं देते हैं;
सबको बताते हैं जो अनेक रूप से रोगी को मारने को वचनबद्ध
हैं और एक सूचना कैंसर उपचार के विकसित उपायों की
हमको दे जाते हैं—उनको जिनका अभी कैंसर
अघोषित है।

[1989]

मेरी बेटी

दुबली थकी हारी एक छोकरी काम पर जाती थी
दूर से मैंने उसे आते हुए देखा
पर जितनी देर में मैंने पहचाना वह मेरी ही बेटी थी
उतनी ही देर में कितनी बदल गई।

प्रार्थना के शब्द

मैं अपने पैतृक घर में गया। मेरे सत्कार में उनने कुछ पकाया था—
औरों के खाने से कुछ अलग। किसी ने राय दी सबके लिए थोड़ा
थोड़ा पकाने से बेहतर है एक साथ पक जाये। पर मैंने ताड़ लिया—
अपना ख़ुद पकाना एक ज़िंदगी अपने तरीक़े से जीने का हिस्सा है।
मैंने पड़े पड़े जाने किन शब्दों को मन से कहा : प्रार्थना नहीं थे
वे, लेकिन संदेह के होते हुए भी मुझे लग रहा था कि आँख खुल जाने के
पहले, जब तक संसार उजियाले से नष्ट नहीं होता तब तक यह जो

भी है कह लेना चाहिए। तभी मैं समझा प्रार्थना क्या होती है।
जगते में की हुई प्रार्थना सगुण उपासना लगती है पर जिस अवस्था में
मैंने की उसमें न कोई आराधना थी न पूजा थी—मेरी
अपनी लिखी हुई प्रार्थना में कोई शब्द न थे।

घुटन के बाहर

यह सही है कि एक गाँव में लगातार रहकर भी अपने इंसान को जाना जा सकता है। मगर एक गाँव से, एक पंचायत से, घुटन से, मुक्ति से, दूसरी में जाना जाति के घेरे में रहकर संभव नहीं। भाषा का पक्षधर एक घरघुस समाज दूर पर जो घेरा डाले कृतिकार को हर समय ताड़ता रहता है, उसको फलाँग कर किसी और भाषा में, किसी और विधा में, किसी और देश में किसी इतिहास में कहीं भी किसी और घेरे में जाना ही पड़ेगा—अंत में उसको भी अपेक्षया जल्दी ही तोड़ने के लिए। मुझे शक्ति यह जानकर नहीं मिलती है कि मैंने अपने को कहाँ जोड़ा है। मेरा सर्जनात्मक सुख यह जानने में है कि मैंने अपने को कहाँ तोड़कर एक नई बस्ती बसाई है और यदि यह भी कमोबेश देख सकूँ कि वह नई सृष्टि मेरी पुरानी बस्ती को उजाड़ कर बनी है तो क्या कहने।

बहस

हँसते मुस्कुराते वे हमें घेर लेते हैं और किसी बात पर तीखे सवाल कर ऐसा जताते हैं जैसे वे हमसे विरोध नहीं सहमति कर रहे हों : हम अपना पक्ष पुष्ट करने के वास्ते उतना ही तीखा जवाब दे देते हैं जैसा कि प्रश्न का तक़ाज़ा था। ठीक उसी वक़्त वे बदल कर बहस शुरू करते हैं जैसे यह झगड़ा हमने शुरू किया। अगले दिन हँसने की बात को भटका कर हँसते हैं और कह देते हैं कि आप जिस बात पर हँसते हैं वह कोई आपकी पसंद है, हमसे क्या। इस तरह वह ज़ाहिर करते हैं बहस एक चीज़ है पहले से सहमति के बिना जिसे किया नहीं जा सकता।

हकीम और औरत

नब्ज़ देखता है एक बूढ़ा और अपने को
सदा सच मानने वाला हकीम :
औरत चुप इंतज़ार में। उसके यौवन के बीस बरस
जो अभी एक क्षण में घटित लगते हैं, क़ैद हैं।
नब्ज़ की धड़कन के साथ काल बीतता पर औरत शांत है।
वह जानती है क्या हाल बतलाएगी—

काम कुछ हकीम का अलग ही काम है।

उसके पतले अधर, बड़ी बड़ी आँखें,
पलकें महीन, दाँत भिंचे हुए हैं
जो खुलें तो चेहरे का चरित्र कौंध जाय
उँगलियाँ रोज़ के कामकाज से घिसीं :
हरी हरी चूड़ियाँ।
अब हकीम चेहरे को देखकर पाता है
यौवन के बाद के बरस जी उठे हैं रोगी के मुख पर :
औरत अधेड़ हो गई है, हकीम चुप—
अचरज से नहीं बल्कि आदर से।

पागल औरत

तेज़ रफ़्तार से भागती मोटरें
और उनके बीच में एक पागल पैदल एक बड़ी चिड़िया सी—
चदरा खोले हुए नंगी स्त्री।

गाड़ियाँ ज़ूँ से निकल गईं—
वह उनको अचरज से देखती नहीं है,
देखते हैं हम, कौतूहल से उसको, कनखी से
फुर्ती से गाड़ी सम्हाले हुए।

पागल विरोध में तन खोले रहता है
जुल्म की शक्ल सिर्फ़ औरत बताती है
मर्द महज़ सब लोगों जैसा हो जाता है।

[5.6.1985]

युद्धविराम

जाने किस तरह की थकान थी, रोग की थी या विचार की थी, या दोनों के एकसाथ एक टकराव की थी, कि बहुत सवेरे जाग पड़ने के बाद फिर सोने के स्वप्न की। उसमें बहुत दिन बाद एक कबूतर आया। कंकरीट का जंगल इतना मानवताविहीन नहीं है हमारे यहाँ जैसा यूरोप में है। पहले गुटरगूँ सुनाई दी; कितनी भरी मिठास है इस गुटरगूँ में। फेफड़े का दम है और पूरी देह की गरमाई है। पंख की फड़फड़ हुई और फिर खिड़की से पंख

दिखाई दिए! क्या वह कमरे में आना चाहता है? वह कितनी स्वागत वापसी होगी। वह आधा दिखता रहा और फड़फड़ होती रही मानो तीस साल पहले की कहानी का कबूतर लौटा हो। वह अपने साथ स्मृतियाँ नहीं लाया है, केवल मेरे अतीत का अर्थ लाया है।

इसके पहले मैं लगभग स्वप्न में सुनी एक पंक्ति सोच रहा था : 'मित्रो' से शुरू होती थी वह और इस शुरुआत को बदलने की इच्छा बरबस हो रही थी या शायद वह शुरू से ही कोई और पंक्ति थी। मैं सोच रहा था कि जीवन का एक मूल्यवान क्षण होता है जिसमें हम अपने मित्र के पास अपने विचार बाँटने जाते हैं, हम अपने शत्रु के सामने होते हैं, उससे परामर्श करने के लिए यह विचार मेरा है। यह भेंट पहले से तय नहीं होती है। शायद हम एकाएक अपने एकांत से उकता कर एक बार अपने उस चेहरे से टकराने जाते हैं जो कहीं दर्पण के पीछे है। इतना विराट एकांत मुझे किसी काम का नहीं रखेगा जहाँ मैं ही मैं हूँ। युद्ध में विराम सभी सभ्य समाजों में होता है, युद्धविराम में हम क्या करते हैं यही रचनाकार को योद्धा से अलग करता है : हम शत्रु के पास जाते हैं क्योंकि यही व्यक्तित्व के विकास की आधुनिक ज़रूरत है।

पुल का इतिहास

दूर देश में गया

तीन हवाई अड्डों पर जहाज़ बदले
दुर्गम पहाड़ की बल खाती सड़क पर
सुहावने मौसम में मोटर दौड़ाते हुए
दिन ढलते ढलते एक पुल पर पहुँच गया।

इस पुल पर चार शती पहले इतिहास के
प्रेमी, निठल्ले, विद्रोही, आक्रांता गुज़रे थे,

बीसवीं सदी में वे एक उपन्यास के पात्र थे
आधुनिक फ़ौजों को, बदलते हुए बाजों और शस्त्रों के साथ
इसी पुल पर
क़वायद करते हुए
पुस्तक में देखा था।

दिन की बची खुची रोशनी में फ़ोटो खींच ली

उसी कठिन रास्ते से घर आते हुए
सहसा पता लगा कि कैमरा फ़िल्म के बग़ैर था।

अब मेरे पास उस पुल पर हटो बचो करती
सवारियों से बचते किसी तरह कैमरा लिए खड़े
अपने दिमाग़ में अपनी तसवीर है।

[*जनसत्ता*, 10 जुलाई 1988 में प्रकाशित]

औरतें

हाथ बालों पर नहीं जिनके कभी फेरा गया
बैठकर दो चार के सँग
तजुर्बे अपने सुनाने का नहीं मौक़ा मिला,
औरतें वे सूखकर रह गईं :
उनकी बच्चियों ने जवाँ होकर दादियों की
काठियाँ पाईं।

[दिसम्बर 1984]

कविता के नक़्शे में एक चाल

कैसे लोग होते हैं जो अपने ख़र्च के
और पावने के सब काग़ज़ सहेज कर रख लिया
करते हैं कविता की परचियों के समेत।

वे तब चिंताओं के हल की बनाते हैं योजना
और याद रखते हैं कि एक एक चाल उसी कविता के नक़्शे में।

हर एक हत्या में, पक्ष किसका लेंगे
तय किया करते हैं उस समय
जबकि हत्यारे को पहचान लेते हैं।

वे हर ज़माने में सफल व्यक्ति होते हैं
जो कि पक्ष लेने से पहले तय करते हैं किसको
हत्यारा बताने में लाभ है
यह उन्हें किसी समय तय करना पड़ता है
सिर्फ़ देख लेते हैं कि क़ानून किस समय
सबसे कमज़ोर है
उसी समय मिलकर चिल्लाते हैं चोर चोर।

[7.8.1987]

कभी कभी दुनिया को फिर से

कभी कभी दुनिया को फिर से बनाने के वास्ते
काग़ज़ पर योजना करता हूँ : कुछ नई पोशाकें,
कुछ नए फ़र्नीचर, कुछ नए फूल, कुछ कीड़े मकोड़े—
लोग नए खोजता हूँ तो सब वही वही लोग जुट जाते हैं
बूढ़े बने हुए। वह देखो तीस बरस पहले का यह परिचित—
ऐसे अनेक हैं इस ठहरे चित्र में सहसा बूढ़े हुए जड़ चेहरे।

सब चल रहे हैं—
एकाएक सब समूह में सुस्त चाल चल रहे हैं—
सवेरे की सैर है, आवाज़ बंद है :
एक नया वीडियो ईजाद हुआ है
चेहरे की झुर्रियों में से टेलीविज़न पर
निकलेंगी ध्वनियाँ

उसे फिर पलटा कर जहाँ एक दृश्यखंड संपूर्ण होता है,
फिर बजा देंगे हम—
काल को इसी तरह बुत्ता देते हुए, चुने हुए अंश—मंथर गति में—
फिर बजा देंगे हम :

सपने के अंदर सूचना भरी रहती है,
पटकथा नहीं होती।
फिर भी कोई कोई
ठीक समय,

जाने क्या संवाद एकदम सही बोल देते हैं
अंतर में छिपे भाव की भंगिमा सहित,
ब्योरा ब्योरा सही,
पात्र के अनुसार।

[9.12.1984]

फूट

हिंदू और सिख में
बंगाली असमिया में
पिछड़े और अगड़े में :

पर इनसे बड़ी फूट
जो मारा जा रहा और जो बचा हुआ
उन दोनों में है।

[दिसम्बर 1984]

चिड़ियों का चिल्लाना

सुबह सुबह बुलबुल की कोयल की बोलियाँ
आदतन हमको सुन पड़ती हैं, रोती वे नहीं हैं।
दो चिड़ियाँ यहाँ, जब दिन चढ़ आता है
रोज़ रोज़ छज्जे पर बमचख़ मचाती हैं
क्योंकि वे तिलौरी हैं; कर्कश आवाज़ है—
ये मेरे घर को साधारण सा करती हैं :
मैं कैसे जानूँ क्यों दूसरी तिलौरी से
हर दिन किस बात पर तिलौरी झगड़ती है—
मैंने तो एक नया अनुभव पहचाना है,
कुछ सच्चा लगता चिड़ियों का चिल्लाना है।

आपकी ख़ुदाई

आपकी ख़ुदाई में
लाल असल से चटक
घास निहायत हरी
और सूखती नहीं
रंगीन टी.वी. पर
दुनिया दिखाते हैं
मिट्टी सुनहली
और पानी रुपहला है
मगर रामसूरत की
भौंचक चुंधी निगाह
वैसी की वैसी है
आधुनिक निर्देशक तब
हरे लाल अचरज के
साथ रामसूरत को

लाते हैं दृश्य में
फ़िल्म जब निकलती है
वह पाया जाता है
कैमरा निहारता।

महफ़िल में सितार

ग्रामोफ़ोन पर सितार
द्रुतलय में बजती गत
साढ़े तैंतीस चक्र प्रति मिनट। तेज़ था
मोटर। कुछ बिगड़ा था—
दर्द से भर आया मन। वह
संगीत के हुरियाए जाने का दर्द था—
बेबसी का नया रंगरूप—
सुर चिचियाया हुआ,
तबला गिड़गिड़ा गिड़गिड़ा थके जाता था
झूम झूम कर नहीं।
तब रिकार्ड ख़त्म इस तरह हुआ
जैसे पतुरिया ने महफ़िल में झुककर सलाम किया।

[*जनसत्ता* (10 जुलाई 1988) में 'ग्रामोफोन पर सितार' शीर्षक से प्रकाशित]

जब मर के गया मैं बाहर

जब मर के गया मैं बाहर
तब याद मुझे आया घर।
अब भी वो झगड़ते होंगे
हगनी मुतनी बातों पर,
माँ अब भी दिलाती होगी
क्या मेरे मरने का डर?
मैं कहता था ये दुश्मन
मेरे पीछे पड़े हुए हैं।
तुम लोग भी मेरे दुश्मन!
वे लोग भी मेरे दुश्मन!
अब कैसे समझ सकेंगे?
दुश्मन का था क्या मतलब?

मेरे हर वाक़िफ़ के आगे
वे हाथ पसारेंगे जब।

[अप्रैल 1989]

इंतज़ार

एक बड़े होटल के कमरे में बैठकर
सभी ख़ानसामों से ऐसे मुस्कुराता है
जैसे वह शोषित के प्रति करुणाशील है;
अपने प्रति न्याय नहीं होने से खिन्न युवक आते हैं
वे अपनी कहते हैं, वह सुनता रहता है,
उसकी मुस्कान से वे यह समझते हैं
शायद यह जागरूक है मेरे साथ है;
ऐसा ही बार बार होता है होटल में
बार बार निर्णय का दिन टलता जाता है;
सुथरी मुस्कानें हैं, कष्ट की कथाएँ हैं
सामाजिक चेतना! इंतज़ार! इंतज़ार!

एकांत

किसी एक व्यक्ति से उसके एकांत में कोई ईमानदार बात सुनने की
आशा भी करो तो अकेला नहीं मिलता है।
उसके साथ मिलते हैं बैठक में जमे लोग
जो कहीं न कहीं एक गुप्त संस्था के सदस्य हैं,
यह सन पचहत्तर के जैसा माहौल है
हर जगह ख़ुफ़िया विभाग है
फ़र्क़ बस यह है कि सरकार का नहीं।

सच, सच बताने से कोई समझता नहीं
जब तक कि उसमें कहीं थोड़ी मिलावट न हो
बचपन के साथी उस मिलावट के अनुसार
संवाद करते हैं।

यह जीवन यात्रा रहस्यमयी चीज़ है—
इसमें पहुँचना इस बात पर निर्भर है
कि कौन कहाँ कैसे रस्ते से कतरा गया।

[*जनसत्ता*, 10 जुलाई 1988]

बूढ़े

लोकतंत्र का मज़ाक़ बनते
देख रहे हैं बेहद बूढ़े
कुछ कम बूढ़े कहें कि क्या यह लोकतंत्र है?
इनसे भी कम बूढ़े कहते हैं कि मार दो
बेहद कम बूढ़ों को नफ़रत लोकतंत्र से
बाक़ी सबको एक दूसरे से नफ़रत है।

बेसुरे लोग

मैं जहाँ रहता हूँ, हिंदू और मुसलमान
दोनों बेसुरे हैं। भजन और कीर्तन
करते हैं, ढोलक और चिमटे की
ढक ढक सुन पड़ती है,
भजन के शब्द नहीं। अज़ान दी जाती है
हरयाणवी लोकगीत सुन पड़ता है।
दोनों समाज कर्मकांड का उच्चारण
भूल गए। उनकी पकड़ में चिल्लाहट आती है।

श्रद्धांजलि

जब कोई अपना हक़ माँगने आता था
सेठ जी मेज़ से सर सटा, मानो यह उनकी निजी मुद्रा हो,
नथुनों की साँस को
उँगली पर जाँचने लगते थे—कौन स्वर चलता है—
दायाँ कि बायाँ?
दायाँ, तो शत्रु पर विजय होगी—
बायाँ, तो सफलता संदिग्ध है।
यही दीर्घ जीवन का उनके रहस्य था।
कोई निःश्वास व्यर्थ जाने नहीं दिया।

इमर्जेंसी

गई इमर्जेंसी की बात है
कहीं एक कमरे में चार अफ़सर बैठे
बारी बारी से एक चुटकुला सुनाते हैं—
एक पूरा हुआ, दूसरा शुरू हुआ
और वह ख़त्म नहीं हुआ कि तीसरा शुरू—
फिर चौथा, पाँचवाँ, छठा और सातवाँ,
आठवाँ आदि आदि आदि आदि ···
उनकी अथक हँसी गहरी करती गई
उनके भीतर घृणा
बाक़ी सबके लिए।
एकाएक सन्नाटा छा गया
जिसके कि भय से वे बोले जा रहे थे।
फिर हँसे, चश्मे उतार कर
पोंछ कर रख लिये
क़लम बंद कर ली,
आज की बहस ख़त्म।
बाक़ी कल। उठ पड़े।
एक विराट दफ़्तर से नीचे उतर कर घर चल दिए
बाक़ी अफ़सरों के विषय में अपने विचार
बीवी को बतलाने।

यूरोप में कविता-1

तेज़ी से वक़्त पर पहुँच गए मेहमान।

इंतज़ाम कील काँटे से लैस था
यही—माइक्रोफ़ोन, कैमरा, टेपांकन
घंटे भर में कितना काम हो गया! देश में
जो हम दोपहर भर करते!
वह सुंदर लेखिका विचलित हो
अपने को गर्मकोट में लपेट
किसी सरल तर्क की खोज में
अभिमान करके चली गई।

अब हुआ धन्यवाद, हम ठंड से निकले।

कुछ समय पास है,
हम पैदल जाएँगे
ठंड में थकान से हाँफते हाँफते।

एक दिन देश और कालहीन चुक गया
ये दोनों मेरे अपने यहाँ नहीं।
वातावरण है बस—एक गरम कमरे का
और उस लेखिका की किसी परिचित से
मिलती जुलती शक्ल।

[1989]

यूरोप में कविता-2

मैंने कविता पढ़ी,
अनुवाद एक और कवि ने किया और पढ़ दिया
वहीं पर वही बात कहने के वास्ते
जो मैंने जहाँ पर कही थी।
सुर मिला, ताल भी,
बंदिश कुछ और थी।
तार झनझना उठे मेरे भी, कवि के भी
वह अपनी भाषा में डूबता चला गया :
मैं अपनी भाषा में खुलता निकल आया।

जहाँ हर काम है भविष्य से बचाव का
वहाँ एक नया बड़ा लंबा था वर्तमान।

[1989]

यूरोप में कविता-3

प्रकृति कठोर है आदमी हिंसक है
यही है यूरोप का रहस्य।
सभ्यता मेज़ों पर गोश्त ही गोश्त है
और छुरी काँटे में नम्रता।

हर सुबह बस्ती के पास की क़ब्रों पर

फूलों में गुच्छों की सज्जा के नए शिल्प।

यह मकान दो दिन में बन गया—
कहकर विदेशी को लोग बतलाते हैं
हर बस्ती से सटे क़ब्रगाह का नियम।

[1989]

यूरोप में कविता-4

एक यूरोपीय युवक
एकटक एक क्षण
देखता है मुझे।
प्रेम है उसके देखने में, न जाने क्यों—
मैं कोई बड़ी चीज़ पाता हूँ,
जाने क्यों—कोई संपूर्णता।

उसने नहीं देखा था सड़क पर घर जाते बाप के कंधे पर
बच्चे की ऊब को : भारत वह नहीं गया
फिर भी उसने कहा! हाँ वह कविता हुई।

[1989]

हम दोनों

दिन भर संग्राम में करता हूँ युद्ध मैं
रात को, 'अकेला मुझे छोड़ दो,' कहता हूँ
तुम भी यही कहती हो
तुम भी यही करती हो
दोनों अकेले हम दूर दूर होते हैं।
उस समय चाहे तो मृत्यु मुझे आकर दबोच ले
तुमको भी।
उठ कर सवेरे हम देखते दूसरा
आज और एक दिन कल से बुढ़ा गया।
एक दूसरे को बताते नहीं हैं हम
दोनों का यह रहस्य जाने सो जान ले।

दयावती का कुनबा

अब इस घर में पुरुष कोई नहीं रह गया।

यह एक लंबी कहानी है
वहाँ से शुरू करें ?
जब इस सदी के आरंभ में
दयावती घर से विदा हुई,
हर पुत्री का अपना भाग्य है
मान कर पिता ने वर ले दिया;
बोझ मिटा बाप का
जिसको संसार में कितने ही मोर्चे लड़ने थे—
दयावती को उससे ज़्यादा लड़ने पड़े।
तब से शुरू हुई दयावती की कथा

इच्छाएँ दाब कर बदल कर स्वभाव को
जैसे ससुराल में पसंद था
रोगों को झेलकर, दिखलाकर सगुन
चार बच्चे पैदा किये।
कहा नहीं जा सकता क्यों पहले बेटे की
बीवी ने तीन लड़कियाँ जनीं
पर उसका आदमी पेट का मरीज़ था
और बहुत चाय और सिगरेट पीते हुए
अपनी मामूली तनख़्वाह की शर्म से
मुक्त रहा करता था।
प्राकृतिक इलाज इस ग़रीबी में असंभव था—
महँगी दवाओं के विष से वह मर गया;
विधवा कई बरस घुट कर धुएँ में रसोई के चल बसी।
दयावती को लगा कि घटनाएँ तेज़ी से घटती हैं
जैसे कि पोतियाँ हो रही हैं बड़ी।
दूसरे बेटे ने धौंस बड़े बाबू की सही,
कामचोरों की एवज़ी करता
सिर झुका इलाज के बग़ैर ही गुज़र गया।
तीसरा शादी के पहले ही
घर से असंतुष्ट था—
बीवी से बहस की और ज़हर खा लिया।

यह सब संक्षेप में मैंने बताया है

क्योंकि दयावती की कहानी बहुत लंबी है—
एक साल पति की सुश्रूषा करते हुए
कई बरस कम पढ़ी औरत के
सीने पिरोने की मेहनत मजूरी के—
लड़की को रोज़ी कमाने के लायक़ बनाने के—
इसमें दामाद खोजने को भी जोड़ लें
तो अंतिम साँस तक घिसटती दयावती
दोनों विधवाओं को छोड़ गुज़र जाती है
पोतियों की ख़बर हमको पता नहीं
वे अपनी दादी की तरह कहाँ
बोझ कम करने के लिए विदा होती हैं।

शोकसभा

शोकसभा को जाता था मैं लपका लपका

बार बार अजनबी राह में पड़ जाते थे
एक सीध में चलते चलते ठीक सामने
ठिठक वहीं से मुड़ जाते थे
नहीं जानते थे यह हमें कहाँ जाना है
दफ़्तर से छूटे थे वे बोझा लेकर के
कुछ हल्का होना था घर जाने के पहले।

देखो, मैंने कहा एक से
शोकसभा हो रही वहाँ है
वहाँ पेड़ के नीचे, क्या तुम नहीं जानते?

सब चेहरे जाने पहचाने
बंद गले के कोट, दुपट्टे
डाले हुए वहाँ बैठे थे
देते हुए ख़बर सबको अपने होने की,
मनपसंद दूरी पर अपने
परे, दिवंगत को सरकाते,
कहीं छिपे कैमरे के लिए
अपना चेहरा आप घुमाते

अटकी हुई सुई को जैसे बार बार आगे खिसकाते
एक एक कर वक्ता बोले
वर्तमान में जगह बना दी
श्रद्धांजलि ने जहाँ हमारी
बिना बताए उसी जगह पर
शोकसभा भी ख़त्म हो गई।

पिछवाड़े की गली में

फिर उसी शहर में, जहाँ पैदा हुआ
उनसठ बरस हुए,
और उसी घर में किंवदंती के अनुसार जो मेरा घर था :

ये मुँडेर कुछ चौड़े हो गए लगते हैं,
छत कुछ नीची अधिक,
ज़ीना ज़्यादा खड़ा, चौखट अधिक घिसी,
और सदर दरवाज़ा भिड़ते ही खड़ खड़ खड़ करता है।

मेरे मोहल्ले में खँडहरों का अनंत सिलसिला
एक के बाद एक जैसे तोड़ तोड़ कर सजा दिए गए हों।

सर झुका आज की नियामतें स्वीकार करते हैं वृद्ध लोग,
सिर्फ़ शोर लड़कों का उन्हें नापसंद है।

वहीं एक विधवा आतंक से उदास, शांत
नगरपालिका से मकान को बचाने में धरती उठाती असबाब को।

उगते दीवालों में दरीचे-बारामदे : दहलीज़ें मेहराबें
हर घर में घेरती ज़मीन जहाँ भी ख़ाली मिलती है।

यहीं कहीं पिछवाड़े एक गली जाती थी
जिसके सुनसान में मैं भरी दोपहरी में निकल
छाँह छाँह अंत तक जाता था जहाँ गली बड़ी सड़क में जाकर मिलती थी
रस्ते में अधमुँदे पल्लों के टाट के परदों की ओट में कौतूहल
एक दबी बोली सा
मुझको बुलाता चला जाता था;

गली साफ़ सुथरी तो नहीं थी
परनाले देहरी के सामने बहते थे
बत्तख़ें राह पार करती थीं दौड़ कर सीध में
घबरा कर किसी और घर में घुस जाती थीं
और एक रहस्यमयी औरत भी नुक्कड़ पर रहती थी
उसका निखट्टू घरवाला सोता हुआ
दो बच्चे दुबले पतले और काले खेलते हुए
टीन के छाजन की झिरियों से दिखते थे—
गली ख़त्म होने पर चौड़ी सड़क पर था डाकघर
मैंने खेल खेल में एक बचत खाता भी खोला था
पाँच रुपै बचपन में पाए इनाम के उसमें जमा किए
वे बढ़ कर मेरे पिता की अंत्येष्टि में ख़र्च हुए।
—कई बरस पहले की बात है घर का चबूतरा
तेरही में पंगत बैठाने को काफ़ी था
अब उस पर बेघर रिक्शा मजूर रहते हैं।

गलियाँ तो और भी, पिछवाड़े जाती थीं
वहाँ आज गिरे पड़े घर अपने बेचकर
लोग न जाने कहाँ रहने चले गए।
मलबे पर घर नौदौलतियों के बन गए—
नीले, रुपहले, लाल शीशे जड़े हुए—

वहीं एक घर था मैं जिसमें हो आया हूँ।

जाड़ों की शाम को जब बढ़ती ठंड में
कोई नई ख़ुशी बहुत नई लगती है
दिल्ली से दो दिन की छुट्टी पर आया था
कवि का कर्तव्य, नए भारत में लोकतंत्र, सच्चा समाजवाद
—बुनते उधेड़ते, वक़्त कट चला था—
शाम हो गई थी कि अपनी बिरादरी के एक बुज़ुर्ग ने
आकर चिरौरी की—
आपके आने का दिन भर आसरा रहा
भूल गए थे शायद, आइए, यहीं पास में घर है।
दीवालें झरती थीं झूलते किवाड़ थे
छोटे से कमरे में धुँधले से बल्ब तले टूट चुकी मेज़ थी
दिन भर ग़रीबी को ढाँक कर सलीक़े से, तले भुने छौंके-
कल्हारे पकवान—सब। उसने पकाए थे :
हिंदी और उर्दू के सुथरे मुहावरे हम बोले, भाषा पर बात की

फिर मन उचट गया।
भूख नहीं है मुझे कह कर मैं उठ पड़ा
झूठी तटस्थता बाप और बेटी को अपना नहीं सकी।
आज पिछवाड़े की गलियों का नक़्शा बदलता है
सपने में वह घर में खोजने निकलता हूँ
फूहड़ रँगे चुंगे मकान दीख पड़ते हैं।
इससे भी ज़्यादा बुरा है कि मलबे का
कोई भी ढेर कहीं नज़र नहीं आता है।

बच्चे की माँ

बच्चे को जाँघ पर डाल कर
एक हाथ कपड़ों की गिरती हुई पोटली सम्हालता
दूसरा बच्चे को ठोकता—
गठरी गिरने लगी साथी को पकड़ाई
चेहरा परेशान हुआ बोतल लड़के को दी
आदतन या शायद भूखा था वह उसे ख़ाली करने लगा
जल्दी पी! झल्लाई
बोतल फ़र्श पर गिरी
गंदी तो नहीं हुई ? बच्चे के मुँह में लगा दिया
अब शांत। दूध जब पी चुका
तब उसे पट करके फिर ठोकने लगी
ठोकती जाए जमुहाती जाए
सो गया, तब उसकी शक्ल पर
अपनी आँखों समेत
एक क्षण के लिए उसकी परछाईं पड़ी।

रोग के बाद

अब चंगे होने पर हँसने का मन लौट आया है
पर लंबे रोग में शरीर खो चुका है
हँसी रोकने पर वश।

[12.12.1984. *जनसत्ता* में प्रकाशित]

बार-बार

बार-बार ठीक उसी वक़्त वह
व्यक्ति मर जाता है
जब जिसकी पीठ पर वक़्त एक
गठरी रख जाता है
उसकी उछाह से हल्की होती हुई
चाल के बावजूद।

यह तो इतिहास का तरीक़ा है
दुख में वह याद दिलवाता है
कि जितना अनिवार्य था वह
कि जो चल बसा
उतना हर एक, जो
अब भी मौजूद है, होता है।

इसको समझे बिना
हम तीन-चार वाक्य कहते हैं
इस क्रम से : 'कैसा दुर्भाग्य है'
और 'वह अमर है'
और 'यह अभाव अब पूरा नहीं हो सकता'
फिर सब दीवारें
सर पर गिर पड़ने के ख़तरे को भाँपकर
और जोड़ देते हैं—'कम से कम कई वर्ष।'

गदराई लड़कियो

गदराई लड़कियो
बच्चों में वे विस्मय
क्षण भर को भर दो
जो वे बड़े होंगे तो
प्रेम सिखलाते ही उन्हें चले जाएँगे

चाहत पैदा करो
उनमें अपने लिए नहीं

बदन के लिए
ख़ुद अपने यौवन को जी भरकर जी चुको
जब तक वे वासना समझने के योग्य हों।

कोई षड्यंत्र है

कोई षड्यंत्र है
जिससे समाज में
कई रेलगाड़ियाँ
सब सुंदर औरतें
रेल के टेशन पर
एक संयोग से
जमा कर जाती हैं।

अनजाने
हम इस षड्यंत्र में
शामिल हो जाते हैं।

जीवन में और सब कामों में
हम सुंदर औरतें
एक जगह जमा नहीं देखते
सुंदर औरतों के बिना
इस खंडित देश का
काम चला करता है।

काम के वक़्त वे
हमको मिल जाती हैं
थोड़ी सी क़ीमत पर।

अख़बारवाला

धधकती धूप में रामू खड़ा है
खड़ा भुलभुल में बदलता पाँव रह रह
बेचता अख़बार जिसमें बड़े सौदे हो रहे हैं।

एक प्रति पर पाँच पैसे कमीशन है,
और कम पर भी उसे वह बेच सकता है
अगर हम तरस खाएँ, पाँच रुपये दें
अगर ख़ैरात वह ले ले।

लगी पूँजी हमारी है छपाई-कल हमारी है
ख़बर हमको पता है, हमारा आतंक है,
हमने बनाई है
यहाँ चलती सड़क पर इस ख़बर को हम ख़रीदें क्यों?
कमाई पाँच दस अख़बार भर की क्यों न जाने दें?

वहाँ जब छाँह में रामू दुआएँ दे रहा होगा
ख़बर वातानुकूलित कक्ष में तय कर रही होगी
करेगा कौन रामू के तले की भूमि पर क़ब्ज़ा।

जब उसको गोली मारी गई

जब उसको गोली मारी गई
फ़ोटो से जाना क्या पकता था चूल्हे पर
बेटे ने बैठ कर अपना मुँह दिखलाया
लाश का ढँका था मुँह।

[12.12.1984]

समाधि लेख

आज महाकवि की कविताएँ
छाप रहे हैं महाप्रकाशक।

अलग अलग विषयों पर ये
कविताएँ छह खण्डों में होंगी
एक साथ सब ग्रंथ मँगाएँगे
तो बहुत रियायत देंगे
पाठकगण संदेह मत करें
कविता इसी तरह बिकती है
कुछ कवि लिखते भी ऐसे हैं

कुछ को हम यों कर देते हैं।

एक साथ संपूर्ण महाकवि
कोई पढ़ता नहीं, पढ़े तो
उसमें कुछ चटपटा नहीं रह
जाता, बस बचता विषाद है।

एक साथ ही अगर चाहिए
तो वह भी हमने छापा है
लिखा महालोचक ने कवि पर
पूरे का सारांश दे दिया
उस पर अपना भाष्य किया है
ब्योरे का कुछ काम ही नहीं।

'मेरी कविता में ऊषा के
भीतर मेरी मृत्यु भी लिखी
चिड़िया के भीतर है मेरी
राष्ट्रभावना, बच्चों में दुख।
माना सब कुछ गबड़सबड़ है
पर मैंने यों ही देखा था,

नारी, चिड़ियाँ, देश जागरण,
बच्चा, प्रकृति, दुःख, वासना
अलग अलग डब्बों में मेरी
पीड़ाएँ मत बंद कीजिए
जिन्हें एक में मिलाजुला कर
मैंने की थी ये रचनाएँ।'

यह कहने आ नहीं सकेंगे
चले गये हैं स्वर्ग महाकवि
बचे रहे हैं कुशल मूर्तियों
और मक़बरों के निर्माता।

लेखाजोखा

यह जो यहाँ वहाँ छपी हुई कतरनें बटोर कर
तुमने बताया कि जीवन भर का किया काम है

वास्तव में है नहीं।

क्योंकि तुम्हें कोई कतरनें मिली नहीं होंगी उनकी
जो बिना कहीं छपे हुए रहती हैं कविताएँ क्योंकि वे
लिखी नहीं जाती हैं आधी से अधिक कभी। इनका
अंतिम सिरा कहाँ छिपा होता है उनके आरंभ के
मध्य में, कोई जानता नहीं जब तक काग़ज़ पर उनको खींचा न जाय
—मगर इस शर्त पर
कि तनने से टूटकर बिखरने के पहले वे अपने धुएँ में
बिला न जाएँ—और फिर यह धुआँ आँकते हुए हम कुछ
ऐसा न देखें कि लिखने को कुछ न हो—बशर्ते कि
जो हो
वह शब्दों की प्यास से तड़प दम न तोड़ दे।

नवनिर्माण

सब नई बस्तियाँ खाले में बसाओ और सब बस्तियाँ खदेड़े हुओं की हों
खदेड़े हुओं की ही होती हैं बस्तियाँ। यही है संस्कृतियों का स्थानांतरण
ठठ के ठठ लोग : लदे हुए ट्रकों में ट्रकों से हिलगे हुए
नए नगर के निर्माण स्थल पर जा बसने को पहुँचते हैं
पहुँचते हैं जहाँ नई बस्ती बसाने की इजाज़त मिल जाएगी
और बड़े लोग भी रोकेंगे नहीं बल्कि चाहेंगे वे बसें
हाँ, हमसे कुछ परे ज़नउरों की बस्ती में, साँचे में ढले हुए, ख़ानों में
बँधे हुए जीवन में।

जीवन में ख़ुद बड़े लोग भी भीमकाय भवन बनवाते हैं
पर उनके अंदर मानवता बुहार कर जमा नहीं की जाती
उनमें रहती हैं उनकी संस्थाएँ, मनुष्य नहीं।

विजय जयंती

हाथ में शराब का गिलास ले
वे अपने मस्त हो जाने की कामना नहीं करते
आज की दुनिया के नष्ट हो जाने की करते हैं
जिससे वे निष्कंटक बच रहें

मिनटों में कुछ और साफ़ सोच आता है और भी तटस्थ हो जाते हैं
विध्वंस होगा तो यह महल, जिसमें प्रधान सचिवालय है
और ख़ुफ़िया विभाग,
बाक़ी रह जाएगा
क्योंकि यहीं से हमें त्रस्त मानवता को संदेश देना है।
हरियर पहाड़ी पर युद्ध के नक़्क़ारे तूती के साथ
पदक-वर्दी धारे हुए वादक स्वरलिपि को देख देखकर बजाते हैं
वहाँ प्रकट होती है प्रायोजित स्मृतिसभा
लेखक, समाजविद् और नई जाति के विचारक आमंत्रित हैं
—तंत्र के सलाहकार
कोई प्रस्ताव नहीं सिर्फ़ सर्वसम्मति है। अंत में प्रीतिभोज
एक बड़े कमरे में गलमुच्छे, चिंतन की मुद्रा में
प्रौढ़ पुरुष, मोहक गतयौवना औरतें,
संकट से सभ्य ख़ानसामों को धन्यवाद देती हैं।

परदे पर निर्विवाद नेता के आदमक़द चेहरे से सभा ख़त्म होती है।

यह था विजय की जयंती का आमंत्रित श्रोताओं के लिए राष्ट्रीय
कार्यक्रम।

खोज ख़बर

अनजाने व्यक्ति ने जान पर खेल कर
लोगों के सामने चेहरा दिखला दिया
जिसने आवाज़ दी हत्यारा वह है—जाने न पाये वह
उसे अब छिपा दिया गया है
वह अपनी एकाकी गरिमा में प्रकट हुआ एक मिनट के लिए
प्रकट हुआ और फिर हम सबसे अलग कर दिया गया
अपराध संगठित, राजनीति संगठित, दमनतंत्र संगठित
केवल अपराध के विरुद्ध जो कि बोला था अकेला है
उससे कहा है कि हमसे संपर्क करे, गुप्त रहे
हमें उसे पुरस्कार देना है और पुरस्कार को गुप्त नहीं रखेंगे।

मुझसे कहा है कि मृत्यु की ख़बर लिखो :
मुर्दे के घर नहीं जाओ, मरघट जाओ
लाश को भुगताने के नियम, ख़र्च और कुप्रबंध

—खोज ख़बर लिख लाओ :
यह तुमने क्या लिखा—"झुर्रियाँ, उनके भीतर छिपे उनके प्रकट होने के आसार,
—आँखों में उदासी सी एक चीज़ दिखती है—"
यह तुमने मरने के पहले का वृत्तांत क्यों लिखा?

[27.4.1989]

बदला

उसने आक्रमण किया
मैंने जवाब दिया
उसने तर्क खोज कर कहा तुम सहमत नहीं तब बहस क्यों करें
और मतभेद जो उसका कवच था लपेट कर कस लिया।
कल मुझे सूझा—अब वह बदला लेगा।
वह ऐसा ही व्यक्ति है
इसलिए उससे नमस्ते की,
मित्रों को 'उस दिन मैं पिये था' कह दिया
(चाहें तो क्षमा करें)

अब वह यह कहता है
उसमें दो ऐब हैं
एक तो पियक्कड़ है
दूसरे समझ नहीं।

[1989]

साइकिल-रिक्शा

यह महज़ सुनने में लगता है साम्यवाद
हम अपने घोड़े को इंसान भी समझें
ख़ास तौर से जब वह सचमुच इंसान हो।
ग्लानि से भरकर रिक्शे से उतर पड़ें,
पछतायें क्यों उसकी रोज़ी ली,
फिर तरस खाकर बख़्शीश दें।
तीनों परिस्थितियों में हम हैं लदे हुए, वह हमें ढोता है।
सिर्फ़ जब ढुलाई पर दोनों झगड़ते हैं
हैसियत उनकी बराबर हो जाती है।

आओ इक्कीसवीं सदी के इंजीनियर,
ईजाद साइकिल-रिक्शा ऐसी करें
जिसमें सवारी और घोड़ा अगल-बग़ल
तफ़रीहन बैठे हों।
मगर आप पूछेंगे इससे क्या फ़ायदा?
वह यह कि घोड़े को कोई मतभेद हो
पीछे मुँह मोड़कर पूछना मत पड़े।

मित्रभाव

वह सत्रह का लड़का उकता कर चल दिया
चालिस की उस सुंदर औरत की बातों से।

वे बातें कुछ अपने दफ़्तर की थीं कुछ पड़ोसिन की
कुछ बहुत दूर की, कुछ दुनियादारी की
कुल मिलाकर थीं वे क्लेशों के बारे में
लड़के के यौवन से बेगाने क्लेशों के।

जाने के पहले था लंबा अनजाना क्षण
जब इसने आँख भर निहारा था औरत को
जब उसने देखा था, शिशु वयस्क हो रहा।

दोनों में एक दिन मित्रभाव आएगा
लड़का होगा पिता अपनी संतान का
उस अजीब औरत की ममता पहचानेगा
जो उसकी माँ न थी।

यथार्थ

रात बीत जाने पर
आने के पहले ही सूचना देता है
अपनी कहानी के किसी पात्र से
सपना।
पहले इलाक़ा दिखाता है जहाँ वह मकान था,
फिर गली,

फिर नुक्कड़,
मुड़ने पर द्वार दीख जाएगा।
तब वह अजीब गंध आती है सीले बरोठे की
फिर इस तसवीर की चौखट के पार्श्व से टिकी हुई
आधी-सी छाया,
मुख जिसका छिपा हुआ
उसका है जो कि वह पात्र है।

[1989]

दो कवि

जितना बड़ा जीवन कवि जी चुका होता है,
उतना ही बड़ा सत्य उसके वह कहने पर
लोगों को मिलता है, हम जैसे छुटभइये
जो सच सच एक बार कह चुके होते हैं।

हम कवि यों हरदम दो सतहों पर जीते हैं
एक जहाँ हम घुटना छिलने से बड़ा सत्य पाते हैं
एक जहाँ कोई लहूलुहान मेरा प्रतिरूप
एक बड़ा सत्य कहता है, मुझको आनंद में
जिये चले जाने को छोड़कर
कि यह तो मैं पहले ही कह चुका।

[1989]

यात्राएँ

कोई कभी भोर
ताज़गी की नवीन परिभाषा लाती है
साहित्य के बग़ैर।
ज़रा देर जूझकर मेरे इस विस्मय से
दिन की प्रभा में खो जाती है।

कभी कभी पैदल घिसटने की, खाली हाथ लौटने
की यादें, दमकते चेहरों पर खिलती मुस्कानों की यादों में

यों घुलमिल जाती हैं
कि जीवन के काल का विभाजन ही रचना हो जाता है।
पर्वत की दो यात्रा-स्मृतियों का आपस में गुँथ जाना
और अनायास कहीं ऐसे पहुँचना कि पता नहीं हम आगे आए
या लौटे हैं, प्रातः के पहले या बीच का जब समय पता न हो
किंतु बहुत बीते क्षण पहचाने जाते हों;
तब मैं फिर एक बार यही समझ पाता हूँ
कि यात्राएँ अब भी हो सकती हैं
इसी व्यर्थ जीवन में।

[1989]

एक समय था
[1972-’90]

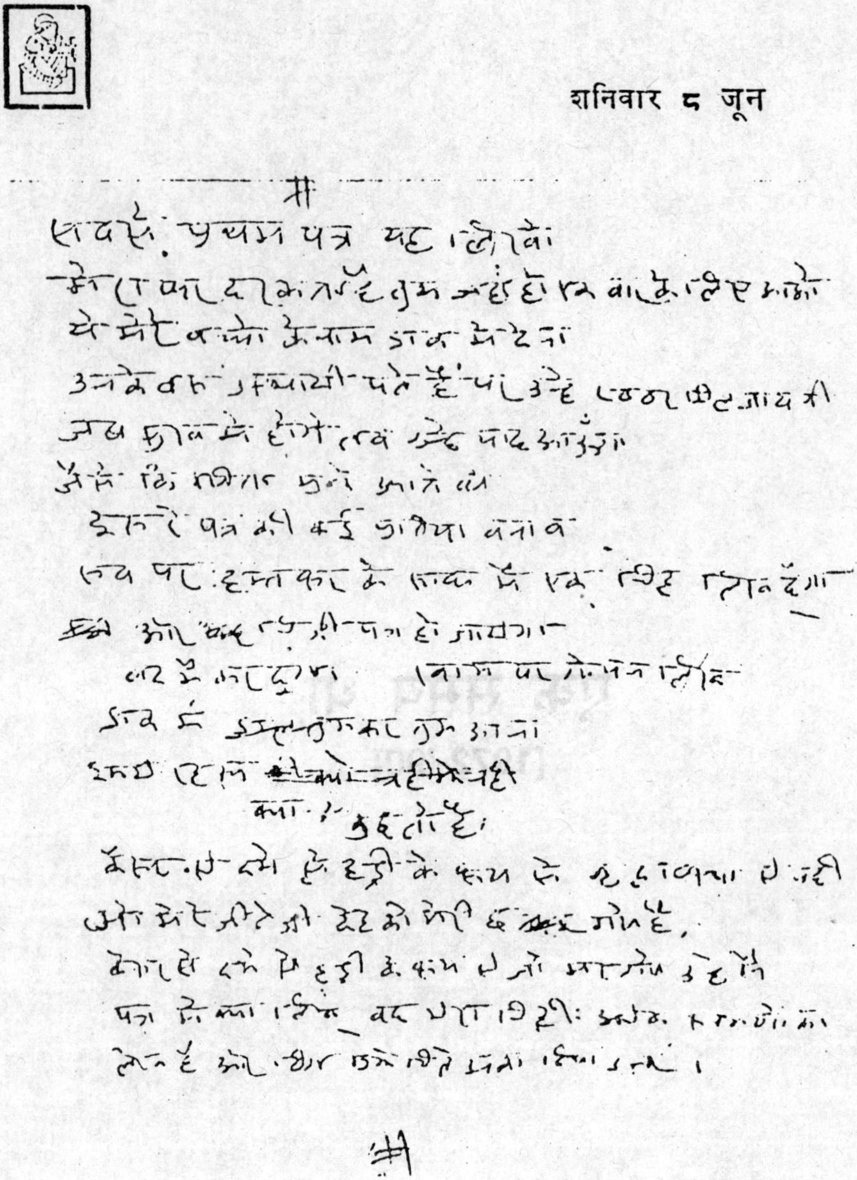

कवि की हस्तलिपि में 'एक समय था' संग्रह से एक कविता की कुछ पंक्तियाँ

बसंत सहाय के लिए

पूर्व कथन

सहायजी के अंतिम दिनों की असंकलित और ज़्यादातर अप्रकाशित कविताओं के इस संकलन में उनके जीवन के आख़िरी वर्षों की मानसिकता का अंकन है। उनके पाठकों के लिए इस संग्रह का महत्त्व इसलिए भी है क्योंकि *एक समय था* की कविताओं से उनके व्यक्तित्व की पहचान को संपूर्णता मिलती है। संग्रह की कविताओं में उनके काव्य व्यक्तित्व के नए रूप भी दिखाई पड़ते हैं। उनके पाठकों तक उनका यह नया रूप पहुँच रहा है, इसकी मुझे विशेष प्रसन्नता है।

विमलेश्वरी सहाय

ये अंतिम कविताएँ

रघुवीर सहाय का यह अंतिम कविता संग्रह है। इसमें अधिकांश कविताएँ उनके जीवन के आख़िरी चार-पाँच वर्षों की हैं। इनमें ज़्यादातर अप्रकाशित हैं और असंकलित तो हैं ही। कुछ कविताएँ सातवें दशक की भी हैं जो छपने से रह गई थीं। ऐसी कविताएँ अधिक नहीं हैं। इन्हें भी शामिल कर लेने का कारण सिर्फ़ इतना है कि इन कविताओं का मिज़ाज भी वही है जिससे सहाय जी की कविता के अद्वितीय संसार की पहचान बनती है।

सहाय जी के निधन के बाद उनके लेखन-कारखाने के तमाम काग़ज़ों, डायरियों और चिट-पुर्ज़ों पर दर्ज उनके आलेख को पढ़ने की कोशिश की गई। उन आलेखों में ज़्यादातर कविताएँ थीं। यह संग्रह उन्हीं कविताओं का संकलन है। सहाय जी की काव्य सर्जन-प्रक्रिया शुरू के वर्षों में सुनियोजित थी। *आत्महत्या के विरुद्ध* की लंबी कविताओं के कई प्रारूप व्यवस्थित रूप से लिखे मिलते हैं। लेकिन धीरे-धीरे उनकी काव्य रचना-प्रक्रिया की यह व्यवस्था टूटने लगती है। उन्हें जहाँ भी और जब भी काव्य-सत्य हासिल होता है वे तुरंत उसे वहीं दर्ज कर लेते हैं। बाद में इन काव्य टुकड़ों को जस-का-तस रहने देकर या बड़ा या छोटा करके वे कविताएँ संभव करते हैं। अपने जीवन के अंतिम वर्षों में सहाय जी ने रचने की यह प्रक्रिया अधिक अपनाई है, इसलिए ये कविताएँ किसी कापी में लिखी हुई नहीं मिलीं। ये निमंत्रणपत्रों की सादी पीठ, लिफ़ाफ़ों के रिक्त स्थान, दूतावासों के सूचनापत्रों, यहाँ तक कि सिगरेट की डिब्बियों पर भी लिखी हुई प्राप्त हुईं। रघुवीर सहाय का कवि हर क्षण सक्रिय रहता था। ··· जयप्रकाश नारायण से वे साक्षात्कार ले रहे हैं और नोटबुक में उसे लिख रहे हैं। जेपी से बातचीत के बीच नोटबुक पर अचानक एक गोल घेरा बना मिलता है जिसमें काव्य पंक्तियाँ दर्ज हैं। फिर आगे साक्षात्कार ···। यह प्रक्रिया इस बात का सबूत है कि वे पत्रकारिता के बीच भी एक कवि की हैसियत से निरंतर सक्रिय और सचेत रहते थे। संभवतः यही कारण है कि उन्होंने अपना अधिकांश काव्य-सत्य पत्रकारिता के इलाक़े में पाया है, क्योंकि वही उनका जीवन था। उनकी रचनाएँ ख़बरधर्मी भी इसीलिए हैं। इसी तरह उनकी पत्रकारिता भी काव्यधर्मी है, जिसमें मानवीय और संवेदनात्मक प्रसंगों की प्राथमिकता है।

बड़ी संख्या में जमा अपने इन चिट-पुर्ज़ों की गहरी उपयोगिता से सहाय जी वाक़िफ़ थे। वे उसे व्यवस्था देने के लिए समय-समय पर चिंतित भी होते थे। निधन से चार वर्ष पूर्व 1986 में अपनी एक ललित टिप्पणी में उन्होंने लिखा था, "अगर मैं अभी इसी क्षण दुनिया से विदा हो जाऊँ तो कुछ लोग बड़े झंझट में पड़ जाएँगे। ये वे लोग होंगे जिन्हें मेरे पास जमा काग़ज़ों को बटोरने-छाँटने और फिर से जमा करने का बोझ ढोना पड़ेगा।

"वे उसे इस उम्मीद से ढोएँगे कि इन काग़ज़ों में कहीं उनके मतलब की कोई चीज़ निकल आएगी। मालूम नहीं ऐसी कोई चीज़ कहीं होगी जो किसी के मतलब की हो, या किसी में इतना

धीरज होगा कि उसकी खोज करता रहे, मगर यह जानता हूँ कि ऐसा मानकर कि मैं अपना काम अपने बाद कर रहा हूँ, मैंने कई बार उन काग़ज़ों की उथल-पुथल की है और हाँ, काम की चीज़ मिली है। हो सकता है आप उसे काम की चीज़ न कहें, पर उस ज़िंदा आदमी के लिए जो यह अटल विश्वास लिए जीता है कि उसके पास रद्दी काग़ज़ों के अपार भंडार में अज्ञात रत्न छिपे हैं ··· हर पुरज़ा जिसका संबंध बाक़ी पुरज़ों से एक बार स्पष्ट न हो रहा हो, काम की ही चीज़ है।" *(युवक धारा, 15 नवंबर, 1986)*

सहाय जी को इन पुर्ज़ों में दर्ज 'काम की चीज़ों' में एक संबंध ढूँढ़कर उसे व्यवस्था देने का समय नहीं मिल सका। असल में विभिन्न स्थितियों के बीच संबंधों की खोज और पहचान ही उनके अंतिम वर्षों के काव्य-सर्जन की प्रक्रिया थी। उन दिनों कविता लिखते हुए अक्सर वे एक ही संदर्भ की दो अलग-अलग काव्य-टिप्पणियों को मिलाकर एक नई कविता रचते हैं।

इन सामग्रियों में क्या है इसके बारे में स्वयं ही वे टिप्पणी में आगे कहते हैं, "जिस संबंध की बात सोचकर मैंने कुछ खोज कर डालने का उपक्रम किया है वह है क्या ? अर्थात् मेरे रद्दी काग़ज़ों के ढेर में छिपे मेरे असंबद्ध जीवन के संग्रहित उन प्रमाणों में से जो अभी तक पहचानकर ठिकाने नहीं लगा दिए गए हैं, वे किस ठौर पहुँचकर किसी अधूरे महाकाव्य का अंग बन जाएँगे।"

लेकिन सहाय जी के चिट-पुर्ज़ों में छिपा 'महाकाव्य' परंपरित महाकाव्य नहीं है। महाकाव्य से उनका क्या तात्पर्य है इसे वे आगे स्पष्ट करते हैं, "महाकाव्य कहने से आपको भ्रम हो रहा हो कि *रामचरितमानस* जैसी कोई बात मेरे मन में है तो ऐसा नहीं। *महाभारत* जैसी तो हो सकती है। दरअसल महाकाव्य की मेरी कल्पना *महाभारत* की ही है। ··· नया महाभारत तो ऐसे ही पात्रों से बनेगा जैसे मेरे पास हैं। राह चलते ··· बिलकुल ठीक-ठाक कहें तो बस में बैठे, सभा में भाषण सुनते, कभी-कभी कविता सुनते हुए ही काग़ज़ पर जो गोदगाद करने लगता हूँ, वह किसी न किसी पात्र का या तो एकालाप होता है या संवाद। अवसर होने पर वह कथाकार की व्याख्या भी हो सकता है। वही सब लिखा हुआ तो असंबद्ध महाभारत है।"

इन छोटे-छोटे काग़ज़ों पर दर्ज असंबद्ध महाभारत के ये कथित 'एकालाप' और 'संवाद' एक दूसरे से विच्छिन्न नहीं हैं। उनमें संबंध और निरंतरता है। एक विराट परिदृश्य के अलग-अलग हिस्सों को पहचानकर उसे समग्रता में जानने की कोशिश है।

टिप्पणी के अंत में सहाय जी इन सामग्रियों की एकान्विति स्पष्ट करते हुए लिखते हैं, "इस तरह समय-समय पर लिखी असंबद्ध टिप्पणियाँ और अधूरे वाक्य—सब कहीं न कहीं एक धाराप्रवाह वक्तव्य के या वर्णन के अंश हैं—यह विश्वास मुझे इस संग्रह को बढ़ाते जाने और इसमें से चुनकर वे अंश पहचानते रहने की शक्ति देता है जिनसे इन टिप्पणियों का अन्तरावलम्बन स्पष्ट हो ज़ाएगा।··· "

सहाय जी की एक ललित टिप्पणी के ये अंश काफ़ी हद तक इस संग्रह की कविताओं की पृष्ठभूमि और उनकी प्रक्रिया स्पष्ट कर देते हैं। अपने अंतिम दिनों की एक अप्रकाशित कविता में भी वे अपनी इन सामग्रियों को फिर से पढ़ने और उन्हें व्यवस्थित करने की इच्छा व्यक्त करते हैं :

मुझे एक लम्बी लम्बी लम्बी छुट्टी दो
मैं अपने काग़ज़ों को सँभालूँगा
कितनी तरह के ऊबड़ खाबड़ काग़ज़ हैं ये
इनके बीच से पिरो कर अपने दर्द को निकालूँगा

बाहर भय है भय है भय है

जाने क्यों आशा है कि इनको फिर से सजाने से भय मिट जाएगा …

सहाय जी की अचानक मृत्यु ने उन्हें अपने इन काग़ज़ों को सँभालने का वक़्त नहीं दिया। उन्हें आशा थी कि इन 'ऊबड़ खाबड़' काग़ज़ों की सामग्रियाँ उन्हें भयत्रस्त मनःस्थिति से मुक्ति देंगी और वे जीवन के लिए नई ताकत हासिल करेंगे। अपनी ही कविताओं से अपना यह उपचार वे नहीं कर पाए। *एक समय था* संग्रह इन्हीं 'ऊबड़ खाबड़' काग़ज़ों में दर्ज उनकी कविताओं को यथासंभव व्यवस्थित करके तैयार किया गया है।

कविताओं का संकलन और संपादन करते हुए मैंने लगातार महसूस किया कि सहाय जी की ये अंतिम कविताएँ उनके संपूर्ण कविता लेखन का उपसंहार हैं। लगता है जैसे इन कविताओं में वे अतीत के अपने सारे किए हुए पर टिप्पणी कर रहे हैं और अपने समय के संघर्ष की परिणति बता रहे हैं।

यह संग्रह शुरू होता है उन कविताओं से जिनमें ख़त्म होती बीसवीं सदी के सीमांत पर भारतीय मनुष्य की ज़िंदगी का हाल वर्णित है। विदेशी कंपनियों के फैलते जाल के बीच कम होती आज़ादी की आहट है। इस व्यवस्था में जीने के लिए अनन्त समझौते करने को विवश स्वाधीन आदमी के आत्महनन की तकलीफ़ है; फिर औरतें और बच्चे हैं अपमानित और असुरक्षित। हिंदी की दुर्दशा पर टिप्पणी के साथ ही थोड़ा हास्य-व्यंग्य भी है जो सहाय जी के मिज़ाज का एक दिलचस्प हिस्सा था। लेकिन इन कविताओं में ज़्यादातर उन दृश्यों की भरमार है, जिससे माहौल में आतंक व्याप्त है। संग्रह के अन्त में पत्नी और मृत्यु संबंधी काफ़ी कविताएँ हैं। ये काव्य-विषय सहाय जी के दूसरे काव्य-संग्रहों में अलग से दिखाई नहीं पड़ते। पत्नी के अकेलेपन, तेज़ी से भागती उम्र तथा उसकी असहायता पर कवि ने मार्मिक टिप्पणियाँ की हैं। संग्रह के अन्त में मृत्यु संबंधी कविताएँ हैं। अपने मित्रों या परिवार में बेशक सहाय जी कभी मृत्यु की चर्चा नहीं करते रहे हों लेकिन जीवन के अंतिम कुछ वर्षों में उन्हें इसका गहरा एहसास था कि वे तेज़ी से मृत्यु की तरफ़ बढ़ रहे हैं। इसलिए घूम-फिरकर वे लगातार मृत्यु पर लिखते हैं। लेकिन आसन्न मृत्यु से वे चिंतित नहीं हैं। वे उसे नितांत तटस्थता से देखते हैं। उनकी दृष्टि है कि जितना जी लिया गया है उसके बाद अगर मृत्यु आ भी रही है तो उसे दुःख का कारण नहीं बनने देना चाहिए। मृत्यु को लेकर वे आंदोलित नहीं हैं बल्कि उसे सहज परिणति मानकर उसके प्रति स्वीकृति का भाव है। …

संग्रह की इन अधिकांश कविताओं में आपको लगेगा कि जीवन के सीमांत पर खड़े रघुवीर सहाय इन काव्य-पंक्तियों में अपनी आत्मस्वीकृतियाँ दर्ज कर रहे हैं। उनकी ये आत्मस्वीकृतियाँ आज की जीवन-वास्तविकताओं की हमारी पहचान को ताज़ा बनाती हैं। अपने प्रभाव में ये कविताएँ हमें उन संघर्षों के लिए नई शक्ति देती हैं, जिनसे रघुवीर सहाय आजीवन जुड़े रहे। उनका संघर्ष मतदाता के लिए वास्तविक आज़ादी, वास्तविक लोकतंत्र और वास्तविक समता हासिल करने से जुड़ा था। उन्होंने इन कविताओं की काव्य-स्थितियाँ इसी संघर्ष-यात्रा के दौरान हासिल की हैं। …

संकलन तैयार करते हुए सहाय जी की पत्नी श्रीमती विमलेश्वरी सहाय अर्थात् बट्टूजी का निरंतर सहयोग मिला। इस सहयोग के कारण ही संपादन संभव हो सका। श्री अशोक वाजपेयी का स्नेहपूर्ण आग्रह था कि *'रघुवीर सहाय रचनावली'* में शामिल करने से पूर्व इन अंतिम कविताओं का तत्काल संकलन छपे। श्रीमती शीला संधू ने सहाय जी की अंतिम कविताओं के संग्रह को प्रकाशित

करना एक कर्तव्य की तरह लिया। श्रीमती मंजरी जोशी और हेमंत जोशी ने सहाय जी द्वारा अस्पष्ट ढंग से लिखी अधिकांश कविताओं के शब्दों और वाक्यों को पढ़ने में काफी मदद की। डॉ. राधिका शर्मा ने कई स्तरों पर सहायता की। सब सहयोगियों के लिए मैं विनम्र आभार व्यक्त करता हूँ।

नई दिल्ली
मार्च, 1995

—सुरेश शर्मा

आत्महत्या के विरुद्ध '85

जब से मैंने यह कविता लिखी है
कट रहे जंगल के छोर पर राजमार्ग के समीप
सब दिन मरे पड़े मिलते हैं नौजवान
लाश का हुलिया सुन कोई जानता नहीं कौन था
मान लिया जाता है कैसे मरा होगा
मरने का कारण अब थोड़े ही शेष है
हुलिया भी संक्षिप्त होता जा रहा है
जितने कम कपड़े उतना छोटा हुलिया
चेहरे पर जाति की छाप मिट रही है
गाँव के सयाने तो मौत का कारण हताशा बताते हैं
समवयस्क समवेत स्वर में अनेक नाम लेते हैं
पर उसका नाम है हत्या

यह शून्यकाल है युग बदलने का
बीसवीं शताब्दी जाने से पहले धोखा दे रही है
कि सारे संसार में आ रहा है नवयुग
पीने, उड़ाने, पहनने, खाने का समय
खाने पीने वाले खुद उसे धोखा समझते हैं
सत्य मानते हैं सिर्फ़ भूखे और प्यासे लोग
जिनको पता होनी चाहिए असलियत

यह युग है जिसका अंत हमें दिखता है
पर अगले युग का आरंभ नहीं जानते
मनहूस शून्य के अथाह में पाँव नहीं टिकते हैं
हम डूबते नहीं उतराते रहते हैं
बार-बार यह कोशिश है कि हर एक संवाद
अर्थहीन हो जाए
लोगों के संबंध मध्यस्थों द्वारा बना करें
आज इन टूटते रिश्तों को सार्वजनिक मान्यता देते हैं अध्येता
करते हैं प्रबंध की एक शैली का उद्‌घाटन,
जनता के साधनों से नए लाभ की

यह नहीं हो सकता, यह नहीं होगा
शून्य में घोषणा करता है विचारक
पढ़े लिखे लोगों के बीच सिद्ध होता है
कि संवाद मर गया
कर्महीन लोकतंत्र की मदद करता है विध्वंसक लोकतंत्र
दोनों मिलकर विचारधारा चलाते हैं
कि कोई विचार नहीं हत्या ही सत्य है
हम भी भयभीत असहाय भी भयभीत है
यों कह कर भीड़ में समर्थ छिप जाते हैं।

बड़े देशों की राजनीति

देश पर मैं गर्व करने को कहता हूँ
उनसे जो अमीर हैं बड़े स्कूलों में पढ़े हैं
पर उन्हें गर्व नहीं है
गर्व है भूखे प्यासे अधपढ़े लोगों में
राष्ट्रीय गौरव रह गया है अन्तरराष्ट्रीय राजनीति में
मोहरा बन कर
पड़ोसी को हराने में, यह गर्व मिटता है
यदि पड़ोसी और हमारी जनता की दोस्ती बढ़ती है
बड़े देशों की राजनीति करने के लिए अपनी जनता को
तनाव में रखना पड़ता हैं।

गुलामी

मनुष्य के कल्याण के लिए
पहले उसे इतना भूखा रखो कि वह और कुछ
सोच न पाए
फिर उसे कहो कि तुम्हारी पहली ज़रूरत रोटी है
जिसके लिए वह गुलाम होना भी मंजूर करेगा
फिर तो उसे यह बताना रह जाएगा कि
अपनों की गुलामी विदेशियों की गुलामी से बेहतर है
और विदेशियों की गुलामी वे अपने करते हों
जिनकी गुलामी तुम करते हो तो वह भी क्या बुरी है
तुम्हें तो रोटी मिल रही है एक जून।

[जनवरी 1972]

राजा की रक्षा

किसी समय राजा थे अनेक
और अनेक कृपाकांक्षी
राजा किया करते थे हत्या राजाओं की
और एक-दूसरे के कृपाकांक्षियों की भी
लोकतंत्र में भी अब हत्याएँ होती हैं
सर्वप्रथम उनकी जो कृपाकांक्षी नहीं

राजा के हत्या षड्यंत्र की गौरवमय गाथाएँ
लिखते थे कवि और सुनते थे प्रजागण
कीर्ति ग्रंथ बनते थे
साहित्य बढ़ता था

अब कोई मरता है तो लोकतंत्र में वह
दरअस्ल हत्या होती है
राजा अब कहीं अधिक रक्षित हैं
वे या तो मरे हैं बूढ़े हो
या बूढ़े होकर भी जिए जाया करते हैं

मरते हैं युवा युद्ध क्षेत्र में जो राजा ने
बहुत दूर दूर तक फैला रखा है
अपने से बहुत दूर जनता के बहुत पास
एक घनी बस्ती में चुनकर ग़रीब लोग
मार दिए जाते हैं राजा को बनाए रखने के लिए।

[1979]

लोकतंत्र का संकट

पुरुष जो सोच नहीं पा रहे
किंतु अपने पदों पर आसीन हैं और चुप हैं
तानाशाह क्या तुम्हें इनकी भी ज़रूरत होगी
जैसे तुम्हें उनकी है जो कुछ न कुछ ऊटपटाँग विरोध करते रहते हैं

सब व्यवस्थाएँ अपने को और अधिक संकट के लिए
तैयार करती रहती हैं

और लोगों को बताती रहती हैं
कि यह व्यवस्था बिगड़ रही है
तब जो लोग सचमुच जानते हैं कि यह व्यवस्था बिगड़ रही है
वे उन लोगों के शोर में छिप जाते हैं
जो इस व्यवस्था को और अधिक बिगाड़ते रहना चाहते हैं
क्योंकि
उसी में उनका हित है

लोकतंत्र का विकास राज्यहीन समाज की ओर होता है
इसलिए लोकतंत्र को लोकतंत्र में शासक बिगाड़कर
राजतंत्र बनाते हैं।

निर्भय हत्यारे

उस दिन मोहल्ले में एक हत्या हो गई

जैसा कि बीसवीं शती की अंतिम घड़ी में ही हो सकता है—
हत्या का सबूत उसी व्यक्ति ने प्रकट किया
जिसकी हत्या हुई थी

और अख़बारों ने यह छापा
हत्यारे मारकर मनुष्य को लाश उसकी रख देते हैं
सबूत के लिए, अपराध साबित नहीं होता
और हर व्यक्ति जो ज़िंदा बचा रहता है
हत्या के आतंक में पड़ा जीता है

तब सारे स्वार्थ जुट जाते हैं
सच कहनेवालों को
अपने समाज से बाहर कर देने के लिए

हत्या के तंत्र का विकास यह है कि सभी तार मिल जाते हैं
एक सी संवेदना के

आजादी दो गुटों में से किसी एक की गुलामी से
मिलती है।

[1987]

ग़रीबी

हम ग़रीबी हटाने चले
और उस समाज में जहाँ आज भी दरिद्र होना दीनता नहीं
भारतीयता की पहचान है, दासता विरोध है दमन का प्रतिकार है
हम ग़रीबी हटाने चले
हम यानी ग़रीबों से नफ़रत हिकारत परहेज़ करनेवाले
हम ग़रीबी हटाते हैं तो ग़रीब का आत्मसम्मान लिया करते हैं
इसलिए मैं तो इस तरह ग़रीबी हटाने की नीति के विरुद्ध हूँ
क्योंकि वही तो कभी-कभी अपने सम्मान की अकेली
रचना रह जाती है।

[17.5.1989]

तटस्थ

उसने कहा देश में तुम्हारे हम क्या करें
हम जानते नहीं
कोई किसी बात का ज़िम्मा नहीं लेता
न कोई किसी को ज़िम्मेदार ठहराता है
कुछ साल पहले हर व्यक्ति जासूस था
कोई बोलता न था
चाहे उसे सिर्फ़ यह कहना हो कि मुझे पता नहीं।

वर्गीकरण

पत्र सूचना विभाग मौत की कई ख़बरें
एक साथ जारी कर देता है
संपादक उन्हें छाँट कर विषय के हिसाब से रखते हैं

महानगर में बूढ़े बूढ़ियों की घर में हत्या
कोई डकैती नहीं
फिर सड़क दुर्घटना
मोटर भिड़न्त कम
बस तले कुचला जाना अधिक
और आत्महत्याएँ सब एक सिरे से एकसाथ।

कहीं जाना मना है

इस दौर में कहीं जाना मना है
घर के एकांत में कुछ पते याद करो
कुछ चिट्ठियाँ लिखो

सपनों में दिखे मकानों में रहते कुछ अजनबियों को
अपने संवाद बोलते सुनो
ये किसी ने नहीं लिख कर दिए हैं
ये अपने तर्क से
अस्पताल, रोज़गार, दफ़्तर, बाज़ार से
कहाँ कहाँ से आकर जुड़े हुए शब्दों से बन गए
जैसे हर चरित्र के अंदर पहले से बंद थे :
अलिखित प्रश्नों के अलिखित उत्तर सुनो
जो गुपचुप सेंसर में लोग दिया करते हैं
जनता के मन की वह गूँज सुनो

इस दौर में एक शांति है
यह कैसा वक़्त है
कि जितना गुज़र जाता है
उतना ही रुक जाता है

हम लगातार रात का इंतज़ार करते हैं
कल जागने का इरादा कर सोते हैं
सपनों में यादों के घर अपनी जगह बदल लेते हैं
सब रहनेवालों को एक करते हुए।

समझौता

एक भयानक चुप्पी छाई है समाज पर
शोर बहुत है पर सचाई से कतरा कर गुज़र रहा है

एक भयानक एका बाँधे है समाज को
कुछ न बदलने के समझौते का है एका

एक भयानक बेफ़िक्री है

पाठक अत्याचारों के क़िस्से पढ़ते हैं अख़बारों में
मगर आक्रमण के शिकार को पत्र नहीं लिखते हैं
संपादक के द्वारा

सभी संगठित दल विपक्ष के
अविश्वास प्रस्ताव के लिए जुट लेते हैं
एक भयानक समझौता है राजनीति में
हर नेता को एक नया चेहरा देना है।

हम जानते हैं

हम जानते हैं कि पतन अनेक रूप धर कर
हमें क्षय कर रहा है
और यह भी जानते हैं कि बदलना तो सबकुछ एकसाथ होगा
पर समाज को एकसाथ बदलने के लिए
एक व्यापक बहुआयामी आदर्श और उतना ही स्पष्ट कार्यक्रम चाहिए।

वह नहीं है इसलिए जनता जाग्रत नहीं हो सकती
तब जनता को सिर्फ़ उत्तेजित करने के प्रयत्न
हम करते हैं—
व्यापक पतन को विरोध के खंडों में बाँट कर
और खंड
विरोध को अकेला और भ्रष्ट करता जाता है।

[17.4.1988]

प्राकृतिक मृत्यु

कैसा इतिहास है कि ठीक जिस समय एक आदमी
अन्याय के तंत्र को चुनौती देता हुआ
उलझे हुए लोगों की भीड़ से सामने आता है
गोली चलती नहीं
प्राकृतिक मौत से वह मारा जाता है।

[1989]

देश में रहना

अगर हम आँखें खुली रखते हैं, याद ताज़ा और दिल जवान
तो हमें ये ख़बरें किसी और देश की ख़बरें जान पड़ती हैं
यह देश हमारा नहीं है पर हम इसमें रहने को मजबूर हैं
इसमें रहना इसी के ख़िलाफ़ एक नया देश बनाना है।

[12.12.1987]

युग ऐसा है

जो कहूँगा सच कहूँगा और सच के सिवा कुछ नहीं कहूँगा
यह युग ही ऐसा है कि मुझे सच से कोई डर नहीं
सच बोलना पाप करने के बाद की नीति है
जमाना बदल गया उपदेश बेकार हो गए
अब वही काम जो आत्मा से होते थे
सहज चतुराई से होते हैं
पुलिस सिखलाती है जुर्म कैसे साबित न हो
मुज़रिम एक वक्तव्य देता है मुझ पर दबाव था।

रोज़ मुझे मिलता है

रोज़ मुझे मिलता है एकाकी आदमी
खींसे निपोड़े हुए भक्तों की भीड़ में
अपने अतीत को तोड़ते बनाते हुए
छोड़ते छोड़ते वर्तमान बार बार
आँखें खुली हैं मुँह बंद है
कोई नहीं मित्र है केवल सब सहमत हैं
कोई विवाद नहीं केवल तिरस्कार।

[1989]

लोग

सब लोग मस्त हैं
जानते नहीं हैं क्यों?

सब मानते हैं
कि जो मारे जाएँगे वे नहीं होंगे वे
हर चीज़ खाने पीने की रंगीन
एक अजब फ़ुरसत है जिसमें कुछ काम नहीं।

[1989]

चिट्ठियाँ

आख़िर जब कवि लिखने बैठा तो
पाया कि वह चिट्ठी लिखता है
सब नृशंसताएँ सामान्य हैं
इक्कीसवीं सदी में पुराणपंथी प्रसन्न हैं

बीसवीं शताब्दी शेष होने लगी
सब मेरे लोग एक-एक कर मरते हैं

बार-बार बचे हुए लोगों की सूची बनाता हूँ
जो बाक़ी बचे हुए लोगों के अते-पते बतलाएँ
जिससे ये चिट्ठियाँ मैं उनको भेज दूँ।

सबसे पहले पत्र यह लिखो
मेरा घर दरकता है तुम जहाँ हो एक बार के लिए आओ
ये मेरे बच्चों के नाम डाक में देना
उनके बस अस्थायी पते हैं पर उन्हें ख़बर मिल जाएगी
जब सुख में होंगे तब उन्हें याद आऊँगा
जैसे कि पिता मुझे आते थे

दूसरे पत्र की कई प्रतियाँ बनाओ
सब पर हस्ताक्षर के साथ
पत्र निजी हो जाएगा—वह मैं कर दूँगा।
फिर ऊपर गोपन लिख डाक में तुम दे आना
इसमें रहस्य क्या!—कुछ तो है

कैंसर से, दमे से, हड्डी के क्षय से, वृद्धावस्था से नहीं
जो मर गए उन्हें मैं पत्र में क्या लिखूँ यह मेरी चिट्ठी
अनेक संस्मरणों का लेख है
और बिना मुझे मिले उनका दिया उत्तर।

[1.5.1989]

मौक़ा

नेता ने कहा कि सब भ्रष्ट हो गया है सो ठीक कहा
हिम्मत की
पर हिम्मत नहीं थी लोग यह पहले ही जान चुके थे
अब यह केवल स्वीकार था कि मैं पिछड़ गया हूँ
समाज को समझने में
नेता कुछ नहीं बता रहा
जो जनता अभी नहीं देख रही
और यह तो बिलकुल नहीं कर रहा कि यह जो पतन है
वह किस अर्थनीति का नतीजा है
वह केवल उसी अर्थनीति में विरोध की बात करता है
जिसका मतलब है अभी जो शासक है वैसा ही बनेगा
सिर्फ़ भ्रष्ट नहीं होगा, ऐसा कहता है
इस बार नेता का पतन राजनीति के द्वारा रोका नहीं जा सकता
जब तक कि राजनीति बदली नहीं जाती
एक बड़ी विपदा के छोटे-छोटे घेरों में कौन अच्छा कौन बुरा
उसकी किसी पहचान का आख़िर क्या मतलब?
तब नेता का यह कथन कि देखो यह वर्तमान
लोगों को उकसा रहा है कि वे अतीत भूल जाएँ
और भविष्य के लिए आशंका-ग्रस्त हों
यदि शासक अपने कामों से पराजय को प्राप्त हो
तो वह जनता की जीत नहीं है : वह एक और पतन के लिए
एक और भ्रष्टाचार में लूट के लिए
किसी और नेता को मौक़ा देने की बात है
लोग जानते हैं सब मगर जान लेना सब
राजनीति छोड़ ही देना है पतन के सहारे
क्योंकि जनता ने सब जाना, केवल विकल्प नहीं जाना
कोई विकल्प नहीं हो सकता उस समाज में जहाँ
लोग सब जानते हैं केवल उसी का अस्वीकार होता है
कोई तो बताए वह जो अभी लोगों को पता नहीं
लोगों को याद कोई यह दिलाए कि जो बीता
वह उनका किया था क्योंकि वे कुछ नहीं करते थे।

पराजय

तुमको लोग भूले जा रहे हैं
क्योंकि तुम जाने जाते रहे हो अपने अत्याचारों के कारण
और आज तुम हाथ खींचे हुए हो
कि तुम्हारे अत्याचारों को लोग भूल जाएँ
पर लोग तुम्हीं को भूले जा रहे हैं
करो कुछ जिससे कि वह शक्ति दुष्टता की
लोग फिर देखें और लोग भयंकर मुग्ध हों
एक राष्ट्र के पतन का लक्षण है कि
वे जो जीवन भर परोपजीवी रहे
सत्ता के तंत्र में
आज उससे बाहर होकर यह भ्रम फैला सकते हैं कि
वे किसी दिन यह समाज बदल देंगे
और अभी सिर्फ़ मौक़ा देखते हुए बैठे हैं।

[9.6.1981]

नई जाति

एक पूरी जाति अविश्वासियों की पैदा हुई
न्याय के नियमों से जो नहीं डरते
हँसते हैं वे तो डराते हैं।
कहते हैं वे
कि कुछ विश्वसनीय नहीं रहा
जीवन में सत्ता के चरणों में किंतु वे आस्थावान
चढ़े जा रहे हैं
जिन्हें सचमुच जीवन में आस्था है
उनको धकेलते।

[20.5.1972]

उन्नति

राज्य राज्य सब जगह
कहीं जगह नहीं ख़ाली

इसी तरह बजती है
एक साथ से ताली

आस पास में पुलिस
सेना पड़ोस में
ऐश में धँसे जन
उतराए अफ़सोस में

मेलों में धन लगे
विदेश से मिले साधन
हम उन्नति करते हैं
बार-बार निर्धन बन

राष्ट्र सिकुड़ता है
विपदा से जुड़ता है।

[अप्रैल 1980]

चयन

हिंदुस्तानी चेहरे छाँटे जा रहे हैं
विदेशी कंपनियाँ ढूँढ़ रही हैं सही हिंदुस्तानी
चेहरा
बड़े-बड़े घरों की लड़कियाँ लोक पोशाक पहनकर
नथ चढ़ाकर हाथ की बुनी साड़ी
पहने खड़ी हैं क़तार में।

[1972]

एक समय था

एक समय था मैं बताता था कितना
नष्ट हो गया है अब मेरा पूरा समाज
तब मुझे ज्ञात था कि लोग अभी व्यग्र हैं
बनाने को फिर अपना परसों कल और आज
आज पतन की दिशा बताने पर शक्तिवान
करते हैं कोलाहल तोड़ दो तोड़ दो

तोड़ दो झोपड़ी जो खड़ी है अधबनी
फ़िज़ूल था बनाना ज़िद समता की छोड़ दो
एक दूसरा समाज बलवान लोगों का
आज बनाना ही पुनर्निर्माण है
जिनका अधिकार छीन जिन्हें किया पराधीन
उनको जी लेने का मिलता प्रतिदान है।

पहले बदलो

उसने पहले मेरा हाल पूछा
फिर एकाएक विषय बदलकर कहा आजकल का
समाज देखते हुए मैं चाहता हूँ कि तुम बदलो

फिर कहा कि अभी तक तुम अयोग्य
साबित हुए हो

इसलिए बदलो,
फिर कहा पहले तुम अपने को बदलकर दिखाओ
तब मैं तुमसे बात करूँगा।

[1980]

मेरा काम

बहुत आत्ममंथन के बाद मैं समझता हूँ कि मेरी सफलता का उत्स है
मेरा किसी दुष्कर कर्तव्य में लगना
जहाँ काम को संपूर्ण करने का अर्थ है
अपने को होम कर डालना
इस समय मैं जो कर रहा हूँ बेहद सरल है
यह जानते हुए भी कि रचना और कल्पना और सूझ का
यहाँ पूरा उपयोग हो सकता है
मैं यहाँ अपने को नीरस उद्योग में लगा हुआ पाता हूँ
असलियत यह है कि
काम जो दिया गया है मुझे रचना का नहीं है
और संयुक्त श्रम जिसमें हज़ारों घंटे लग जाने पर कुछ निकल सकता है
शिल्प पर नहीं प्रबंध पर आश्रित है

कुछ नया बनाने का यहाँ प्रयोजन नहीं
बने को एक में एक जोड़ते जाना उद्देश्य है।

नौकरी

रात को ऐसा लगता है कि कल से मैं
छुट्टी पर चला जाऊँगा
हर रात को ऐसा भ्रम
कि कल काम पर नहीं जाना है।

[जून 1972]

सहयोग

जिस दिन से मैं अपने पद से नीचे गिरा
सब घटिया लोग मुझे सहयोग देने लगे।

[23.6.1988]

कविता

किसी ने बुढ़ापे में बोझ नहीं डाला
लड़कियाँ ब्याह कर चली गईं लड़के गुज़र गए
हर बार घूम फिर कर
अपने एकाकीपन की व्याख्या करना
क्या कविता है?

[5.12.1988]

कविता बन जाती है

हम लोग रोज़ खाते और जागते और सोते हैं
कोई कविता नहीं मिलती है
जैसे ही हमारा रिश्ता किसी से भी साफ़ होने लगता है
कविता बन जाती है।

मेरा कृतित्व

मैं अपनी सारी कविताओं को जोड़ कर रख दूँ
बीच-बीच में रख दूँ पत्र, पद्य में फुटकर टीपें,
कहानियाँ बीस-तीस
सबको मिला कर एक बन जाएगा समाज?—
नहीं नहीं एक घुमड़ता हुआ दर्द एक ख़ालीपन बोझ भरा।

हल्का होता हूँ

किसी बड़ी कविता की रचना में
मैं जितना फालतू बोझ कम करता हूँ
उतना ही मैं हल्का होता हूँ
जीवन से बड़ी नहीं हो सकती है रचना
अच्छा लिखने का अभिमान एक बोझ है
भाषा पर लाद कर उसे तुम चल न दो।

पात्र से रिश्ता

तुम चाहते हो कि सारी समस्याएँ मेरे लिखे में हल कर दी जाएँ
मैं पात्र बनाऊँ और उसमें जीवन भर दूँ
फिर उस जीवन को
एक उद्देश्य की पूर्ति के लिए बदल दूँ
कुछ विकसित न हो अपने आप पात्र में—
एक नया संसार बने नहीं।

देश के बारे में

फिर मैंने तय किया कि लिखता हूँ कविताएँ देश के बारे में
तरह तरह के समाज, हाँड़ियाँ, मुखौटे, बल्लम, छुरे
विविध तिलक छापे, मुद्राएँ, घटकलश, खड्ग, घंटी,
रुंड-मुंड, कालिमा,
वक्ष आदिवासी स्त्री देह के।

भारतीय

हम भारतीय हैं
धन्यवाद, धन्यवाद, क्षमा कीजिएगा, नहीं कहते हैं
हम सिर्फ़ देखते हैं अपनी आँखों से
और ले लेते हैं पानी भरा गिलास
फिर से उधर एक बार देख कर।

[9.1.1989]

खाने से पहले

सामने थाली को देख कर
पहले मैं ईश्वर को धन्यवाद करता था
आज मुझे अपमान याद आता है।

[1988]

कल और आज

अपने ही देश के सिपाहियों से
यहाँ की भीड़ का क़त्लेआम
देख कर विश्वास नहीं होता अभी तक
पढ़ा था कि दूसरे देशों में ऐसा करते हैं

कल कहा था कि नहीं करेंगे
आज कह रहे हैं—आप क्या कर लेंगे।

[1972]

ठंड से मृत्यु

फिर जाड़ा आया, फिर गर्मी आई
फिर आदमियों के पाले से लू से मरने की ख़बर आई :
न जाड़ा ज़्यादा था न लू ज़्यादा
तब कैसे मरे आदमी

वे खड़े रहते हैं तब नहीं दिखते,
मर जाते हैं तब लोग जाड़े और लू की मौत बताते हैं।

[फरवरी 1972]

ख़बरें

700 मर गए अख़बार कहता है
खँडहर और लाश दूरदर्शन दिखाता है
बहुत सी ख़बरें मेरे अन्दर से आती हैं
सबको चीर कर हहराती।

[1988]

योजना

52 करोड़ की ज़िंदगी 8 करोड़ के हाथों में
योजना भी है अंग्रेज़ी भी फिर एकता क्यों नहीं है
रोज कुआँ खोद कर पानी पीनेवाले से कहा कि त्याग करो
100 में 5 खाते खाते मरते हैं और 95 कम खाकर।

[जनवरी 1972]

कम नहीं

एक चीत्कार की आवाज़
100 चीत्कारों की आवाज़ से कम नहीं
आग की लपटें अगर सौ परिवार को जलाती हैं
तो एक बच्चे के झुलसने का दर्द कम नहीं।

[7.9.1989]

दृश्य

कैसा आमोद भारत में छाया
जिसको देखो वह खिसिया रहा है।

[अप्रैल 1989]

हमारी मुठभेड़

कितने अकेले तुम रह सकते हो
अपने जैसे कितनों को खोज सकते हो तुम
अपने जैसे कितनों को बना सकते हो
हम एक ग़रीब देश के रहनेवाले हैं इसलिए
हमारी मुठभेड़ हर वक़्त रहती है ताक़त से
देश के ग़रीब होने का मतलब है
अकड़ और अश्लीलता का हम पर हर वक़्त हमला।

इतिहास

इतिहास का हम करते क्या हैं
जब कुछ करते हैं तभी
इतिहास बनता है नहीं तो हम उसके उच्छिष्ट होकर
रहने को बाध्य हैं

टूटते हुए समाज का रोना जो रोते हैं
उनके कल और परसों के आँसुओं का
प्रमाण मेरे पास लाओ
मुझे शक है ये टूटते समाज में
हिस्सा लेने आए हैं, उसे टूटने से रोकने नहीं

इतिहास का एक क्षण होता है
जब सारी शक्तियाँ
मिल जाती हैं उसे अपने पक्ष में पलट लेने के लिए
और जिनको उन्होंने निकाल बाहर कर दिया है
धीरे धीरे

उनसे यह कहती है
कि तुम अब हमारे अधीन होकर रहो
सांप्रदायिकता को मान लो
नहीं मानते हो तो
सब शक्तियों के आक्रमण सहने को तैयार रहो।

अशोक वाजपेयी की याद *

सबकुछ नष्ट नहीं होगा
कुछ तो बच ही जाएगा
सबकुछ यहीं पास ही था
तुम्हारे पास अगर समय कुछ होता
समय को पोटली में लपेट कर
मनचाहे मोड़ पर बैठा रह सकता था
चुस्कियाँ लेते और गप्प लगाते हुए
अगर तुम मिल जाते
अगर बच सका तो वही बचेगा
हम सब में थोड़ा सा आदमी।

[28.12.1986]

इच्छा

मैं सिर्फ़ किसी दूसरे शहर में
चला जाना चाहता हूँ
रोज़ी की खोज में नहीं
सिर्फ़ चौराहे पर कहीं
बैठकर यों ही सबको
देखने के लिए
कोई ख़ास चीज़ खोजने नहीं
याद आती है कुछ जगहें जहाँ मैं
जा सकता हूँ
और उनमें से कुछ तो इसी शहर में हैं।

* इस कविता में रघुवीर सहाय की लिखी हुई अपनी कोई पंक्ति नहीं है। ये सारी पंक्तियाँ अशोक वाजपेयी को याद करते हुए उनकी चार अलग-अलग कविताओं से उद्धृत की गई हैं। शुरू की दो पंक्तियाँ *कुछ हो* कविता से है, उसके बाद की दो पंक्तियाँ *अगर समय होता* कविता से। फिर चार पंक्तियाँ *अगर तुम* कविता से है तथा अंतिम दो पंक्तियाँ *थोड़ा-सा* शीर्षक कविता से ली गई है। इस तरह अशोक वाजपेयी की अलग-अलग कविताओं की चुनी हुई पंक्तियों से सहाय जी ने एक नई कविता बना दी है।—**संपादक**

आशा

मुझे एक लंबी छुट्टी दो
मैं अपने काग़ज़ों को सँभालूँगा
कितनी तरह के ऊबड़ खाबड़ काग़ज़ हैं ये
इनके बीच से पिरो कर अपने दर्द को
निकालूँगा
बाहर भय है भय है भय है
जाने क्यों आशा है कि इनको फिर से सजाने से
भय मिट जाएगा
सिर्फ़ कुछ अधलिखे लेख सुलझाने से।

अकेलापन

क्या मैं पहले अपने सब रद्दी काग़ज़ समेट लूँ
तभी यह तीख़ा अकेलापन
इतने बड़े घर में देखने के लिए
काग़ज़ कलम लूँ।

अगर काग़ज़ होता

अनगिनत बार ऐसा भी हुआ है कि कुछ नहीं टाँक सका
जबकि जेब में काग़ज़ रखा था
सीधा बढ़ा उस क्षण को लिये हुए
औरों की तरह जो कि रोज़ यही करते हैं।

लेकिन आज काग़ज़ नहीं है

आज अगर लिखने लायक़ जुमला पकड़ में आया
तो उसको लिखकर छुट्टी नहीं पा सकूँगा
जबकि पा सकता था अगर काग़ज़ होता।

एकांत

मैं एक ख़ास तरह का एकांत चाहता हूँ
वेदना से उबरने के लिए शक्ति पाने को
एकांत चाहिए
एकांत जिसमें यह दुनिया साथ साथ हो
शोर के साथ और भीड़ के साथ।

घर में भरे काग़ज़

एक लंबा सफ़र
हम करते गए
रेलगाड़ी में बैठ कर
अपने को देखते
इसी बीच काग़ज़ पर कुछ अस्फुट शब्द भी गोदते गए
बाद में देखा, कुछ पंक्तियाँ सुधारीं
और बाक़ी को पढ़ नहीं पाया।
उन्हें एक गुंजलक बनाते हुए मोड़ कर रख लिया
यही है मेरे घर में भरे काग़ज़ों का रहस्य।

उच्चारण

परचियों की एक गड्डी में
एक जगह शब्द कुछ टँके मिले
यह एक और कविता मिली, अधबनी
तब अक्षरों को याद करके फिर से गढ़ा
पाया कि वह
दूरदर्शन के हिंदी समाचार के भ्रष्ट उच्चारण से
संकलित नमूने थे।

[28.4.1985]

हिंसा में मनोरंजन

अत्याचार के शिकार के लिए समाज के मन में जगह नहीं
तब जो बताते हैं
वह उसका दुःख नहीं
आपका मनोरंजन होता है।

[1988]

जेल में कविता

जेल में लिखी गई है कविता
हर कविता जेल में लिखी गई
जेल से निकलने की कोशिश ही कविता है
जितनी बड़ी जेल उतनी बड़ी क़ैदी की
आज़ादी की दुनिया
किंतु जेल छोड़ कर अपनी उस दुनिया में
आने की कोशिश यदि उतनी बड़ी नहीं
तो कविता नहीं होगी
जेल भी क्या है, यही अपनी दुनिया को
पाने की कोशिश में एकाकी हो जाना
मगर जिसे ऐसा अकेलापन जेल से निकलने
के बाद नहीं भाता है वही तो लिखता है
जेल से निकलने के बाद की कविताएँ।

बड़ा अफ़सर

इस विषय पर विचार का कोई प्रश्न नहीं
निर्णय का प्रश्न नहीं
वक्तव्य—अभी नहीं
फिर से समीक्षा का प्रश्न नहीं
प्रश्न से भागता गया
उत्तर देते हुए इस तरह बड़ा अफ़सर।

उसकी ऊब

जब मैं पूरी बात कह लेता हूँ तो
वह कहता है अँय ...
जब वह कोई बात सुनता है तो ज़रा से अजब शब्द पर
हँसता है

हर वक़्त उसे किसी तरह
एक ऊब से छूटने की बेचैनी है
सोच की ऊब फ़िक्र की ऊब।

बिखरना

कुछ भी रचो सबके विरुद्ध होता है
इस दुनिया में जहाँ सब सहमत हैं
क्या होते हैं मित्र कौन होते हैं मित्र
जो यह ज़रा सी बात नहीं जानते
अकेले लोगों की टोली
देर तक टोली नहीं रहती
वह बिखर जाती है रक्षा की खोज में
रक्षा की खोज में पाता है हर एक
अपनी अपनी मौत।

[12.6.1974]

पुरानी तसवीर

अपने धुँधलके शून्य से जब उठाया सर
दिखी तब दीवार पर तसवीर
तेईस बरस उसने काल में लटके हुए काटे
मुझमें बुढ़ापा दीखा
दुबारा ग़ौर से ताका जहाँ यह खिंची थी वह जगह
याद आई सही लगभग,
मगर दिन कई ऐसे दिनों में उलझा पाया
अजब है वक़्त का व्यवहार अपने प्रमाणों से
कि मैं जितना गुज़रता हूँ यहाँ कटते दिनों से
चित्र उससे अधिक ही कुछ बीत जाता है

काल का वह ब्याज है या दृष्टि का भ्रम है
कि ठहरी हुई स्मृतियाँ भी विगत में बीत जाती हैं
नहीं यह जड़ न होने का अनोखा आश्वासन है
पुनःप्रत्यय किसी बिसरे हुए क्षण का
जिसे पकड़ा गया था कभी अनजाने।

कौन था ?

दूर से दिखता है कि कोई एक आदमी
छड़ी के सहारे एक पाँव घसीट कर
मेरे पास आने की कोशिश कर रहा था
मैंने पहचाना नहीं
कौन है ? क्या मेरे साथ कभी पढ़ता था
या मेरे बचपन में मेरा पड़ोसी था
या कोई ख़बरों में छपी हुई घटना
या कोई सुनी हुई घटना का पात्र था
वह चलते चलते ठीक पास से गुज़र गया
नहीं, मुझे देखा, मुस्काया मुझसे नहीं
वह कोई और था।

ऐसा क्या था

आपकी बातचीत में ऐसा क्या था कि
जागते क्षण में मैं सूने यथार्थ में जा गिरा
यह कमरा मिट गया और अब
अस्पताल का एक कोना था
ताड़ के वृक्ष जहाँ ऊँचे खंभे के पड़ोस में
घास के मैदान से लगे दिखते थे
एक भरा पूरा नगर था एकांत में
मैं अब सुरक्षित हूँ बाक़ी जीवन में सुरक्षित
रहूँगा।

[1990]

किताब पढ़कर रोना

रोया हूँ मैं भी किताब पढ़ करके
पर अब याद नहीं कि कौन सी
शायद वह कोई वृत्तांत था
पात्र जिसके अनेक
बनते थे चारों तरफ़ से मँडराते हुए आते थे
पढ़ता जाता और रोता जाता था मैं
क्षण भर में सहसा पहचाना
यह पढ़ता कुछ और हूँ
रोता कुछ और हूँ
दोनों जुड़ गए हैं पढ़ना किताब का
और रोना मेरे व्यक्ति का

लेकिन मैंने जो पढ़ा था
उसे नहीं रोया था
पढ़ने ने तो मुझमें रोने का बल दिया
दुःख मैंने पाया था बाहर किताब के जीवन से
पढ़ता जाता और रोता जाता था मैं
जो पढ़ता हूँ उस पर मैं नहीं रोता हूँ
बाहर किताब के जीवन से पाता हूँ
रोने का कारण मैं
पर किताब रोना संभव बनाती है।

[अक्तूबर 1990]

रोना

एक कहानी पढ़ी
जिसमें किसी के साथ
ऐसा कुछ घटित नहीं होता था
जिससे मैं रो पड़ूँ
सिर्फ़ लोगों के चरित्र थे
और चेहरे मोहरे
आगे चलकर शायद कुछ होता
मगर मैं रो पड़ा।

[अप्रैल 1989]

नहीं छापते

अपना लिखा हुआ बार बार पढ़ मुझे बल मिलता है
और यह अफ़सोस बिलकुल नहीं होता कि लिखना बेकार था
मेरे लिखे को कभी कुछ लोग दुबारा छाप भी देते हैं
उद्धृत कर देते हैं उनमें से वे अंश जो आज के समाज में
सत्ता के शीर्ष के नज़दीक निरापत्ति दिखते हैं
किंतु उन निष्कर्षों को नहीं छापते जो मेरे तर्क से
निःसृत थे।

क्यों मरे

क्या था उनके पास
जिसके लिए मारे गए वे लोग
वे धीरे धीरे मरते मरते
एक बोझ और एक दुश्मन बन गए थे
उन्हें ज़िंदा रखना उन्हें हिस्सा देना होता।

[जुलाई 1972]

कल

कल के भीतर एक और कल मिलता है
गया कल आनेवाला नहीं वह तो आकाश है
और है दरवाज़ों का एक सिलसिला।

[अप्रैल 1989]

निमंत्रण

सितंबर के महीने में कितनी आवाज़ें आती हैं
कहीं हारमोनियम की कहीं खिलखिलाहट कहीं कीर्तन
कहीं दूर बँटे गुँथे गाने
नगर एक उत्सव में डूबा हुआ है बिना विज्ञापन के
मगर मैं निमंत्रित नहीं हूँ, नहीं हूँ

मगर हूँ। जाने की इच्छा नहीं है, निमंत्रित नहीं हूँ
मगर हूँ जैसा कि होना चाहिए।

[1990]

साथ के लोग

अकेलेपन का एक दिन आता है कि जब
अकेलापन बेकार हो जाता है
और फिर एक दिन आता है कि जब वह हाथ में
सबसे क़ीमती चीज़ होता है।

बहुत देर तक हम अकेले नहीं रह सकते मगर
यदि हम अकेले नहीं हैं किनके साथ हैं यह
तो हमें तुरंत जानना होता है

विरक्त लोगों के साथ हम घिरे रहते हैं शत्रुओं से
विरक्त लोग कौन हैं ?
उनकी घोषणाओं से हम नहीं पहचान पाएँगे
हम उनके चरित्र से ही पहचानेंगे और मैं किसी सैद्धांतिक
आश्वासनों से अधिक महत्त्व उनके आचरण को दूँगा। पर
यह भी मानूँगा कि आचरण सिद्धांत में विकास की सीढ़ी
हो सकती है दोनों में परस्पर विरोध का मिटना ही
आचरण का लक्ष्य होना चाहिए। यदि कोई व्यक्ति
मानता है कि सब मनुष्य बराबर नहीं होते
परंतु उसका आचरण उसे बाध्य करता है कि सबको
बराबर माने तो वह इस सिद्धांत को मानेगा—अपने
कर्म से उन तक पहुँचेगा।

[20.6.1988]

चिड़िये के सामने

सबेरे दिन निकल आने पर
मुझे अपने दरवाज़े पर फुदकती
चहचहाने को मानो तैयार
पर अपने को मेरी उपस्थिति से रोकती चिड़िया दिखी

मैंने विचित्र लाल हरी चिड़िया,
घर के बनावटी बाग़ में नहीं पाली थी
कि उनका फुदकना रोज़ देखकर
अपने को प्रकृति के पास पुनरुज्जीवित करने का एक आदर्श
मैं विकृत आधुनिकता के सामने रख सकूँ

मेरे लिए
इन सच्ची चिड़ियों का फुदकना ही सार्थक है
चाहे वह गौरैया ही क्यों न हो
ये मेरे लिए उतना ही असली हैं जितना कि मैं हूँ।

[30.4.1989]

अकेला व्यक्ति

कितना अकेला है व्यक्ति वह
जो नहीं कहता 'जी हाँ' या 'जी नहीं'
अपने विश्वास को
मन में दुहराता है
और चुप रहता है
प्रश्न के उत्तर में
प्रश्न जो बहस में खींच लाने को
किया गया
बहस जो व्यूह रचने के लिए की गई
व्यूह जो बहस आधी छोड़ने
के लिए थी
साँस रोककर वह विश्वास को समेटकर
ऐसे चुप रहता है जैसे संपत्ति को कल
लुटा देने का व्रत लिया हो
कोई चुनौती नहीं उस पार से आती
जब वह नहीं कहता 'जी नहीं' 'जी हाँ'

क़ानून की नज़र में सब जन एक हैं
इसके जवाब में विषय बदल जाता है।

[1989]

मुझसे दूर वह

वह मुझसे दूर गया
क्योंकि वह अपनी पीड़ा
मुझे दिखाना नहीं चाहता था
उसमें स्वाभिमान था
वह न स्वयं रोता था
न पीड़ा को अकेले झेलना
वह सहानुभूति का विषय मानता था

उसे क्लेश में पड़े देखना
उसके प्रति सहानुभूति से आंदोलित होना एक बात है

उसे क्लेश में संघर्ष करते देखना
और यह पहचानना कि मेरी सहानुभूति में
इस संघर्ष की पहचान है दूसरी बात।

ढब

मैं हर अन्याय पर ऐसे मुस्कुराता हूँ
जैसे मैं उसके विरुद्ध हूँ
किंतु मौन रहता हूँ बोलते तुम हो
और तुम लौटते हो यह समझकर कि
मौन भी रहना एक किस्म का विरोध है
हम दोनों साथ हैं
अपने होटल में बैरे से मुस्कुराता हूँ
यह मेरे आभिजात्य की एक शैली है
अपना असमंजस छिपाने का एक ढब।

ख़तरा

एक चिटका हुआ पुल है
एक रिसता हुआ बाँध है
ज़मीन के नीचे नीचे बढ़ता हुआ पानी है
ख़तरे में राम ख़तरे में राजधानी है

पहले खुदा के यहाँ देर थी अंधेर न था
अब खुदा के यहाँ अंधेर है और उसमें देर नहीं।

[जनवरी 1972]

दुख

कितना कठिन है उसी दिन
बड़े होते जाना
ऐसे ही कई कई साल यह जानते रहना कि
मैं क्या हो गया क्या हो गया है समाज
उफ़ क्या बहुत पीछे जाना पड़ेगा यह जान लेने को
अब मेरे मन में दुख हैं बहुत
पर मैं किसी को रुला नहीं सकता हूँ
केवल वही दुख जो मुझमें है
उसमें डाल भर सकता हूँ

आख़िरकार

सूबे सूबे उपनिवेश हैं अलग अलग हैं सूबेदार
किंतु समूचा भारत अपनी अपमानित पीड़ा में एक
कलावंत गुणवंत जनों की जाति बताते हैं अख़बार
और नहीं करते हैं वे इस अवमूल्यन का अस्वीकार
लूट लूट कर हड़प रहे हैं मिट्टी जंगल और पहाड़
ख़त्म हो रहा देश, बचेगा क्या सिंहासन आख़िरकार

[जून 1972]

अभी कहूँगा नहीं

यहाँ के योजना विभाग को
मैं नहीं जानने दूँगा अपनी जान में
कि वह कहाँ-कहाँ किस-किस को तोड़ चुका है
कि वह और कितना किसे मार सकता है

साहित्य अकादमी मेरे वर्णन को

यथार्थवादी कह कर पुरस्कृत करे
यह मैं नहीं होने दूँगा

मेरी कथा के अंत में मुसोहब
जय जय करेंगे कि अब तो हुजूर ही
बचा सकते हैं भारत को
इसलिए मैं कहूँगा ही नहीं
जो मुझे कहना है।

एक भयंकर रहस्य लिए
मैं सभाघर में आया था
मुझे यहाँ बैठे रहने दो
एक अनजान आदमी की तरह
जिसे बर्दाश्त कर
तुम दिखा सकते हो कि तुम कितने उदारवादी हो।

[मार्च 1972]

मान्यता

रोना रोता रहता है पत्रकार
बीच बीच में किसी बात पर
गरजता है फिर रोने
लगता है
अगर इसी शिल्प में
थोड़ी भड़ैती और
थोड़ा तिरस्कार भी
जोड़ कर एक दो तरह की
हँसी भी कर ले
तो रोने गरजने को
मान्यता मिलती है
संभ्रांत वर्ग में।

[1990]

अनाज के इस्तेमाल

पैदा कम हो रहा है क्योंकि लोग
गुलाम हैं
केवल बात करनेवालों की नौकरियाँ
खेत खोदनेवालों की नौकरियों पर निर्भर हैं
अब उनकी तनख़्वाहें निकल नहीं रही हैं
अनाज का इस्तेमाल तुम चाहते हो
खाने के लिए

तुम चाहते हो गाढ़े वक़्त में सहारे के लिए
तुम चाहते हो दबा कर
उसी से दूसरों का धन खींचने के लिए

तुम चाहते हो दूसरों का धन
खींचने का साधन बनाए जाने के लिए
ताकि उस धन से
तुम्हारे राजनैतिक कार्यकर्ताओं की
तनख़्वाहें दी जा सकें।

लेखक होना

कहानी किसी कल्पित संसार में समाज को
दुर्बल के पक्ष में करती है
लेखकगण
इसको समाज का परिवर्तन मानकर खुश हो जाते हैं
इससे जो ताक़त उस दुर्बल को मिलती है
वह भी उस कल्पित संसार में मिलती है
हाड़-मांस में नहीं
इस ताक़त से जो सुख दुःख प्रेम या विषाद
उसके प्रतिरूप के जीवन में घटता है
वह भी उसी कल्पित संसार में घटता है
साहित्य के सँकरे मोर्चे यहाँ बंद हो जाते हैं
और यह बात लेखकगण कभी जान नहीं पाते
इसीलिए लेखक हो जाने के साथ साथ
लेखक न रहना ज़रूरी है।

रचना के धर्म में कभी तो पवित्रता त्याग कर
लेखक काग़ज़ कलम की पूजा के बिना
लेखक बना रहे।

[19.1.1990]

सेंसर

यह एक सेंसर है जिसको किसी ने
लगाया नहीं है क़ानूनन
क्योंकि क़ानून से लगता नहीं है यह या कोई भी सेंसर
लोग निडर बोलते रहते हैं सिर्फ़ देखते नहीं
जब उनकी बोली में कभी तर्क अनायास घुमड़ कर
एकजुट होता है
तर्क जो हज़ारों अनाथों के प्रतिदिन के जीवन में
शब्द बना अधबना रहता है
तब वे चुप हो जाते हैं।

सुबह

मुझे देर लगती है दिन में पैठते हुए
देह में पीड़ा रह जाती है, अधबीच में
फुर्ती से स्वप्न के काँटेदार तारों से
छूट कर कहाँ आ गया हूँ मन ही मन कहते
मैं उठकर बैठ जाता हूँ पर कहीं जाता नहीं
बड़ी देर तक।

दर्शक

नाटक देखने जाकर दर्शकों को आते हुए
देखता हूँ तो लगता है कौन हैं ये लोग
ये कितने दूर हैं मुझसे
क्या नाटक से गुज़र कर
ये मेरे पास आ सकते हैं?
शायद कुछ और दूर हो जाएँ।

[27.6.1989]

दीक्षांत समारोह

दीक्षांत समारोह में कौन सा गाउन हो इस पर
एक विराट सांस्कृतिक बहस चल रही थी
अंततः एक भारतीय गाउन बना
सब लड़कों ने
जो धोती कुरता पहन कर नहीं आ सकते थे
बनवाया।
—वह कुरता-पैंट था।
एक दीक्षांत भाषण देने आया
उसने वेद वाक्य पढ़ने शुरू किए
लड़कों ने कहा
स्नातक की डिग्री नहीं काम दो।

[जनवरी 1972]

भाषा की मृत्यु

भाषा बेकार है
यही कहने के लिए यदि बची है भाषा
तो वह बेकार है
जो मर गया है उसे न पहचानने के कारण
मर गई है वह
मृत्यु दो मनुष्यों को जोड़ती है
एक-दूसरे के बराबर रखकर
मगर मृत्यु के आँकड़े
आड़ हैं
जिनमें निहित है
बहुत मरे—मैं उनमें नहीं था
मैं नहीं मरा
सब शोक प्रस्ताव हैं अपने बचे रहने की घोषणाएँ
कविता यही करती है घोषणा
मरे हुए शब्दों में जब शोक प्रस्ताव करती है
भाषा को शक्ति दो यह प्रार्थना करके
कवि माँगता है बचे रहने का वरदान।

[1.7.972]

भाषा का युद्ध

अब हम भाषा के लिए लड़ने के वक़्त
यह देख लें कि हम उससे कितनी दूर जा पड़े हैं
जिनके लिए हम लड़ते हैं
उनको हमको भाषा की लड़ाई पास-नहीं लाई
क्या कोई इसलिए कि वह झूठी लड़ाई थी
नहीं बल्कि इसलिए कि हम उनके शत्रु थे
क्योंकि हम मालिक की भाषा भी
उतनी ही अच्छी तरह बोल लेते हैं
जितनी मालिक बोल लेता है

वही लड़ेगा अब भाषा का युद्ध
जो सिर्फ़ अपनी भाषा बोलेगा
मालिक की भाषा का एक शब्द भी नहीं
चाहे वह शास्त्रार्थ न करे जीतेगा
बल्कि शास्त्रार्थ वह नहीं करेगा
वह क्या करेगा अपने गूँगे गुस्से को वह
कैसे कहेगा ? तुमको शक है
गुस्सा करना ही
गुस्से की एक अभिव्यक्ति जानते हो तुम
वह और खोज रहा है, तुम जानते नहीं।

[जनवरी 1972]

भाषा का भविष्य

भाषा के भविष्य पर भाषण करके उठे शिक्षा के
उपमंत्री
बूढ़ा खड़ा हुआ
कहा, मेरे पेट में बायगोला है साहब दवा करवा दो।

हिन्दी

पुरस्कारों के नाम हिंदी में हैं
हथियारों के अँग्रेज़ी में

युद्ध की भाषा अँग्रेज़ी है
विजय की हिन्दी।

अँग्रेज़ी

अँग्रेज़ों ने अँग्रेज़ी पढ़ाकर प्रजा बनाई
अँग्रेज़ी पढ़ाकर अब हम राजा बना रहे हैं।

[फरवरी 1972]

डर

बढ़िया अँग्रेज़ी वह आदमी बोलने लगा
जो अभी तक मेरी बोली बोल रहा था
मैं डर गया।

[11.9.1988]

मंत्री के घर में

इतने बड़े बड़े कमरे थे जिनमें सौ सौ लोग समायँ
बार बार जूते खड़काते वर्दीधारी आवैं जायँ
घर के भीतर बैठे गृहमंत्री जी दूध मिठाई खायँ
बाहर बैठे हुए सबेरे से मिलनेवाले जमुहायँ
मुंशी आया आगे आगे पीछे मंत्री दर्शन दीन्ह
किया किसी को अनदेखा तो लिया किसी को तुरतै चीन्ह।

प्रश्न

आमने-सामने बैठे थे
रामदास मनुष्य और मानवेन्द्र मंत्री
रामदास बोले आप लोगों को मार क्यों रहे हैं?
मानवेन्द्र भौंचक सुनते रहे
थोड़ी देर बाद रामदास को लगा

कि मंत्री कुछ समझ नहीं पा रहे हैं
और उसने निडर होकर कहा
आप जनता की जान नहीं ले सकते
सहसा बहुत से सिपाही वहाँ आ गए।

ईर्ष्या

कितने लोगों ने मुझे बधाई दी
उन्हें ईर्ष्या थी उन्होंने मेरे साधारण कर्म को भी
ऐसा बताया
जैसे कोई बड़ी बात हो जो उनके जीवन में नहीं हुई
    और होती तो वह उससे भी साधारण
                                        होने पर बड़ी बात है

ये वे लोग हैं जो बूढ़े हो गए पर बड़े नहीं हुए
और इन्हें ईर्ष्या है उससे
जो बड़ा हो गया पर बूढ़ा नहीं हुआ

[1989]

हिन्दुस्तानी अमीर

किस तरह की सरकार बना रहे हैं
यह तो पूछना ही चाहिए
किस तरह का समाज बना रहे हैं
यह भी पूछना चाहिए

हमारे घरों की लड़कियों को देखिए
हर समय स्त्री बनने के लिए तैयार
सजी बनी

हिन्दुस्तानी अमीर की भूख
कितनी घिनौनी होती है
बड़े बड़े जूड़े काले चश्मे
पाँव पर पाँव चढ़ाए
हवाई अड्डे पर एक लूट की समृद्धि की गंध रहती है

चिकने गोल गोल मुँह
अँग्रेज़ी बोलने की कोशिश करते हुए

हर क़िस्म का भारतीय अमीर होकर
एक क़िस्म का चेहरा बन जाता है
और अगर विलायत में रहा हो तो
उसका स्वास्थ्य इतना सुधर जाता है
कि वह दूसरे भारतीयों से
भिन्न दिखाई देने लगता है
उनमें कुछ ही थैंक्यू अँग्रेज़ी ढंग से कह पाते हैं
बाक़ी अपनी अपनी बोली के लहजे लपेट कर छोड़ देते हैं।

[जनवरी 1975]

तरक़्क़ी के दशक

बीसवीं सदी के उत्तरार्द्ध के दशक हैं तरक़्क़ी के
हर दशक में मेरे मित्र बदलते रहे
कुछ तो पहचाने नहीं जाते हैं
वैसे देखो तो विशेष परिवर्तन नहीं हुआ
सिर्फ़ ज़रीदार किनारे की धोती और भागलपुरी सिल्क
पाँव में बिना घिसी चप्पल
हाथ में घड़ी, भला इसमें क्या नया है ?

यही तो प्रश्न है
कि भारतीयता की यह धजा है
या भारत में एक नए वर्ग की वर्दी

यह दिल बहलाव है
हर दस बरस बाद लोगों को देखना
ओंठों के आँखों के आत्मविश्वास के परदों में झाँकना
कि देश की आज़ादी में कितना हिस्सा उन्हें मिला
दूसरों को गुलाम करने के वास्ते।

अकेला

लाला दादू दयाल दलेला थे
जेब में उनकी जितने धेला थे
उनके लिए सब माटी के ढेला थे
ज़िंदगी में वे बिलकुल अकेला थे।

[1961]

आदेश

शहर भर के गधे बंद कर दिए गए
ताकि गधों का जुलूस न निकाला जा सके।

[6.1.1983]

उम्र

50 में वह ठाकुरों को खोजते थे—
मैं भी ठाकुर हूँ
70 में वह खोजते हैं उन्नाव के रहनेवालों को
—मैं भी बैसवाड़ी हूँ
100 की उनकी ज़िंदगी हो न सकी
जबकि वे कहते मैं भी हिन्दुस्तानी हूँ।

वर्ग परिवर्तन

क्रांतिकारी नेता की ऊँचे वर्गों में लोकप्रियता कम
हो गई
कारण कई थे
एक ऊँचे वर्ग कुछ वर्षों से और सुरक्षित हो गए थे
दूसरे क्रांतिकारी भी उसी वर्ग में पहुँच गया था।

जाने की जगहें

उसने कहा : मैं कहीं जा रहा हूँ
क्या दफ़्तर ?
—नहीं, घर और दफ़्तर के बीच बहुत सी जगहें हैं
हा हा हा
मैंने हँस कर कहा कि मैं जानता हूँ
गाँव से आए बुद्धिजीवी को
शहर का वैभव और अश्लीलता आकर्षित करती है।

आत्मरक्षा

जिसने अपराध किया
उसे छोड़ देना
आज खुद को बचाना है।

हँसी जहाँ ख़त्म होती है

जब किसी समाज में बार बार क़हक़हे लगते हों
तो ध्यान से सुनना कि उनकी हँसी कहाँ ख़त्म होती है
उनकी हँसी के आख़िरी अंश में सारा रहस्य है।

[1988]

समान अवसर

मैंने सबको
समान अवसर दिया
पर उसके पहले
मैंने एक पूरी पीढ़ी को बाँट दिया
—जो सीख सके
और जो न सीख सके।

[जनवरी 1972]

महापुरुष

लोगों को वक़्त काम देता है
जो कर देते हैं
उन्हें बाक़ी लोग कह देते हैं महापुरुष।

[मई 1972]

संस्थान

गाँधीवादी संस्थानों को
अब पैसा नहीं मिलेगा सरकार से
इसलिए वे सरकारी परियोजनाओं में
गाँधीवाद की खोज कर रहे हैं
ताकि उन्हें किसी योजना के अधीन
पैसा मिल सके।

[फरवरी 1972]

उद्योग

उद्योग ने क्या किया
जनता के वास्ते
आज़ादी का साहस
लोग बाग भूल गए
नागरिक थे अनुचर बन गए।

[12.12.1984]

दृश्य-1

अपने घर के पिछवाड़े की
थोड़ी सी जगह में
चुपचाप बैठे हुए बूढ़े को देखो
वह जीवन जी चुका।

[20.6.1988]

दृश्य-2

हर समय मुस्कुराता चेहरा
यदि किसी दिन
वह हठात् मर गया तो लोग कहेंगे
अभी अभी तो मैंने उसे देखा था।

दृश्य-3

बंदूकें मकानों की तरफ़ मकानों में लोग
सड़क पर एक एंबुलेंस एक लाश गाड़ी
और एक पुलिस वैन।

दृश्य-4

घोड़ा बिना सवार के
गली में दौड़ता जाता है
मुड़कर देखता है मुझे।

अंतर

सामने से
कभी मृदु कभी कठोर दिखते हैं चेहरे
पीछे से देखो तो उनमें
पीड़ा, तनाव और चिंताएँ दिखती हैं।

निंदा

तुम निंदा के जितने वाक्य निंदा में कहते हो
वे निंदा नहीं रह गए हैं और केवल तुम्हारी
घबराहट बताते हैं।

बस में अभिमन्यु

दिल्ली की एक भरी बस में उस नौजवान ने तपाक से कहा :
आप इस बच्चे को गोद में बिठा लें
ताकि ये बुजुर्गवार बैठ जाएँ
दस बरस का बच्चा मेरा नहीं था मगर मना मैंने नहीं किया
क्योंकि किसी बच्चे को गोद में बिठाने में भला क्या हर्ज़ है
अनसुनी कर दी अच्छा नहीं लगा नौजवान द्वारा एक बच्चे का तिरस्कार
ज़रा देर बाद वह चिढ़ गया
आसपास फिर ब्ड़ी उम्र के तमाम लोग
बेचैन हो उठे कि बच्चे का कुछ करो
सीट बड़े के लिए ख़ाली कर दो
आवाज़ें आईं कि बच्चे को उठा दो जी
मुझसे कहा गया था यह बिना कहे
तब मैंने देखा कि घिर गया है बच्चा
मैंने पुकार कर पूछा कि किसका है?
आगे की सीट से एक औरत बोली
'मेरा है', 'क्यों उठा दें इसे,' मैं बोला :
'उसका भी टिकट है वह बैठकर जाएगा
—और यह मेरे साथ नहीं है!'

भीड़ ने तब माँ को पकड़ा कि भैन जी
क्यों नहीं आप इसे उठाकर अपने पास कर लेतीं
माँ बोली, देखिए, मैं पहले ही एक
इतने बड़े बच्चे को गोद में बिठाए हूँ
नौजवान ने बड़े बूढ़ों सी बात की
तो बड़े बच्चे को नीचे उतार दें
छोटे को उतार लें
पीछे की सीट मगर छोड़ दें

मुझको उम्मीद थी कि तर्क से आज भी
बहुत लोग बात मान लेते हैं
मैं बोला वह उसकी सीट है
टिकट लिया गया है
नौजवान गरजा आधा टिकट लिया
सीट कहाँ हो गई

'होगा आधा टिकट मगर सीट
एक व्यक्ति की है वह पूरी ही मिलती है
आधे टिकट का यही अर्थ होता है
कि सीट तो पूरी है पर आधे दाम में'

आजकल तर्क में जब हार जाते हैं शक्तिवान
क्रुद्ध करके बहस भंभट कर देते हैं
सच को उलझा देने के लिए
आप इस बच्चे की माँ हैं
बोलिए टिकट लिया है इसका
कंडक्टर ! आधे टिकट पर एक फुल सीट मिलती है
कंडक्टर भीड़ को देखकर मुन्न से बोला—'नेह'
'आप सुन लीजिए' मुझसे सबने कहा
सरकारी आदमी कह रहा है नहीं
आप सही हैं या सरकारी आदमी
मैं बोला सही तो मैं ही हूँ
आप कुछ भी कहें
आप एक बच्चे को कष्ट में डालने पर तुले बैठे हैं
नैतिकता का सवाल आया तो
बहस घिसटने लगी
तब औरत ने खड़े होकर लड़ाई की
मैं इतनी परेशान मुश्किल में बैठी हूँ
आप इस बच्चे को उठाएँ मत
ये कैसे लोग हैं हैरान करते हैं
मुझे नहीं देखते कितनी तकलीफ़ में बैठी हूँ
चिंचियाई भीड़ तो बार बार बोलो मत।

यह कथा यहाँ ख़त्म हो जाती
मगर एक औरत ने आकर मुझसे कहा
आप ज़रा खिसक जाएँ, मैं उठने ही लगा
नहीं नहीं, बोली वह आप भी बैठिए
और मैं भी बैठूँगी
हम तीनों ने जगह बाँट ली
एक साथ ठँस गए
पर खिड़की से सर को हाथ को
जितना संभव था बाहर निकालकर

बच्चा बैठा रहा
बड़े लोगों के इस संसार से अलग।

नई पीढ़ी

एक नौजवान और उससे छोटी एक छोकरी
हर रोज़ मिलते हैं
चकर चकर बोलती रहती है लड़की
पुलिया पर बैठे लड़के को छेड़ती

वह सोच में पड़ा बैठा रह जाता है
दोनों में एक भी तत्काल कुछ नहीं माँगता
न तो वफ़ादारी का वायदा, न बड़ी नौकरी समाज से
वे एक क्षण के आवेग में सिमट रहते हैं

यह नई पीढ़ी है
भावुकता से परे व्यावहारिकता से अनुशासित
इस नई पीढ़ी को ऐसे ही स्वाधीन छोड़ दें।

[26.3.1985]

मेरे अनुभव

कितने अनुभवों की स्मृतियाँ
ये किशोर मुँह जोहते हैं सुनने को
पर मैं याद कर पाता हूँ तो बताते हुए डरता हूँ
कि कहीं उन्हें पथ से भटका न दूँ

मुझे बताना चाहिए वह सब
जो मैंने जीवन में देखा समझा
परन्तु बहुत होशियारी के साथ
मैं उन्हें अपने जैसा बनने से बचाना चाहता हूँ।

महाभारत

उन तमाम पुत्रों की आयु से
पिताओं की शक्ति वृद्धि होती थी
जब यह इतिहास ने दिखाया था
कि यौवन को उन सबने अपने
पिताओं को दे दिया

आज जब पिताओं को नौजवान बेटों
की लाशें भी सिर्फ़ समाचारों में
मिलती हैं समय आ गया है
वे जीवन का कुछ अंश
बेटों का जीवन बचाने में होम दें।

[1989]

संतान

एक असंभव इच्छा है
मैं अपनी संतान से अधिक उम्र तक जी लूँ
पर यह क्या कोई प्रतिस्पर्द्धा है
या मेरा वात्सल्य।

[1989]

चिंता

तुम्हारे भाग्य में यह सुख लिखा है
कि तुम किसी संतान का क्षय नहीं देखोगे
जीते जी तुम्हारे कोई मरेगा नहीं
पर मरे बाद? तो उससे तुम्हें क्या दुःख
उसकी चिंता ही क्यों? कहता है ज्योतिषी।

[8.9.1985]

बेटे से

टूट रहा है यह घर जो तेरे वास्ते बनाया था
जहाँ कहीं हो आ जाओ। ... नहीं यह मत लिखो
लिखो जहाँ हो वहीं अपने को टूटने से बचाओ
हम एक दिन इस घर से दूर दुनिया के कोने में कहीं
बाहें फैला कर मिल जाएँगे।

मेरा लड़का

एक तसवीर बार-बार उभर आती है
मेरा लड़का मुझे हाँफते हुए कुछ देने आया है
यह आप भूल गए थे
मुझे अब और ज़्यादा जीने को नहीं मिलनेवाला है
पर मेरे लड़के को उससे भी कम वक़्त है।

[9.1.1989]

दृश्य

अपने बच्चे को हृदय से लगाया मैंने
इस तरह की सारी तसवीरें झूठी पड़ गईं।

गृहपति

घर के बाहर भेज देता है बच्चों को गृहपति
लौट कर आने की बेला तक
बाहर के आक्रमण से उनके जूझने की चिंता करता हुआ
इंतज़ार करता है
वे जब सो जाते हैं
उनके फिर उठने के लिए कर रखता है इंतज़ाम।

[1988]

मुस्कान

वे औरतें जिन्हें युवावस्था में देखा था
बरसों अपने दाम्पत्य के बिता चुकीं
अब उन्हें किसी बात पर मुस्कुराते हुए देख कर
मेरी पहचानी हुई उस मुस्कान में
कितनी गहराई दिखती है।

[1989]

औरत की पीठ

औरत की पीठ उसका इतिहास है
उस पर जुल्म का असर वहाँ देखो
अपने सीने को अगर उसने छिपा रखा हो।

स्त्री का भय

थोड़ी सी ईर्ष्या थोड़ी सी खुशामद
थोड़ी सी घृणा थोड़ी सी मित्रता
थोड़ा सा भय और थोड़ी सी बेशर्मी
थोड़ी सी दिल्लगी थोड़ी सी इज़्ज़त

ओह, कितनी तरह की मुस्कानें हमने बनाई थीं
इन्हीं से जानते थे हम कि किसका ओहदा
उस दिन कितना सुरक्षित है

एक दिन लोप हो गईं सब मुस्कानें
उनकी जगह आ गया एक दृढ़ निश्चय
हर किसी को आना था राष्ट्रपति के सम्मुख
और वह अपने सिपाहियों से ही मुस्काते थे

एक दिन सिपाहियों की भी मुस्कानें लोप हो गईं
उनके चेहरे पर एक दृढ़ निश्चय आ गया

तब कलाकार सब निकले मुस्कानों की खोज में
एक औरत के चेहरे पर एक मिल गई
वह गोद में बच्चा लिये गाहक माँग रही थी

कलाकारों ने उसे खूब बड़ा किया, रँगा
और सब कपड़ों के विज्ञापन बना दिए
उनमें सब रंग थे अमूर्त, अमेरिकी आधुनिक
किंतु जब मैंने उन्हें मेले में जाती
एक ख़ानदान की औरतों पर देखा
तो वे सब जानबूझ कर उन्हें
अपमानित करने के लिए बने दिखे
कपड़े कपड़े कपड़े जहाँ गाँव से भागे आते हैं
पुरुष अन्न की खोज में, वहाँ
कपड़े ही कवच हैं शहर के लोगों के

पर जब मुरझाये लोग भीड़ में खड़े हों
कोई रंग अपनी अलग कथा नहीं कह पाता
सब मिलकर थोपी गई लज्जा की कहते हैं कहानी

एक औरत लो
और उसके कपड़े तले उसका तन छुओ
उस पर झुर्रियाँ हैं

एक पुरुष लो
उसको छुओ
वह चिकना है
पुरुष राजा है
स्त्री दासी
अहा! अहा!
टेलीविजन
उस पर औरत आकर बताती है कि वह औरत को अपने
और महँगे दाम हासिल करने में कैसे मदद देती है
और दूसरी औरतें देख कर खुश होती हैं

मेरी छोटी बच्ची यह देखकर बहुत हँसी
असल में वह नाराज़ थी : पर वह डर के मारे हँसी

उसने अपने तन पर नंगे निशान देखे
जो बड़े होने पर टेलीविजन खोजेगा
पुरुष ही हमेशा राज करता है
मर्दों का राज हो तो दलाल पुरुष
औरतों का राज हो तो गुंडा पुरुष
उठाओ मेरी बच्ची अपने शरीर के साथ साथ अपना सिर
लंबी लड़ाई है और सैनिकों में हैं जो सब पुरुष हैं
दो हज़ार साल में जिन्हें लूटकर
जीना सिखलाया गया था
वे उन्हें बाँट लेंगे
ग़रीब सैनिकों में अमीर अफ़सरों में

पिता हर हालत में मारा जा चुका होगा
सिर्फ़ तुम्हीं लड़ोगी या शायद एक होगा प्रेमी भी

यह मैंने भय में लिखा
पर मुझे भय ने ही मुक्त किया
क्योंकि उसे औरतों के चेहरे पर देखा है
सबसे कमनीय रमणी के शरीर में
छुआ है सब समय सैनिक पुरुष का भय।

चैती

चैती गा रही है
उच्चारण शुद्ध है
गमक लीन हो गई है सधी लय में
माँग में सिंदूर है
हाथ से सम पर ताल देती है संगतकारी को बताती है
पर उछाह को बाँधे रहती है
भले घर की बहू का कठोर अनुशासन।

रहस्य

उसको मैंने बहुत पहले कभी देखा था
तब भी रहस्यमयी थी वह

वह सुन्दर थी जाने क्यों
कई दिनों बाद फिर देखा तो सुन्दर है
पर वैसी नहीं जाने क्यों

अब उसके जाने पहचाने
सौंदर्य का बदल गया रूप है
और अब रहस्य है कि जाने क्यों?

[अक्टूबर 1990]

फ़र्क़

अठारह बरस की लड़की से यह कहना कि
तुम बेवक़ूफ़ हो
उसको रिझाना है
पर अड़तीस साल की औरत से यही कहना
उसे दुत्कारना है—
पर तुम यही कहते रहे हो!
स्त्री की उम्र इस तरह
इज़्ज़त से शुरू करके अपमान की ओर बढ़ने
को बाध्य है।

पढ़ते-पढ़ते

हम देख नहीं सकते उसकी पीड़ा
पर वह चुपचाप लिए उम्मीदें दिल में
पढ़ती जाती है हँसना खाना भूले
जब कभी बदलती है वह थक कर आसन
तब अनजाने पिंडलियाँ दीख जाती हैं :
वह पढ़ते-पढ़ते बड़ी हो रही है क्या?

आजकल बसों में

आजकल बसों में बूढ़े दिखते हैं ज़्यादा
लड़कियाँ जिनकी उम्र शादी की हो गई

पर शादी नहीं हुई बाँह में हाथ डाले जाती हैं
दुःखी और थकी हुई।

देह में कितनी बार कितने उफान आते हैं
बचपन की याद फिर सपनों की और फिर जी सकने की
एक बार अपनी जवानी
पर इससे छिपते और भागते हैं लोग
क्योंकि अब उन्हें अपना बचपन सुंदर नहीं लगता
आज के ऐश्वर्य की तुलना में।

भ्रम निवारण

तुम क्या समझते हो कि
हर लड़की जो मुझे देखकर
मुस्कुराती है मेरी पहचानी है
नहीं, वह तो सिर्फ़
अपनी दुनिया में मस्त रहती है।

लड़कियाँ

बैंक के पटरे के पीछे लड़कियाँ
आती हैं धीरे धीरे धीरे
जैसे किसी नाटक का दृश्य हो
उनके चेहरे देखो
शादी की उम्र गई
कुछ कड़े नाक नक़्श और कुछ शालीन रूप
वह लड़की जो अभी बोदी दिख रही थी
सुंदर लगने लगी
थोड़ी देर एक चमक
एक थरथराहट सी उसके मुँह पर रही
और फिर चली गई
वह एक लम्बे संघर्ष में लगी हुई
चालीस लड़कियों में से एक है।

परिवार

दूर से मैं जान लेता हूँ कि वे सब खा रहे हैं,
—साथ बैठ कर
इसमें जो समय लग रहा है
वह मैं कुछ और करने में लगा रहा हूँ—सबकुछ ठीक है।

[20.6.1988]

घर के लोग

कान में दोष है सुन नहीं पड़ता है
घर के सब लोग बोलते हैं कुछ
तो भुनभुनाहट सुनाई देती है

घर के सब लोग सफल होकर आते हैं
पर जब उसे बताओ
तो कितनी हल्की लगती है वह सफलता।

रज़िया आपा

आप कहाँ हैं रज़िया आपा
आज मैंने आपको सपने में देखा
कुछ देर पहले मैं ऊल जलूल कुछ देख रहा था शायद
शायद किसी युवती का नए प्रेमी से परिचय
शायद मेरी एक नई नई नौकरी पुलिस की

तब आप आईं और बोलीं
कि अभी अभी लौटी हूँ वतन से
मैं आपके गाँव का नाम जाने कब से हूँ जानता
अब भूल गया कुछ न पूछ पाया वहाँ का हाल
फिर बोलीं कुछ जिसका मतलब था यह ज़िंदगी बेकार गई

'आपने कुछ नहीं खोया है' (यह कहते हुए मैं
जाग्रत जीवन का शिष्टाचार करता था,

मुझे मालूम थीं आपा के जीवन की वंचनाएँ)
मैं तो यह कहते हुए वास्तव में उनसे
वही वाक्य, वही शब्द लहजा सुनने को ललचाया था
जिसमें वह बोलती थीं
मुझमें न जाने क्या बदलती थीं—
मुझे बड़ा करती थीं

माँ

मैं अपनी माँ की भावना करता हूँ तो मुझे वह
नाचती हुई नहीं
बाग़ में बेलें छाँटने की मजूरी करती हुई दिखती है।

स्पर्श

रोज़ मैं दिन भर थक कर
बस पड़ रहता था
आज मैंने बिस्तर पर गिर कर कहा
स्पर्श ज़रूरी है।

रात को जागकर

रात को जागकर मैंने अपना घर देखा
सारी रात बैठा मैं देखता रहा :
यह घर एक जीती जागती कहानी है।

मुझे इतनी अच्छी तरह कभी न दिखी थी दिन में
वह सो रही थी :
कई बरस रोग से जूझने की कुल दास्तान
उसके चेहरे पर थी
रोज़ रोज़ जितना वह बता पाती है
वह कितना अधूरा होता है

वह सोते हुए उठा और थरथराता हुआ चलने लगा

जाकर कुर्सी पर बैठ रहा सोता रहा
धीरे धीरे ठंड बढ़ी रातरानी की महक घर भर में
भर गई
सब चीज़ें जहाँ जहाँ जड़ पड़ी थीं वहीं लगातार
पड़ी रहीं : सुस्ताती हुई
रोशनी मुझे नहीं चाहिए थी एक कोने के सिवा
वहीं पर वह मैंने रखी
तमाम घर में दिन के सस्ते उजालेपन से वह
कितना गहरा उजाला था।

[जनवरी 1972]

मेरी स्त्री

प्यारे दर्शको, यह जो स्त्री आप देखते हैं सो मेरी स्त्री है
इसकी मुझसे प्रीति है। पर यह भी मेरे लिए एक विडम्बना है
क्योंकि मुझे इसकी प्रीति इतनी प्यारी नहीं
जितनी यह मानती है कि है। यह सुंदर है पर मनोहारी नहीं,
मधुर है, पर मतवाली नहीं, फुर्तीली है, पर चपला नहीं
और बुद्धिमती है पर चंचला नहीं। देखो यही मेरी स्त्री है
और इसी के संग मेरा इतना जीवन बीता है। और
इसी के कारण अभी तक मैं इतना सुखी था।
सच पूछिए तो कोई बहुत सुखी नहीं था। पर दुखिया
राजा ने देखा कि मैं सुखी हूँ सो उसने मन में ठानी
कि मेरे सुख का कारण न रहे तो मैं भी सुखी न रहूँ।
उसका आदेश है कि मैं इसकी हत्या कर इसको मिटा
डालूँ। यह निर्दोष है और अनजान भी। यह
नहीं जानती कि इसका जीवन अब और अधिक
नहीं। देखो कितने उत्साह से यह मेरी ओर आती है।

उसका मन

उसका मन नहीं लगता
क्योंकि उसे पूरी सूचना नहीं मिलती
मैं उसकी क्या मदद करूँ
वह मुझ पर प्यार के लिए निर्भर है

और उसके प्यार में एक अटक आती है
हर बार वह किसी बात को अधूरी जानती है
उसका तनाव मैं कम नहीं कर सकता
क्योंकि मुझे भी पूरी ख़बर नहीं है
और जब मैं पलट कर उसे देखता हूँ
खुद खोजो
तो वह अपने प्यार को घोंट देती है
जितनी ताक़त से वह मुझ पर गुस्सा कर पाती है
और उसकी ताक़त भी हर बार कम होती
जाती है
अब या तो वह एक दिन पूछना बंद कर देगी
या जब पूछने पर फटकारी जाएगी तो
एक दिन एकाएक किसी दिन
लम्बी साँस लेकर
मुँह फेर लेगी चुपचाप।

संगिनी

हर कुछ बरस बाद
उसकी आँखों में एक दयनीय आतुर भाव
फिर से अपना खोया हुआ रस पाने की इच्छा सा जागता है
पर कुछ दिन बाद कुम्हला जाता है
वह कितना बर्दाश्त करती है
उसे रोना भी नहीं आता
वह काँपती नहीं है तन जाती है
दाँत भींचे वह तीर की तरह निकल जाती है
मगर गुस्से से नहीं
वह अकेली है
वह मेरी संगिनी
मेरा अकेलापन न जानते हुए भी अकेली है
वह किसी तरह हँसना चाहती है
जबकि मैंने पिछली बार उसे हँसते हुए देखा था
तो डर गया था
वह हँसी उसकी जड़ होती हुई ज़िंदगी को फोड़कर
एकाएक फूटी थी
और उसमें एक नयापन आ गया था

जो मैंने कभी सोचा नहीं था
लेकिन पहले जब वह हँसती थी
तो कोई शब्द नहीं होता था
केवल हँसी रोकने का एक शब्द
और होंठों का कस जाना
अंत में हल्का सा एक आत्म स्वीकार।

स्वीकार

जब वह किसी बात को स्वीकार करती है
तो 'हाँ' नहीं कहती
सिर्फ़ ख़ुशी ख़ुशी अपना काम करने लगती है
उसी से हम जानते हैं कि
उसने स्वीकार किया।

[1973]

उपन्यास लिखना

तुम्हारे जीते जी ही मैं लिख सकता उपन्यास तो लिखता
क्योंकि ब्योरे मुझे याद नहीं रहते हैं
और तुम कुछ भी लिखती नहीं
सिर्फ़ याद रखती हो।

[1988]

परिवर्तन

पहले वह मुस्कुराकर हँसी दबाकर हँसती थी
अब ज़ोरों से हँसती है
इतने वर्षों में वह थक गई औरत है
बच्चों की तरह घबराती है
हम अपनी कम अक़्ल से ही कहते हैं 'बच्चों की तरह'
इतने बरस में सह सकने की ताक़त का बिखरना उसे घबराता है
यह बच्चों का सा नहीं बड़ों का सा है।

उसका रहना

रोज़ सबेरे उठ कर पाते हो उसको तुम घर में
इससे यह मत मान लो वह हरदम मौजूद रहेगी।

[4.4.1988]

मेरा साथ

'वह बैठी धूप में काढ़ रही थी कुछ कपड़े पर
वह अब अकेलेपन की एक दुनिया में मुझसे अलग
जिए जाने की कोशिश कर रही है
उसके पिता गए माँ भी गुज़र गईं
चालीस की उम्र में वह छोटे से बच्चे सी हो गई थी अनाथ
कितने बरस हुए
तब मैं उसे उसकी उम्र से बीस साल कम करके
किया था दुकेला
पर कितनी देर तक वह मुझसे हो सका
उम्र ने उसे और आगे जा कर पछाड़ा जब
तब उसे कितने अकेलेपन ज्ञात हो चुके थे
वह एक दुनिया थी जो मैं बनाता था अपने एकांत में
और इस आशा से कि
एक बड़ी ज़िंदगी बहुतों के वास्ते
हासिल कर रहा हूँ

हाँ, कई लोग साथ देने को राजी थे
थोड़ी ही देर बाद रास्ते अलग तो नहीं हुए
मगर यह प्रकट हुआ वह ज़मीन और है जिस पर
खड़ा है उन लोगों में से हर एक
और मैं सिर्फ़ उस औरत के साथ हूँ
जो इस दुनिया में है अकेली
जैसे मेरा अपनी अधबनी दुनिया में
उसके साथ रहना एक सुविधा थी
आज वह देख रही है मेरा एकाकी होना
उसके लिए कोई सुविधा नहीं।

नहीं रोकूँगा

वह जिस बात में आशा देखती है
मैं एक पिटे हुए सर से सोचता हूँ कि
उसमें नहीं है वह
पर उसे आशा देखने का अधिकार है :
उसे सुख की कल्पना करने का अधिकार है
वह धोखा खाएगी
यह मेरी बुद्धि कहती है
पर उसे आशा करने से मैं नहीं रोकूँगा
उसके लिए यह सुख
हो सकता है बहुत से दुःख का कारण बने
पर उससे मैं यह सुख इसलिए नहीं छीन सकता
कि छीन लेने पर सुख की एक संभावना छीन लेता हूँ।—
नहीं छीनता तो दुःख की एक आशंका रहती है :
मैं मान लेता हूँ कि वह आशा अधिक बड़ी चीज़ है
वह आशंका उतनी बड़ी नहीं है—
क्योंकि बड़े होने का अनुभव उसकी आशा में है।

[20.6.1988]

काल से परे

आज तुम चालीस के हो
कल पचास के भी हो जाओगे
लेकिन दस बरस कहाँ से तुम्हारे शरीर में आएँगे
यह देखने को मैं दम साधे बैठा हूँ
हर मिनट कुछ न कुछ तुम में बदलता है
मेरी हर धड़कन के साथ
मुझे यह पीढ़ी बेगानी होती सी लगती है
जो मेरी पीढ़ी है।

वक़्त की हमारे साथियों में पहचान
काल से परे अपने क़िले की पहचान बन गई है
हम वहीं से लिखते हैं कविता
वहीं से विदेश में मित्रों को
आधुनिक त्रासदी की अपनी वेदना भरी चिट्ठी।

एक दिन आता है

एक दिन आता है कि देह स्वीकार नहीं करती है
पेट भर खाना भी
और तन भूखा भी नहीं रह सकता है
तब शरीर के रिश्ते ठंड से धूप से
उठने बैठने से बदलने ही पड़ते हैं
तब सारी दुनिया से रिश्ते सुधारने पड़ते हैं
जबकि हम
दुनिया को सुधार नहीं सके
तब सिर्फ़ एक नया समझौता आज से काफ़ी नहीं होता है
वे तमाम संघर्ष जो मैंने नहीं किए
अपना हिसाब माँगने चले आते हैं।

यह क्या है?

एक दिन वही हुआ जो होना था
दोनों ने अपना अपना रास्ता पहचाना तो था ही
अब अलग कर लिया
यह थी बुढ़ापे की शुरुआत

एक अकेलापन यह आकर बतला जाता है
बाक़ी दुनिया से मैं अलग हूँ

यह क्या है एक दिन सबेरे की यह थकान
हर दिन की थकान सी यह नहीं लगती
वे सब परचियाँ जो सँभाल कर रखी थीं
बहुत सारी अलग अलग परचियाँ हैं अब
वह क्षण चला गया जब इन्हें जोड़ कर
मैंने भी जीवन वृत्तान्त लिख लिया होता

अब एकदम नई यात्रा बेसहारा यात्रा होती है
स्मृतियाँ हैं अंतहीन शृंखला स्मृतियों की
हम केवल तारतम्य के लिए जीते हैं
मृत्यु के सामने होने से सब यथार्थ एक में जुड़ता है

कितने सपने दूसरे दिन भी याद रह गए
वे इमारतें, ख़ाली घर
उनमें कोई आदमी आता जाता था नहीं।

वृद्ध

एक बार लोग क्षमा कर देते
तो मरता चैन से
कहता है थका वृद्ध
किंतु अभय मिलते ही
मरने की चाह छोड़ देता है
लोग नए सिरे से क्षमा के विषय पर
विचारने लगते हैं।

हिसाब

आयु क्षय होती बढ़ती रहती है
हम इतिहास के साथ क्या करते हैं इस आधार पर।

[30.4.1989]

मुश्किल समय

दस बरस और जियूँ
और अपने सामने उन्हें मरता देखूँ
इस उम्मीद में कि एकाकी वे नहीं होंगे दुर्दिन में
हम एक मुश्किल समय में जीते हैं
जिसमें जीते जी बच निकलना बहुत संभव है
काट ले जाते हैं लँगराते हुए क़ैद कठिन
और समझते हैं कि इतिहास जीत आए हैं

वह यही व्यक्ति है, प्रतिमान वही हैं इसके
सिर्फ़ जो आदमी था इसकी कसौटी वह नहीं
इसके दुखते हुए घावों से दर्द ग़ायब है
सिर्फ़ कुछ पट्टियाँ हैं फाहे हैं मरहम है।

[26.1.1990]

उम्र

यह तो मालूम था कि लोग मुझे जैसा समझते हैं
वैसा मैं हूँ नहीं मगर मुझे कभी कभी अपनी उस शक्ल
को ध्यान में रखना मुफ़ीद है
और कुछ नहीं तो शायद इसीलिए कि शायद मैं सुधर जाऊँ
मगर इस उम्र में जब शरीर से अनेक समझौते कर लिये
और हमउम्रों से सुन लिया कि जाने दो बूढ़ा है, नौजवान
यह कहते हुए आते हैं हम तो उम्र का लिहाज करते हैं
आप ज़रा शांति से बोलिए तो मुझे क्या करना चाहिए।

जीवन का सिलसिला

कुछ धुनें इस उम्र में सुन कर
उस दिन के अनुभव की याद हो आती है
जब वह धुन सुनी थी, सीखी थी, यों ही
तब से अब तक के दिन धुँधले पड़ गए

जाने कितने सीत्कार, इस बीच
मर्म से उपजे और देह में बिला गए ...
जीवन का सिलसिला, जी लेने के पीछे बनता है।

मिलना

समय बीतता है मिलने के अंतराल बढ़ते जाते हैं
युग लम्बा बीता है कुछ भी किये बिना
दिन बार-बार फिर वही कुरै देता है ऊबी हुई ताज़गी

अर्थ आयु का है कि प्रतीक्षा
ठीक समय की करते हैं हम
और समय में हस्तक्षेप नहीं करते मरने के डर से
ऐसा लम्बा जीवन ही क्या मृत्यु नहीं है
और जो खड़ी लगती है वह नहीं है मृत्यु

बिना वजह हम पहुँचे घर पर

कोई जल्दी नहीं देर तक बैठें
दोनों थकने से पहले उठ लें

जीवन में अमरत्व जैसा कुछ
प्राप्त करने के लिए अधिक से अधिक
यही कर सकते हैं कि इसे
और लम्बा करें
जो कुछ देखा था
उसे फिर देखें।

जीवन

यह संसार बार बार मर जाता है मेरे लिए
और मैं ज़िंदा रहता हूँ
फिर जब यह ज़िंदा होता है
मैं कुछ और ज़िंदा होता हूँ
बार बार इसमें जीवन ख़त्म हो जाता है।

बुढ़ापे की ओर

सबसे बड़े दोस्त हैं वे जो अधेड़ हैं
देखो वे सब अपनी अपनी देह में बूढ़े होने लगे हैं
और उनकी नाक अपने ख़ून के रिश्ते सूँघने लगी है
जिन्हें वह जवानी में सूँघ नहीं पाती थी
सोचो सब अधेड़ अपनी अपनी जाति के गुट बन जाएँ
तो कितने नेता हुए जिनको
जल्द ही मरना पड़ेगा अपना स्मारक बनवाने
के लिए
क्योंकि वही उनके लिए देश की सबसे बड़ी इमारत
होगी
यह एक दर्द भरी सच्चाई है कि जैसे जैसे मैं
बूढ़ा हो रहा हूँ मेरी खाल उसी तरह से सिकुड़ती
जा रही है जैसे मेरी जाति के लोगों में सिकुड़ती है
मैं झुर्रियाँ पहचानता हूँ सब अग्रवालों की
और अब वे नौजवानों में भी दिखने लगी हैं

जिससे मैं उन्हें भी पहचानने लगा हूँ
जिन्हें पहले सिर्फ़ नौजवान जानता था।

[1972]

उम्र

मैं बूढ़ा होता हूँ
पता नहीं चलता है
एक दिन मेरी एक संतान
उम्र की ढलान पर
जब जरा तेज़ी से बिखरती है
मुझे अपनी उम्र दिखती है

[1989]

बुढ़ापा

जिन्हें हम जानते हैं
उन्हें बहुत दिन बाद देखकर
एकाएक पाते हैं
कि वे बूढ़े हो गए।

[1988]

आराम से मरता

यदि पैदा होते ही
मुझे पता चल जाता बीस बरस बाद
मुझे अपने समवयस्कों में वह सब पतन
किस प्रकार दिख जाएँगे
जो उनके पुरखों ने उनके संस्कार में डाले हैं
यदि मैं जन्मा होता वृद्ध
और किसी तरह यौवन को
इस सर्वज्ञान के सहारे निभा जाता

यदि आज इतना कम समय बच रहा है
पर कम समय की
मुझको चिंता होती
तो मैं आराम से मरता
अगर मरा हुआ पैदा होता

दूर के शहर से

रात के अँधेरे में जबकि सब यथार्थों को
छान कर उनका खुज्झड़ एक ढेर बन जाता है
दूर के शहर से फ़ोन यह आएगा कि मैं अब बहुत बीमार हूँ
आवाज़ आत्मसम्मान से यह नहीं कहेगी कि कुछ दिनों का मेहमान हूँ

मगर मुझे उसको बचाने के वास्ते नहीं
स्वयं टूटने फूटने से बचने के लिए
बचपन के मित्र को देखने जाना है
टेलीफ़ोन ने ख़बर दी : तीन सौ मील और दो दूरियाँ
सैकड़ों सालों की
जो कुछ अलग कुछ सम्मिलित हम दोनों जी चुके
अब दोनों मरते हैं पाँच दस बरस के अंतर से
कोई संदेश इसे कम नहीं कर सकता।

[1989]

मृत्यु

पड़ी हुई लाश को देख कर डर क्यों लगता है?
इसका कारण क्या हम कभी सोचते हैं?
एक नाटक का एक पात्र कहता है : मरे हुए आदमी से क्या डरना?
उसके लिए ज़िंदा आदमी ख़तरनाक चीज़ हो सकता है, आदमी
के मरते ही उससे ख़तरा दूर हो जाता है। पर यह बात कि
हम अब भी डर रहे हैं बाक़ी रह जाती है यह बताने को
जो आदमी बचे रह गए हैं उनसे हमें ख़तरा है। वास्तव में
हमें ख़तरा उनसे नहीं है पर उससे भी नहीं था जो मर गया है—
मृत्यु का परिणाम जीवन से इतना बड़ा अंतर दिखाता है कि
हम भयभीत हो जाते हैं।

[2.4.1983]

शोकसभा

शोकसभा में क्या है
जिससे हम एक दूसरे से
आँख नहीं मिलाते
आँख चुराते हैं

आपकी मृत्यु में मैं भी आ गया हूँ

'आप मुझसे मिलने आए थे'
मैंने सिर्फ़ उनके पाँव छुए

अब तुम लिखोगे
'इनकी शोकसभा में
इतनी भीड़ न थी।'
तुमने लिखा साठ के होने पर
किसी तरह का ढोल नहीं बजा

जब मेरा भाषण ख़त्म हो रहा था
तो श्रोता उसे वहीं पर समाप्त होते सुनना चाह रहे थे
जहाँ वे समझने से इन्कार कर देते हैं।

[1990]

सोमदत्त

शोकसभा के लिए निकलने में देर हो गई थी
अपने अहाते से निकलती कारों में एक से पूछा
क्या आप भी शोकसभा जाते हैं?
उन्हें अचकचाया हुआ छोड़कर मैं आगे बढ़ा और सवारी पकड़ी

उससे कहा जल्दी रवीन्द्र भवन! कहाँ है यह तो समझ गया पर उसे
कोई जल्दी न थी

मैं बतलाने लगा मुझे क्यों जल्दी है
इसके पहले कि सोमदत्त का नाम लेता, मैं रुक गया।
वहीं मैं अकेला था। और यह अच्छा था
क्योंकि अगर वहाँ भी वही लोग मिलते तो वही कारें मिलतीं
जिन्हें शोक की कोई ख़बर न थी।

अधूरे काम

दो बातें मरने पर कहते हैं
वह अमर रहे और उसे बहुत कुछ करना था
किसी को भी लो और मार दो और यह पाओगे
कि उसे बहुत काम करना था
पर कौन जानता है कि वह उन्हें क्यों नहीं कर रहा था
काम जो हम चाहते हैं करें पर स्थगित करते रहते हैं
बर्बर लोगों की तरह कर नहीं डालते
ऐसे अधूरे काम
जिनकी याद मरने के बाद आती है
कौन जानता है क्यों अच्छी तरह सोचे भी नहीं गए।

[1980]

अमरता

जब एक आदमी
मर जाता है
तब उसके मरने पर
जितनी देर विश्वास होता नहीं
उतनी देर वह अमर रहता है
कहते हैं : वह जीवन से निराश हो चुका था
पर उसके जीवन से अभी बहुत लोगों को आशा थी
फिर थोड़े दिन बीते नहीं कि वही लोग उसे
भूलने लगते हैं
क्योंकि अपने जीवन से निराश नहीं हो चुके हैं वे।

[1978]

अभी जीना है

मुझे अभी जीना है कविता के लिए नहीं
कुछ करने के लिए कि मेरी संतान मौत कुत्ते की न मरे
मैं आत्महत्या के पक्ष में नहीं हूँ तो इसलिए
कि मुझसे पहले मरें वे जो कि

मेरी तरह मरने को बाध्य हैं
कुछ नहीं करता हूँ मृत्यु के भय से मैं
सिर्फ़ अपमान से उनको बचाता हूँ
जिन्हें मृत्यु आकर ले जाएगी
दबे पाँव आहट को सुनता हूँ
और उसे शोर बनने नहीं देता हूँ
हाँ मैं कुछ करता हूँ जिसका
उपचार से कोई संबंध नहीं।

[1990]

कॉपी

यही एक देह मुझे लेकर नहीं जाना है
बाक़ी रह जाएगी यही देहांत तक
यही कटी पिटी पंक्तियों भरी कॉपी

[मई 1990]

रहस्य

क्या रखा है बक्स में यह रहस्य है
उसी तरह यह भी रहस्य है कि मरने का दिन कब है ?

हम दोनों
(बट्टूजी* के लिए)

हम दोनों अभी तो चलते फिरते हैं
लोगबाग आते हैं हमारे पास
हम भी मिलते जुलते रहते हैं
एक हौल बैठ गया है मगर मन में
कि यह सब बेकार है

* पत्नी श्रीमती विमलेश्वरी सहाय

हममें से किसी को न जाने कब
जाना पड़ जा सकता है
हम दोनों अकेले रह जाने को
तैयार नहीं।

[1990]

अभी लिखी नहीं गई

एक दिन जल्दी ही हम दोनों में
कोई एक चला जाएगा
मैं गया अगर तो बहुत काग़ज़ छोड़ जाऊँगा
तुम अगर गईं तो कुछ नहीं छोड़ जाओगी

तुम एक ज़िंदगी आधी अधूरी हो
जो लिखी नहीं गई
जो अभी जी नहीं गई
जिसकी अभी बातें हुईं नहीं
हम दोनों के बीच।

[1988]

चुपचाप

मुझे दुनिया के फट जाने की
फ़िक्र नहीं
मुझे डर है हम दोनों में से एक
अकेला हो जाएगा
चुपचाप
शायद मृत्यु ने हम दोनों को ताड़ रखा है
दोनों में कोई एक
दुनिया को अकेले
झेलने को अभिशप्त है।

[1990]

मैं खुद जाना चाहूँगा

सच तो यह है कि कोई कह नहीं सकता है
हम दोनों में से कौन पहले विदा लेगा
हाँ चाहने को मैं खुद जाना चाहूँगा
बाक़ी काम तुम पर या किसी पर छोड़कर।

दृश्य

तुम यहीं रह जाओगी
मैं चलता चला जाऊँगा
भीख माँगते हुए दया की
जिस तिस को इशारतन कहता मुझे देखे।

[1989]

बट्टू को देखकर

मैं चाहता हूँ कि मेरे मरने पर तुम रोओ नहीं
यह जान लो कि हम लोग साथ साथ रह चुके और अब जाता हूँ
जीवन भर जिसे जी सकी हो
तो मर जाने का तुम दुख न करो।

मेरी चीख़

मृत्यु के भय से
मैं करता रहता हूँ
निर्दलीय चीत्कार
दल बिखरते दलों के नेता
विरोधी पाखंड कोलाहल
मेरी चीख़ बन कर रह जाता है निरा काव्य।

जीवन के अंतिम दिन

जो यहाँ से जाता है
बिना कुछ कहे जाता है
रोज़ मिलते हैं जो वे भी चले जाते हैं

आख़िरी वक़्त कुछ बग़ैर कहे
तुम चली जाओगी
या मैं चला जाऊँगा
और कुछ बातें पड़ी रह जाएँगी
कहने के लिए!

मैं तुम्हें अपना जीवन नहीं दे सकता
जो बचा है जीवन मैं रखता हूँ
तुम्हें जिला रखने के लिए
जबकि सबकुछ देकर तुम्हें बचा रखना चाहूँगा
वह अंतिम लेख, उपसंहार हम कब लिखेंगे
जब जीवन यह प्रसंग दर्ज करने में चुक जाएगा।

जीवन की निष्फलता उसके निष्कर्ष में नहीं है
वह उसे ख़र्च करने के सिलसिले में ही है
साठ वर्ष स्मृतियों से भरे
सब मिलकर एक बड़ा पत्थर हो गए हैं

सच्चे कलाकार जान जाते हैं कि उनका अब अंत आ गया है
जीवन के पाँच वर्ष अंत में अकेला रहूँगा मैं
इसका अभ्यास नहीं कर सकता
क्योंकि वे अंत में ही होंगे
इसके पहले नहीं
ये सब सामान मैं लिये लिये फिरा
अंत में एक घर बनवाया उसमें उन्हें धरा
और भी अंत में छाँटने लग गया
इनमें से काम का एक काग़ज़
जीवन के अंतिम दिन
यही करते हुए
इस कोठरी की रद्दी उसमें रखते हुए चल बसा।
यह नहीं कह सकता अब

कल दिन निकलने पर दिन शुरू होगा।

अभी कुछ दिन और ज़िंदा रहूँगा
अधूरे लेखों को पूरा नहीं कर पाया तो
घर में जमा काग़ज़ों को छाँटना है
और बहुत से काम के बर्तन हटाने हैं
जो कभी सहसा किसी की मेज़बानी के वास्ते रखे थे
आख़िर ये अधलिखी डायरियाँ लिये
कहाँ कहाँ तक जाऊँगा

मेरे पिता नहीं रहे
और अनेक पुरखों के बाद
मैं बच रहा
अब वह सागर आ रहा है
जहाँ कई बेड़े उतराते-डूबते पानी पर ठहरे हैं
मैं अपनी मृत्यु के बारे में सोचता सोचता
दिन भर की थकान में डूब, सो जाता हूँ

दीवार पर तसवीर! कब खींची गई थी
कैमरा था बहुत मामूली
वही घर था जहाँ की तमाम खुशियाँ
अगर मैं याद कर पाऊँ तो नहीं बता पाऊँगा तारीख़ें
कुछ दूसरी यादों से बिना अलग किए
कहीं ये वही जगहें तो नहीं हैं
भले ही वे दिन न हों जो कि जगहों को
समय के दायरे में ले आए हों
शायद किसी ढब से
दीवार पर तसवीर!
वह कुछ धुल गई है।

मैं मर चुका हूँ

तब मैं मर चुका हूँ
जब तुम मर रही हो
देखो दृश्य तुम बड़ी हो गई हो
हड्डियाँ शरीर में अर्थ रखती हैं अब

मुझे वह गोल गोल चेहरा और
गुदगुदे हाथ छोटे छोटे
भले याद हों
तुम मर रही हो शरीर के भीतर के रोग से
जो नहीं जानता
क्योंकि अब नहीं हूँ मैं—
मर चुके होने की उम्र पार करके
जिस वक़्त दर्द उठता है
तुम दोनों हाथ मन में उठाकर
मुझे याद करती हो
क्या तुरंत यह विचार छोड़ देने के लिए।

[1990]

चेहरे की सिकुड़नें

(कवि की अंतिम कविता)

थकी हुई औरत के चेहरे की सिकुड़नें
किसी एक परिवार की लंबी मुश्किलों की
आड़ी सतरें हैं
उनकी लिखावट कुछ अलग दूसरों से है
क्योंकि परिवार के पुरखों ने अलग-अलग
भाषाएँ लिख दी हैं।

[25.12.1990]

शेष अप्रकाशित कविताएँ जो अंतिम संग्रह

'एक समय था' में जाने से रह गई थीं

भाषा की शुद्धता

भाषा की शुद्ध वर्तनी के छपे हैं नियम
पर उन्हें मैं नहीं पढ़ता
सच बोलने का प्रयत्न करता हूँ
भाषा उसी से सुधरती है।

भाषा और कवि

शब्दों में आभिजात्य गुंजित कर
हम तुम वे
इतिहास पैदा नहीं कर सकते भाषा से
कविता हर समय यही छल करती रहती है
कवि उसको हर समय विफल किया करता है।

आर्थिक आँकड़ा

किसी राष्ट्र की आर्थिक अवस्था का
शायद सबसे बड़ा आँकड़ा
यह है कि वह अपने नागरिकों की लाशें बेच सकता है

[1981]

हमारा दल

सब लोग बारी-बारी से मुख्यमंत्री होंगे
हमारी पार्टी में ही यह विशिष्टता है
विरोधी दल तो अभी बने ही नहीं हैं
उनमें बनने के पहले ही स्पर्द्धा होती है
हम लोग जब बन जाते हैं तब शुरू करते हैं।

समय की कमी

उस औरत की पूरी ज़िंदगी दुःखों से भरी थी
वह मर जाएगी
तुम एक पूरी कहानी जानने से रह जाओगे
छोड़ो समय नहीं रह गया है
न तुम्हारे जीवन में न उस बुढ़िया के।

[1981]

जीने की लालसा

बहुत जीने की लालसा भली लगती है।
उसके बाद अपने पर शक होने लगता है
कि मैं औरों से ज़्यादा क्यों जीना चाहता हूँ
मौन से भागते-बचते हुए कविता?
नहीं हो सकती है।
लंबी जिंदगी?
होगी, हुआ करे
पीछे मुड़कर देखो तुम्हारे साथ जो थे, पीछे रह गए हैं।
अब वे हैं नहीं
मगर वे इसलिए पीछे नहीं रह गए कि वे नहीं थे।

दोसूती, डोरिया और जाज़िम

हम दोनों जीवन के उत्तरार्द्ध में बैठे एक दिन
उन शब्दों को याद करते थे जो खो गए हैं

कपड़ों के किस्मों के बुनकरों के जीवन के
दिए हुए शब्द जो उनकी जीविका के साथ खो गए
छापों के नाम और उनके विविध प्रकार
जो छीपा लोगों के साथ धुल पुँछ गए
वस्त्रों के जो शरीर ढंकने के आनंद के नए नाम थे
हम दोनों एक एक को खोजते कभी पहचानते
कभी भ्रम में पड़े अपने अकेलेपन के भय की चीन्हते
विषय बदल देते हैं

इस डर से कि हम निपट सुनसान में
खड़े हुए न रह जाएँ
हम दोनों की अडिग आस्था
परस्पर की प्रीति में बनी रहे
इसलिए हमने कुरेदा नहीं
अतीत की स्मृतियों को अत्यधिक
आँखों में झाँक कर उस शून्य को
देखकर रह गए
खो गए शब्दों ने जो भर दिया था
हमारे अतीत में

[देवबंद, 30.5.1985]

यह दुनिया बहुत बड़ी है जीवन लम्बा है

[1946–'60]

[रघुवीर सहाय की असंकलित और ज्यादातर अप्रकाशित प्रारंभिक कविताएँ]

"अंत का प्रारम्भ"

22.8.48

मधुर यौवन का मधुर अभिशाप मुझको मिल चुका था
फूल मुरझाया छिपा कांटा निकल कर चुभ चुका था
पुण्य की पहचान लेने, तोड़ बन्धन वासना के
जब तुम्हारी शरण आया, सार्थक हुआ था जन्म मेरा
क्या समझ कर कौन जाने, किया तुमने त्याग मेरा
अधम कह कर क्यों दिया इतना निठुर उपालम्भ है यह
अंत का प्रारम्भ है यह

जगत मुझको समझ बैठा था अडिग धर्मात्मा क्यों?
पाप यदि मैंने किए थे तो न मुझको ज्ञान था क्यों?
आज चिंता ने प्रकृति के मुक्त परों को पकड़ कर
नीड़ में मेरी उमंगों के किया अपना बसेरा
हो गया गृहहीन, सहज-प्रफुल्ल यौवन-प्राण मेरा
खो गया वह हास्य अब अवशेष केवल दम्भ है यह
अंत का प्रारम्भ है यह

है बरसता अनवरत बाहर विदूषित व्यंग्य जग का
और भीतर से उपेक्षा का तुम्हारा भाव झलका
अनागमित है आपदाएँ कहाँ जाऊँ मैं अकेला
इस विकल मन को लिए, जीवन हुआ है भार मेरा
बुझ गए सब दीप गृह के, कालरात्रि गहन बनी है
दीख पड़ता मृत्यु का केवल प्रकाशारम्भ है यह
…प्रारम्भ है यह

कवि की हस्तलिपि में उसकी उपलब्ध पहली कविता

भूमिका

1946 से लेकर 1960 तक के 14 वर्षों में लिखी गई इन कविताओं में से अनेक समय-समय पर पत्रिकाओं और संग्रहों में प्रकाशित होती रही हैं, अनेक हैं जो पहली बार प्रकाशित हो रही हैं। जो अभी तक कहीं नहीं छपीं वे आज भी न छपतीं तो कोई हर्ज़ न था। मगर हर कवि के जीवन में उसकी लिखी हर कविता एकसाथ दो तरह के विकासक्रमों का प्रमाण होती है, एक वह जो दूसरे कवियों की लिखी कविताओं सहित उसकी अपनी लिखी कविताओं ने साहित्य में बनाया है और दूसरा वह जो उसने अपनी लिखी कविताओं से अपने लिए बनाया है। मैं यह मानने में संकोच करता हूँ कि कोई कवि अकेले साहित्य में कोई परम्परा बना सकता है। वह दूसरों के साथ शामिल होकर जो बनाता है और खुद अपने लिए जो बनाता है, उन दोनों के बीच एक द्वंद्वात्मक संबंध ही उसे एक अस्तित्व और दिशा देता है और वही किसी कवि के कृतित्व का विस्तार भी है, सारांश भी। इन कविताओं को यहाँ एकसाथ प्रकाशित कर देने का कारण यही है कि मुझे इतना दिखाई देने लगा है कि अपनी उन कविताओं को फिर देखे बिना जो मैंने लिखकर प्रकाशन के योग्य नहीं पाई थीं, मैं अपने सम्पूर्ण कविकर्म को नहीं देख पाता। जैसे कि तब मैंने वे ही कविताएँ प्रकाशित की थीं जो मैं स्वयं विश्वसनीय देख पाता था वैसे ही अब वे भी प्रकाशित कर रहा हूँ जो अब मुझे इस संदर्भ में जिसका ऊपर उल्लेख किया, विश्वसनीय दिखाई देने लगी हैं। जो मुझे देखना सार्थक प्रतीत हो रहा है वह पाठकों को देखना भी सार्थक तो हो सकता है इस तर्क से मैं इस संग्रह को लेकर सामने आ रहा हूँ। संगृहीत सब कविताओं के लेखन और प्रकाशन की तारीख़ें दी हुई हैं। वे कविताएँ संगृहीत नहीं हैं जो लिखने के बाद ही रद्द कर दी गई थीं। 1960 के बाद लिखी कविताओं के संकलन *आत्महत्या के विरुद्ध* (अगस्त 1967), *हँसो हँसो जल्दी हँसो* (मई 1975) और *लोग भूल गए हैं* (फरवरी 1982) में प्रकाशित हैं। 1960 के बाद लिखी कविताओं में से कोई भी कविता अप्रकाशित नहीं है—कहीं दबी पड़ी भूली-बिसरी इक्का-दुक्का होंगी तो होंगी।*

अक्सर कहा जाता है कि हम साहित्य के द्वारा एक नया समाज बनाते हैं शायद ज़्यादा सही यह कहना होगा कि हम साहित्य में एक नया समाज बनाते हैं, साहित्य के द्वारा नहीं। उस अकेले के बनाए नए समाज के सामने यह संसार जिसे हमने संगठन के द्वारा बनाया है कितना अपूर्ण दिखाई पड़ने लगता है! उसकी अपूर्णता को पहचानकर ही हम एक नया और पूर्ण संसार बनाने का संगठित प्रयत्न आरम्भ करते हैं। यह सत्य है कि जो सृष्टि केवल साहित्य में हुई हो वह भी अपूर्ण है, मानव समाज के संगठन के माध्यम से अनेक आदर्शों को प्रतिफलित

*यह भूमिका 1983 में लिखी गई थी। इसलिए कवि ने अपने जीवनकाल में अंतिम कविता संग्रह *कुछ पते कुछ चिट्ठियाँ* (1989) का उल्लेख नहीं किया है। उनके निधन के बाद उनका एक और कविता संग्रह *एक समय था* भी छप गया है।—संपादक

किए बिना वह पूर्णप्राय भी नहीं होती परंतु एक इससे भी बड़ा सत्य है। वह यह है कि केवल साहित्य में सृष्टि से ही संभव है कि हम मानव समाज के संपूर्ण आदर्श से साक्षात्कार कर सकें। इसी तरह जहाँ यह सत्य है कि लोग संगठन के माध्यम से ही व्यवस्था को अपने आदर्श के अनुसार बनाने का प्रयत्न कर सकते हैं वहाँ एक और बड़ा सत्य भी है। वह यह कि वह संगठन हमको ही बनाना होता है चाहे आदर्श कोई और क्यों न सामने रखा रहा हो और हम उन्हें स्वीकार कर रहे हों।

साहित्य और समाज में एक द्वंद्वात्मक संबंध है। साहित्य समाज का दर्पण है यह पुरानी कहावत एकांगी ही कही जाएगी। पहली बात तो यही है कि साहित्य ही वह दर्पण नहीं है जिसमें हम समाज को देखते हैं। ऊपर से यह भी है कि यदि वह दर्पण साहित्य भी है तो उसमें जो समाज दिखाई देता है वह हमारे रचे हुए संगठित समाज से बड़ा होना चाहिए। यथार्थ को अभिव्यक्त करने का यही एकमात्र विश्वसनीय तरीक़ा है कि हम जिसे खोलते हैं उसे देखकर लोगों की आँखें खुलें। संगठन के द्वारा समाज रचना का काम इतिहास के अनेक दौरों में ऐसी कठिनाइयों से गुज़रता है कि परिवर्तन के संगठित माध्यम या सशक्त या अपूर्ण या यथास्थिति के, जो कि पतन का ही दूसरा नाम है, माध्यम बन जाया करते हैं। ऐसे दौरों में हम साहित्य का दुरुपयोग होते हुए देखते हैं। साहित्यकारों ही नहीं, भाषा का उपयोग करनेवाले सभी माध्यमों द्वारा यथार्थ को प्रकट किया जा रहा होता है कि उसे देखकर परिवर्तन के आदर्श, इच्छा और शक्ति, तीनों स्खलित हो जाएँ। प्रकटतः ऐसा साहित्य भावनाओं के संसार में जो उथल-पुथल मचाता है वह या तो विशृंखल संगठनों की निष्क्रियता या पतनकामी संगठनों की दुष्टता के कारण समाज परिवर्तन के बने-बनाए विकल्प जैसी दिखाई देने लगती है। यह धोखा जब भी हो रहा हो तब साहित्य को ही नए मोर्चे खोलने पड़ते हैं जहाँ समाज में छिपे सत्य, न्याय और बराबरी के आदर्श को जीवित रखा जा सके। ये मोर्चे कोई बीज भंडार नहीं हो सकते, खेत ही हो सकते हैं चाहे कितने ही छोटे और असिंचित क्यों न हों।

अंत में एक बात कहकर और अपने को आपके सामने खुला छोड़कर विदा लेता हूँ। कवि जब लिख रहा होता है तब चाहे वह उसकी पहली कविता हो या पहली न हो वह कविता के शिल्प के एक संसार से निश्चय ही जूझ रहा होता है क्योंकि यदि उसे समाज-रचना का आदर्श अभीष्ट है तो यह हो ही नहीं सकता कि अभी तक औरों का रचा शिल्प संसार उसके पास उस आदर्श के लिए सारी सुविधाएँ और प्रक्रियाएँ जुटाकर अपने आपसे आए। प्रत्येक रचना एक ही समय में एक नए समाज की रचना और एक नए शिल्प की रचना के लिए कृतसंकल्प होती है। इसलिए कवि जिन कविताओं को लिख-लिखकर फाड़ देता या छिपाकर रखता जाता है, ये भी उसकी समाज और साहित्य के द्वंद्वात्मक संबंध की पहचानें हैं। मेरा निवेदन है कि आप प्रस्तुत संकलन को इसी रूप में देखें क्योंकि मैं इसे अपनी उपलब्धि के रूप में नहीं, अपने प्रयत्न के रूप में ही आपके हाथों में छोड़ रहा हूँ।

1983

—रघुवीर सहाय

अंत का प्रारंभ

मधुर यौवन का मधुर अभिशाप मुझको मिल चुका था
फूल मुरझाया छिपा काँटा निकल कर चुभ चुका था
पुण्य की पहचान लेने, तोड़ बंधन वासना के
जब तुम्हारी शरण आ, सार्थक हुआ था जन्म मेरा
क्या समझ कर कौन जाने, किया तुमने त्याग मेरा
अधम कह कर क्यों दिया इतना निठुर उपलम्भ है यह
अंत का प्रारंभ है यह।
जगत मुझको समझ बैठा था अडिग धर्मात्मा क्यों?
पाप यदि मैंने किये थे तो न मुझको ज्ञान था क्यों?
आज चिंता ने प्रकृति के मुक्त पंखों को पकड़ कर
नीड़ में मेरी उमंगों के किया अपना बसेरा
हो गया गृहहीन, सहज प्रफुल्ल यौवन प्राण मेरा
खो गया वह हास्य अब अवशेष केवल दंभ है यह
अंत का प्रारंभ है यह।
है बरसता अनवरत बाहर विदूषित व्यंग्य जग का
और भीतर से उपेक्षा का तुम्हारा भाव झलका
अनगिनित हैं आपदाएँ कहाँ जाऊँ मैं अकेला
इस विमल मन को लिए, जीवन हुआ है भार मेरा
बुझ गए सब दीप गृह के, कालरात्रि गहन बनी है
दीख पड़ता मृत्यु का केवल प्रकाशस्तंभ है यह
अंत का प्रारंभ है यह।

[22.8.1946 उपलब्ध पहली कविता। *नवभारत टाइम्स* (26 दिसंबर 1991) में निधन के बाद प्रकाशित]

कामना

क्षुब्ध जगती के निराशित प्रेमिकों का स्नेह लेकर
विश्व भर की वेदना की ज्वाल से वह जल रही है
ज्योति जिस पर टूटते हैं लुब्ध होकर क्षुब्ध प्राणी
टूटते हैं झुलस जाने के लिए अगणित पतंगे

दीप की लौ ढाँक ले जो शलभ ऐसा चाहता हूँ
मैं तुम्हारी शक्ति का आभास पाना चाहता हूँ।

दूर पर है टिमटिमाती दीप की अंतिम किरण जो
किसी मरनासन्न की संगिनि बनी अंतिम क्षणों में
उस किरण की ज्योति से खोया हुआ पथ क्या मिलेगा
प्राण मेरे हैं भटकते शून्य की चिर कालिमा में
मैं गगन की नीलिमा में तड़ित नर्तन चाहता हूँ
मैं तुम्हारी शक्ति का आभास पाना चाहता हूँ।

चल पड़ा निर्माण पथ पर युग युगों का मैं बटोही
विश्व की शुभकामना में विश्व से होकर निमोही
छोड़ आया हूँ सभी कुछ भोग रोग विषाद माया
भूल यह की, हृदय अपना भी कहीं मैं छोड़ आया
लौट पड़ने का प्रलोभन विजय करना चाहता हूँ
मैं तुम्हारी शक्ति का आभास पाना चाहता हूँ।

[7.10.1946. *रघुवीर सहाय का कविकर्म* (ले. सुरेश शर्मा) पुस्तक के परिशिष्ट में प्रकाशित (1981)]

मुक्ति-भोग

लिए शीश पर भार व्योम का खड़ा अचल युग युग से अनथक
आज हँस पड़ा अपने बंधन और भार को समझ निरर्थक
किंतु फेंक कर उन्हें, धरा पर, अपना वेग सँभाल न पाया
और अधूरे अरमानों को लेकर पत्थर नीचे आया
अब अचिन्त्य एकाकी होकर, विधि के पैरों की ठोकर खा
शिलाखंड सरिता की धारा में पड़ सिकता बिंदु बन गया
हाय! एक क्षण मुक्ति क्या मिली शाप एक वरदान बन गया
मद में हहराते सागर का, एक बाँध से सीमित कोना
गर्वीली ऊँची लहरों के गर्जन को समझा था रोना
किसी दूसरे के हाथों निर्मित नियमों से असंतुष्ट हो
उफन-उफन बह चला तोड़ता असह बाँध की दीवारों को
अगम घाटियों कठिन गिरों में गिरकर निर्झर बना अंत में
कभी गहनता का प्रतीक था अब करुणा का गान बन गया
हाय एक क्षण मुक्ति!
मनन किया ग्रंथों का जिसने तेरी सत्ता को पहचाना
अरे! कि उसने जग के मग पर अपना ही अस्तित्व न जाना

यह भी लूँगा वह भी लूँगा कह मानव ने हाथ पसारे
और तुम्हारे दिए तोड़ डाले नियमों के बंधन सारे
ठुकराया जिसको, उसकी ठोकर खा उसको फिर फिर चाहा
चाहा अपना मान बढ़ाना जिससे वह अपमान बन गया।

[11.10.1946. अप्रकाशित]

गीत

तुम सपनों में क्यों आती हो।

मन की ज्वाला बुझा चुकी हो
अंत राह का सुझा चुकी हो
फिर क्यों मेरा हाथ पकड़ उस दुर्गम पथ पर लौटाती हो।
तुम सपनों में क्यों आती हो।

गीत एक ही मैंने गाया
गा गा कर मैं ही भरमाया
भूल गया उसकी जो कड़ियाँ, मुझे सुना कर क्यों गाती हो।
तुम सपनों में क्यों आती हो।

आज मुझे टुक सो लेने दो
उन भूलों पर रो लेने दो
हँसते मुसकाते सपनों से आज मुझे क्यों जगवाती हो।
तुम सपनों में क्यों आती हो।

[12.12.1946. अप्रकाशित]

गीत

भाई, और न चल पाएँगे।

भार लिया है हमने सिर पर
चलते रहने का हँस हँस कर
भूल हमारी है यह साथी, हँस कर कैसे जल पाएँगे
भाई, और न चल पाएँगे

बहुत-बहुत मन को समझाया

झूठी है यह तम की छाया
अपने को अपने ही हाथों अब तो और न छल पाएँगे
भाई, और न चल पाएँगे

हम चाहे जितना ही तड़पें
अंतर की गति को ले कलपें
चलना है तो एक बार में एक क़दम ही चल पाएँगे
भाई, और न चल पाएँगे

[12.12.1946, अप्रकाशित]

गीत

भाई, ज़रा दूर तक ही चल।

इतना भार न सह सकते हो
लख सुदूर को क्यों रुकते हो
पीछे देखो तो मुड़ कर कितना कँकरीला पथ आए चल
भाई, ज़रा दूर तक ही चल।

चलो उठा कर नीची गरदन
नभ को देख हारते क्यों प्रण,
तुम समझे हो साँझ हो गई, यह तो घिर आए हैं बादल
भाई, ज़रा दूर तक ही चल।

सम्हलो, मत चरण डगमगाएँ
अगर कहीं नयन डबडबाए
पुँछ जाएगा ललित महावर, बह जाएगा मोहन काजल
भाई, ज़रा दूर तक ही चल।

[13.12.1946. अप्रकाशित]

विनय

आज मेरे भी हृदय के गान सुन लो।

मुग्ध मारुत ने गमक कर जा दिया संदेश जब

सुरभिमय मधु से सजे तन की सजा कर अर्चना
तरुण कलियों ने पुकारा और भँवरे ने सुना
आज तेरी मदिर स्मृति से महकते निःश्वास मेरे
और तेरी मधुर स्मिति से फूल सा यह मन खिला है
आज मेरे भी हृदय के गान सुन लो।

शरणमयी अमराइयों के घन अँधेरे से सहम
कलित कोमल कण्ठ में पिक के उमड़ आई व्यथा
और वह रह रह किसी से पूछता पी का पता
कल्पना दुःख सपन की छाया सघन में घुट रही है
बस मिलन के एक क्षण के स्मरण से यह मन जिला है
आज मेरे भी हृदय के गान सुन लो।

रिक्त अंबर में घहर कर घुमड़ आए जब जलद
मिल गए घन, हो गया क्षण भर मिलन में डोलना
था सुना जग ने उठा कर नयन उनका बोलना
प्रेरणा सहसा सजल सी शून्य मन में छा गई है
और उसकी विकल गति से प्यार को कम्पन मिला है
आज मेरे भी हृदय के गान सुन लो।

[6.3.1947. अप्रकाशित]

मेरा प्यार

मैं अपरिमित हूँ स्वयं पर हाय! सीमित प्यार मेरा

द्रुत प्रलय के तीव्र झोंके प्राण में आकर समाए
और चलने की पुरातन चाह ने हैं पर लगाए
एक पग तक ही बँधा है तड़पना हर बार मेरा

उठ गया था कल्पना के लोक में जिसके सहारे
सप्त स्वर की लालिमा से चित्र थे उर के सँवारे
आज वर्जित है उसी को गान का उपहार मेरा

रुक न पाएँगी विकल उर की अमिट उद्भावनाएँ
पर विमुख तुझसे रहेंगी आज मेरी कामनाएँ
एक क्षण की लालसा पर कौन सा अधिकार मेरा

माँगता है दान मेरी प्रेरणा का विश्व मुझसे

यदि लुटा दूँ शक्तियों को शेष इन कमजोरियों से
जानता हूँ कर सकूँगा मैं न कुछ उपकार तेरा

जीव का अवतार हूँ उस लोक में क्यों जी सकूँगा
चिर व्यथा का भार हूँ आदर्श तक कैसे उठूँगा
सत्य दर्शन से सजा है स्वप्न का संसार मेरा

खोजने पर भी नहीं होती बहुत सी चाह पूरी
दौड़ने पर भी कभी घटती नियत पथ की न दूरी
भूल ही तो थी कि तुझमें प्यार सौ सौ बार हेरा

मैं अपरिमित हूँ स्वयं पर हाय! सीमित प्यार मेरा।

[8.7.1947. अप्रकाशित]

आदिम संगीत

भावना के लोक में मैं था अपरिचित
किंतु परिचय के लिए कर सब समर्पित
मिल गए तेरे नयन से नयन जब से
हो रहा हर ओर स्वागत-गीत मुखरित
रूप के वरदान की आकाशवाणी सुन रहा हूँ
प्रकृति के प्रारंभ की कोई कहानी सुन रहा हूँ।

बीन पर उच्छ्वास ने मृदु हाथ फेरा
पुनः कम्पित है ललित स्वर आज तेरा
सुप्त जीवन में प्रथम जब राग जागा
प्यार के पहले चरण का गीत छेड़ा
गीत के पहले चरण की सजल वाणी सुन रहा हूँ
प्रकृति के प्रारम्भ की कोई कहानी सुन रहा हूँ।

सर्वदा अति अधिक जल से बाँध टूटा
है उमड़ते स्रोत का कलकल अनूठा
पीर के तीखे शरों से तिलमिलाकर
ही प्रथम जग में निरक्षर कण्ठ फूटा
आदि कवि की वही कविता वही वाणी सुन रहा हूँ
प्रकृति के प्रारम्भ की कोई कहानी सुन रहा हूँ।

[15.7.1947 इसी वर्ष *आजकल* (अगस्त) में प्रकाशित। छपी हुई पहली कविता।]

आज तक मैंने न जाना

लोक का अनुराग वे ही पा सके जो थे सजीले
विश्व ने चाहे सदा शृंगारमय जन मन रँगीले
पर मुझे तो भा गई वह शुचि सरलता
दो नयन वे तनिक विस्मित, तनिक नत लावण्य गीले
भा गई पर छा गई दुर्बोध बन कर
किसलिए वह एक पल भर देख कर फिर सिर झुकाना
आज तक मैंने न जाना।

अंत सपनों का सदा होता चला आया भयंकर
यह कलुष इतिहास सोचा था दिखा दूँगा पलट कर
पीठ में तेरी नई सी चमक देखी
खिल गया मन हो गया प्रण प्यार का कुछ और दृढ़तर
पर नहीं अनुमान दिखता सच उतरता
किसलिए विश्वास पड़ता जा रहा है अब पुराना
आज तक मैंने न जाना।

मृत कपोलों पर ढुलकती जा रही हैं अश्रु बूँदें
सित नयन नक्षत्र के नीले गगन में कौन मूँदे?
कौन उखड़ी साँस से स्वर छीनता है
आँधियों से कौन संस्मृति के सुरीले कण्ठ रूँधे
यह प्रभंजन किसलिए तूने चलाया,
जबकि था अज्ञात तुझको अस्त्र को वापस बुलाना?
आज तक मैंने न जाना।

[5.8.1947. अप्रकाशित]

जिज्ञासा

देखता हूँ अर्द्ध उन्मीलित नयन से
मानता हूँ सत्य, संशय सहित मन से
कब खुलेंगे भेद मन के,
कब खुलेंगे नयन पूरे
क्यों तुम्हारे प्यार की पहचान बिसरी सी हुई है?
क्या अधूरे ही रहेंगे गीत मेरे?

पुनः स्पंदित आज कविता का सजल तन
क्षीण सरिता है गई सागर विपुल बन
विकल हैं विश्वास के आघात से
संगीत लहरें
पर उभर कर हर लहर फिर क्यों उतरती सी हुई है?
क्या अधूरे ही रहेंगे गीत मेरे?

सजनि कितना स्निग्ध होगा स्निग्ध बंधन
रात भर अपलक नयन, कर मुग्ध चिंतन
उस मिलन की रूपरेखा
आँकता था हर सबेरे
क्यों मिलन की रात सचमुच आज आई सी हुई है?
क्या अधूरे ही रहेंगे गीत मेरे?

[5.8.1947, संशोधन : 30.8.1947. *नया कदम* (नवंबर 1948) में 'क्या?' शीर्षक से कुछ परिवर्तन के साथ प्रकाशित। कवि ने उस समय की अपनी डायरी में कविता के हाशिये पर लिखा है : 'इस कविता को पढ़कर माथुर (गिरिजाकुमार माथुर) ने कहा था, 'तुम मुक्त छंद जल्दी ही लिखोगे।']

नानी का जादू

आज कठिन सर्दी है
कुहरे की कमली में निशि में सारा बदन लपेट लिया है।
नहीं सूझता हैं अपना ही हाथ
बहुत गहरा अँधियाला
इसीलिए तो आज कर रहा है यह पाला
मनमानी,
शैतानी।
यहाँ घरों के बाहर इसने सबको सुला दिया है
हर बिरवे की पत्ती पत्ती
गरम जेब में सिकुड़े हाथ
हाथ में ठण्डे ठण्डे लगते पैसे
मोमफलीवाले की सर्दी लगी हुई आवाज़
और डालिया से उसकी झाँक रही धुँधियाली बत्ती
यहाँ घरों के बाहर इसने सबको सुला दिया है
लेकिन जाड़े सुन रे पाले
अपना अपना बिस्तर तज कर
मिन्नी की खटिया पर ठँस कर
जमे हुए यह पाँच बहादुर

आज नहीं सोएँगे
घर भर की घड़ियों की चाभी
टिक टिक करते करते शायद
हो जाएगी ख़त्म।
गरम है नई रज़ाई
जिसके भीतर सिमटे हैं छोटे छोटे ये बहनें-भाई
यद्यपि छोटे मुन्ना का आँखें झपकाना शुरू हो गया
और सरकने लगी कान पर धीरे धीरे
नई रज़ाई
लेकिन नींद पास आते फिर भी घबराती
विस्मय से एकटक आँखें खोले ये बच्चे
हूँ हूँ करते
(इनसे शायद डरती है)
क्योंकि कहानी अजब निराली कोई, नानी आज सुनाती
मेरी नानी अच्छी नानी
कल भी कहना यही कहानी।

[10.8.1947, मुक्त छंद में पहला प्रयास, अप्रकाशित]

निशा से

तिमिर के घन बहुत बरसे ओस बन कर,
नष्ट वे कण कर गया पर नित्य दिनकर;
आज करुणा के घनों के अजर जल से,
सींच दूँ तरसी हुई पलकें तुम्हारी।

प्रश्न मेरे एक भी तुझसे न सुलझे,
वरन् तेरे ही अनोखे केश उलझे;
स्वप्न की रंगीन वेणी से सजा कर,
गूँथ दूँ बिखरी हुई अलकें तुम्हारी।

गगन में तूने सँवारे दीप प्रतिदिन,
ले गया, पर वे सितारे, प्रात गिनगिन;
मिलन-ऊषा की प्रतीक्षा में जले मन,
फिर छटा चिरकाल तक झलके तुम्हारी।

[7.9.1947. *रानी* (अक्टूबर 1947) में प्रकाशित]

खोलो जीवन के पट खोलो

दिन भर के श्रम से थक कर जग हो जाता है निद्रा में लय
अनुताप प्रखर किरणों का सह, ले लेता है तम का आश्रय
जग की तीखी नजरों कटु व्यवहारों से होकर अनुपीड़ित
रजनी की गोदी में सिर रख मैं भी हो जाता हूँ निर्भय

पूरब के सार हिमालय के
आँगन से ऊषा आती है
सकुचा सकुचा लज्जा से
रक्तिम हो संसार जगाती है

झकझोर निठुर हाथों से स्मृति के प्रेत मुझे जाया करते
मेरी तो वह प्रिय नींद सदा सपनों से तोड़ी जाती है
दिन का स्वर्णिम शृंगार नहीं यह नेत्र सराह कभी पाते
सूनी सूनी आँखें अँधियाले में जाकर खो जाती हैं

तुमको जिससे देखा था वह
मेरे नयनों की ज्योति, मुझे
दे दो, यह दृग इक बार
उसी रंगीन उजाले में खोलो
जिससे मैं जग को देख सकूँ
खोलो जीवन के पट खोलो।

जब एक अनेक प्रकार हुए थे हम है याद तुम्हें वह क्षण
दृग एक हृदय भी एक, व्यथा भी एक समान हुए थे मन
मेरी स्मिति तेरा हास बनी, तेरी पीड़ा मेरे आँसू
मिल कर जब जी भर रोए थे हम और भिगोए थे दामन

तेरे अंचल पर ये धब्बे
जल के ही हैं इन नयनों के
आँसू, गालों पर खींच गए
हैं चित्र पुराने सपनों के

ये चिह्न हमें जतला देंगे, जिस ओर कहीं हम जाएँगे
उँगली दिखला संसार कहेगा यह पीड़ित अरमानों के
इस भाँति निरर्थक जाएँगे इतने महँगे मेरे संयम
जग जान न पाएगा कितना बल संचित है इन प्राणों में

मन को दृढ़ कर अपने हाथों
से मेरे ये आँसू पोंछो
आओ, फिर मिल कर सुख के
अँसुओं से आँखें धो लो
पाऊँ जीवन का नव दर्शन
खोलो पट जीवन के खोलो
खोलो पट जीवन के खोलो

मानव की देह मिली हमको पाया है मानव का अंतर
विश्वास भरा आदर्श भरा, मानव जीवन सचमुच सुंदर
इस उर की गागर में पीड़ा के तूफ़ाँ भी घिर आते हैं
उल्लासमयी चंचल लहरें भी उठती हैं मंथर मंथर

यह स्मिति अथवा यह अश्रु
नहीं केवल मेरे हैं या तेरे
इतने विस्मृत भू को चारों दिक्
से यह दोनों हैं घेरे

दो क्षण प्राणों के मिलने के सुख के अतिरिक्त बहुत सुख हैं
परिणय की पीड़ा के अतिरिक्त धरा पर दुख हैं बहुतेरे
दृग वातायन खोलो आँसू के परदे सरका कर देखो
कितने दुःखत्रस्त अभागों से अब तक हम थे, आँखें फेरे

उनके हित यह आँसू सिरजो
उनके सुख के सपने देखो
मेरे स्वर में अपना स्वर दे
उन स्वरहीनों की जय बोलो

प्रहरी मैं शिवपथ पर जाऊँ
खोलो पट जीवन के खोलो।

[15.9.1947। 2.10.1947 को संशोधित, अप्रकाशित]

अनुभव

प्रथम पग प्यार का भू पर उठा कर जान पाया हूँ,
कि शूलों से बनी धरती,

कभी चिंता नहीं करती,
कि मुझ पर कौन चलता है।

तुम्हारे देश के पथ पर, सजनि, कण्टक नहीं थोड़े,
चरण अनथक नहीं मेरे, मुझे भी भय नहीं छोड़े,
तुम्हारे स्नेह के मृदु स्पर्श की आशा मगर फिर भी,
भुला देती यही आशा, थकन काँटों भरे तन की।

प्रथम व्यवहार ही में विश्व से, यह जान पाया हूँ,
कि धोखे से भरी जगती,
कभी चिंता नहीं करती,
कि किसको कौन छलता है।

जगत की कौन सी मुझसे रही है चाल अनजानी,
प्रलोभन हैं प्रणय के शब्द, मिथ्या स्वप्न की वाणी,
स्मरण है नतपलक होकर दिए थे कुछ वचन तुमने
मुझे विश्वास है बिसरी नहीं वह भावना उनकी।

प्रथम मनुहार में विधि की यही मैं जान पाया हूँ,
कि स्वर्गिक शक्ति वह महती,
कभी चिंता नहीं करती,
कि जग में कौन जलता है।

मधुर है किंतु मानव से सदा व्यवहार मानव का,
मधुर है किंतु करुणा से भरा संसार मानव का
तुम्हारे भी कभी कुछ क्षण रुदन में बीतते होंगे,
सुनाता हूँ इसी से तो तुम्हें यह वेदना मन की।

[17.9.1947। 3.10.1947 को संशोधित, अप्रकाशित]

दो प्रश्न

चेतना पर ही रुका यह क्षणिक जीवन
कल्पना से कब थका मेरा अमर मन?
प्रथम यौवन की उभरती
साँस को जब साध पाया,
प्रथम दर्शन के सबल
उल्लास में जब बाँध पाया,

स्पर्श भर से जो हिला दे,
सह लिया उस स्नेह का जब असह कम्पन।

आज क्यों अंतर तनिक सा
खल रहा है छल रहा है
है दिया अधिकार यदि कुछ सोचने का
स्मरण के ये विकल क्षण कुछ तो सरल कर दो।

2

हर चरण में दे नवीन स्फूर्ति, आशा,
दूर करती थकन, जिज्ञासा-पिपासा।
कर लिया अनजान तेरे
प्यार का उपहार स्वीकृत,
गीत जाने ही बिना जब
कर दिए मन तार झंकृत,
लिख दिया इतिहास उसमें
आज तक जो नयन की जानी न भाषा।
पूछता है क्यों विकल मन
प्यार कितना? प्यार कितना?
जिस सलज स्मिति से अधर आधे खुले हैं
अर्थ उस मुस्कान का कुछ तो सरल कर दो

आज जीवन मरण के दो प्रश्न हल कर दो

[22.9.1947. अप्रकाशित]

ग़ज़ल

नील नीरद नील नभ में घुल गए,
आज वे धब्बे गगन के धुल गए।

अश्रु मेरे थे जगत भर के लिए,
किंतु वे तो नयन ही में घुल गए।

सह न पाया वेदना तो क्या हुआ,
भार तो मेरे हृदय के धुल गए।

[26.9.1947. *कल्पना* (सितंबर 1952) में प्रकाशित]

प्राण से

मिट चुकी है आज तम की तूलिका से
विश्व के वैचित्र्य की रंगमय छटाएँ
घिर गई हैं आज जीवनमय गगन में
घन हलाहल से भरी काली घटाएँ।

सित नयन नक्षत्र के नीले गगन में मुँद चुके हैं,
विश्व के चिर-पथिक का पथ खो गया है।
आँधियों से कण्ठ संसृति के सुरीले रुँध चुके हैं,
और चिर संगीत का स्वर सो गया है।

सुप्त स्वर में कौन है जीवन जगाए?
कौन है नवज्योति से यह तम भगाए,
स्वर्ग की सब शक्तियों ने हार मानी।

जाग मेरे प्राण, तमसाच्छन्न तन में,
तड़प उठ विद्युत-सरीखा, देह-घन में।
कौंध जा इस ओर से उस ओर तक लिख
दे सुनहरी लीक से जीवन-कहानी,

प्राण, यह तेरी विकलता का समय है,
प्राण, यह तेरी सफलता का समय है।

टूटते थे रात भर रह रह सितारे,
जा रहे थे व्यर्थ ही वरदान कितने।
आज ऊषा लाल है, निशि के रुधिर से,
बध हुए हैं विश्व के अरमान कितने।

रश्मियाँ अलसा रही हैं, रवि उदित होते लजाता,
शीत ने अपने असित मृत कर पसारे
लोक जिस आलोक के अगणित कणों से घर सजाता
छिप गया है वह धरा के उस किनारे।

हाय! वे आदर्श, रवि जिनके शिखर पर
नित्य खिलता था सहसदल सा बिखर कर,
दानवों से अब अँधेरे में खड़े हैं।

प्राण, मेरे विमल उर के नवल यौवन,
रंग से आरक्त कर दे प्रात का तन,
और अभिशापों भरे नभ से बता दे
आज भी विश्वास मानव के बड़े हैं।

प्राण, यह तेरी विकलता का समय है,
प्राण, यह तेरी सफलता का समय है।

[10.10.1947. इसी वर्ष *रानी* (दिसंबर) में प्रकाशित]

नया रास्ता

मिलें यदि कभी अधर से अधर
बँधें हम तुम दोनों भुजपाश
नयन हों रहे नयन में देख
धड़कता हृदय, हृदय के पास

प्रणय का ऐसा सुंदर रूप
कि जैसे कोई मनहर गीत
नहीं है, प्रणयिनि, मुझको इष्ट
नहीं है इसमें मेरी जीत

आज वाणी के स्वरमय द्वार
रुद्ध होकर हो जाए बंद
विकल हो भीतर मन का गीत
न हो उन्मुक्त न हो स्वच्छंद

नहीं मधु चुंबन की अभिलाष
नहीं है आलिंगन की चाह
जगत के नियमों के प्रतिकूल
प्रणय की मेरी नूतन राह

विनत नयनों की विस्मित दीठ
अधर पर क्षण भर की मुस्कान
न वह चितवन मैं पाऊँ बूझ
न स्थिति का अर्थ सकूँ मैं जान

कभी आकुलता से भयभीत
कभी उत्सुकता से भयहीन
तनिक से दुख से रो दें प्राण
कभी अतिशय सुख से स्वरहीन

निराशा सौ आशा के बीच
झूल कर सरल कल्पना डोर
कभी छू लूँ मैं नभ का छोर
कभी आ जाऊँ जग की ओर

सत्य है जीवन में संताप
झूठ है जग में सुख की बात
सत्य मिथ्या से अतिशय दूर
कल्पना में कट जाए रात

कभी कर दे मन को संतप्त
कभी हर ले मन का संताप
तुम्हारा प्यार मुझे वरदान
तुम्हारा प्यार मुझे अभिशाप

मिलन भी होगा कितना स्निग्ध
रात चिंतन में जाए बीत
प्रिय यदि सच हो जाए स्वप्न
सृजन कैसे होंगे यह गीत।

[8.11.1947. अप्रकाशित]

क्यों

शून्य कितने शांत कितने हैं नयन
पास भी आए न जिसके अश्रुकण
किस तरह फिर मृत्यु की सी वेदना
से तड़पता है प्रणय संतप्त मन,
और मैं जग के लिए पागल बना?
किस तरह सुख दे रहा है दुःख मुझे?
सजल उर के ज्वार को क्यों फेर देते हैं
पियासे नयन मेरे?

2

रात के उन्माद ने हैं हर लिये
नींद के क्षण और हैं केवल दिये
एक दो, अति मधुर विस्मृति के विपल,
स्वप्न मेरे अल्प ही हैं, इसलिए
पट बिने हैं कल्पनाओं के विरल
एक छवि झीने पटल से झाँकती है,
किंतु छवि से मधुर छवि की कल्पना क्यों मानते हैं
नयन मेरे?

3

साधता हूँ वेणु को मैं शक्ति भर
किंतु, फिर भी काँप जाता मुक्त स्वर,
साथ में उन्मुक्त कंपित श्वास के
वे हृदय के भार जाते हैं उतर
कम जिन्हें मधु के न क्षेण भी कर सके
किंतु यह जादू भरी वंशी निराली!
फूँक कर दो बार इसको, हो उठे हैं प्राण क्यों
बेचैन मेरे?

[8.11.1947. *रानी* (अप्रैल 1948) में प्रकाशित]

याचना

थी कुचल डाली हृदय को थाम कर
एक दिन मैंने मचलती कामना
दी बुझा आँधी भरे उच्छ्वास से
दीप सी जलती हुई आकांक्षा
एक भोली भावना से डर गया था
उस दिवस के संयमों का आज मैं प्रतिकार
तुमसे माँगता हूँ।

रख न पाऊँगा सिरज कर एक दिन
बिखर यह उपहार मधु के जाएँगे
एक काली रात के कटु स्वप्न बन
उतर मीठे भार सुधि के जाएँगे
जानता हूँ अंत क्या होगा प्रणय का

किंतु फिर भी लालसा पर एक क्षण अधिकार
तुमसे माँगता हूँ।

सत्य है संतप्त प्राणों की व्यथा
सत्य जग में जागरण की रात है
रात भर अनिमेष नयनों के लिए
कुछ सपन सी झूठ सुख की बात है
सत्य, मिथ्या से परे, मधु के जगत में
मैं तुम्हारी कल्पना के मदिर-क्षण दो चार तुमसे
माँगता हूँ।

थक चुका यद्यपि विफल होकर हृदय
क्षितिज सा गंतव्य मेरे पास है
वेश है उलझा हुआ फिर भी अभी
शेष, जीवन में बहुत विन्यास है
शेष जीवन तो सहज ही साज लूँगा
दूर कर दे परस भर से थकन वह उपचार तुमसे
माँगता हूँ

दे सको तो प्रिय तुम्हारा प्यार तुमसे माँगता हूँ।

[18.11.1947. अप्रकाशित]

गीत

तुमको मुझसे प्यार नहीं था।

धड़क रहा था होकर आतुर
उत्सुकता से सिहर सिहर उर
जिसकी विकल प्रतीक्षा में वह मेरे हित
उपहार नहीं था।
तुमको मुझसे प्यार नहीं था।

विस्मित नत नयनों की भाषा
सस्मित अधरों की अभिलाषा
स्वयं समझ लेने का मुझको, सच है कुछ
अधिकार नहीं था।

जलता था मन जलता था तन
जलता यौवन जिसके कारण
उस व्याकुलता का मैंने अब जाना कुछ
आधार नहीं था।
तुमको मुझसे प्यार नहीं था।

[25.11.1947. अप्रकाशित]

गीत

धूप की रानी लजीली
स्वर्ण तारों से सजीली
जब उतर कर खोलती है
विश्व की अनगिनत आँखें तुहिन-गीली
अश्रु गीले इन दृगों में जागरण मेरा नहीं
मेरा नहीं

प्रात आया है लहक कर
फूल कलियों से महक कर
यह समझ जब खोलती है
रात के कुछ भेद यह चिड़िया चहक कर
स्वप्न का हटता हृदय से आवरण मेरा नहीं
मेरा नहीं

कौन कहता है कहानी?
है व्यथा किसको सुनानी?
सृष्टि मुझसे बोलती है
क्या करूँगा जान कर उसकी कहानी
जब स्वयं को बूझने का एक क्षण मेरा नहीं
मेरा नहीं।

[26.11.1947. अप्रकाशित]

आँसू

हो न सकेगा इससे मीठा कोमल स्वर संधान
उठ न सकेंगे इससे ऊँचे मेरे मन के गान

कर न सकूँगा जग के उन सुख के गीतों की समता
तज न सकूँगा इन खारी बूँदों की ममता
यह मेरे मधु सिंचित क्षण हैं फिर आए हैं आज
नयनों में जल के खारे कण बन आए हैं आज
जैसे शीघ्र कटे वे दिन वैसे यह नीर न थमता
तज न सकूँगा इन कडुई बूँदों की ममता

जिसकी निष्ठुरता से मन रह रह कर भर आता है
और उमड़ कर नयनों में बह बह कर भर जाता है
नहीं प्यार की भेंट भूल जाने की मुझमें क्षमता
तज न सकूँगा इन मीठी बूँदों की ममता।

[26.11.1947. पुनर्लेखन : 10.12.1947. अप्रकाशित]

साँझ

तुम प्रभात का सुवर्ण स्वर्ग छोड़ कर चले गए
पर अनंत पंथ पर क्षितिज प्रसार से छले गए
बहुत हुआ ससीम अन्य मोड़ खोजना
बहुत हुई स्वयं रची हुई प्रवंचना

आज फिर सुवर्ण विश्व को सहास चूमता
उभर रहा जहाँ थका हुआ प्रकाश डूबता
लौट पड़ो फिर घर अब
साँझ हो रही है
साँझ हो रही है

तुम गए जहाँ मनुष्य प्यार के लिए न झुक सके
किंतु उस विजन विपथ पर सजन बिना न रुक सके
हुआ सफल विदेश में न मीत खोजना
बहुत हुई स्वयं रची हुई प्रवंचना

आज फिर तजे हुए विहार में सुहृद मिले
प्रमोद का समय यही, यहीं विरह व्यथित मिले
लौट पड़ो फिर घर अब
साँझ हो रही है
साँझ हो रही है

उषा समय विहंग नीड़ छोड़कर उड़ा किए सदा
निशा समीप जान किंतु वे पथिक फिरा किए सदा
बहुत हुआ अधीर, गेह छोड़ घूमना
बहुत हुई स्वयं रची हुई प्रवंचना

आज लौटते सभी विहग सुखी विहग दुखी
आज लौटते सभी पथिक सुखी पथिक दुखी
लौट पड़ों फिर घर अब
साँझ हो रही है
साँझ हो रही है।

[30.11.1947. अप्रकाशित]

गीत

पिया, तुम्हारे सपने मुझको आएँ आधी रात
आधी रात गए जग सोए, जगे तुम्हारी याद,

नूतन तेरा मेरा परिणय
किंतु पुराना युग युग परिचय
बहुत पुरानी याद तुम्हारी नई तुम्हारी बात

मुँदे नींद में नयन हमारे
किंतु तुम्हें बेचैन निहारे
उत्सुकता से अकुलाए मन सिहरे सारा गात

पिया तुम्हारे सपने मुझको आएँ आधी रात।

[1.12.1947. अप्रकाशित]

गीत

आज तुम्हें फिर से निज मन में पाऊँगा।
मेरे अगणित प्यार भरे क्षण
बन आए आँसू के दो कण
आज इन्हीं से मधुमय घड़ियों की मैं याद भुलाऊँगा।

नहीं तनिक सी यह पीड़ा है
इसने मेरा उर चीरा है
शोणित की इन बूँदों को नयनों की राह बहाऊँगा।

मैं मन ही मन में रोऊँगा
आँसू एक नहीं खोऊँगा
यह मन के मोती हैं इनके हार तुम्हें पहनाऊँगा।

[7.12.1947. अप्रकाशित]

गीत

दीप जल गया जलते जलते।

कर न सकेगा ज्योतित अंबर
जल कर यह छोटा सा अंतर
आज समझ पाया है इतने दिन अपने को
छलते छलते।

स्नेहातुर मन का पागलपन
अपमानित कर तम के बंधन
मुक्त हो गया बहुत काल से मृण्मय तन में
पलते पलते

धूम्र शिखा कुछ प्रश्न चिह्न सी
छाया काया छिन्न भिन्न सी
कुछ गीली आँखों सी बाती छोड़ गया है
चलते चलते।

दीप जल गया जलते जलते।

[7.12.1947. अप्रकाशित]

गीत

आ रही है रात।

शाप सा कुहरा गिरेगा
तिमिर दुख गहरा घिरेगा

और ऐसा ज्ञात होगा फिर नहीं अब दिन फिरेगा
सहम जाएँगे कुसुम डर जाएँगे तरु पात
आ रही है रात।

आ रही आँसू लुटाती
शेष धीरज भी घुटाती
और दिन भर में बनाई वह रजत रेखा मिटाती
आज फिर रह जाएगी मेरी अधूरी बात
आ रही है रात।

असित नभ में एक तारा
व्यथित पंथी का सहारा
आज मैंने भी बहुत दिन पर गगन में है निहारा।
पा सकूँगा क्या न उस नक्षत्र का मैं साथ
आ रही है रात।

[7.12.1947. अप्रकाशित]

याद

कितनी बार चुभा होगा घन-उर में चाँद नुकीला
बादल ने समझा होगा इसको परिणय की लीला
किंतु नहीं क्यों मेरा भी
अंतर इतना भोला है
मुझको क्यों छू छू जाता है दर्शन का उन्माद?
प्रथम मिलन के
विगत क्षणों की क्यों आती है याद?

कोई मुझसे सपनों में आकर यह कह जाता था
ये सपने सच्चे होंगे कह कर फिर मुस्काता था
जान चुका हूँ उसको अब
सच सच उसको पहचाना
फिर से उसे समझने की फिर क्यों होती साध
प्रथम मिलन के
विगत क्षणों की क्यों आती है याद?

नैश-सघनता में अब है यह अंतिम दीपक जागा
दो झिलमिल किरणों से ज्योतित मेरा प्यार अभागा

सीख चुका हूँ जलते जलते जल कर भी सुख पाना
फिर भी क्यों संतोष नहीं है सुख पाने के बाद
प्रथम मिलन के
विगत क्षणों की क्यों आती है याद ?

[15.12.1947. अप्रकाशित]

ग़ज़ल

तुम्हारे हृदय में हृदय बन रहूँगा,
तुम्हारे हृदय से हृदय की कहूँगा।

सुना है तुम्हारे हृदय में अनल है,
हुआ भी करे, मैं खुशी से दहूँगा।

निखिल विश्व से आज आँखें चुरा कर,
तुम्हारे नयन के निशाने सहूँगा।

मुझे याद करता जगत है निरंतर,
उसे याद अपनी भुला कर रहूँगा।

नहीं सुन सका जग, न समझा जिसे वह;
वही सुख कथा आज तुमसे कहूँगा।

छिपा लो मुझे, सत्य आता उमड़ता
नहीं इस लहर में नहीं मैं बहूँगा।

[16.12.1947. अप्रकाशित]

प्रतीक

कीर्ति भारतीय, स्वर्ण के समान शोभना
निष्कलंक, शुद्ध, देश की स्वतंत्र भावना

भूमि के समान उर्वरा, प्रबुद्ध कल्पना
तीन रंग युक्त राष्ट्र चिह्न में झलक रही।

सुप्त है मनुष्यता, यहीं जगा खड़ा हुआ
विश्व की अनन्य पुण्यभूमि पर गड़ा हुआ
समस्त ज्ञान और धर्म है पला, बड़ा हुआ
इसी पवित्र वस्त्रखंड की अपार छाँह में

अनेक कष्टपूर्ण सत्य पंथ पर प्रयाण में,
भविष्य और भूत की अदम्य आनबान में
स्वदेश के विदेश के असीम आसमान में
उठा हुआ निशान, यह झुके नहीं झुके नहीं।

[17.12.1947. *विजय* (13 जून 1948) में प्रकाशित तथा आकाशवाणी लखनऊ से इसी वर्ष 4 जुलाई को प्रसारित]

ग़ज़ल

कुछ बात नहीं बनती है जब कुछ बात बनाई जाती है
गिन गिन तारों के दीप, मिलन की रात मनाई जाती है।

निखरी शय्या पर की हर एक कली खिल कर बिखरी पड़ती
मेरे दुख पर मुस्का मुस्का कर वह मुरझाई जाती है।

चलते चलते जग से, प्राणी फिर कर पीछे देखा करता
जो दिन सपनों में देखे थे उनकी स्मृति आई जाती है।

सच है मुझको आशाएँ थीं मन में थे कुछ अरमान बड़े
पर यह भी सच है आशा बस आशा कहलाई जाती है।

मेरा पागलपन है अपने मन की बातों को कह देना
प्राणों में बल खाती पीड़ा चुपचाप भुलाई जाती है।

[24.12.1947. अप्रकाशित]

मैं

द्वार आया है तुम्हारे, कौन, तुम पहचान लो।

एक पल उद्विग्न हूँ मैं, दूसरे पल मुग्ध हूँ,
अश्रु-डूबे नयन से लेकर हृदय तक दग्ध हूँ,
कल्पना से मन बहलता अब नहीं,
इसलिए दुख से कभी रोता कभी निस्तब्ध हूँ।
व्यर्थ परिचय, जब स्वयं मैं स्थिर नहीं,
मैं वही हूँ जो कि तुम मुझको समझ कर मान लो।
द्वार आया है तुम्हारे कौन ...

अधर हैं निस्पंद मानो प्राण में अधरात है,
भीगते हैं नयन ऐसी ओस की बरसात है,
गीत वीणा में उलझ कर रह गया,
मौन हैं स्वर किंतु तारों में अधूरी बात है।
कह चुका जो कुछ कि तुमसे कह सका,
मैं नहीं अब कुछ कहूँगा, शेष तुम ही जान लो।
द्वार आया है तुम्हारे कौन ...

रात भर जग कर भिगोया अश्रु से मैंने बदन
कौन कहता है कि मैंने रात भर देखे सपन?
जानता है कौन, किसको ज्ञात है?
रात मेरी, एक सुख की नींद है या जागरण?
प्यार तो मेरे हृदय का भेद है,
भेद है तो क्या हुआ, यह भेद तुम भी जान लो।
द्वार आया है तुम्हारे कौन तुम पहचान लो।

[28.12.1947, *ज्योत्स्ना* (दिसंबर 1948) में प्रकाशित]

दिवाली का उपहार

आज दिवाली आज दिवाली दीवों का त्योहार
किंतु देश में उमड़ा घने तिमिर का पारावार
इसके पार भेज पाऊँ यदि किरण ज्ञान की एक
सौ दीपों से सुंदर होगा वह मेरा उपहार।

कुहरे की कालिख से निशि का सारा बदन अँधेरा
जिसमें दीवों की अवली ने दिन सा किया उजेरा
जन जन की शुभ अभिलाषाएँ इन दीपों में दमकें
जन जन के दृढ़ निश्चय इनकी लपटें बन कर चमकें
जल जाएँ दुष्कर्म हमारे, बिसरें पिछली बातें
फिर से सुख की साँस ले सकें यह घुटती सी रातें।

आज हवा में मिले घृणा के हिंसा के कीटाणु
हों वे भस्म, नष्ट हो जाएँ उनके अणु परमाणु
सुख स्मृद्धि ज्ञान मन चेतनता जीवन की आस
आज सुनहरी रेखा से लिख दें अपने इतिहास,
जलते हुए अक्षरों से फिर से लिख दे वह गाथा
जिसको सुनकर जग अब भी हमको है शीश नवाता।

[1947. अप्रकाशित]

सुख का सपन दिखा दो

सुख का सपन दिखा दो
रात बहुत लंबी है
लोप हुआ उजियारा
मेरा तारा
छोटे से जीवन के नभ में चीर घटा चमका दो।

विधि ने यही लिखा है
रोना रोना रोना
मुस्का दो ना ···
अरी, एक पल सपने ही में जी की कली खिला दो।

आधा चाँद खिला है
ठण्डी बहें हवाएँ
हम सो जाएँ
ऐसे में मधुमय दर्शन से मेरी नींद सजा दो।
सुख का सपन दिखा दो।

रात घिरती चली आ रही है तनिक देर में
हम भी रो रो के सो जाएँगे।

सूना सूना गगन
ऐसा था मेरा मन
धीरे धीरे घटा उठी नभ में घहर
प्यारी प्यारी उठी एक मन में लहर
वह घटा तो घुमड़ कर बरस जाएगी
पर ये जज़्बात दिल के कहाँ जाएँगे

हिय में ले कामना
है बहुत जागना
देखना चाहता हूँ मैं फिर वह सपन
जिसमें तुमने बुझाई थी दिल की तपन
आओ बूँदों की रिमझिम में सो जाएँ हम
आज सी रात फिर अब कहाँ पाएँगे
रात घिरती चली आ रही है
तनिक देर में हम भी रो रो के सो जाएँगे।

[1947. अप्रकाशित]

गीत

मुझे प्यार की चाँदनी में सुला दो।

सुनहरी सजी जब थी चारों दिशाएँ
अदाओं में अपनी कयामत छिपाए
ये क्यों छा गई हैं गगन में घटाएँ
कहीं चाँद पहले न छिप उनमें जाए
बुला दो अरी नींद मुझको बुला दो
मुझे प्यार की चाँदनी में सुला दो।

अजब भीनी भीनी महकती हवाएँ
मधुर थपकियाँ दे के हमको सुलाएँ
ये मीठे सपन हमको किसने दिखाए
कहीं फिर से एक बार याद आ न जाए
भुला दो अरी बात जग की भुला दो
मुझे प्यार की चाँदनी में सुला दो।

[1947. अप्रकाशित]

गीत

आ दो मीठे बोल बोल लें सफल हो जाए प्यार।

कुछ हम कहें—कुछ तुम कहो
हाथ में हाथ लिये मेरा बहो
नयन मदिरा की
उमड़ रही हो धार।
इन आँखों में आँखें दो डाल
दो हृदय जब देते हों ताल
क्यों न गा लें गीत
मन के मिला कर तार।
चाँद खिला है हँसती है रात
कह भी डालो न अधूरी बात
बोल कर लो जीत
या मानो अपनी हार।

आ दो मीठे बोल बोल लें सफल हो जाए प्यार।

[1947. अप्रकाशित]

गीत

रुन झुन करती आओ
मेरे जीवन के आँगन में अरुणाई बिखराओ।
रुन झुन करती आओ।

जितने गहन घिरे बादल उतना मन भरा हमारा
अपनी किस्मत का तारा मैं खोज खोज कर हारा
यहीं कहीं पर छिपा हुआ है चीर धरा चमकाओ
रुन झुन करती आओ

उलझ चुका हूँ बहुत दिनों तक नयनों की भाषा में
झूल चुका हूँ कभी निराशा, कभी मधुर आशा में
भूले भेद खुलेंगे कब तक, धीरे से कह जाओ
रुन झुन करती आओ

पूरब में मुस्काता है यह शुभ दिन लानेवाला
कितना प्यारा लगता है मुझको यह तरुण उजाला
मौन प्रभाती की तानों पर नूपुर मधुर बजाओ
रुन झुन करती आओ।

[1947. अप्रकाशित]

गीत

बहुत नहीं है जीना।

क्षण भर को सुख मिला समझ कर
इन अलकों में रहा उलझ कर
पर आखिर इस मधु-मदिरा को कब तक होगा पीना
नहीं बहुत है जीना।

एक गूँज का कितना जीवन
बिन समझे तुमने किस उपवन
से मलयज का झोंका देकर झंकृत कर दी वीणा
बहुत नहीं है जीना।

बार बार भर कर यह प्याला
तुमने मुझे किया मतवाला
भोले बन कर अब कहते हो इतना अधिक न पीना
नहीं बहुत है जीना।

[1947. अप्रकाशित]

मेरे स्वप्न

गान ये अभिशापमय वरदान से जीवित हुए हैं
गान हँसते और रोते प्राण से मुखरित हुए हैं

मुग्ध मारुत ने गमक कर जा दिया संदेश जब
सुरभिमय मधु से सने तन की सजा कर अर्चना
तरुण कलियों ने पुकारा और भँवरे ने सुना

आज तेरी मदिर स्मृति से महकते विश्वास मेरे
और तेरी मधुर स्मृति से फूल सा यह मन खिला है
गान मेरे आज सुन लो।

शरणमयि अमराइयों के घन अँधेरे से सहम
कलित कोमल कण्ठ में पिक के उमड़ आई व्यथा
सौर वह रह रह किसी से पूछता पी का पता
कल्पना, दुख सपन की छाया रुदन में घुट रही है
बस मिलन के एक क्षण के स्मरण से यह मन जिला है
गान मेरे आज सुन लो।

रिक्त अंबर में घहर का घुमड़ आए जब जलद
मिल गए घन हो गया क्षण भर मिलन में डोलना
था सुना जग ने उठा कर नयन उनका बोलना
प्रेरणा सहसा सजल सी शून्य मन में छा गई है
और उसकी विकलता से प्यार को कम्पन मिला है
गान मेरे आज सुन लो।

[1947. अप्रकाशित। 'विनय' शीर्षक से पहले दी गई कविता का संशोधित रूप]

आकुलता में बीता जीवन

एक समय था जब अंतर में क्या जाने किसके प्रति
कोमल कोमल भाव उठा करते थे
कभी कभी अज्ञात किसी के विमल प्रेम में
पड़ जाने की दारुण इच्छा, रह रह कर होती थी।
विस्मय मुझे नहीं था ज्ञात
स्वयं, किसके कारण
मेरा जीवन, यह इतना तरुण अरुण इतना
होता जाता था।
सच कहता हूँ नहीं हृदय में थी कोई भी मूर्ति
कि जो मथ देती मन को
किंतु स्वयं भू जलधि फेन की भाँति
भग्न कर जल तल की शुचि शांति
चित्त अनथक करुणा से अपने आप उफन आया करता था।
प्रतिपल दृग कुछ विस्मित रहते
कभी कभी कुछ देख विनत हो जाते

कभी मुग्ध अपलक करते रहते थे चिंतन
आकुलता में बीता मेरा जीवन
आज हुए कुछ दिन जब, पहले पहले तेरा
भोला दर्शन
मिला
और मन खिला, पा गया था वह अपने
सुख का कारण
दुख का कारण
अपने से भी इतनी ममता किसको होगी
जितनी तुमसे हुई प्राण को
नित्य निहारा तुम्हें आँख भर
नित्य सराहा तुम्हें हृदय से
नित्य सँवारा तुम्हें हृदय में
पूर्ण हुई सज कर जब प्रतिमा
शेष हुई जब मन की पूजा
रुद्ध कण्ठ से तुम्हें पुकारा
तुम्हें पुकारा—मूर्ति चुप रही
नित्य पुकारा तुम्हें शक्ति भर
नित्य चुप रही मूर्ति सजीली।
मेरे मन के सौरभ से महकें जिसके चंचल
कुंतल चमकें मेरे मन की द्युति से
जिसके आभूषण।
आकुल बीता मेरा जीवन।
मेरी पूजा नहीं अधूरी
मेरी आशा
नहीं विफल थी,
यही सदा प्रतिदान प्यार का
यही सदा आरम्भ प्यार का अंत प्यार का
यही नियम है यही रीति है
यही प्रणय है यही प्रीति है—
पत्थर!
बोल न सकता खोल न सकता अधर
न दे सकता वरदान
जिससे केवल क्षण भर में तर जाए
जीवन प्राण।
मन मेरा जिससे भर जाए
और न इच्छा से पीड़ित हो
मानव अंतर।

उत्सुकता थी—कौन मिलेगा
कैसे मुझको प्यार मिलेगा
उत्सुकता है कौन मिला है
कैसा मुझको प्यार मिला है
उत्सुकता में आकुलता में
विकल हृदय की अकथ व्यथा में
धीरे-धीरे कह दे रहा हूँ
जीवन की पूर्ण कहानी
बड़े-बड़े ज्ञानी मानव की
प्राण-शक्तियों के अभिमानी
जिसको सदा छिपाते आए
और छिपा कर जग से
बोले, कितना ऊँचा मानव है
जो किसी से कर सकता है प्यार
इस जीवन की एक सफलता का आधार
प्रेम नहीं है अपितु प्रेम से विमुख कल्पना।

[1947. अप्रकाशित]

टेढ़ी-मेढ़ी आड़ी-तिरछी

टेढ़ी-मेढ़ी आड़ी-तिरछी गलत-सलत
रेखाएँ हैं यह
कहीं तो किसी व्यक्ति के
चेहरे की सीमाएँ हैं यह
और कहीं तो यह हैं कुछ भी नहीं
सिर्फ कुछ टूटी सी जंजीरें
जिनके बाहर उन्हें तोड़कर भाग गई
हैं नहीं पकड़ में आनेवाली
सूक्ष्म व्यंजना की मुद्राएँ।

[1947. कवि के मित्र कृष्णनारायण कक्कड़ के तत्कालीन स्केच बुक से। अप्रकाशित]

नया वर्ष

आज सुबह की, तपे हुए सोने की पहली-पहली रेखा ने
जब मेरी अलसायी आँखों को खोला मैंने देखा

नया वर्ष है।
स्वर्ण अक्षरों से लिखा था, भुवन भाल पर
नए वर्ष का नया वर्ष फल
नए वर्ष के नव जीवन में आनेवाली नूतन हलचल
उधर, निशा का सिमट रहा था गीला आँचल
तन उघरा जाता था दिन का
जैसे स्वप्न हट गया मन का
और आ गया, सत्य सामने।

आज धरा ने एक बार सूरज का फेरा लगा लिया है
आज शेष हो गया वर्ष भर समय कि जिसमें
धरा और सुंदर बन सकती थी पल-पल में;
कितनी मधु-अभिलाषाएँ
कितने संशय कितने विश्वास
कितनी मुस्कानें कितने उच्छ्वास
अनगिन सुख के मिलन
अनगिन छिन्न भिन्न अभिसार
जग ने देखे।
श्रम की बूँदें, आँसू की बूँदें, लोहू की
बूँदें, विजयोन्नत ग्रीवाएँ
पैरों के नीचे कुचले अधिकार
जग ने देखे।
आज विश्व के लघु जीवन से एक वर्ष है और घट गया
धरती की गीली मिट्टी पर स्वर्ग बनाने के संयोजक
मानव ! तेरे अनथक तप की दीर्घ अवधि में
एक वर्ष अब और बढ़ गया
कितने फूल खिले धरती पर कितने नभ में तारे टूटे
कितनी शपथें सच-सच उतरीं, कितने सपने निकले झूठे
कई बार तुझसे हारा शैतान
कई बार तुझने जीता भगवान
इसलिए बोल कि कितने क़दम बढ़ाए जब से तूने चलना सीखा
कितनी दूर आज तुमसे आकाश कुसुम है?
बोल कि तू कितना मानव बन पाया अब तक?
प्रवासी सौर जगत का

लौट रहा घर, हारा-माँदा थका प्रवासी सौर जगत का
आज शुरू होगी फिर उसकी नई यात्रा
यही समय है, यह अवसर है

आज सुबह की नई नई नवजीवनदायिनी
सुरभि समीरण को अपनी उखड़ी-उखड़ी साँसोंवाली
छाती में भर लें!
ताकि वर्ष भर फिर न कभी भी पड़े हाँफना
यह दिन फिर एक साल के बाद मिलेगा

नव निश्चय की नई शक्ति, नव रक्त रगों में
नव आशा की स्फूर्ति चरण में भर ले
और पुरानी उन दुर्बलताओं को दूर फेंक दे
बीन-बीन कर
क्योंकि इन्हीं कीड़ों ने तेरा विश्व खा लिया
और, उठा कर नीची गरदन
नई दौड़ में जानेवाले!
कह दे सुर असुरों से नभ के
आज युगों के अजर अमर प्राणों में मेरे
नई शक्ति है
नया रक्त है
मैं मनुष्य हूँ—मुझे हर्ष है।
नया वर्ष है।
नया वर्ष है।

[1.1.1948. कवि के अनुसार मुक्त छंद की उसकी पहली कविता। अपनी डायरी में कवि ने कविता के हाशिये पर लिखा है : 'चौक कवि सम्मेलन के लिए लिखी; पहली अतुकांत मुक्त कविता'। वैसे कवि ने अक्टूबर 1947 में ही 'नानी का जादू' शीर्षक कविता में मुक्त छंद का सफलतापूर्वक निर्वाह किया है। 'नया वर्ष' कविता सन् 1948 में 'कान्यकुब्ज कालेज पत्रिका' में प्रकाशित हुई। कविता के शीर्षक के बाद कवि के नाम के नीचे लिखा है : बी.ए. कक्षा, विश्वविद्यालय लखनऊ]

गीत

महँगे मोल मिलेंगे प्रियतम, खुद बिन मोल बिकाना होगा
तुम्हें प्यार का मोल चुकाना होगा

केवल मन देकर मन पा न सकोगे
देने होंगे आँसू तुमको
देनी होंगी आहें
चैन हृदय का दे उनके नैनों से नैन मिलना होगा
तुम्हें प्यार का मोल चुकाना होगा

अलसाये नयनों वाले ओ प्रणयी
तजनी होंगी सुख की नींदें
गिनने होंगे तारे
तभी मिलेंगे टूटे सपने जिनसे
मन बहलाना होगा
तुम्हें प्यार का मोल चुकाना होगा

बड़े यत्न से सिरजी हैं आशाएँ
इन्हें प्यार पर वारो इनका
जीवन तभी सफल है
जीत हार जाने में ही है यह मन को समझाना होगा
तुम्हें प्यार का मोल चुकाना होगा।

[2.1.1948. अप्रकाशित]

सपने

मूँद ले पलकें कि सपने आ रहे हैं

ज्ञात है तुझको कि ये सच्चे नहीं हैं
मीत, पथ पर प्यार के अच्छे नहीं हैं
किंतु बहलाना जहाँ पड़ता हृदय को
यह किसी भी रूप में कच्चे नहीं हैं
आज तो खुश हो कि तेरे साथ अपने आ रहे हैं
मूँद ले पलकें कि सपने आ रहे हैं।

जान कर भी जो सदा अनजान से बन
भूल जाते विस्मरण-पथ के नियंत्रण
वे अधूरी कामनाओं के प्रवासी
प्यार के बीते हुए खिलवाड़ के क्षण
याद के सुनसान से वन में भटकने आ रहे हैं
मूँद ले पलकें कि सपने आ रहे हैं।

जो जगत में दूसरों के हो न पाये
और सबके सामने जो रो न पाये
ले न पाये जो किसी का भी सहारा
आँसुओं से भार मन के धो न पाये

वे अभागे एक कोने में सिसकने आ रहे हैं
मूँद ले पलकें कि सपने आ रहे हैं।

छिप गई हो चाँद के पीछे उजेरी
हो अकेली रात कितनी ही अँधेरी
पर, सुरभि की थपकियों से आ नशे में
आज होगी नींद, सुख की नींद तेरी
क्योंकि मन के फूल आँगन में महकने आ रहे हैं।

खोल दृग, खोया हुआ जब चित्र हेरा
देख पाया तू अँधेरा ही अँधेरा
मूँद ले पलकें, पड़ेगा फिर दिखाई
चित्र आशा के नए रँगता चितेरा।
देख पाएगा स्वयं रूठे मनाने आ रहे हैं
मूँद ले पलकें कि सपने आ रहे हैं

प्यार करने की प्रथा जग में पुरानी
किंतु तेरी तो नई ही है कहानी
प्यार यह केवल तड़पना ही नहीं है
है नहीं तेरी व्यथा दो बूँद पानी
प्यार को तेरे सफल, सपने बनाने आ रहे हैं
मूँद ले पलकें कि सपने आ रहे हैं।

[7.1.1948. अप्रकाशित]

गीत

जान सका हूँ आज कि तुझको भी है मुझसे प्यार।
कई बार होगा तूने प्रिय मेरी ओर निहारा
लेकिन उस दिन की चितवन में तू जीती मैं हारा
सच कहता हूँ बहुत मधुर है तेरे हाथों हार।
जान सका हूँ ... ...

मेरे होंठों से विस्मय की रेखा उलझ रही थी
मेरी उलझन को तू मुस्का-मुस्का समझ रही थी
आज हृदय की लड़ियाँ सुलझीं बनीं गले का हार।
जान सका हूँ ... ...

मुझे नहीं मालुम था मेरा तेरा मिलना होगा
मुरझाई जाती कलियों का फिर से खिलना होगा
स्वयं नहीं तो मैं अपने को तुझ पर देता वार।
जान सका हूँ आज ... ...

[7.1.1948. अप्रकाशित]

ओस

ओस गिरी थी कल जिन पत्तों पर उनके
अंचल पर धब्बे, निशि के नयनों के जल के अब तक अंकित हैं
मुझे ज्ञात है जब वह रात बिदा होती थी
सुषमा तारों वाली साड़ी के छोरों से
लिपट लिपट कर तब रोती थी दो दो आँसू
सुबह सूर्य के ताप ने उन्हें सुखा दिया था
जैसे समय भुला देता है पीर पुरानी
किंतु शेष है, ओस गिरी थी कल जिन पत्तों पर
उनके अंचल पर, धब्बे।

रात हुई है मैं जगता हूँ
चाँद मग्न सपनों से चौंके हुए व्यक्ति की भाँति
अकेले गगन-बिछौने पर विक्षिप्त उठा बैठा सा जाग रहा है।
सजल बादलों के कुछ टुकड़े छिन्न-भिन्न से तिरते जाते
ज्यों खिलकर पीला गुलाब जी चुका अवधि भर
पँखुरी पँखुरी अब बिखरी बिखरी पड़ती हो। और चाँदनी
मुक्त हुए पागलपन सी, उन सपन-घनों से
उलझ रही है
खींच गए हैं अभी अभी कल ही मेरे गालों पर आँसू
पिछले सपनों की तसवीरें
एक बार फिर
नींद दबे पावों
चुपचुप,
तरुणाई की अलमस्त थकन सी,
मंद किरण का लिये सहारा
उतर रही है खुले दृगों में
जहाँ कि जीवन भर की संचित अभिलाषाएँ
स्नेह-सहेजी गत स्मृतियों के फिर सच होने की आशाएँ

और प्यार की कुछ सच-झूठी परिभाषाएँ
तैर रही हैं खारे पानी की बूँदों पर।

दो क्षण में सपना आएगा
मेरी पलकें बिछी हुई हैं
नयन मुँदेंगे
भरी-भरी आँखों का पानी बरबस
ढुलक ढुलक जाएगा
बीते हुए सजग क्षण मुझे उनींदे फिर
दिखलाई देंगे।
और फिर उसी फीकी-फीकी धूम-जुन्हाई की छाया में,
एक और सादा काग़ज़ लम्बे जीवन का
मटमैले रंग से रँग देंगे
घबराए नयनों से डरते डरते गिर कर मेरे आँसू।

सहज विवशता के प्रतीक यह मेरे आँसू,
शक्तिमान मानव के यह उपहास,
कल्पना के अनचाहे व्यंग्य
सत्य के रूप सलोने।
स्वप्न-देश के विपथ-प्रवासी
ऐसे ही भटका करते हैं
जीवन का दर्शन भी कितना धुँधला धुँधला
मंद चाँदनी, साँवले सपने अंधे आँसू
भूल भरा इतिहास कि जिसके काले धब्बे
देख विश्व उँगली दिखला कर यह कहता है।
'यह अरमानों का पीड़ित है।'

[16.1.1948, अप्रकाशित। कवि ने डायरी में कविता के हाशिये पर लिखा है : 'मुक्त छंद की दूसरी कविता']

गीत

प्रिय तुम्हारी आँखों में जादू है

यह छिप छिप कर नयन मिलाना और चुराना
फिर से नया नया करना वह प्यार पुराना
नयन तुम्हारे भोले हैं, पर
इन काजल के टोनों में जादू है

प्रिय तुम्हारी आँखों में जादू है

बड़ी बड़ी काली पलकों को तनिक झुकाना
मगर कनखियों से मुस्काना और लजाना
झुकी गुलाबी शरमाहट से
इन पलकों के कोनों में जादू है
प्रिय तुम्हारी आँखों में जादू है।

[24.1.1948. अप्रकाशित]

आँसुओं की पुकार

चम्पक वन का फूल एक निष्ठुर ने असमय तोड़ा
सदा सदा के लिए आज बापू ने हमको छोड़ा
तीस जनवरी की संध्या के खूनी अस्ताचल में
डूब गया भारत का सूरज जगती का उजियाला।

भोर किरण संदेश गुलाबी ले भू पर उतरी थी
जिसको सुन कर जग उपवन की कली कली निखरी थी
अभी न खिल पाई थी खुल कर कलियाँ आशाओं की
मुँदी तिमिर में रश्मि कि जब था बसंत आनेवाला।

राज तिलक के प्रथम वर्ष में ही अपशकुन हुआ है
कठिन समय में आज राजगुरु का यह निधन हुआ है
किंतु आज से एक नया ही युग आरंभ हुआ है
जब से जन जन के कंधों पर भार नियति ने डाला।

मुस्लिम भी रोता है इस दिन हिंदू भी रोता है
संग संग रोने का बंधन चिर अमर सदा होता है
आँसू का जल साक्षी है इन दुखियों के बंधन का
एक हुआ ऐसे क्षण में फिर अलग न होनेवाला।

गौरवमय है बापू की अर्थी के पीछे चलना
बापू तुम्हें छल गए पर तुम मत बापू को छलना
आजीवन इन पदचिह्नों पर यों ही चलना होगा
रुके न फिर जिसने इस पथ पर घर से पैर निकाला।

चंदन चिता धधक धधक कर कंचन काया जला चुकी है
अंतिम चिह्न महामानुष की स्मृति में मिला चुकी है
जुग जुग जो जग के हित ज्योतित तममय पंथ करेगी
छिपी हुई है बुझी राख के कण कण में वह ज्वाला।

अपने पैरों पर खुद कोई करता वार नहीं है
अभी समझने को गाँधी को जग तैयार नहीं है
गरल शेष है, असुर शेष है शेष किंतु मानव भी
वह मानव जो पी सकता है हँस हँस विष का प्याला।

तप्त स्वर्ण के कथा अश्रु से व्यथा लिखी जाएगी
बापू चले गए बापू की याद सदा आएगी
यदि इसमें है आन तनिक भी अपनी मानवता की
करना होगा स्वयं चिता पर भी जल कर उजियाला।

भरी अनाथों से धरती पर समय न यह रोने का
भरी दृगों में नींद किंतु यह समय नहीं सोने का
खून पसीने से अर्जित यह पूँजी हमें रखानी
सजग रहो प्रहरी घिरता आता है अब अँधियाला।

[4.2.1948. इसी बर्ष *रानी* (फरवरी) में प्रकाशित]

महाप्रयाण

है याद हमें वह साफ़ साफ़
हो बात जिस तरह बस कल की
वह तीस जनवरी की संध्या
जिसके ख़ूनी अस्ताचल में
भारत का सूरज गया डूब
जग का उजियाला डूब गया।

वह गोधूली बेला थी जब
सब लौट रहे थे अपने घर
रँभाती गाएँ मस्त बैल
खेतों से थके हुए खेतिहर
दफ़्तर से हारा हुआ कलर्क
मिल से पिस कर आया मजूर

दिल्ली की काली सड़कों पर
अथवा दिल्ली से बहुत दूर
जिसने भी जहाँ सुना सुन कर
बस ठिठक गया वह दो क्षण भर
पहले आया विश्वास नहीं
कल तक जो बापू जीवित थे
कैसे मानें वे आज नहीं
फिर देखा हर इक उसी तरह
स्तंभित सा है अति मलीन
आलोक काँपता है नभ में
बुझती सी है संध्या रंगीन
बुझती जनपथ की धूमधाम
तब दिल पर रख पत्थर करना
ही पड़ा सभी को यह यकीन
भारत से गाँधी चला गया
कैसी थी वह मनहूस शाम
बापू दुनिया से चले गए
घर घर में जैसे हुई मौत
फैली दवाग सी बुरी खबर
कुछ मिनटों में ही डगर डगर
मिल गया वायु के साथ शोक
दम घुटने लगा दिशाओं का
लम्बी लम्बी साँसें लेकर
अंतिम क्षण गिनने लगा लोक
इतने में छाया अंधकार
इस दिन का कैसा हुआ अंत
कैसी थी वह मनहूस शाम
वह तीस जनवरी की संध्या।

प्रार्थना सभा को जाते थे
बापू चढ़ कर सीढ़ियाँ जहाँ
सम्मुख आया तब एक व्यक्ति
जैसे करता हो प्रकट भक्ति
इस तरह झुका मानो पदरज
लेने का वह अभिलाषी हो
झुकने के साथ साथ उसने
झट से रिवाल्वर इक निकाल
कर दिए चार फ़ायर उन पर

सीने पर पहले एक लगी
फिर लगीं पेट में दो गोली
गिर पड़े धरा पर फिर बापू
गिरते गिरते कर दिए जोड़
मुख से निकला हे राम राम
कहते कहते दम दिया तोड़
जो विपदाओं में साथ रहा
झेले संग संग दुख और कष्ट
वह एक विपल की विपदा में
हम सब लोगों को गया छोड़
वह तारक पालक महापुरुष
इस तरह आज हो गया नष्ट
उठ गया इस तरह वह गाँधी
उठ गई मस्जिदों की कुरान
उठ गया दीन का पैगम्बर
उठ गए मंदिरों के ठाकुर
उठ गई धर्म की आनबान
कल से अब नहीं जमा होंगे
जन जन उनकी वाणी सुनने
कल से अब नहीं सुने जाएँगे
उनके वह अनमोल बोल
जिन पर दुनिया कायम थी जिन
से रहने काबिल था खगोल
वे धर्म कर्म वे राजनीति,
वे जगजीवन के मूलतंत्र
वे प्यार प्रीति के मृदुल मधुर
तुतलाते बच्चों के से स्वर।
था सत्य धरा पर जो कुछ भी
था धरती पर जो शिवसुंदर
मिट गया आज उसका प्रतीक
पर अभी दिखाई पड़ती है
उजली आशा की एक लीक
बापू के श्रीमुख की आभा
नभ के कोनों में रही दमक
धरती पर जिसकी झलक बनी
वह तीस जनवरी की संध्या।

उस इतिहासिक दिन का दिनांत
आ पहुँचा लेकिन प्रांत प्रांत
में अभी शेष दिन की किरणें
पर अभी सुनाई पड़ती है
उनके वचनों की गूँज शेष
है गूँज रही दिशियों दिशियों
धरती मण्डल के देश देश
यह गूँज न बुझने पाए यह
मानवता का अंतिम संदेश
बर्बरता को मानवता की
यह एक महान चुनौती है
यह एक चुनौती है दानव
देखें कितने पानी में है
यह एक चुनौती है मानव
में देखें कितना स्वाभिमान
देखें अपनी मानवता का
मानव को है कितना गुमान
देखें मानव बन जीने का
उसको कितना अरमान शेष।
अब इसे निभाना होगा हम
पर जो उत्तरदायित्व पड़ा
बापू को मानव के मन की
ताकत पर था विश्वास बड़ा
बापू हमको छल गए किंतु
हम छल न सकेंगे बापू को

रजनी जाने कैसे बीती
फिर बीता दिन का प्रथम याम
अब उठती बापू की मिट्टी
जिसमें रहने वाले बापू
तो पहुँच चुके हैं परम धाम
बापू की मिट्टी उठती है
दिल्ली की उस मिट्टी पर से
जो आज हो गई पुण्यभूमि
हो गई एक में चार धाम

बापू की उठती है अरथी
तप सत्य अहिंसा की मिट्टी

का वह दुर्बल मानव पुतला
लो रंगभूमि से चला, चला
ज्यों मुरझा कर झर गया फूल
पर गमक रही जिसकी सुवास
गमकेगी युग युग तक धरती

तेरे जीवन में कभी नहीं
निकला होगा ऐसा जुलूस
तेरी अर्थी के संग संग
जब भारत की जनता असली
हर एक वर्ण हर एक वर्ग
हर एक जाति हर एक धर्म
हर सम्प्रदाय की बह निकली
कहता है कौन कि एक नहीं
भारत की साधारण जनता
मिल गईं आज तो कम से कम
रोते रोते दोनों कौमें
रोने के क्षण में एक हुईं
फिर कभी न होंगे अलग अलग
आँसू की बूँदें हैं गवाह
यह अमर रहेगी दो दुखिया
हृदयों की नई नई इकता
थी बापू की अंतिम यात्रा
जिसके संग संग चल पड़े सभी
पहुँचाने उनको वहाँ गए
फिर जहाँ न जाना पड़े कभी
जो पत्थर बोले नहीं कभी
वे फूट फूट कर रोते थे
सिसकियाँ उमड़ती आती थीं
सूखे ओठों से रह रह कर
टकराती थीं बह जाती थीं
ये रुँधे गले दुख बिना कहे
जिस ओर गुजरती थी अर्थी
मिट्टी भी तरती जाती थी
सड़कों की मिट्टी और धूल,
आँचल में लोग बटोर रहे
थे गिरे हुए दो चार फूल।
तो, बापू की अर्थी निकली

जिसके संग चलने का गौरव
कितना भारी कितना महान
लेकिन मन में पछताता था
ईसाई हिंदू मुसलमान
हा शोक रह गया हम न हुए
बापू जब तुमने तजे प्रान!

यह सेनानी का शव है
झंडे के कपड़े से ढँका हुआ
जिसमें से कुछ कुछ झलक रहे
हिंदू के मस्तक के कलंक
वे तीन गोलियों के निशान
फूलों से मंडित यही फूल
बापू का शव हो सकता है ?
हम तो बिलकुल थे गए भूल
वह गाँधी भी मर सकता है
जो जन्मा वह मरता अवश्य
पर बापू तो सचमुच अनंत
हम सोचा करते थे ऐसा
दिन आखिर कैसे आएगा
वह दिन भी आकर गुज़र गया
वह तीस जनवरी की संध्या।

यमुना तट पर है राजघाट
प्रार्थना सभा की भीड़ आज
इस श्मशान पर जमा हुई
इस राजघाट पर बिना ताज
के राजा का शव जलता है
चंदन घृत सामग्री कपूर
चर्चित शय्या पर पड़ा हुआ।
चंदन की चिता सुलगती है
जिस पर है सोने का शरीर
लपटें आदर से उठती हैं
चिट चिट कर नहीं चिटखती हैं
आँखों के आगे भस्म हुआ
जाता है बापू का शरीर
हम कुछ कर ही क्या सकते हैं
यह आठ लाख की खड़ी भीड़

है तड़प रही है कलप रही
आँखों के आगे भस्म हुआ
जाता है बापू का शरीर
चंदन की चिता धधकती है।
तन होता जाता निर्विकार
दो इन्हें शांति से जल जाने
यह इनका अंतिम संस्कार
ओ भीड़ तनिक ख़ामोश रहो
कुछ देर खड़ी चुपचाप रहो
केवल गाओ धुन रामनाम
वह गीत इन्हें जो अति प्रिय थे
वैष्णव जन तो तेने कहिए
जे पीर पराई जाने रे
चंदन की चिता धधकती है
जलता है सोने का शरीर।

बापू हमसे अपराध हुए
हम तुमसे क्षमा न माँग सके
तुम गए तुम्हारे जीवन में
हम कभी तुम्हारे चरण पकड़
अपनी भूलों या पापों पर
दो आँसू कभी न ढार सके
अब आज जा रहे हो जब तुम
जाता है जब अंतिम निशान
जाते जाते हमको बापू
देते जाओ तुम अभयदान
देते जाओ तुम क्षमादान
वे पाप हमारे जल जाएँ
इस स्वर्ग चिता की ज्वाला में
जो आज किए हमने निश्चय
वे सोने से तप उठें निखर
चल सकें ताकि हम उस पथ पर
जिसको तुम जीवन भर तप कर
जीवन के बाद दग्ध होकर
जग के हित ज्योतित छोड़ गए
दो पल में जल कर राख हुई
जग के अरमानों की मिट्टी
वह हल्की सी पार्थिव काया

इस बुझी राख के कण कण में
जलता जीवन है छिपा हुआ
हर कण में इतनी ताक़त है
दुनिया का नए सिरे से वह
कर सकता है निर्माण नया
दो पल में जल कर शेष हुई
वह हल्की सी पार्थिव काया
वह पुण्य अनल बुझने आया
वेदी पर छाया लाल धूम
पश्चिम में उड़ कर मँडरा कर
फिर याद दिलाने को आया
वह तीस जनवरी की संध्या।

सूरज डूबा हो गई रात
पर फिर आएगा नया प्रात
जब लाल किरण के चुम्बन से
खिल जाएँगी कलियाँ कलियाँ
महकेंगी जिनके सौरभ से
जागे जग की गलियाँ गलियाँ
जड़युग के लोहे के आयुध
से नष्ट हुआ भौतिक शरीर
जिसमें रहता था स्वर्गदूत
पर मिट न सकी वह प्राणशक्ति
जो थी मिट्टी में बीजरूप
चिर जीवित है उसका तरुवर
जिसके चिकने चिकने पत्ते
जिसके सुमधुर फल सुघर फूल
आने वाला है वह बसंत
जब फूल फूट कर यह मह मह
देगा नूतन फल और बीज
घर घर के आँगन आँगन में
उस अक्षय वट की डालों की
छाया होगी गहरी शीतल
छाया होगी बारहों मास।

यह पुण्य काज में विघ्न हुआ
यह नए वर्ष का असगुन है
है नहीं आज घर में कुलपति

बस छोड़ गया दो चार नीति के
शब्द हमें इतनी सम्पति
यह समय परीक्षा का आया
अब क्षण क्षण में बैठा भविष्य
है हमको आज पुकार रहा।
यह समय नहीं है खोने का
है भरी अनाथों से धरती
पर समय नहीं है रोने का
गाँधी की शिक्षा समझ सके
यह विश्व अभी तैयार नहीं
वरना अपने ही हाथों से
वह करता खुद पर वार नहीं
है अभी धरा में विष बाक़ी
असुरों के प्रतिनिधि बाक़ी हैं
भगवान हमें दो यह सन्मति
हम उनसे विश्व उबार सकें
इस अणुयुग का बदशक्ल रूप
हम अपने प्राण प्रसाधन से
मर कर भी सजा सँवार सकें
इस धरती को इतना सुंदर
दुनिया हिलमिल के कर पावे
बापू यदि फिर से आवें तो
उनको यह भारत ही भावे।

[5.2.1948, कवि ने डायरी में इस कविता के बारे में लिखा है : 'गाँधी की हत्या के बाद रेडियो कमेंटरी, समाचार-पत्रों के वर्णन और लखनऊ की नकली अर्थी की यात्रा के दृश्यों की मदद से लिखी।' 11 फरवरी 1948 को कवि ने लखनऊ विश्वविद्यालय में यह कविता पढ़ी। 17 जून 1948 को उसने इस लंबी रचना का पुनर्लेखन किया। अप्रकाशित]

अँगड़ाई

तेरी सुघर सलोनी बाँहों में अँगड़ाया प्यार

प्राणों की दुर्बलताओं को
यौवन की आकुलताओं को
विजय और असफलताओं को
बाँध बाँध कर खोला मानो तूने बाँह पसार
तेरी सुघर सलोनी बाँहों में अँगड़ाया प्यार।

मधु ऋतु का रस उफना आया
आमों का बिरवा बौराया
तन में जो खिल कर न समाया
मुक्त किया संकोच बंध में बँधा हुआ वह भार
तेरी सुघर सलोनी बाँहों में अँगड़ाया प्यार

नहीं कल्पनाओं से बहला
देख स्वप्न जीवन का पहला
भोलेपन से यौवन मचला
माँग रहा है सारे सुखमय सपनों का विस्तार
तेरी सुघर सलोनी बाँहों में अँगड़ाया प्यार

साँवल नगिनों का भुजबंधन
जिनकी साँसों में आकर्षण
उन्मीलित रहने दे, दो क्षण
इनमें आया चाह रहा है खिंच कर मेरा प्यार
तेरी सुघर सलोनी बाँहों में अँगड़ाया प्यार।

[9.2.1948. अप्रकाशित]

सुबह

अब विपदा की रात कट गई
दुखिया की ठण्डी कुटिया में
आज जलेगा चूल्हा।
भूरी भूरी दूरी की पर्वतघाटी में
दहक रही है आग
दूर के जंगल सुलगे लाल लाल
उठ रहा धुएँ का सा कुहरा।
हो ठिठुरे वन के आरपार
हिमगिरि की कड़ी चढ़ाई से टकराती बर्फ़ीली आँधी,
है फूँक रही हिम से गीली लकड़ियाँ—
गगन से चितकबरे
आधे काले आधे उजले,
खिचड़ी बालोंवाली बुढ़िया।
लो लगा धधकने अब चूल्हा,
चिट चिट चिटखीं लकड़ियाँ, चहकतीं चिड़ियाँ जैसे सुबह सुबह।

लो उतरी उनकी गरम गरम
ललछौर दमक, मैदानों में
इक सौंधी सौंधी महक उठी
पक रहे सुनहले गेहूँ जौ
सिंक रहे धूप में खड़े खेत
हैं बहुत जने जग में भूखे।

खलिहानों से आते आते
कुछ सोच एक क्षण ठिठक गया
हँसिया की पकड़ हुई ढीली
खेतिहर की छाती फूल उठी।

[13.2.1948. इसी वर्ष *विश्ववाणी* (अप्रैल) में प्रकाशित]

मल्हार

बरसो इस तपती मिट्टी पर ओ मेरे सपनों के बादल!
यदि अंतर चंदन दहकेगा
तो जीवन आँगन महकेगा
इसी मधुर आशा में सिरजा अंतस में अंगार
वर्ष वर्ष पर आतप आ कर
दे जाता है सजा सजा कर
सतरंगी सावन बूँदों से पावस का उपहार।

युग युग पर भी सजल दृष्टि से
स्नेह मेह की सरल वृष्टि से
तनिक भिंगा दो अगर बहुत है
व्यर्थ हुआ जाता दावानल।
बरसो इस तपती मिट्टी पर ओ मेरे सपनों के बादल!

स्नेहांबुधि से कभी किसी क्षण
आशाओं के उठे सजल घन,
सरस कल्पनाओं से भर आया नयनों का आकाश

कुछ आशाएँ रहीं अधूरी
और हो गईं वे जो पूरी
उनके दुःख से, उनके सुख से बोझिल है निःश्वास।

धड़क रहा है सिहर सिहर उर,
उत्सुक है यह अंतर आतुर
अब क्या होगा इस जीवन में
परिणय होगा या होगा छल?
बरसो इस तपती मिट्टी पर ओ मेरे सपनों के बादल!

सप्तरंग का रूप तुम्हारा
सप्त स्वरों से सजा सँवारा
तन, यौवन का सुघर, उर, सरल, जैसे पहला प्यार।
बहुत घहर कर घुमड़ चुके हो,
उठला, उफना, उमड़ चुके हो,
नहीं सताता क्या तुमको भींगे प्राणों का भार?

तुम न कर सके शीतल छाया,
झुलस गई मानव की काया,
मेघ! तुम्हारी निष्ठुरता से
तरस गया जीवन का आँचल
बरसो इस तपती मिट्टी पर ओ मेरे सपनों के बादल!

कोई मुझे पुकार रहा है
कौन मुझे ललकार रहा है?
जग को जाने वाले पथ के काँटे रहे गुहार—
"आओ दुनिया इधर खड़ी है
तुम से जग की पीर बड़ी है
बहुत हुआ दुर्बलताओं से लिपट लिपट कर प्यार!"

बरसो चाहे एक ही निमिष
बरसो मधु रस या बरसो विष
बरसो मैं चल दूँ उस पथ पर,
ले कर दो बूँदों का संबल।
बरसो इस तपती मिट्टी पर ओ मेरे सपनों के बादल !

[15.2.1948. इसी वर्ष *रानी* (जून) में प्रकाशित]

तुम

दूर हो, फिर भी हृदय के पास हो तुम।
आज है गंतव्य मुझसे दूर अति,
किंतु बढ़ती जा रही है मेरी प्रगति।
चिर मिलन है प्यार का अंतिम चरण,
और चलना है मुझे तो आमरण।
इसलिए लगता मुझे है आज ऐसा,
दूर हो फिर भी हृदय के पास हो तुम।
स्नेह से अपलक नयन में दे नयन,
बाहुओं में बाँध कर कोमल बदन।
स्वप्न के संसार के बाहर कहीं,
मिल सके हम तुम कभी क्षण भर नहीं।
सच, नहीं तुम प्रेयसी मेरे लिए हो,
दूर के उस प्यार का आभास हो तुम।
दूर हो फिर भी हृदय के पास हो तुम।
ठीक से भूले नहीं हैं वे विपल,
जबकि रहता था दिवस-निशि मन विकल।
याद आते हैं तुम्हें अब देख कर,
प्यार के बीते हुए पागल प्रहर।
पर तुम्हारी याद में व्याकुल नहीं हूँ,
क्योंकि अब मेरे बहुत ही पास हो तुम।
दूर हो फिर भी हृदय के पास हो तुम।
है क्षणिक जीवन सकल ऋतुओं भरा,
सूख जाता है कभी उपवन हरा।
मेघ पावस के बरसते हैं कभी,
उर बरसते हैं हरषते हैं कभी।
आज जीवन के नियम बदले हुए हैं,
आ सकेगा जो न वह मधुमास हो तुम।
दूर हो फिर भी हृदय के पास हो तुम।

[22.2.1948. इसी वर्ष *नया कदम* (जून) में प्रकाशित]

आख़िरी सपना

कल निकट आया सपन में चाँद मेरे

"स्वप्न ये सच्चे न होंगे

क्योंकि ये सुख के सपन हैं
आज मेरी रश्मियों से दुख रहे
तेरे नयन हैं
घाव यह अच्छे न होंगे"
यह कहा जब कल निकट आया सपन में चाँद मेरे
"स्वप्न ये सच्चे न होंगे"

छिन्न स्वप्नों के कुसुम मैंने बिखेरे
हो दिवस स्वागत धरा पर!
पड़ रही थी रात पीली
मूर्च्छना को दूर करती थी
भिगो कर भौंह, गीली
ओस गिरती थी बराबर
प्रात-पथ पर छिन्न स्वप्नों के कुसुम मैंने बिखेरे
हो दिवस स्वागत धरा पर।

एक भी आँसू न ढुलके इस सबेरे,
"अश्रु के अपने गरल कण
मधुमिलन की कल्पनाएँ,
आज भर इनको सिरज ले
आज से ये फिर न आएँ"
कह गये जाते हुए क्षण
"ओ अभागे, एक भी आँसू न ढुलके इस सबेरे
अश्रु के तेरे गरल कण"

[7.3.1948 / 16.9.1952 को संशोधित। अप्रकाशित]

स्वागत

स्वागत हो, तुम स्वागत शेरे काश्मीर
तुम हुए हमारे अतिथि आज, स्वागत हो तुम
हम धन्य कि तुमने इस धरती पर चरण धरे

सुख-सुषमा का देश तुम्हारा संगीनों से अरझ रहा है
लाल हो रहा है झीलों का भोला पानी।
गदराए फल इस वसंत के जो कि खून के रंग से पक कर लाल हुए हैं।
कितने मीठे शीतल होंगे।

इस लोहू से सिंची हुई केसर की खुशबू
एक नई ही खुशबू होगी।
देवदार की छायाओं से अलसाई चुपचाप वादियों
में उट्ठी हुंकार तुम्हारी गूँज रही है,
अपमानित पीड़ित मानवता की चीखों से ऊपर उठ कर
घन-गंभीर वह सिंहघोष
दहलाता है हिरदय भाड़े के सिपाहियों का

आज विश्व की सकल शांति का
ठेका इनने ले रक्खा है
यह जो जीवन भर हड्डी के कुछ टुकड़ों पर
लड़ते और खौंख्याते आए
यह पश्चिम के भूखे कुत्ते और भेड़िये
एटम युग के
महानरक के कीड़े अपना
निर्णय देंगे
स्वर्गभूमि पर?
काश्मीर का कौन फ़ैसला कैसा निर्णय?
काश्मीर तो चिर स्वतंत्र है
काश्मीर तो सदा-सुहागिन फूलपरी
जिसकी सोने से माँग भरी है
जिसकी दुबली जनता की बाँहों की ताक़त बहुत बड़ी है।
सत्य तुम्हारा, शक्ति तुम्हारी
साहस का वरदान तुम्हें है
तुम्हें हमारी सेनाओं की मदद चाहिए
हमें तुम्हारे आदर्शों की।
बँधे हुए हैं भाग हमारे और तुम्हारे
एक डोर से साथ रहेंगे सदा तुम्हारे
स्वागत शेरे-काश्मीर।

भू-स्वर्ग देश से आने वाले स्वर्गदूत
जनता-जननी के सर्वमान्य सच्चे सपूत
दो हमें दान अपना संदेश
हम तुम्हें दे रहे भेंट, भक्ति
विश्वास अमित, श्रद्धा असीम सहयोग शक्ति
हम तुम्हें दे रहे वचन, तुम्हारे साथ रहेंगे,
स्वागत शेरे-काश्मीर।

इस प्रण का अर्थ समझते हैं हम स्वयं खूब हमने भी खून गिराया है,
हमने पाकिस्तानी गुंडों से भी
आगे चलने वाली,
गोरेशाही से,
सदा निहत्थे युद्ध किया है,
खूब समझते हैं हम कीमत गरम खून की
अतः आज हम ये मुट्ठी भर नौजवान
जिनके सीने में नौ अगस्त की आनबान,
पन्द्रह अगस्त की नई शान
बिछुड़े साजन से नई दुल्हन सी भेंट रही है
व्यर्थ न जाने देंगे अपनी शपथ
तुम्हारे साथ रहेंगे
हमने भी अपनी माता का दूध पिया है।

[13.3.1948. डायरी में कवि ने लिखा है कि शेख अब्दुल्ला के यूनिवर्सिटी (लखनऊ) आने पर समारोह में उसने यह रचना पढ़नी चाही लेकिन तत्कालीन अंग्रेजी विभागाध्यक्ष और डीन श्री सिद्धांत ने अनुमति नहीं दी। अप्रकाशित]

निशा के अतिथि

तेरे सपने बीत गए हैं
उष्ण रश्मियों से सूरज अब जगा रहा है
मुझे, दृगों को खोल बलात्
अभी मुझे संदेह शेष था रात न बीती।
किंतु उषा परियों की पायल इन चिड़ियों की
तरह चहकती हुई कह रही
उठ, मेरे इन नृत्य-नूपुरों की रुनझुन सुन,
सुन, चिड़ियों की चहक नयी है गीत नये हैं
तेरे सपने बीत गये हैं।

मुझे न सपने छोड़ सकेंगे
यह प्रभात का कर्मक्षेत्र में नेह निमंत्रण
ठुकराऊँगा नहीं करूँगा नहीं पलायन
किंतु स्निग्ध छायाओं में क्षण भर सुस्ताकर
चलने में कुछ बात और है है संजीवन
अतः विश्व के अतिथि स्वागतम्
बिना प्रेरणा पथिक शूरतम
दुर्गम पथ पर चरण न अपने मोड़ सकेंगे

पहले आया करते थे बीती रातों के सपने
जब आते हैं आने वाले नए दिनों के
मुझे न सपने छोड़ सकेंगे।

[24.4.1948. इसी वर्ष *विश्ववाणी* (जून) में प्रकाशित]

एक रात

जीवन के घबराए मुख की विकृत मुद्रा
अकस्मात् जम गई। इस तरह
सूनसान सब ओर; बुझ गई
है जनपथ की धूमधाम,
दिन भर की तपती धूप मंत्रवश बँधी पड़ी बंदिनी
दूसरे अर्द्धजगत् में।
लौट चुके ऊषा के पंछी नीड़ों में कुनमुना रहे हैं,
लौट रहा घर, पवन सुबह का निकला निकला,
धीमी धीमी हँसी सरीखी हवा बह चली,
लौटी वापस ज्योति बुझे नक्षत्रों में फिर,
चन्द्रवधू ने श्वेतांबर का घूँघट खोला,
एक विशाल नयन की भाँति मुँद गया दिन,
छिप गए शयन गृह में कर्मठ,
लो फिर से आई रात!

आज आकाश अति अधिक निर्मल है,
ज्योत्सना से जैसे धुला धुला,
पड़ रहा सितारों का चमकीला रंग मंद,
चंदा की शीतल किरणों से,
वे ठिठुर रहे हैं बार बार,
टिमटिमा रहे नक्षत्र,
जुन्हाई जादू सी छाई सब पर सर्वत्र,
कि जैसे आज चाँद ने कुछ उन्माद नया पाया है।
आज मुझे फिर से न कहीं गिनने पड़ जाएँ धुँधले तारे,
इसीलिए चिंतन के हाथों से नयनों को मूँदे मूँदे सोच रहा हूँ
क्या होगा यदि फिर से याद किसी की आई!

किंतु सुनो तो,
इस सूनी शय्या पर ही बस नहीं चमकता चाँद, सजग मैं नहीं अकेला

कई घरों में जगते होंगे भूखे बच्चे, चिंतित माँएँ,
जाग रहे होंगे कोमल बाँहों में प्रणयी,
आँखें फाड़े अंधकार में जगता होगा कोई पागल,
जगते होंगे सहस सुगंधित तेल भरे दीपक महलों में
ऊँघ रहे होंगे झोंपड़ियों में भी दीये
घिर आई रात—
और हो गईं शेष दिन के संग सुविधाएँ अपार
छिन गया ज्योति का प्रश्रय भी,
खो गए शक्ति के अस्त्र,
छा गया जीवन पर अब अविश्वास,
शंकित पथ पर चलने वाले,
संदिग्ध शक्ल छायाओं की,
वह गरम सुबह,
तपती दुपहर,
शीतल संध्या,
दब गई अनिश्चित के भय के नीचे आकर
साहस की कठिन परीक्षा की बेला आई।
अब एक दर्द के बादल सा
उठता आता है अंधकार,
जैसे सागर के पानी में आ रहा ज्वार,
उतरा आया अब चाँद तिमिर की लहरों पर
चढ़ गया बीच आकाश।

उठ गए होंगे संग संग दृग अनगिन,
लेता होगा कोई करवट,
भरता होगा कोई उसाँस,
कहता होगा कोई—"बेटा,
अब आते ही होंगे बाबू
अब लाते ही होंगे रोटी
रो मत मेरे बच्चे, वह देखो चंदा मामा हँसते हैं।"

इस ऊबड़खाबड़ धरती पर,
सो रहे बहुत नंगे भूखे,
सो रहे बहुत पहने ओढ़े भरपेट ले रहे खुर्राटे,
जग रहे कई तुमको निहार,
जग रहे पेट दाबे अनेक,
तुम सब पर, चाँद बरसते हो।
पर लाज नहीं आती है तुमको चाँद,

कि तुम हो अर्थहीन,
उद्दीप्त पराये बल पर हो,
दिन एक छोड़ सब दिन अपूर्ण,
इस भाँति धरा पर अंधकार के तुम कारण,
धरती के सारे क्लेशों का प्रतिबिम्ब
तुम्हारा है कलंक
लालची देवताओं की सोने की पूँजी,
तुम, काश कि तुम होते रोटी के आधे टुकड़े,
तुम्हें देखकर नन्हे नन्हे हाथ किसी के उठे हुए हैं।
कहीं देवता भूल न जाएँ यहाँ अमीरों का सोना
अत्यधिक घृण्य
अस्पर्श्य,
तिरस्कृत, अतः सुनहले,
तुमसे मैंने नयन घुमाए
उधर पूर्व में अभी अभी कुछ होने वाला।

बीती अब तीन प्रहर रजनी
हो रहा शेष रूपक तम का
साँवली सुंदरी ने खिसका कर वसन दिखाया तनिक बदन
अब सरल प्रश्न सी स्वतः सिद्ध, अधरात हो रही निरावरण
मेरे उन बहुत पुराने सपनों सा पीला पड़ गया चाँद
बुझ गए दीप कम तेल भरे
बढ़ गया शीत, नक्षत्रों ने, हल्का फुल्का
उजला लिहाफ़ अब लिया ओढ़
चुप गया दूर, रो सिसक आदमी का बच्चा
चिड़ियों के चूज़ों ने चिंचियाने को अपनी चोंचें खोलीं।

कर गया चेतनाहीन समय
विस्मृति चिंतन के स्वार्थपूर्ण क्षण गए बीत
रेशम-लिपटे सोनेवालों के उलझे सपने बीत गए।
अब कार्य-भार से क्लांत बदन
धुल रहा तुहिन से, दुरी थकन, हो शांति उसे
जिसका जीवन,
ऊषा से लेकर संध्या तक, है एक बड़ी भारी मिहनत
जिसके मांसल, भुजदण्ड पसीने से भींगे
सिर के नीचे बनते तकिया
जिसकी खुरदरी हथेली पर है जमी मशीनों की कालिख
घुटनों तक जिसके पैर ढँक रही धरती-परती की मिट्टी।

वह श्रम के सुख की चादर को तन पर लपेट
सोया है संजीवनी नींद, अधिकार क्योंकि यह उसका है
उसके सीने में सिमट रहा आकर शीतल प्रातः समीर
वह नंगी छाती फूल रही।
उसका ही होगा आने वाला प्रात नया,
जब युग के पृष्ठ पलटने वाली अँगुलियाँ
चटखा कर वह उठ बैठेगा,
जब कर्म और कर्तव्य पुनः जी जाएँगे,
उस गरम सुबह तपती दुपहर के आने में अब देर नहीं,
जब रात कैद पंछी सा पाकर द्वार खुला,
इक बार चौंक उड़ जाएगी,
लो अब पौ फटने लगी
बिना जल के मेघों सी,
भली सुबह की सुखतन्द्रा
विश्रांति अलस,
कट गया शाप,
लो उबारा पापों से मनुष्य।

[7.5.1948. इसी वर्ष *हंस* (अगस्त) में प्रकाशित]

अंतिम रात्रि

दिन निकलता आ रहा है
ज्यों निशा की कालिमा का भेद खुलता जा रहा है।
भर चुका था जो कि अधरों तक तिमिर से
बह गया प्याला उफन कर
अब नहीं जग में समा सकता अँधेरा,
अब नहीं जग में समा सकता तिमिर
आलोक के फिर दिन फिरे हैं।

रात भर तो करवटों से तू समय को नापता था
याचना के, कामना के, शब्द कुछ कह कर लचीले
फिर उन्हीं सा काँपता था।

दूध से धोई जुन्हाई से विमल जादू भरे पल,
थपकियाँ देती हवाएँ
रगरगों में फिर नया जीवन जगाती प्राणमयि

विश्रांति के क्षण

प्रात की व्याकुल प्रतीक्षा में स्वयं घटती
हुई निशि
स्वार्थी, विश्राम करने के लिए थी
पर उसे, तूने तड़प कर, इक तनिक सी बात पर रो कर, सिसक कर
यों बिताया,
इस तरह जैसे तुझे उसकी ज़रूरत ही नहीं थी।

ओ अभागे, देख थक कर लौट आए
लौट आए वे प्रणय के गीत जो तूने बनाए
स्वर्ग को जाते हुए आरोह के स्वर
शर-बिंधे पंछी सदृश
आकाश में फेंके हुए पत्थर सरीखे गिर पड़े हैं
वे तरंगें
यौवना की खिलखिलाहट सी उमंगें
सत्य की चट्टान पर माथा पटक कर रह गई हैं
देख, तेरी कल्पना अपने निरर्थक शोरगुल पर
स्वयं घबराई हुई सहमी खड़ी है।

दिन निकलता आ रहा है,
रेशमी, रंगीन वस्त्रों से छिपा जीवन उघरता जा रहा है।
एक यह भी आदमी है,
जो थकावट के मजे ले कर सदा भर नींद सोया
एक करवट
एक सपना
कल सुबह उठ कर पुनः ललकारने का
अंग अंगों में भरी कमज़ोरियों को
एक यह भी आदमी है
जो कि उठने के प्रथम की ले रहा
अंगड़ाइयाँ—खिंचते गठीले पुष्ट कंधे
और सीने
कह रहे हैं—'एक कोने से धरा के दूसरे तक
फैल जाएँगे अभी हम।

धूप मिट्टी और कालिख से हुए हैं साँवले हम
हाँ हमें कोई नवीना स्नेह से भर कर
निहारेगी नहीं
पर, हाँ, जमाना और दुनिया

विश्व की विस्तीर्ण आशाएँ इन्हीं मजबूत
हाथों पर टिकी हैं
हाथ जो नैराश्य से मुख ढाँकने के
काम आए
पृष्ठयुग के, हैं पलट सकते नहीं।'
एक पल भर में अभी तूफ़ान आएगा
इसी से हो रहीं नीरव दिशाएँ
खग चहकने एक संग सहसा लगेंगे,
भूख का अपने परों में जोर भर कर उड़ चलेंगे
चल पड़ेगी रास्तों पर भीड़ श्रमजीवी जनों की
दिन निकलता आ रहा है
ओ अभागे खोल अब तो बंद आँखें
साफ़ शब्दों में समझ ले
मानवी श्रम पर खड़े इस्पात युग में
रात सोने के लिए है काम करने के लिए दिन।

दौड़ते हैं काल के क्षण,
रोशनी का भार लेकर,
और धरती को जगाने का नया अधिकार लेकर
ठोकरों से स्वप्न तेरे तोड़ते हैं,
व्यस्त हैं यह, रोक मत इनको विनय कर,
हाथ फैला कर नवा कर शीश दुख से,
कीर्तिमय इतिहास आगामी दिनों का
स्नेह से इनको बुलाता है,
नहीं आलस्य का आदर ग्रहण कर
पाएँगे यह।

कल गिरे थे अश्रु जो, वे आख़िरी थे
एक भी आँसू न ढुलके इस सबेरे
अश्रु के अपने गरल कण,
मधुमिलन की कल्पनाएँ
आज भर इनको सिरज ले, आज से यह फिर
न आएँ
रात भर संसार के प्रति मूढ़ बन कर
प्रश्न जब तूने किये, ऊपर निहारा
दे गया उत्तर उतर कर एक तारा
बंद कर अब प्रश्न अपने
मुँद गए निस्तेज नयनों से सितारे

अब बताने के लिए तैयार हो
क्या प्रश्न तुझसे आज का दिन पूछता है।

एक भद्दी भूल सी वह रात बिसरी जा रही है
बन रही है बात फिर बिगड़ी हुई अब
दिन निकलता आ रहा है।

[19.5.1948. इसी वर्ष *नवजीवन* (29 मई) में प्रकाशित]

आँसू

सोया करते सुख नींद मेघ में सप्त रंग
लेकिन् जब होता जल बूँदों का स्वप्न भंग
क्या हाल सुनहरे बादल का
हो जाता है,
झर जाता है संचित पानी वर्षा बन कर
जीवन भर का दुख दो पल का
हो जाता है,
गीले घावों पर समय एक ही मरहम है
यों होता दिल का दर्द किसी का क्या कम है
रोने से केवल जी हल्का हो
जाता है।

[28.6.1948. इसी वर्ष *प्रदीप* (1 अगस्त) में प्रकाशित]

नवजीवन

संसार जगा था सोए थे हम मुर्दा बन
फिर एक दिवस हमने पाया था संजीवन
जिस दिन हमने
लोहू की, श्रम की बूँदों से
इतिहास-कलुषगत कर डाला था परिष्कार।

घनघोर तिमिर पर वह शुभ दिन था जीत गया

पूरब से उठने वाला था संगीत नया
बाँहों में बल
पग में गति अंतर में यौवन स्वर में मधु का
हमने पाया था पुरस्कार।

पर, कोलाहल कर एक वर्ष भर गया बीत
रह गया कंठ स्वर अस्त-व्यस्त, वह नया गीत
हम गा न सके,
जिसके मंगल-मधु-गुंजन से,
हमको, नवजीवन को करना था नमस्कार।

कुछ समय लगेगा सुख के दिन आते आते,
आओ, हम मिहनत निपटा लें गाते गाते,
इस जीवन का, जिसमें आशाएँ हैं सपने हैं, रो रोकर
हम नहीं करेंगे तिरस्कार।

[1.8.1948. इसी वर्ष *नवजीवन* (15 अगस्त) तथा *प्रदीप* (10 दिसंबर) में प्रकाशित]

हिलकोरे

हर रात समय की तिमिर नदी में एक लहर
जिस पर उजले सपने आते हैं छहर छहर
नतशीश जिसे धारण करता रहता कगार
वह मानव जिसमें पत्थर की सी क्षमता है
चुपचाप थपेड़ों को सह लेने की ताकत
लेकिन मिट्टी सा धुल जाने की भी आदत
इसलिए लहर की अधिक उसी से ममता है।
सारा तूफ़ान उसी पर आकर थमता है
सच झूठ तुम्हीं जानो मेरे इन स्वप्नों का
पर मेरे मन के विश्वासों की यह नौका
हो ही जाती है डगमग डगमग एक बार
जब तट से लड़ कर वापस आती ठहर ठहर
वह सजल साँवली ठण्डी ठण्डी एक लहर।

[7.8.1948. अप्रकाशित]

आशा

उठें चरण
अनन्य पुण्य पंथ को करें ग्रहण
रुके न गति प्रगति न हो सके विरुद्ध आमरण

कठिन शपथ।
नहीं सरल सुगम अपार है सुपथ
न पा सके बड़े बड़े कि कौन अंत कौन अथ

न हेरना
पड़े न चार ओर दृष्टि फेरना
जहाँ घिरे तिमिर वहीं मिले प्रकाश प्रेरणा

प्रशस्त हो समस्त भूमि देश या विदेश हो
अदृष्ट हो सके समक्ष दृष्टि निर्निमेष हो
उधर अनादि अंतरिक्ष से चले पथिक इधर
समीप आ चले क्षितिज जहाँ कि पंथ शेष हो।

[8.8.1948. इसी वर्ष *विजय* (22 अगस्त) में प्रकाशित]

रिमझिम

बीच सावन की एक ऊबी सी वह संध्या थी
अनमनी होके हवाएँ थीं रुकी बहने से
खींच लेते थे मुझे दम-ब-दम अपनी तरफ़
कई रंगीन कई धुँधले से धोए से विचार
किसी के साँवले चेहरे की सलोनी यादें
अपनी नाकाम तमन्नाएँ, कभी कल की फ़िकर
फिर कभी उसका वह मुसकाके तनिक शरमाना।

मेरे प्राणों में धड़कते थे चपल शब्द मगर
मेरी साँसों से मेरे गीत के स्वर घुटते थे
इस तरह थीं ये तमन्नाएँ अनिश्चित मेरी
जैसे मिलने के प्रथम का वह अनोखा निश्चय
जिसमें हम एक क़दम बढ़ के ठिठक जाते हैं।

इतने में घूमती गलियों के किनारों को गुँजा
मेरे कानों में पड़े बोल मँजे और सधे
कंधे से लटकी थी बाजे की पुरानी पेटी
दूसरे साथी के हाथों में एक डफ था रुका
तीखी आवाज़ में वे गीतों में गाकर सावन
देसी मल्हार व कजली की सुहानी तानें
बेचते फिरते थे गाने की किताबें अपनी।

उनके स्वर ताल सभी गोकि देहाती ही थे
जिनमें से छिप के कोई कहता था यह रह रह कर
"हम तो गा के ही कमाते हैं यह रोटी अपनी।"

पर उस आवाज़ में कुछ भेद खुले पड़ते थे
शर्म से बादलों की बर्फ़ का छिप छिप जाना
झूमते, मस्त किसानों का खुशी से गाना
आल्हा के गूँजते स्वर, बिरहे की लंबी तानें
आम की पेड़ की डाली पे वह झूले का समाँ
अनगिनत सदियों के सावन थे समाए उसमें।

सहसा एक लीक मेरे ध्यान पे खिंचने सी लगी
जैसे आकाश ही धरती पर उतर आया हो
एक सतरंगिनी रंगीन किनारी बन कर
झिलमिलाते हुए रंगों के बीच बीनी हुई
दुनिया एक सादी सी तसवीर नज़र आती थी

लेकिन हर ओर से संगीत की लपटें थीं उठी
जैसे फूलों से गमक कर के सुरभि उठती है
जब से धरती पे गिरा मेघों से पहला पानी
तब से, विश्वास है मुझको कि हम गाते होंगे
आदमी का वह प्रथम कंठ, वह आयास प्रथम
आह! कितना ही सरल और सुकोमल होगा
निश्चय ही प्यार से उसका वह निरक्षर अंतर
मुझको विश्वास है बह बह के भर आया होगा
क्योंकि धरती उसी की थी उसी का था सावन।

फिर तो गतिवान समय संग हुए गीत सृजन
फूलों से महके हुए, बूँदों से नहलाये हुए
गाने की रितुएँ बनीं रितुओं के गाने भी बने

जिनकी तानों की बदलती हुई दिन दिन सरगम
गाई जाती है नगर गाँव सभी के घर घर
झूले की डोर को मेंहदी रचे हाथों में लिए
खींच कर अपनी तरफ़ नाज़ से दोहरी होकर
पेंगों से तालें इन्हीं गीतों पे दी जाती हैं
झमाझम बूँदों की मेघों की गगनभेदी गरज
धरती पर आती है दुहराते हैं हम लोग उसे
अपनी किलकारियों से, अपनी खिलखिलाहट से
गाता है कोई तो सावन के बीते जाने की
अपने साजन के अभी तक भी नहीं आने की
गाता है कोई भरे कंधों पे उठाए हुएं हल
गाता है लो मेरे सब खेतों में बरसा पानी
हर तरफ़ प्यार नया होता है इंसानों में
और धरती अपना वह साँवला कोमल सीना
खींच कर धानी किनारी का रंगमय आँचल
किसी की जैसे शरारत से भरी नज़रों से
ढँके लेती है तनिक घबरा के जल्दी जल्दी।

मेरी आँखों में मगर मेरे ख़याल उलझे हैं
जिनका सच झूठ, मुझे सच है कि मालूम नहीं
व्यस्त हैं भावों में, व्याकुल हैं, चिंतना के विपल
इसलिए कुछ नहीं, यह धूमधाम गाती है।

गर्म किरणों से भरी एक उषा, बचपन सी
गर्म पत्तों पे ठहर कर के दो क्षण बीत गई
दोपहर आई मगर लाज से संकोच से कुछ
तेज़ आँखों को झुकाए ही झुकाए आई
आसमाँ इस तरह उत्तप्त कि जैसे यौवन
मेघों के बंधनों में धीमा पड़ा जाता था
और यह साँझ जिसे नींद आ गई मानो,
ऐसी एक नींद कि जिसमें नहीं आए सपने—
मेरी थकती रगों पर दिन ही झुका पड़ता था—
इतने में सहसा आशाओं सा घिर आया अंबर
भोले बच्चे सा सो गया था सिसक कर बादल
एकाएक कुनमुना के जाग उठा।

हवाएँ मुक्त हुईं चैन से एक साँस भरी
ऊबे से प्राणों को एक रुचि का बहाना ही मिला

मेरे ये ओंठ अनायास गुनगुना जो उठे
मैंने देखा कि सभी कुछ तो रँगा जाता है
इस रसभीगी सी रिमझिम के सात रंगों में
जो कि आकाश से उतरे हैं यह सरगम बन कर।

मुझको फिर भास हुआ अपने विचारों का नहीं
क्योंकि मैं गाते समय सोच कुछ नहीं सकता।

[8.8.1948. इसी वर्ष *रक्ताभ* (नवंबर-दिसंबर) में प्रकाशित। डायरी में इस कविता को लिखने के स्थान के बारे में सहाय जी ने लिखा है : 'तिमंजिले पर अकेले बैठकर'।]

भूल

ओ मेरे अंतर के पहले पहले प्यार
उच्छ्‌वासों के रव में डूबे से उद्‌गार
जैसे काँटों में होता हो महमह फूल
तुमको पा कर पुलके थे रसभींगे ओठ
पर जैसे ही हुए तनिक तुम उनकी ओट
कैसे सहसा बदल गए हो बन कर शूल?

एक अभागे क्षण का अब हो क्या प्रतिकार
भूल यही थी, पागल हो कर, अपनी भूल
कहीं भूल से, कर ली थी मैंने स्वीकार।

[8.8.1948. इसी वर्ष *प्रदीप* में प्रकाशित]

विपथ पर

सच कहता हूँ ये हैं मेरे अंतिम सुख उच्छ्‌वास,
क्योंकि हुआ है पुनः प्यार पर आज मुझे विश्वास।

टूट गई, जो शपथ उठाई थी कुछ मत कहने की,
छूट गई बान अचानक मेरी, चुप रहने की।

फिर गीतों में बँधती है आकर मन की आशाएँ,
विस्मय नहीं कि पिछले सपने याद मुझे आ जाएँ।

बरस - बरस कर जैसें हल्के होते घन सावन के,
धीरे धीरे भेद खुल रहे हैं अपने ही मन के।

नयन किसी के लजा लजा कर फिर उठ कर कुछ दो क्षण
भला किसलिए बता गए हैं शरमाने का कारण।

पग दुर्बल थे पर पथ पर जल्दी जल्दी पड़ते थे,
वैसे वैसे जैसे तलुओं में काँटे गड़ते थे।

गति बढ़ती थी पथ घटता था भूला था दुख सारा,
तभी किसी ने स्वर में जादू भर कर मुझे पुकारा।

पड़ा देखना पीछे मुड़ कर मुझको किस नाते से,
लौटा लाया कौन मुझे पथ पर जाते जाते से।

[8.8.1948. इसी वर्ष *ज्योत्स्ना* (दिसंबर) में प्रकाशित]

कामना

तन अमर यदि हो सके, मन में अनश्वर भावना हो।

आक्षितिज अंबर असित हो
दृष्टि में निद्रा निहित हो
किंतु अंतर में न संशय
कर सके क्षय एक निश्चय
संग में हो प्रचुर संबल
प्रगति पग में, बाहु में बल,
प्राण में हो प्रेरणा, तो ध्येय में सद्भावना हो।

फुल्ल मन उल्लसित वाणी
से कहें जीवन कहानी
जब निरक्षर कल्पनाएँ
मूर्त हो प्रत्यक्ष आएँ
प्रातक्षण के बंध टूटें
स्वप्न से भी शब्द फूटें
कंठ में मधु-स्वर मिले तो गीत में आराधना हो।

भूमि का नभ से समन्वय
कर सकेंगे प्राण निर्भय
यदि करों में, ओ धनुर्धर,
तीक्ष्ण हों संघर्ष के शर,
शक्ति श्रम की शेष जब तक,
रह सके संग्राम अनथक
रिक्त हो तूणीर पहले, जीतना या हारना हो।

तन अमर यदि हो सके मन में अनश्वर भावना हो।

[16.8.1948. इसी वर्ष *विश्ववाणी* (सितंबर) में प्रकाशित। 1952 में यह कविता दो बार और प्रकाशित हुई—एक बार *कल्पना* के जून अंक में और दूसरी बार *धर्मयुग* के 20 अप्रैल के अंक में। *धर्मयुग* में कविता का शीर्षक 'कामनाएँ' है और 'चिंतन् यशोवीर' के छद्मनाम से प्रकाशित हुई है। कवि ने डायरी में कविता के हाशिये पर खुद ही लिखा है : 'बहुत अच्छा प्रयास!']

तब

जब खुलेगा वह सबेरा
बंद था जिसमें अभी तक स्वप्न मेरा,
दीप के नीचे अँधेरा
कर चुका होगा उजेले का कठिन प्रतिकार
सपने भूल जाना
मैं तुम्हें संसार दूँगा!

अग्नि सा आलोक होगा
दूर से जिसमें चमकता लोक होगा,
और तुमको शोक होगा।
बुझ गए दीपक प्रणय के रात के उस पार,
तब इस पार आना
मैं उन्हें फिर बार दूँगा!

स्वर्ग की वे कल्पनाएँ
सिर न अपना विश्व के सम्मुख झुकाएँ
और युग की मान्यताएँ
यदि करें स्वीकार तेरा और मेरा प्यार,
तब तुम पास आना,
मैं तुम्हें भी प्यार दूँगा!

[18.8.1948. इसी वर्ष *नया समाज* (दिसंबर) में प्रकाशित]

संदेह और विश्वास

तुम नहीं पहचानती हो सैन मेरे
मैं न पढ़ पाता अनिश्चित नैन तेरे
सुन-समझ पाए नहीं हम तुम अभी तक
मौन तेरा और मीठे बैन मेरे

इसलिए संदेह होता है मुझे तो
कौन जाने प्यार मेरा पा सकोगी।

तुम वचन दे दो कि मुझसे प्यार तुमको
हो सके प्रिय स्वप्न का अभिसार तुमको
कल्पना से जानता हूँ किंतु फिर भी
इस प्रणय का सत्य अस्वीकार तुमको

इसलिए संदेह होता है मुझे तो
कौन जाने पास मेरे आ सकोगी।

हर चरण से शूल चुनता जा रहा हूँ
तुम न आओ पास मैं ही आ रहा हूँ
तारकों में नाम गिन गिन कर तुम्हारा
है मुझे विश्वास तुमको पा रहा हूँ

इसलिए संदेह होता है मुझे तो
कौन जाने, दूर मुझसे जा सकोगी।

[18.8.1948. अप्रकाशित]

स्वागत

हो चुका बहुत कुछ और बहुत कुछ अभी शेष
सुख शांति नहीं पा सका किंतु फिर भी स्वदेश,
हम ही न अभी अपने घर में जम पाए हैं,
कर चुके बहुत पहले थे यद्यपि गृह प्रवेश।

जिस पर सावन के घन आशीषों से छाएँ
धरती से फूटे सोना, अमृत दें गायें,

अफ़सोस, अगर उस घर में आश्रय पा न सकें,
कुछ हारे माँदे बूढ़े, बच्चे, माताएँ।

दर दर भटको तुम, इसकी तो कुछ वजह नहीं,
दुःख और कष्ट कोई भी तुमको असह नहीं,
तुम सुखी रहोगे, जहाँ कहीं हो, लेकिन क्या,
इस घर के आँगन में इतनी भी जगह नहीं ?

[19.8.1948. इसी वर्ष *पुरुषार्थी* (सितंबर) में प्रकाशित]

सायंकाल

आज साँझ फिर हुई
खिले हुए प्रसून सी वसुंधरा मुरझ गई
पराग सा प्रकाश भूपतित हुआ।

उठी अदम्य अंधकार आँधियाँ,
असंख्य ज्योति रश्मियाँ चमक चमक बुझीं सहज
बिना प्रकाश एक हो गए धरा, क्षितिज, गगन।

चरण कहाँ पड़ें कहाँ नहीं पड़ें सशंक हो
पथिक ठिठक गए,
गृहस्थ होशियार हो गए,
प्रयाण का विचार त्याग।

बस प्रगति गई ठहर,
असुर-अमर अनंत युद्ध टाल कर,
मनुष्य की दशा प्रसन्न हो निहारने लगे,
कि आज तो अभीत यह अदृष्ट से डरा-डरा,
दिनांत के कलुष चरण-तले बनी पड़ी धरा।

पराजिता हुईं समस्त शक्तियाँ जिन्हें मनुष्य पर बड़ा घमण्ड था,
अकर्म शाप-सा शरीर को लगा,
निकट चले स्वस्थ अंधकार के डरावने,
अगम्य पथ हुआ निरीह दृष्टि का,
विमूढ़ कल्पना सुदूर के स्वरूप की हुई,
सवेग दौड़ता हुआ दिवस-चरण

बिना थके सहम गया।

शिथिल प्रगति, विलुप्त शक्ति, मंद दृष्टि—
दंभ दुख विषाद भय प्रवंचना
पुनः मनुष्य के तमाम शत्रु उठ खड़े हुए
समीर नींद से भरा स्वयं अलस
थपक थपक कठिन बदन उसे सुला चला पुनः
प्रणय प्रमाद के प्रमत्तं पल विपल
उसे अस्वस्थ कर गए, लहर लहर लुभा गए
निशा कुमारि की रंगीन वेणियों सदृश सपन।

निढाल हो ढुलक गए सुषुप्ति गोद में सशक्त गात वे
गठे हुए समर्थ भुज
शिथिल पड़े।
विहान अब न हो अतः समय स्वयं ठहर गया,
कि मुख छिपा अतीत में सुखद भविष्य सो गया
कपाट बंद हो गए विकास के।

बिना प्रकाश एक हो गए धरा, क्षितिज, गगन,
परंतु स्वर्ग और विश्व भिन्न हैं
उसी प्रकार जिस तरह कि स्वप्न और सत्य हैं
सुदूर एक, दूसरा समक्ष है।
वहाँ अनंत की अदृश्य भूमि पर टिके हुए
महल, जहाँ कि देवता
अशक्त, आलसी, विदेह जी रहे समोद, श्रम बिना किए
यहाँ अथक उपाय कर, बड़ी कठोर भूमि पर
खड़ी हुई ग़रीब एक झोपड़ी—
जहाँ कि कर्मशील जीव जी रहा,
अनंत कर्म की अशेष आस में
सदैव, स्वर्ग और विश्व भिन्न हैं।

अतः ज़मीन पर पुनः नवीन अंकुरों-सदृश
उमग उमग उठे जगे अनेक दीप तम निवारने लगे
तिमिर प्रसाद को समेट हाथ के तले
प्रकाश मंत्र फूँक
त्रस्त विश्व को उबारने लगे
अमा हुई पराजिता प्रदीप डोर-पाश में बँधी पड़ी।
उलीचता हुआ सनेह बोर बोर अंजुली

प्रकाश ज्योति के चरण निशान डालता हुआ
तमिस्र शूल रौंदता बहुत समीप आ गया।

निराश भूमि पर संदेश शक्ति का
सुवर्ण लीक खींच लिख दिया मनुष्य ने
तिमिर विपिन दहक उठा दवाग सा संदेश फैल यों गया।
अधिक समय नहीं हुआ कि भूमि और व्योम के
मिले जुले स्वरूप फिर पृथक् पृथक् प्रकट हुए।
वहाँ तिमिर न टल सका,
नखत नहीं चमक सके
न चाँद ही निकल सका नियम बँधा,
घिरे हुए अपार मेघ बीच मुग्ध अप्सरा अनेक खो गईं—
हताश देवगण टटोलते ज़मीन अंधकार में,
अलभ्य सोमरस भरी ढुलक गईं सुराहियाँ
मनुष्य जाति के लिए रचे हुए तमाम भाग्यकर्मफल
इधर-उधर बिखर गए।

यहाँ उसाँस छोड़ चैन से भरी
सजग शरीर को सँभाल
ज्ञान और दृष्टि के अमोघ अस्त्र साज
आँख कान खोल कर सुधी मनुष्य ने,
सुनी पुकार पंथ की,
दिखा कि सामने प्रशस्त मार्ग है।

[20.8.1948. *प्रतीक-8*, पावस (सितंबर 1948) में प्रकाशित। डायरी में कवि का कहना है : 'यह कविता कम से कम दस बार तो लिखी ही गई होगी।' कविता का जो रूप *प्रतीक* में प्रकाशित हुआ है उसमें 'उलीचता हुआ ··· ' से ' ··· फैल यों गया' तक पंक्तियाँ नहीं हैं। ये पंक्तियाँ मूल पांडुलिपि से लेकर यथास्थान शामिल कर ली गई हैं।]

प्रभाती

स्वागत हो नवजीवन के संदेश गुलाबी
आओ बन कर किरणों में ध्वनि लहर
खुल रहे बधिर मनुज के कर्ण कुहर
सहसा पंकज की कलियों से।

अकलुष आत्मा से धवल-पूत
दिनकर के पहले देवदूत

स्वर्गों की ममता छोड़ त्याग
रवि के संयम के दिव्य तेज, आओ
सब सोने वाले उठ उठ रहे नींद से जाग-जाग
अब क्षुधित खगों से छोड़ नीड़
हैं निकल रहे नगरों ग्रामों की गलियों से
तत्पर जनता के कई एक दुख सुख समूह
दिशि दिशि से उठ आ रही भीड़
जनपथ पर जैसे बनता जाता चक्रव्यूह

लो भेद खुल गया सपन साँवली नींदों का
कुछ नहीं, जहाँ बिस्तर की मृदु गरमाहट थी
प्रातः समीर का संजीवन पीकर जागा, तन शिथिल
पुनः मजबूत हुआ, इन भारी सुगठित बाँहों का पथ पर घेरा
इसमें न आज घुस सके परिश्रमहीन चोर

मेहनतवालों की मेहनत पर जीनेवाला
इसलिए प्रात
छिटका दो भूखों को अनाज के दानों सी
श्रम थके जनों को छायाएँ
जिनमें वे छिन भर दुपहरिया में सुस्ताएँ।

तुम लंबी जीवन पुस्तक के कोरे काग़ज़
जिस पर लिखा करते हैं हम प्रातः सायं
कृतकृत्य क्षणों का अथक अनवरत दैनिक क्रम
इस भाँति कहानी पूरी होती जाती है

इसलिए प्रात,
तुम अजर अमर इतिहासों के तपते अक्षर!
आओ शाश्वत,
आओ नित-नव,
वृक्षों की डालों पर बैठो उजले कपोत!
यद्यपि हम उसे जानते हैं, संदेश कहो
जो लाए हो
गा गाकर जिसको काम कर सकें
खुश खुश हम,
दुनिया को मुँह दिखला पाएँ
आलस्य क्योंकि अपराध एक अक्षम्य सदा।

[1.9.1948. *मजदूर जगत* (जनवरी 1952) में प्रकाशित]

अधिष्टान और अधिष्टाता

आहत था गाँधी का सीना
उन तीन गोलियों को खाकर
मुश्किल था जब उसका जीना
रो रोकर अपनी किस्मत को हमने कोसा,
अब कहाँ मिलेगा महापुरुष उसके जैसा,
माथे को लेकर हाथों में हम बैठ गए,
यह भूल गए थे गाँधी भी मर सकता है।

वह कुछ लोगों की नज़रों में
था शुद्ध बुद्ध आत्मा केवल।
क्षण भंगुर तन के वस्त्रों में
वह नहीं आदमी था कोई परमात्मा था
धर्मांध बुद्धि से ऐसा हमने समझा था।
उसको अपने ही जैसा देख नहीं पाए
इसलिए न जाना मानव क्या कर सकता है।

संकट आया जब काम पड़ा
बढ़ बढ़ बातें करनेवाला बातें ही करता रहा खड़ा
लेकिन उसने आगे जाकर दे दिए प्राण
दे दिए, कि हम कुछ समझ सकें, यह अधिष्ठान
कितना भारी है, उसके जैसे तन की भी
पड़ सकती जिसमें आख़िर आवश्यकता है।

[6.9.1948. इसी वर्ष *विश्ववाणी* (दिसंबर) में प्रकाशित]

एक छवि

पूरब का चिकना छोर हुआ निर्धूम
परिश्रम से भीगी छाती सा धुला हुआ
वह सात रंग की धूप हो गई फिर विग्रह
आपश्चिम अंबर अस्तव्यस्त
कुछ अजब अनिश्चित तीखी रेखाओं के भीतर मिले जुले
हैं रंग नौसिखिए ने जिनको फैला डाला
फिर असंतुष्ट होकर कोने में
एक साफ़ सा चाँद बना कर मुग्ध हुआ है अपने पर।

लेकिन मेरी आँखों में सब कुछ है सुंदर
यह मिलन समय
क्षण क्षण में बीत रहा अवसर
यह साँझ सूर्य से भेंट रही है आज विदाई में जी भर
पुलकित बाँहों से उसको उभरे क्षितिज अंक में भरे हुए
अनजाने में कटि तक
साँवल तन उघर गया
आधे नभ तक लहरा आई
सोने की गोट लगी वह देहाती चूनर
कुछ ऐसा ही लगता है यह आकाश मुझे।

[8.9.1948. अप्रकाशित]

एक संध्या

वह कुँआर के मृदुल महीने की संध्या थी
सजल भाद्रपद खुली धूप में सूख चुका था
खिले कपास-कुसुम से बादल फैल गए थे
विरल हुआ था नभ, धुल कर चिकना था अम्बर

क्षितिज कगार किनारे कोई खड़ा हुआ मछुये का छोरा
अपनी ओदी कछनी सुखा रहा हो, ऐसे,
हिलता-डुलता था गिरती किरणों से लड़ कर
मटमैला आपश्चिम फैला रंग लाल
कुछ देर हुई ठहरा था आ कर तिमिर उधर आलोक इधर
अति दूर किसी मिल की चिमनी की कालिख जम
आकाश में गई थी ठण्डी हो
लपट रंग में घुल मिल
घर घर के चूल्हों से
उठने वाला धुआँ, थिरक कर
काई लगी मुँडेरों, भीतों और छतों पर
झुका हुआ था कुम्हलाये पत्ते जैसा
कड़ुआई आँखों की पलकों सी छायाएँ
मुँदती जाती थीं

सहसा तुलसी तले जल गया घी का दीया
आँचल कर कंधे पर सादर, शीश नवाया युवती-वधू ने

मंगलध्वनि, मंदिर-गोपुर के तन को मथ कर उठी
जिसे सुन, अपर अर्द्ध भू पर इस रात बसेरा करने
धुँधले पंखों को फैलाए, चोंच उठाए
दिवस उड़ गया ऊँचा ऊँचा।

नभ के नीचे रात हो गई
और प्यार से, रसिक नवांकुर, सजल धरा के
खड़े समझते
चंदा रानी, अपना गोरा मुख पूरब की खिड़की से
आधा बाहर कर
कोई मधुर सैन करती है

धीरे धीरे संबोधन सी धूम ज्योत्स्ना के डोरों पर
उठती है आरोह स्वरों में धरती की
सोंधी गरमाहट
गूँज उठी हैं बीते दिन की हलचल की
अनमिल आवाज़ें
जगमग जनपथ के जनरव से
हुई घोषणा—
'लो फिर तम आभा का नित्य उभय संभव
निर्णीत हो गया'
निश्चय ही आएगी रजनी,
क्योंकि भीड़ के पैरों से आहत धरती पर
बहुत जनों ने अपनी रोटी आज कमाई
और थके लोगों को मीठी नींद चाहिए।

[15.9.1948. अप्रकाशित]

गाँधी-जन्म

दुपहर के आतप से व्याकुल थे जन जन के प्राण,
दग्ध थी अवनि, तप्त था व्योम, सजल मिट्टी थी शोषित,
गरम गरम पछिहाँव बदन झुलसा जाता था,
नतशिर बिरवों के कुम्हलाए कुंज मलिन थे,
अंकुर अंकुर अपने दोनों हाथ उठाए,
टेर रहे थे तुम्हें,
अचानक, पुरवाई का स्नेह सिक्त वातास उठा

तुम, जीवन की आशाएँ लेकर इन्द्र आज के,
क्षण भर को सावन का गरुआ बादल बन,
झुक आए, आशीष हाथ से महिमस्तक पर।

हो गया अमर वरदान तुम्हारा नश्वर-तन,
धरती पर ऐसा युग-लम्बा आया सावन,
अपनी करुणानिधि का शिव-अमृत मंथन कर,
तुमने जग के भूखे प्यासों को पिला दिया,
ओ अमिय-मेघ बन गए बरस कर हरियाली,
भर दी पल्लव से एक एक नंगी डाली
जिसको कुम्हलाते देखा उसको जिला दिया।

तुम बीत गए इतिहासों को स्वर्णोज्ज्वल कर,
क्षण क्षण नव जीवन का जिनका तपता अक्षर,
तुम तैर गए वैतरणी सा अम्बर प्रशस्त,
भरते भरते निज आर्द्र अंक में भू समस्त,
तुम बरस गए मधु कलश कि धरती भींग सके,
इसलिए कि जब उपरान्त तुम्हारे पावस के,
अपने इन चौड़े कन्धों पर हल रक्खें हम,
ढेले मिट्टी के चौरस हों, जब हो बोअनी,
बीजों से भूमि अनुर्वर भी हो उठे धनी,
वे बीज कि जिनको तुमने छूकर स्निग्ध किया,
गेहूँ जुआर के बीज, फलों के, फूलों के,
फूटे गोरी धरती से चम्पक-तन-द्युति सम,
पत्थर से उमड़-घुमड़ उमँगे अरधान, शरद के पुष्पों की,
युग युग तक महके पृथ्वी, पृथु के पुत्रों की,
दुर्भिक्ष जीर्ण वक्षों का मथ कर उठने वाला हा हा रव
लहलह खेतों के मीठे मर मर में डूबे,
तब, पाप बोझ से भारी घट सा, पानी में।

क्षणमति-जग को विश्वास दे गए हो अक्षय,
विश्वास, कि करने ही से कुछ हो सकता है,
कितना भारी है अधिष्ठान, जिसमें कि तुम्हारे जैसे तन
की भी, निश्चय, पड़ सकती आकर आख़िर आवश्यकता है,
ऐसा लगता है, अधिक न दिवस प्रतीक्षा के,
फलने वाले हैं वचन तुम्हारी दीक्षा के,
गत वर्षों की हलचल में अब स्थिरता है,
शस्त्रों की कटु झंकार, क्रुद्ध रण हुंकारें,

आहत की चीख़ पुकार, क्षिप्त कोलाहल, अम्बर में फेंके
पत्थर सा, भू पर गिरता है।

विश्रांत हुआ है गगन, श्रवण में पड़ती केवल
पुनः तुम्हारे शुभ शब्दों की गूँज कि जो,
दिशि दिशि देशांतर के शिखरों से टकराए—
ज्यों मत्त सिंधु का वक्ष चीर जलयान धीर,
बढ़ता आए मंथर मंथर,
उत्तप्त खौलती फेनिल लहरें दबती जाएँ
आत्मग्लानि से विनत शीश हो इधर उधर
सुन पड़ती है ऐसे ध्वनि उन शुभ शब्दों की।

हे सदा सनातन, चले गए तुम पुण्यपर्व
दिन से, आकर,
दुष्यंत, तुम्हारे आगे तो, धरती का केवल आधा
यौवन बीता था,
संसार नया लेकर जब मुग्धा मही गर्भ में सरसेगी,
तुम पहचानोगे, जहाँ कहीं हो, उसे हमें विश्वास, क्योंकि
जब नहीं पा सकीं तुम्हें चिता की जलती लकड़ी,
फिर जन्मे तुम यमुना तट के राजघाट पर; द्विज महिमामय
इसी भाँति युग का युग में संक्रमण हुआ है।

[1948. *विश्ववाणी* (जनवरी 1949) में प्रकाशित]

पुरुषार्थी

सच, नहीं हुए धरती पर सब सौभाग्यवान,
सच, नहीं पा सके सभी नियति का स्नेह दान,
कर सकता पर निर्माण स्वयं अपनी किस्मत
प्रत्येक पुरुष, चाहे जितना हो दीन-हीन।

दो चार, जिन्होंने जीवन में सब कुछ पाया,
बिरले, जिनके हिस्से में कुछ भी सुख आया,
पर उनसे भी कम वे, दुनिया के पंजों से,
अधिकार जिन्होंने अपना लड़कर लिया छीन।

मत डरो सत्य से, वह स्वप्नों का पुरस्कार,
मत करो आँसुओं से जीवन का तिरस्कार,
हो सकते हो तुम एक अभागे बहुतों से,
लेकिन साथी, तुम कभी नहीं हो कर्महीन।

[1948. इसी वर्ष *विश्ववाणी* (नवंबर) में प्रकाशित]

गीत

कैसे तुमको भूल सकूँ मैं जब तुम इतने पास
कभी कभी अनजाने में तुम सब कुछ कह जाती हो
कभी जान कर भी सब कुछ तुम चुप चुप रह जाती हो
मन के भेद खुलें न खुलें
यह लगी रहे तुमसे दो दो
मीठी बातों की आस
जब तुम इतने पास

लाख छिपो तुम लाख हृदय की कोई बात छिपाओ
छिप छिप देखो मुझको देखी जाने पर छिप जाओ
तुमसे नयन मिलें न मिलें
है भरी तुम्हारे शरमाने में फिर मिलने की आस
जब तुम इतने पास।

[1948. अप्रकाशित]

गीत

जागे फिर मिलने की आस
बहुत दिन हुए पहले पहले तुम मुस्काई थीं
पलकों के साँवल परदों के बाहर आई थीं
फिर तुमने छिप जाने में सुख पाया
बहुत देर में सच है मैं मुस्काया
अब सपने लिखते हैं पिछली भूलों के इतिहास

इन गुलाब से होंठों में हैं चुम्बन के काँटे
इनके चुभने की पीड़ा आओ हम तुम बाँटें
आज चाँद में कुछ उन्माद नया है
नयनों को तारों से बाँध गया है

आज मुझे फिर से गिनना है तारों का आकाश।

सच सच कह दो क्या तुमको मुझसे है प्यार
कब तक मेरी आँखें तेरी आँखों में पड़ी रहेंगी
कब तक तेरी नज़रें यों धरती में गड़ी रहेंगी
कब तक इन नयनों का कहना सुनना जाएगा बेकार।
सच सच कह दो क्या तुमको ···

[1948. अप्रकाशित]

घट गया पानी नदी में लौटती है बाढ़

धूम से गंदी हवाएँ चिमनियों का देश
प्रेत सी कालिख जहाँ मँडरा रही है
छाँह बादल की नदी के नीर में है
व्योम में काली घटाएँ छा रही हैं
दिन गए हैं बीत आतप के बहुत से
दीर्घ निःश्वासों सरीखे दीर्घ वे दिन
और सावन, और बरसा और बरसा
है यहाँ तक, बाढ़ से उफना गई गंगा हमारी
(अपूर्ण)

[1948. अप्रकाशित]

हँसी-खुसी मान जाना लइया रामदाने में!

1

जादा मुनाफा उठाना व्यापार की भूल है
मोल-तोलवाला भाव बताना फिजूल है
दया-मया दान-पुन्न धरम का मूल है
सच बोलो पूरा तोलो अपना उसूल है

नेहरू का राज हो और गाँधी का सुराज हो
देसी रामराज औ विदेसी सामराज हो
मजे मजे चालू हमारा भी कामकाज हो
गाहक नाराज न हो आ के लौट जाने में

2

लालच बलाय बुरी सुनो मेरी धनियाँ
चुप हो के बैठो लेओ थामो झुनझुनियाँ
मालिक ने ऐसी ही बनाई है ये दुनियाँ
कोई नौकरानी कोई राजा जी की रनियाँ

आखिर हमें औ तुम्हें साथी-साथ रहना
मारूँगा जो देवेगी बाजार में उलहना
लाज-शील-छमा ही है औरतों का गहना
बदनामी देश की है कलह मचाने में
दिल न दुखाना भाई किसी का जमाने में

3

चित्त जो नसीब से जादा पे तू लगाएगा
आधी भी न बचेगी औ पूरी तो क्या पाएगा
साथ लेके कोई धन दौलत न जाएगा
काम कर काम कर नहीं तो क्या खाएगा

त्यागी है औ तपसी है मजूर महान है
देश का दुलारा है और भारत की शान है
और ये किसान तो जानो कि भगवान है
हँसी खुसी मान जाना लइया रामदाने में
दिल न दुखाना भाई किसी का जमाने में

4

यहाँ हर कोई दो दिन का मेहमान है
हँसो बोलो सभी का इसी में कलियान है
नीचे सरकार है, ऊपर भगवान है
ईश्वर के आगे जीव जीव के समान है

क्यों ये कहते हैं पूँजीवादी का विनाश हो
खादी का ये पर्दा चोरबाजारी का फाश हो
अरे नौजवानो तुम ऐसे बदमाश हो
तुम्हें न यकीन लीडरों के समझाने में
दिल न दुखाना भाई किसी का जमाने में।

[1949. *हंस* (जनवरी 1950) में प्रकाशित]

लेकर मुरली

लेकर मुरली, कर त्रिभंगि का मैं आडम्बर
खड़ा हुआ हूँ, तेरे हठ से प्राण,
मधुर न होगा अप्रवीण का वंशीवादन,
फिर भी, रखना है ही तेरा मान।

मूल तान में कभी मंद्र में या निषाद में,
उलझ पुलझ जाता है मेरा श्वास
कण्ठ व्यग्र है और वेदना ठेल रही है,
बाहर, जो कुछ भी आता है पास।

अतः कठिन होने दो 'कोमल' 'शुद्ध'-अशुद्ध
होने दो स्वर भंग, हानि, अतिरेक,
कह तो लूँगा जैसे भी हो मन की बात,
बूझ सकेगा कोई तो जन एक।

[1949. *कल्पना* (सितंबर 1952) में प्रकाशित]

चाँदनी ओ री!

आकाश में नहीं है मँडराता बादल काला डरावना
नहीं है कौंध, इधर आती हुई आग की लपक सी/दामिनी
आकाश में नहीं है चिलचिलाती चटख़ धूप
जेठ की दुपहर गई है बीत
(सावन कब आएगा)
आँखों में सुरमे की सी शीतलता
कण्ठ में मीठे ठण्डे पानी की घूँट
तन पर हल्के कपड़े हैं, जैसे
पड़ा मेरे केशों में सुगंधित तैल
आज कई दिन घटते घटते अँधेरा अँधेरे पाख का
काफ़ी कम हो गया है
कोई ज़रूरत नहीं
मेरा अपना कोई मतलब नहीं
यों ही—मैं उसे संबोधित करता हूँ
जैसे पान की तरावट से महकता है मस्तिष्क
शांति शांति शांति—ओ री चाँदनी!

[1949. अप्रकाशित]

रूप तत्त्व

वस्तु का आकार, उसका आयतन, उसका समय
पार्थिव गुण हैं, मगर उसके हृदय
में कहीं है स्वाद, रंग, घनत्व,
क्योंकि ये ही रूप के हैं तत्त्व,
और उसकी वास्तविकता का महत्त्व
इन गुणों के साथ आँका जाएगा।

[1949. अप्रकाशित]

लो सुबह हुई

कल संध्या, सूरज डूब गया था पश्चिम में
अपने प्रकाश से गरुआ कर
चुपचाप खेत, घर, ग्राम, नगर, सड़कें, गलियाँ सब खड़ी रहीं
जैसे उत्तर देने में देर लगे ऐसे
अँधियारा तरुओं के करतल पर गाल टिका
रह गया सोचता जाने क्या
धीरे धीरे अब भेद खुल गए अंतर के
जैसे अपने ही आप उतर आएँ विचार
इस तरह दिखाई पड़ी पास आती दूरी
पूरब में आकर सिमट गया नभ का प्रसार
थल की सीमा उस लाल बिंदु से टूट गई
लो सुबह हुई।
आकाश उठ गया धरती से सहसा ऊँचा।

[1949. अप्रकाशित]

प्रभाती

नित्य की सी थी रात,
नीम की डालों पर गउझार पत्तियाँ, अपनी
कडुआहट को मलय-गंध से कम करती थीं,
कोकाबेली के तालाबों से सिर उठा, कलियाँ,
भीनी साँसों से नैश-अंधकार में से

खींचे लेती थीं अपने लिए श्वेत रंग।
थकी बाँहों पर व्यथित शीश टिका
हर कोई सोता था जिसको कि सुबह जगाना था।

धीरे धीरे,
किसी मंदिर की सीढ़ियों से बहाया हुआ,
भोले पानी पर तैरता चला आया उषा का दीपक,
पूर्व में भीड़ सितारों की लगी दबने, और
चिकने आकाश पर मुद्रित वह गुलाबी बादल
इस तरह गर्व से उभरा, कि अपनी छाती में
जैसे आलोक का वह भेद छिपाए हो जिसे धरती पर
अभी तक कोई नहीं जान सका।
लो पुरानी हुई वह कल की बात
और, अकस्मात् लहक कर के नया प्रात हुआ।

फूलों ने जल्दी जल्दी रंग चुने
जो कि वे शुभ्र उजाले से अभी माँगेंगे,
चाँद ने ध्यान से एक बार मुझे फिर देखा,
अपने भेजे हुए सपनों को फिर समेट लिया,
आज के दिन की व्यस्त हलचल की,
कलों के शोर, थकन, धूप और दफ़्तर की
उन्हें फिर याद आ गई सहसा, इसलिए शायद
दूर की बस्ती में लोग जाग उठे।

घूम कर भूमि ने देखा कि सामने थे तुम,
नित्य मिलने का वचन पूरा किया था तुमने,
धीमी मुस्कान तुम्हारी बनती जाती थी हँसी,
इसलिए लाज से गाल धरित्री के लाल होने लगे,
प्यार की प्यास बुझेगी अभी, इस आशा में
शिथिल अंगों को रक्त रँगने लगा,
लो कहीं फूलवनों में कई रंग दौड़ गए,
और, मुख आधा छिपा कर के कृष्ण घूँघट में,
कनखियों से तुम्हें धरती ने निहारा, आओ
आओ स्वीकार निमंत्रण यह करो,
इस अलसाये हुए साँवले तन पर झुक कर,
गर्म किरणों की अँगुलियाँ मेरे केशों में फँसा,
दूब में, क्यारियों में, खेतों में और विजनों में
स्नेह से माथे को सहलाओ,

नयन मेरे नयनों में तनिक डाले रहो
ताकि मैं भी तो मुस्कुराती रहूँ।

आओ स्वीकार निमंत्रण यह करो,
हम भी अभिसार की करते हैं यह विनती तुमसे,
नयन उसके नयनों में तनिक डाले रहो,
ताकि वह दृष्टि, चमकते हुए हल के फालों के संग
गीली मिट्टी से सरल प्राणों में भिदती जाए,
ताकि विश्राम में निश्चिंत बीज, व्याकुल हों,
और फिर फूलों फलों के नए अंकुर फूटें
दोनों हाथों को उठा मेघों का स्वागत जो करें।

हम भी अभिसार की करते हैं यह विनती तुमसे,
ताकि हे सूर्य, हे पिता जीवन के!
तुम उसे प्यार से वरदान कोई दे जाओ,
जिससे भर जाए दूध से धरा का अंचल,
जिससे यह दिन उसके पुत्रों के लिए मंगल हो।

[30.9.1949, आकाशवाणी लखनऊ से 5.2.1949 को कवि द्वारा पाठ। *प्रतीक-10* (हेमंत, 1949) में प्रकाशित। इस कविता को लिखने की प्रेरणा के बारे में कवि ने डायरी में लिखा है : 'घर में आए हुए कोकाबेली के फूलों को टब में पड़े देखकर।']

पितरों का श्राद्ध!

[हिंदी के हास्यरस के एक कवि ने एक पत्र में अपनी रचना छपवाई है जिसकी अंतिम पंक्तियाँ हैं :

"भारत की सन्नारी होकर कम्युनिस्ट बनोगी?
तुम धृति मति लज्जा सुंदरता या कि अशिष्ट बनोगी?"]

"कवि बोला, मैं
युग, युग के जलते प्राणों का हूँ मौन धुआँ
जिसमें मैं रहता हूँ वह जग है एक कुआँ
खेला करता हूँ उद्‌गारों के साथ जुआ
जीवन की वह निधि मिल जाए इस आशा में।"
मैंने टोका—
"कवि, सच है करुणाजनक तुम्हारी बरबादी
पर कैसी बातें करते हो सीधी-सादी?

तुम संस्कृतज्ञ हो गीतकार छायावादी
यों मत तोड़ो अपने चौके की मर्यादा
दुनिया की सच्चाई में मत बहको ज़्यादा
जो गाना हो गाओ साहित्यिक भाषा में।"
तब उसने लम्बी साँस भरी,
जुल्फ़ों को झटका देकर गरदन लचकाई
फिर कुछ मुँह से कुछ नकुओं से ऐसे रोया—

"मैं तो अनन्त के पथ का चिर अभिशप्त पथिक,
सुनता रहता नभ के तारों का गीत मधुर
चिर व्यथा कथा से तुहिन तुहिन है मेरा उर,
है पंथ अपरिचित प्राण अकेला दुनिया में,
मृदु मंद-मंद कोमल कोमल टलमल टलमल
मम उलझी पुलझी हृत्तंत्री वह सलज सजल
पल्लव पल्लव में गुंजित कम्पित प्रतिध्वनित
है सांध्य गगन मेरी पीड़ा पुलकित पुलकित,
मेरी पलकों में सोती सी वेदना अमर,
तुम कौन ? कहो, धूसर छाया दमयंती सी,
चिर संचित प्रणय x x !!! ??"
यहाँ पर फिर टोका मैंने—
"कवि, सच, तुम भावुक हो, भावुक के बच्चे हो
कुछ ज़रा नपुंसक और अक़्ल के कच्चे हो
यह तो बतलाओ कुछ दुनिया भी देखी है
कुछ और आपके प्राणों में घुस पाया है?"
उत्तर आया—
"हाँ हाँ, यों तो
मधुबालाओं की आपाधापी में इतना
कब वक़्त मिला, कुछ देर कहीं पर बैठ, कभी
यह सोच सकूँ
जीवन में जो कुछ किया, कहा, माना
उसमें क्या बुरा भला;
लेकिन फिर भी।
जग पीड़ित है रे अति दुख से,
जग पीड़ित है रे अति सुख से,
इसलिए कामना है मेरी
जन मन में हो अवगाहित, स्वर्गिक स्वर्ण किरण
जन जन का जीवन गीत बने"

मुझसे न रहा अब गया इसलिए बोल पड़ा—
"भइया गीतों से क्यों है इतना प्यार तुम्हें
यों बेमौके तो गाओ ना
जीवन रहने लायक़ हो जनसाधारण का
इसका उपाय बतलाओ ना।
कैसे पूरा होवे जनता का इंक़लाब
कैसे इस क्रूर व्यवस्था को तोड़ा जाए
कैसे इस बर्बर शोषण का होवे विनाश
जिससे हम तुम रोटी-रोज़ी कपड़ा पाएँ।"

वह चीख़ा—"ऐसे भी कुछ गीत बनाए हैं !!"
वह—"एक हिलोर इधर से आए
एक हिलोर उधर से आए
जिससे उथल पुथल मच जाए
आँधी आए, पानी आए"
(और अहिंसा का व्रत लेकर
भारत जग को विश्व शांति का मार्ग दिखाए)
और क्रांति की तुम कहते हो?
अरे प्रलय की मैं कहता हूँ
—"बरसो बरसो महाप्रलय घन, महाप्रलय की धार"

[इतने में अंदर से दी आवाज़ किसी ने
"खाना है तैयार"]
कवि चिल्लाया, "परसो, परसो"

उपसंहार

मैंने सोचा, "सरस्वती के ऐसे ऐसे लाल,
छैल चिकनिया कवि रोमांटिक, रेशम रेशम बाल
जिनके ख़ातिर हलवा हलवा जैसी होगी क्रांति
जिन्हें स्वर्ग से अन्न गिरेगा फिर बरसेगी शांति,
तथा हास्यरस के जो कवि हैं कुछ बनारसी भाँड़,
जो अत्याचारों को देंगे खींसें बा कर टाल,
पार क्षितिज के पड़े रहेंगे मुँह को औंधा गाड़,
गाएँगे जय जय सुराज की बजा बजा करताल,
नहीं पढ़ेंगे नहीं करेंगे हासिल थोड़ा ज्ञान
ऊपर से यह धौंस जमाएँगे—"हम मनु संतान—
चापलूस, मक्कार, चोरबाज़ारी, बेईमान—

यह सब हम हो लेंगे, केवल होंगे नहीं अशिष्ट"
सब ऐसों को ठीक करेंगे मार मार कम्युनिस्ट।

[21.11.1949. अगले वर्ष *हंस* में प्रकाशित]

निश्चय

आओ, कुछ देर अगर हो तुम्हें अवकाश तनिक
बैठ कर पास मेरे, मेरी बातों को सुनो
और बतलाओ कि क्या,
लोग सच कहते हैं, मैं
धीरे-धीरे होता जाता हूँ पागल?

ऐसा होता है कि हर रोज़, सूरज उगता है
गुनगुनी धूप तिमंज़िलों की दीवालों से उलझ
पेड़ों को छू के निकल जाती है
गहरा रंग उनका पड़ जाता है धानी,
गली का मोड़ कर के पार जैसे
कोई सड़क पर निकले,
दुनिया फिर रस्ते से लग जाती है
और अगर रात को चाँदनी रही हो
तब तो लगता है कि हम आ गए हैं जाने कहाँ?

इसके पश्चात् जल्दी-जल्दी घड़ी की सुइयाँ दोनों
अंकों को रौंदने लगती हैं, समय
बीतता जाता है मेरा,
दोपहर आती है
घने पेड़ अपने पत्तों की ओढ़नी के नीचे
शेष अंधकार झपक करके छिपा लेते हैं, और
धूप के कुछ फूल अपने केशों में सजा
जल्दी से बन के बहुत भोले,
तालाबों के घने पानी में
झाँकने लगते हैं मुँह।

ऐसा होता है कि फिर शाम भी हो जाती है
चौंक उठता है अचानक चाँद, जहाँ भी होता है
सड़कें पड़ जाती हैं कोमल, गर्द बैठ जाती है

बाज़ारों में दुकानों से मनाते हैं त्योहार
फालतू पैसे वाले
और, मैं देर से आए हुए मेहमान की भाँति
सोचा करता हूँ कि अब कैसे जाऊँ।

मैंने उषःकाल, नहीं मंदिरों के घंटे सुने
फरफराती हवा में छत पे खड़े
जगमगाती वस्तुओं को निहारा किया हक्का-बक्का
दिन भर पतझार के सूखे हुए पत्ते की तरह
खड़खड़ाता यहाँ-वहाँ उड़ता रहा
शाम को अच्छे विद्यार्थी की भाँति
बैठ कर पाठ नहीं याद किया
बल्कि ताका ही किया डूबते सूरज से नयन अपने मिला
और सोचता ही रहा
साधारण, निष्प्रयोजन बात कोई।
एक से दूसरे आकर्षण पे ध्यान
मेरा बदलता ही रहा
इस तरह बीत चुकीं, मीठी सुबह, दोपहर तीखी
और नीरस संध्या
अनगिनत, एक नहीं।

तुमको आपत्ति है इस मेरी दिवसचर्य्या पर,
क्यों भई,
भाई मेरे, दुनिया तो इतनी बड़ी है
और मन मेरा तो है इतना छोटा
इतना सौंदर्य चारों ओर मेरे ला के है रखा तुमने
किसको सराहूँ, किसको स्वीकार करूँ!
रंगों की दुविधा में बनता ही नहीं चित्र कोई
शब्दों का जोड़ है जिनमें से अर्थ घट गए हैं
क्या कहूँ, भाषा तो है, भाव नहीं।
कितनी मुश्किल है मगर सच मानो
रात को आता है हर उस कल का विचार
जब मुझे काम पर जाना होगा।
वह कर्तव्यपालन, कर्म, परोपकार, सृजन,
मेरे बूते का नहीं
किंतु मुझसे ही तो प्रत्याशित है!
मुझे सम्मान की इच्छा, निरादर सह्य नहीं
मुझे आकांक्षाएँ भी हैं, परंतु, धैर्य्य नहीं

मेरे दायित्व हैं, उनकी भी तो सामर्थ्य नहीं।

मेरे विश्वास बड़े हैं और सज्जनों से हैं चुपचाप खड़े
मेरे भ्रम छोटे ही हैं, किन्तु शोर करते हैं
और मुझे अपने हृदय की कनबतियाँ, मीठी-मीठी
नहीं सुन पड़ती हैं
और न उनकी आवाज़ें ही जो कि आशा से
भर के, बुलाते हैं मुझे
अपनी ख़ाली-ख़ाली आँखों को उठाऊँ कैसे?
जिनको कुछ कहना नहीं, ओठ खुल के क्या करेंगे?
तुम्हीं बताओ क्या मैं चल दूँ, बिना कुछ भी लिये
यात्रा पर?

मैं हूँ धनवान,
मगर मैंने लौटा-लौटा दिए
हज़ारों दिन भिखमंगों की तरह, आए थे जो पास मेरे
एक उपयुक्त सुअवसर की प्रतीक्षा में सुदिन
कितने ही बीत गए,
बीतते जाएँगे,
इस निष्क्रियता पे आक्षेप नहीं कोई करो;
चाहे मीनार समझ करके राह-चलते, आँखें
ऊँची उठाकर मुझे देखें, आदर और विस्मय से
चाहे कतरा कर निकल जाएँ, जैसे
मैं कोई राह का गड्ढा होऊँ
जब तक अनुमान मेरे निश्चयों में बदलें नहीं
जब तक सौंदर्य कोई दिख न पड़े सबसे महान
जब तक विश्वास कोई बन न पाए अपना मेरा
तब तक चुपचाप, यहीं पर ही खड़ा ही रहूँगा
चाहे बढ़ते ही जायें, बाल और नाखून मेरे,
और मुझे लोग समझने लगें, सचमुच का पागल।

[1949. इसी वर्ष *नवजीवन* (दैनिक) में प्रकाशित]

आकुल दिनों के बाद

आह! कितने अनस्थिर आकुल दिनों के बाद
ठीक सा कुछ कुछ हुआ है आज मुँह का स्वाद,

भूख भी है—आज दोगे क्या मुझे कुछ पथ्य?
कुछ समझने लग गया हूँ वेदना का तथ्य।

[1950. अप्रकाशित]

कवि

चेहरे पर सिकुड़न है सोचने की मिहनत की
दिल में गत प्रेम प्रसंगों की पीर है,
खिड़की के आगे है लखनौ का माल रोड
मोटर से लटका उसी लड़की का चीर है,
उगते कलाकारों में होंगे हम सुविख्यात
वैसे घर होती खुदकाश्त और सीर है,
फिर से लिख रहे हैं क़िस्सा साढ़े तीन यार
छंद आधुनिक है और भाषा गम्भीर है

[1950. अप्रकाशित]

लिखना

नई ठोंकी नाल सी क्यों रपटती है निब
सड़क पर दस जगह फैला गया है
कौन यह छिलके?

लिखो ऊटपटाँग
काटो खचरखच
फिर से लिखो।

व्यस्त इतने हो कि लिखने से प्रथम
कुछ सोचने का वाक़ई मौक़ा नहीं।

कलम अच्छी है
सियाही भी चटख है
आज लिखने के लिए यदि कुछ नहीं तो
यही काफ़ी है।

[1950. अप्रकाशित]

इसका अर्थ

काग़ज़ के बीचोबीच खींच दी है लकीर
मेरी पेंसिल ने अक्षर लिखने के बजाय
यह क्या है?
इसका अर्थ कौन समझाएगा?

यह काग़ज़ था जिस पर मैं खींचा करता था
तसवीरें, बच्चों की, खेतों की, मेघों की
गुनगुनी धूप से ताज़ा
फूलों से महका
रंगीन किसी के गालों सा
मेरा वह चिट्ठी लिखने का बढ़िया काग़ज़!
जिस पर न जाने कितनी बार लिखा होगा
अपना सुंदर सा नाम कई भाषाओं में
जब और नहीं कुछ लिख पाया।

[1950. अप्रकाशित]

और गहरे, और गहरे

भूमिका

क्या लिखूँ क्यों नहीं मन स्थिर हो रहा है
क्या नहीं काफ़ी हुआ जो अभी तक मैंने सहा है
क्या नहीं इतनी व्यथा में भी मिलेंगे शब्द?
देखूँ, इसी दुःख में किसी कवि ने क्या कहा है।

★ ★ ★ ★

1

अरे, वह सब शब्द गए कहाँ
अभी जो घुमड़ते थे कण्ठ में
ज्यों उजाले में आँख मूँदो तो लहरियाँ दीख जाती हैं।
कहाँ वह शब्द-ध्वनियाँ?
स्पष्ट था हो चला (कुछ) बुद्धि को जिनका अर्थ
जिनमें से अभी चुन कर किन्हीं को, हृदय कह उठता—
'यही है वाक्य, जो मेरी कला का श्रेय है,

जो मुझे कहना है

अरे, कुछ माँगता था अभी तो अभिव्यक्ति,
कैसी विवशता थी
पका फल जैसे भरा रस से चिटखने के लिए धुप धुप करे।
कुछ अनुभवों का भेद खुलने को अभी था
व्यथा का कारण अभी मालूम हो जाता
प्रखर आभास कोई अभी होने को हुआ था प्रखरतम, सम्पूर्ण—
यह क्या हुआ?

कैसा स्खलन चिंतन का?
स्मरण के रक्त-विह्वल स्नायु कैसे पड़ गए श्लथ?
कहाँ आहत व्यथा के प्रतिकार की फुफकार वह
रुँध गई?
किस में उलझ कर रह गया मेरा टोहता वह हाथ जो बस मर्म तक पहुँचने
को ही था।

2

समझा—
प्रलोभन में पड़ गया है मन,
कहीं पा गया होगा तनिक-सा आराम,
कोई तात्कालिक तुष्टि, कोई सुख,
बहुत हैं इस तरह के अस्त्र
जीवन-विरोधी दौलतवरों के पास
जो हम लेखकों पर वह चलाते हैं।

3

समझा और भी यह,
कष्ट तो जग में बहुत हैं
तुम्हें मतलब कष्ट की अनुभूति से है
और गहरे, और गहरे, अरे, तुम तो यहीं ठहरे हो
तुम्हारी यह मनःस्थिति अल्प संतोषी,
सजगता मात्र उलझन की,
तुम्हारी यह विरक्ति, प्रसन्न-निर्ममता,
तुम्हें केवल सताएगी।
नहीं देगी तुम्हें वे शब्द,
वह जो तुम्हारे विद्रोह का उद्घोष करते हैं
नहीं देगी तुम्हें वे छन्द जिनकी गति तुम्हारे हृदय की धड़कनों से कुछ बहुत
मिलती है

नहीं देगी तुम्हें वे सहज उपमाएँ कि जिनमें सत्य को सब देख सकते हैं
नहीं देगी कला का तुम्हें कोई दान,
होगा सब—अशान्ति, अभाव, असफलता, अस्वीकृति,—और भी—अपमान
कवि, बस नहीं होगा तुम्हारा ईमान
केवल, नहीं होगा तुम्हारा बहु-अपेक्षित जयगान।

गुँथ जाते हैं ये सभी एक मीठी लय में
यह काम-काज, संघर्ष विरस, कड़वी बातें
ये फूल, मोमबत्तियाँ, और टूटे सपने।
यह दर्द विराट ज़िंदगी में होगा परिणत
है तुम्हें निराशा, फिर तुम पाओगे ताक़त
उन अँगुलियों के आगे कर दो माथा नत
जिनके छू लेने भर से फूल-सितारे बन जाते हैं ये मन के छाले।
ओ, मेज़ों की कोरों पर माथा रख-रख कर रोनेवाले
हर एक दर्द को नए अर्थ तक जाने दो।

[1950. *प्रतीक* (अगस्त 1951)। 'अरे तुम तो यहीं ठहरे!' शीर्षक से *राष्ट्रभारती* (दिसंबर 1951) में संक्षिप्त रूप में प्रकाशित]

चटख न होने से

चटख न होने से क्या स्याही
प्रेमपत्र लिख नहीं सकेगी
जटिल न हो तो व्यक्त न हो क्या
लिखे हुए शब्द का अर्थ ही?

तन बलिष्ठ होने से क्या तन
कष्ट हृदय का उठा सकेगा
क्या जिसका वैभव भारी है
वह अवश्य होगा समर्थ भी

बहुत न अपने को पतिआओ
अतिरंजित मन करो इस तरह
सुरुचिपूर्ण मन में, जीवन ये
कई रंग मत भरो व्यर्थ ही।

[1950. अप्रकाशित]

विवश सुराही

विवश। धक् धक् धक्। धड़कते दिल से
सुराही झुकी सधी है। इस समय ढाल लीजिए
जितनी इच्छा, गरम पछियाँव में तप कर शीतल
किया हुआ जल। हाथ से तुमने उसे झुका रक्खा
है; तुमसे उदासीन—कहीं और ध्यान। धक्
धक् धक्, मन में विद्रोह का एक एक नष्ट
होता बुलबुला। जैसे कोई घूँट घूँट पिए ले
रहा हो मिट्टी के पोरस बरतन का डिगा हुआ
सम्मान। बेजान झुकी सधी खड़ी है सुराही,
जिसमें भरे हुए लबालब मधुर जल की
सतह तिरछी हो गई है। ठण्डा जल पिओ
दुपहर की लूह में। लो धड़कते दिल से
सुराही तुम्हें इसकी स्वीकृति देगी।

[1950. अप्रकाशित]

दियासलाई

धूप में जलाई थी दियासलाई
जल गई
देखा नहीं?
लपट में आग का रंग नहीं था
गंधक का स्फुरण—
जैसे सूखा हुआ गला
जैसे रात में अचानक लगी प्यास
चीड़ की लकड़ी की कतरन
आँखें तरेर कर जल गई
जैसे कोई कहे 'एँ'

दुपहर की पिघली हुई धूप पर
तैरती हुई सफेद लपट
देखी नहीं, वह छोटी सी फुफकार
सुनी?
नहीं। होगा, अब तपिश से
लाल आँखें बंद कर लो।

[1950. अप्रकाशित]

जनपथ की धड़कन

सुनता हूँ मैं जनपथ के अंतर की धड़कन
घोड़ों की टापों में मोटर के पहियों में
घबराया-सा वह भारी हृत्कंप धमनियों में बहता है
—समयनिष्ठता से अनियंत्रित वेग और विश्रान्ति।
दूसरों को देखे ही बिना सभी चलते हैं जैसे
केवल उनको देर हो रही
अनायास गंतव्य निकट आता जाता है हलचल करता
इस एक गतिमय पथ के दो उद्गम हैं
जैसे दो हाथों की बँधी हुई उँगलियाँ धरी होवे कपाल पर
भीड़ इधर आनेवालों की
उधर जा रहे लोगों में फँसती जाती है
ढुलक रहे हैं सरल ढाल पर इक्के ताँगे सायकिल पैदल,
अन्य ओर से हँफते-हँफते मेरा बोझ खींच रहा है
रिक्शेवाला।

[1950. *इंडिया टुडे* (साहित्यिक वार्षिकी 1992) में प्रकाशित]

संध्या

लेटी है गर्द भरे गुज़रे से खेतों के बिछौने पे अभी
घड़ी दो घड़ी की मेहमान-सी संध्या
जिसके सिरहाने खड़ी
दोपहर सिर को झुकाए चुपचाप।

आते हैं अंत समय देखनेवालों की तरह
एक-एक करके बड़े प्यार से दीवे दीपक
शहरों के रास्तों को मथने लगी भीड़ मरण पीड़ा-सी
एक-एक अंग से उठती है कोलाहल-सी कराह
फिर लो डूबा है सूरज। साँझ मगर होने में
देर है थोड़ी सी। आँगन में कई छायाएँ
घेरकर धूप को कोने में अभी करती हैं
नीम की फुनगी पे कौए सोना चुगते हैं
तनिक और उठो ऊँचे तो आकाश के मोती की झलक
जैसे वातास के पर्वत पर रजत हिम हो जमा।

[1950. *इंडिया टुडे* (साहित्यिक वार्षिकी 1992) में प्रकाशित]

दीपों की दीवार

खुली धूप में सूख चुके हैं भादों और कुआर,
ठण्डी मीठी हवा सुबह की और हुई सुकुमार;
दुपहर में जैसे प्रौढ़ा नारी का मधुर दुलार,
और साँझ में चिकनापन है
जैसे तरुणी साँवली।

अब जल्दी होती है संध्या और देर से भोर
दुबक गया है दिन जैसे देखे जाने पर चोर
मौसम बदला ऐसा, जैसे बालक हुआ किशोर

अंगों में फुरती आई,
मन में भर गई उतावली।

बदल रहे हैं ऐसे ही जीवन के धुँधले मान,
सच्चाई के पीछे ही रह जाते हैं अनुमान,
बढ़ते हुए अँधेरे को अब रोकेगा इंसान,
दीपों की दीवार उठी है,
जैसे यह दीपावली।

[2.10.1950. *आजकल* (नवंबर 1951) में प्रकाशित]

जाड़े के दिन

घरों से औरतें निकलीं
सजी, गोरी, चटख
हँसमुख सुघर, रंगीन फुर्तीली—
या काम पर को और या बाज़ार करने
और जग में रच गईं जाकर।

[1950. *कृति* (जनवरी 1959) में प्रकाशित]

अकेले-अकेले

ये उम्मीद यह दिल
ग़रीबी के माने नए हो गए हैं—

अकेले-अकेले
ये जोखम ये मौसम
अब अपमान उसमें नहीं रह गया है।

[1950. कृति (जनवरी 1959) में प्रकाशित]

मा निषाद

यही है वह वेदना जो तुम्हारे भी हृदय में है
यही बौद्धिक विकलता, विद्रोह सांसारिक दुखों के प्रति
यही है वह व्यथा, वह कष्ट की अनुभूति जो मुझको
तुम्हारे पास लाती है।

मूर्ख जैसे मौन, ऐसी चुप
तुम्हें धिक्कार है, इस विकलता में तो कहीं कोई अनुष्टुप
व्यक्त हो उठता, तड़प उठता तुम्हारा प्रतिष्ठित होता हुआ
विश्वास जीवन का
अरे, क्या नहीं छूटा अभी उसका मोह
वह जो एक अजब अलस तुम्हारी मनःस्थिति है
अरे, क्या छूटा नहीं है अभी उसका मोह
वह जो एक इत्मीनान तुममें है। अरे, क्या नहीं तुममें
जगा है अज्ञान के प्रति अभी तक संदेह?
क्यों चुप हो
भरा है क्या हृदय में पाप? (फिर भी सच बिना बोले नहीं मन मानता होगा)
तुम्हारी उलझनों के मूल में है तुम्हारे मन का तुम्हारा
पुराना संताप?
बोलो, कहो तो कुछ
यही कह दो
यही, मेरे यहाँ कुछ, कुछ यहाँ पर, कुछ दर्द होता है
यही कह दो कि मैं भी दुखी हूँ
संवेदना मैं भी किसी की चाहता हूँ
यही कह दो
चुप न लेकिन रहो, चुप रहना निशानी मूर्खता की है

पड़ा था एक दिन मैं खाट पर चुपचाप
बाहर का निरादर भोग कर घर में सभी से रुष्ट
लेटा हुआ इकटक ताकता था मसहरी के एक पाये को
किसी भी भाँति का भय नहीं था
आने लगा था क्रोध में कुछ मज़ा
इतने में गई छत पर नज़र
बस दिल धक् धक् धड़कने लग गया
इकदम पसीना आने लगा, हालत बुरी हो गई
छत पर एक मोटी गिलगिली छिपकिली चिपकी थी
अगर वह टपक पड़ती तो?

इसी डर से क्या बने हो चुप,
कि कोई और कारण है
किसी अनकथ व्यथा से तुम प्रपीड़ित हो
कि कोई व्यथा ही तुमको नहीं है
या किसी से बोलने में शरम आती है
कि अपनी नौकरी से ही नहीं अवकाश मिलता है
कि सहसा तड़प कर तुम शुद्ध क्रंदन और
व्याकुल रोष में कह नहीं पड़ना चाहते हो
अलंकारों की तुम्हें है खोज?
यह तो नहीं मालूम,
तब इसी घुप मौन की मनहूसियत में खोज कर देखो
करो मालूम, कोई टीप कर बैठा हुआ है तुम्हारा टेंटुआ
इसी से और तुमको चीख़ना चाहिए।

स्थगित कर दूँ क्या अभी अभिव्यक्ति का आग्रह
न बोलूँ, चुप रहूँ क्या,
क्योंकि दैनिक जीविका यह छूट जाएगी
नहीं, मैं तो कहूँगा, कहूँगा मैं तो, हृदय को जो सताता है
उसे सबसे कहूँगा। करूँगा मैं तो शिकायत तुम्हारे
अन्याय की। सम्मति नहीं देगा तुम्हारे
अनय-अत्याचार में अब और मेरा मौन
है अस्तित्व का मुझ पर यही आभार
कैसे बिना उसके कहे मेरा रहेगा सम्मान
मैं तो कहूँगा उस आस्था की बात
जिसके बिना मेरा कर्म है व्यायाम शारीरिक
बिना जिसके कहे रह जाएगी जीविका भिक्षामात्र।

[4.4.1951. इसी वर्ष *राष्ट्रभारती* (सितंबर) में प्रकाशित]

गीत

भूल जाओ, भूल जाओ भूल जाओ मेरा गान,
यह तो मेरी विनती है, यह तो नहीं अभिमान।

सीधी सादी थी मेरे गान की भाषा
हिंदी के दो ही थे शब्द—'आशा, निराशा'
एक था महावरा—'क़िस्मत का तमाशा'
ध्यान रखा था कि रहे भूलना आसान।

टूटा सुख स्वप्न मेरा भोर की बेला
नींद भी टूटी, छतों पे छाया उजेला
आँख मल के देखा, पड़ा हूँ मैं अकेला
दूर कहीं होता है तुम्हारा जलपान।

भूल जाओ भूल जाओ, भूल जाओ मेरा गान।

[1951. अप्रकाशित]

गीत

दिन से दुगनी हो जाएँ रतियाँ

बेचैनी भी हो जाए दूनी
विरही मिल जाएँ दो बातूनी
रात कटे कर पी की बतियाँ।

पी को अपना घर भाता हो
ताश का उनको खेल आता हो
खेलें सखियन संग तिपतियाँ,
दिन से दुगनी हो जाएँ रतियाँ।

[1951. अप्रकाशित]

चाँद

कई पखवारों से मैं देखता यह आया हूँ
जिस दिन होती है पूनम
एक दुबला सा बादल आ के ठिठक जाता है
ठीक उस ठौर जहाँ चाँद खिला होता है।

[1951. अप्रकाशित]

मेरा अहं

मेरा अहं तो देखिए!
जब सब जने बैठे हुए थे शोक में
मैं सोचता था—'मैं मरूँगा इस तरह
सब रो रहे होंगे अभागे लोक में।'

मेरा वहम तो देखिए!
कोई हँसा; सब हँस पड़े फिर ह ह हा
मैं भी हँसा। फिर सोच कर देखा कि क्यों?
सोचा कि होगा चुटकुला मैंने कहा।

[1951. अप्रकाशित]

शब्द

अरे मेरे घन-गहन मन के तरल गाम्भीर्य
मेरे पठन-पाठन-पर्यवेक्षण और अनुभव के सुफल
यों मत पचित हो
बहुत ज़्यादा बात मत कर अन्यथा वह व्यथा मन
की बिथर जाएगी
न ऐसे छटपटा ही, नहीं आपस में कथा के सूत्र
खिंच कर उलझ जाएँगे
दिखा मत दुख : वह शालीन; धीरज धर
नहीं तो कहीं किसी नगण्य जन की वाक्पटु संवेदना
उस वेदना को भ्रष्ट कर देगी
न यों हर एक से वह कह कि वह हर एक ही समझे

उसे सह इसी आशा में
कि उसके शब्द सार्वजनिक भाषा में तुझे मिल जाएँ, मेरे मन।

[1951. अप्रकाशित]

मन का दुख

जब मन का दुख बँट जाता है

हम कैसे मानें तब कुछ कम
हो जाता दुख सहने का श्रम
हो जाता हो तो उनको हो
जिनको दुख सहना आता है।

हमसे सच पूछो तो अपना
दुख बढ़ कर हो जाता दुगुना
अपना तो पहले ही था, अब
मन उनका और उठाता है।

तुम क्यों मेरा दुख दूर करो?
मेरी होना मंजूर करो
दुख तुमने नहीं दिया मुझको
दुख और कहीं से आता है

जब मन का दुख बँट जाता है।

[1951. 1952 में *संगम* के किसी अंक में प्रकाशित]

इतना अकेला तो नहीं

इतना अकेला तो नहीं कि घुटा करूँ।
कि सभी दयालु कृपालु पुरसी हाल है सब मूर्ख
कैसे मान लूँ।
न' नहीं दमन को मान लूँ उनका जनम अधिकार
अपने पीड़कों की ओर से मेरे विचार उदार
इतने तो नहीं

यदि इस हृदय का ताप पश्चात्ताप ही है
तो व्यथा का दम्भ झूठा है; वृथा है वह
अगर यह विकलता सच है।
रहो, जाओ नहीं, स्वामी, अकेला हूँ, जदपि इतना
अकेला तो नहीं
स्वीकार करता हूँ कि तुमसे दीन हूँ, जाओ नहीं।
तुम चले जाओगे हृदय के दुख, प्रभु मेरे
अगर तुम जान जाओ कि तुम कितने हीन हो।

[1951. अप्रकाशित]

इस दुख में

इस दुख में साथी ऐसे भी दिन आएँगे
जब समझाना तो दूर समझना भी मुश्किल हो जाएगा
पैरों में फटी बिवाई अपने भी होगी
उसकी पीड़ा से नहीं, शर्म से दिल अपना
पत्थर का दिल हो जाएगा

जग का हाहारव मालुम होगा मक्कारी
अत्याचारी यश के अधिकारी दीखेंगे
जब मन रंजन के लिए क्लेश अपने मन का
कम पड़ जाएगा आएगी अपनी बारी जब कहने की

वह क्या गाना है बच्चन का?
'कहने की सीमा होती है
सहने की सीमा होती है'

इस दुख में साथी ऐसे क्षण भी आएँगे
जब दुख का सहना या कहना तो दरकिनार
आशा न रहेगी दुख के मिलते रहने की।

[1951. अप्रकाशित]

प्रश्न

तुमने एक प्रश्न उठाया है, उसको तोला है
उस पे बातें भी की हैं, और उसको
अपनी कविताओं में कहा भी है
लेकिन ऐ दोस्त यह ईमान से कहना
अपने विज्ञान से, उस ज्ञान से कहना
जिसमें तुम पढ़ते पढ़ते डूब गए
गहरे में मोतियों को भी कभी टटोला है?
अपने मन की किसी गुत्थी को कभी खोला है
अपने उस प्रश्न का दुख तुमने उठाया भी है?
तुमने उस दर्द को सहा भी है?
या महज़ दुनिया के दुख-दर्द से तुम ऊब गए?

[1951. अप्रकाशित]

रोया

बच्चों की देख-रेख नामक पुस्तक पढ़ने के बाद
मैं रोया
कि अपने बच्चों को कितनी बुरी तरह मैंने रखा।

[1951. अप्रकाशित]

रेल में

चिपकी हुई पतलून की पतली पतली मोहरी
कंगरेसी की सेठानी बदन की दोहरी
गडुआ, गडुए के पास रंग उखड़ा जूता
झुर्रीदार बुढ़िया गठरी से अजमाय बूता
जो जन लगातार अंग्रेजी में करें बक बक
सबके लिए ऐसे जैसे गाड़ी की झक झक
नया चमड़े का गंधाता सूटकेस
माँजी हवड़ा से, ठेठ बंगाली भेस
टुर्रे, गंदे तलुए, पूड़ियाँ मक्खियाँ
तेलौस चेहरा, पान गाढ़ा जमाए मियाँ।

[1951. अप्रकाशित]

हमसे बड़े दर्द

सर पर गिरे पहाड़ तो सैयाद क्या करे
मर जाय मार दे तो उसके बाद क्या करे
सर को पकड़ के धम्म से खटिया पे गिर पड़े
ग़म को भुला दें याद करें? याद क्या करें।

सर पर पहाड़ उठाए मुसीबत के खड़े हैं
पनहारी के सर पर सधे जैसे कि घड़े हैं
हम अपनी ऊँटियत पे बहुत फूले हुए थे
अब देखते हैं दर्द ये हमसे भी बड़े हैं।

[1951. अप्रकाशित]

गीत

यह मेरा छद्मवेश केश घुँघरवाले

पान रचा जमी तम्बाकू की पीक
धँसी आँखों में—इक महीन सुरमे की लीक
तंग माथे पर छिटके मुहाँसे जैसे सटीक
रामायण के अच्छर काले
यह मेरा छद्मवेश केश घुँघरवाले

भीतर कितना भरा सुमधुर अज्ञान
स्निग्ध-तरल इसी से ठहरता नहीं अपमान
वही मुझे देता है अनुमान सब समान
हैं, किंतु हम हैं निराले
यह मेरा छद्मवेश केश घुँघरवाले।

[1951. अप्रकाशित]

गीत

अजी, मन है हमारा बड़ा पाजी
कि सीधे सीधे राजी न हो

'हमें बड़ा काम है', बातें बनाएगा
पड़े पड़े खाएगा और, मोटा होता जाएगा
ठिकाने तभी आवेगा जो पेट दुख आएगा
कि सीधे सीधे राजी न हो

काँटा है पेड़ में तो वहीं कहीं फूल है
लेकिन यहाँ तो सारा पेड़ ही बबूल है
काठ को चूल्हे में जा के जलना कबूल है
कि सीधे सीधे राजी न हो

अजी मन है हमारा बड़ा पाजी
कि सीधे सीधे राजी न हो

[1951. अप्रकाशित]

याद का गुण

याद का गुण है कि सबके बाद आती है
जो गया है बीत
तुक उसकी रही हो गीत अथवा प्रीत
वह चाहे अकथ हो या कि कथनातीत
उसका एक गुण है वह गया है बीत
जो हुआ है आज से पहले
चले हैं आपने जितने चिड़ी या हुकुम के नहले
सबों पर एक दहला है
रुपहले या सुनहले स्वप्न जिनको पलने में हम रहे बहले
कि उसकी याद आती है।

[नवंबर 1951 (पुनर्लेखन : 1953). अप्रकाशित]

जीने दे

जीने दे, जीने दे, जीने दे!
अरे मेरे मन के डाह, शमित हो
नैन से नैन मिलाने दे
पल एक, आह! जीने दे!

घड़ी घड़ी चौंक के पानी माँगूँ
उठ उठ नींद से जागूँ
ये ही घबराए मन में आए
कोई मुझे प्रभु से मिला दे
कोई धुले धुले नम निर्गंध केश
मेरी तची पलकों से छुआ दे
कोई कुछ कर दे, कोई दुआ दे के
मुझको जिला दे;

जैसे आँखों को दिखे हरियाली
जियरा जुड़ाय टुकुर टुकुर ताकूँ—
दुख बिनसे चाहे दुख नहीं बिनसे
मेरी दीठ नहीं कडुआय!

अरे मेरे मन के डाह शमित हो
वृथा व्यथा के दाह, पल एक आह! जीने दे!

[29.1.1952. सत्यप्रिय मित्र के छद्मनाम से *प्रतीक* (अप्रैल 1952) में प्रकाशित]

और बढ़ाओ

यह कैसी निर्ममता?
कहीं नहीं मन रमता।

यह क्या जीवन में उलझन है
कहीं नहीं कोई स्थिर क्षण है
इस विचलित दुविधा में मन के
किससे क्या संबंध जुड़ेंगे
तथाकथित कल्पना विहग क्या
बिना पंख गगन में उड़ेंगे?

न, यह भ्रम है, न, यह भ्रम है
अभी मनोबल और लगेगा
यह कुछ कम है, यह कुछ कम है
मत घबराओ कि यह कर्म भी
ले जाएँगे अत्याचारी
केवल दुखियों को अर्पित
हम जैसे दुखियों का श्रम है
आगे आओ, कष्ट हृदय का
ही बनता है शक्ति हमारी
और बढ़ाओ अपने अंतर
के अनुभव की क्षमता।

[1952. इसी वर्ष *संगम* (20 अप्रैल) में प्रकाशित]

प्रेम : नई मनःस्थिति

दुखी दुखी हम दोनों
आओ बैठें
अलग अलग देखें, आँखों में नहीं
हाथ में हाथ न लें
हम लिये हाथ में हाथ न बैठे रह जाएँ

बहुत दिनों के बाद आज इतवार मिला है
ठहरी हुई दुपहरी ने यह इत्मीनान दिलाया है।
हम दुख में भी कुछ देर साथ रह सकते हैं।
झुँझलाए बिना, बिना ऊबे,
अपने अपने में, एक दूसरे में, या
दुख में नहीं, सोच में नहीं
सोचने में डूबे।

क्या करें?
क्या हमें करना है?
क्या यही हमें करना होगा
क्या हम दोनों आपस ही में
निबटा लेंगे—
झगड़ा जो हममें और
हमारे सुख में है।

[24.3.1952. अप्रकाशित]

लम्बी सड़कें

लो मैं यह भूल गया
क्यों मैं उन दिनों रहा करता था अनमना।
इतना बस याद है कि रूखे रूखे दिन थे
कुछ धूप खुली सी थी

बागीचों में पेड़ तले रहता था चाँदना।

लम्बी लम्बी कई एक सड़कें भी याद हैं
वे भारी भारी जूते

और आप ही आप दोनों ओर
मेरे लिए हटती सी भीड़
आसमान, साफ़ साफ़, नीला नीला औ' घना घना

याद है कि दर्द घूम घूम करके आता था
सभी अंग दुखते थे अब यह तो याद नहीं कौन कौन
रस्ते पर उड़ती थी धूल गर्द
धुले धुले कपड़ों में जाता था मर्द एक
अन्दर से सादा, बाहर से बना ठना।

[2.4.1952 (संशोधन : 8.4.1952). अप्रकाशित]

यदि हम और करें इच्छाएँ

जीवन के प्रति मोह बहुत है
रक्षा सदा करूँगा तेरी मन मेरा तन से प्रतिश्रुत है।
दुहराता है फिर यह निश्चय स्वर निश्चित पर अश्रुप्लुत है।
जीवन के प्रति मोह बहुत है

जीवन में विश्राम नहीं है
दुहरा चुके बहुत कवि यह वे भी जिनको कुछ काम नहीं है
मन भारी हो तो न सोइए यों आराम हराम नहीं है।
जीवन में विश्राम नहीं है।

मन कितना बेशर्म हमारा

समझ रहा है उद्वेलित होते रहना ही धर्म हमारा
मन कितना बेशर्म हमारा।

सुख के दिन कैसे आएँगे
या संचित हो दुःख हमारा या हम तिलतिल चुक जाएँगे
सफल मनोरथ हों क्षण तो बदला कैसे ले पाएँगे।
सुख के दिन कैसे आएँगे।

छोटी छोटी आकांक्षाएँ
उनका एक बड़ा सुख है तब जब ये सब प्रतिकृत हो जाएँ
कष्ट बहुत हैं सब बिनसेंगे यदि हम और करें इच्छाएँ।
छोटी छोटी आकांक्षाएँ।

[15.4.1952 (पुनर्लेखन : 16.4.1952). अप्रकाशित]

विरह की हीनता

धूल तो यों ही इस असभ्य अधकचरे शहर में तमाम थी
फिर आँधी आई,
टूटे दिलहों से, बररी किवाड़ियों से, झिरियों से
कहीं वहाँ काग़ज़ों किताबों पर तो जम गई ही होगी,
यहाँ भी लोग घबराने लगे थे,
कि तड़तड़ाता पानी आ गया!

कहो, तुम तब कहाँ थीं?
क्या कर रही थीं?
तुम्हें कैसा लगा था?
क्या यह हुआ था मन—साथ-साथ होते!

हम अक्सर साथ रहे भी हैं
पर वे दिन जाड़े के थे
पौष्टिक ठंडक से तुम्हारे गड्ढे पड़नेवाले गाल लाल रहते थे

एक ही सी पोशाक रोज़ पहन आती थी
एक ही सी किलकती हुई आवाज़—दौड़ते हुए आना—
रोज़ रोज़ मिलना—और कोई ऊबता भी नहीं था!

तब से हम अलग हैं—अलग कर दिए गए
कोई और ऋतु हम साथ-साथ बिता नहीं सके!

जब पानी आया, प्रिय, मैं बहुत व्यस्त था
प्रयत्न कर रहा था कि देखूँ इस कष्ट का
मेरे कर्तव्य से कोई संबंध है, कि नहीं है
कि है, तो क्या है, कि नहीं है तो क्यों नहीं
कि एकदम से मन तुममें बस गया।

मौसम जो बदला, सभी मिट्टियों से उठनेवाली शाश्वत गन्ध दे गया
तृप्ति जो कि दे गया थके हारे तन को
निरावेग कर गया।

वह शान्ति क्या इसी इच्छा में प्रतिकृत हो जाएगी!
कि और तो कहीं भी नहीं मिला जीवन
इस छोटी सुविधा के क्षण में ही साथ-साथ होते!

[3.5.1952 (संशोधन : 6.5.1952). इसी वर्ष *प्राची* (जुलाई-अगस्त) में प्रकाशित]

हम-तुम देखेंगे

पिता
तुम मुझे सहलाओगे क्योंकि तुम मेरे पिता हो
तुमने मुझे जन्म दिया है
तुम मुझे सांत्वना दोगे, रोओगे मेरे लिए
यह भूल कर कि तुम असहाय हो,
पिता हो, इसलिए मेरे दुःखों के उत्तरदायी हो
जैसे मैं अपने पुत्र के दुःखों का उत्तरदायी होऊँगा।
आगामी पीढ़ी संघर्ष में और जूझेगी
तुम लड़ कर मरे नहीं
मुझे लड़ता देखने को जी रहे हो
हम-तुम अपने पौत्रों को जीतते देखेंगे पिता।

[26.6.1952. अप्रकाशित]

आत्मा की आवाज़

मन में अपार आशा है, वह कुछ और आशा बँधाती है
कहती है—यह होगा, यही होगा—
किंतु क्योंकि आशा नहीं फलती है हमारी
एक गुण जीवन का निराशा भी है, वह कुछ और कहती है
नहीं नहीं कैसे होगा, यह नहीं होगा।
इनमें से कौन सी आत्मा की आवाज़ है?
अंतः स्वर कहाँ से उठता है?
यदि चिंतन से, तो अनंत है अनिश्चय
क्योंकि चिंतन में कहीं रुक जाना एक स्वार्थ है
यदि कर्म से, तो—कहाँ है कर्म का पुण्य
सभी कर्म तो फल के हेतु हैं तथापि
सभी फल तात्कालिक त्रुटियाँ हैं।

वैसा शून्य मन में कभी नहीं आता, न आएगा
कि जिसमें एक स्वर ही प्रवचन करे
घोर, रोर, शोर करता है हमारा मन वृंदवाद्य
हाहारव है वह : प्रलाप है, या आर्तनाद है, तो?
तो क्या हुआ?

[6.7.1952. अप्रकाशित]

शतंजीव!

यह दुनिया बहुत बड़ी है, जीवन लंबा है
इस एक दर्द के बाद एक है और दर्द
हर एक दर्द के बाद और है एक दर्द
तो क्या ऐसे ही कट जाएगी उम्र?—
—नहीं; हम अगर मौत से डरें
मौत से डरें
किसी को प्यार करें।

अपमान, अकेलापन, फ़ाका या बीमारी
सब अस्थायी है—मिट जाएँगे
अगर जिएँ हम सही व्यक्तियों की ख़ातिर
मरना हो तो उनकी ही ख़ातिर मरना अस्वीकार करें।

वे प्रियतम अपने क्या ऐसे हैं अकर्मण्य
खुद नहीं ज़रा सा जी सकते?
संगति उनकी इस महायात्रा में है क्या इतनी नगण्य?

—वे झुके हमारे कन्धे पर चलते जाएँ
वे थके थके हैं—थक कर सुन्दर लगते हैं
वे हारे-माँदे बूढ़े, बच्चे, माताएँ।
अपना बल उनके जीने पर अवलम्बित है
उनके जीवन की लम्बाई, भगवान् करे
हम भी जी कर पार करें।

यह दुनिया बहुत बड़ी है जीवन लंबा है।

[27.7.1952. इसी वर्ष *राष्ट्रभारती* (सितंबर) में प्रकाशित]

तुम्हारे हाथ

अच्छा तुम्हारे हाथ के निकट हाथ रख लूँ
क्यों? रख लूँ
न, मैं दबाऊँगा नहीं सुकुमार हाथ
कि तुम कह उठो 'यों नहीं लेते हाथ में हाथ'
दो, क्यों नहीं देते, दो
अँगुलियाँ न छुओ हमारी गन्दी गीली गँठीली
दूर से चुटकी डाल दो जय मनाती अंजुली में
कहो, लो, यों नहीं लेते मगर लो।

[1952. *सामयिक वार्ता* (अप्रैल 1992) में प्रकाशित]

लगा मुझको

दुख ने जो दृष्टि दी है उसी से देखूँ
व्यथा कुछ दूसरी शायद दिखाई दे
अभी तो यह चिलक उठी कि जैसे चढ़ गई हो नस कलेजे की
लगा मुझको कि यह भी दर्द पहले दर्द जैसा था।

[1952. अप्रकाशित]

अंतः संबंध

व्यथा में जो व्यंग्य है वह तो वहाँ होगा
नहीं तो व्यथा ही कैसे वहाँ होगी?

[1952. अप्रकाशित]

दुख के कारण

अपने दुख के कारण अब तो उसको अपने कपड़ों की भी परवाह नहीं,
यह सच है, कष्ट उठाने से ही चोर दिखाई देने लगता शाह नहीं
पर उसका चेहरा भरा भरा सा लगता है, ठंडी साँसें उस पर अब शोभा
देती हैं
मुँह वे लटकाये रहते होंगे जो चोटें खाते जाते हैं औ'
करते हैं 'आह' नहीं।

[1952. अप्रकाशित]

गुमसुम रात में

गुमसुम रात में किसी तरह नींद आई थी
इस अचानक दौड़ती बौछार ने जगा दिया
कैसा दर्द दिल में उठा इस जगाने से

कोई भी कष्ट हो वह जगा देता है
ऐसे ही चौंका कर
ऐसे ही बेचारी पलकों की मज़ेदार नींद
उचट जाया करती है
और आज तो ऐसे कि यह लगने लगा
सभी मेरे छोटे छोटे भोर
सभी कष्ट मेरे एक हैं।

[1952. *सामयिक वार्ता* (अप्रैल 1992) में प्रकाशित]

सोचने का परिणाम

कष्ट के परिमाण से हम दूसरों से क्या बड़े होंगे
व्यथा को भुलाने में अकेले हम कौन ऐसा तीर मारेंगे
भले ही चूकने में या निशाना साधने में हुनर दिखला लें
तथा यह भी—
कि हरदम सोचते रहना किसी की शुद्धता उत्कृष्टता का
नहीं लक्षण है
गधा भी सोचता है घास पर चुपचाप एकाकी प्रतिष्ठित हो
कि इतनी घास कैसे खा सकूँगा
और दुबला हुआ करता है।

[1952. अप्रकाशित]

क्षमा करना

चिन्तन नहीं है दुरुपयोग विराम का।
इससे यही तो सिद्ध होता है कि यह अवकाश भी मेरा नहीं।

मुझे कैसा अकेलापन लग रहा है
क्योंकि दुख अपना बताना कठिन है।
जिसको समझता हूँ प्रयोजन वेदना का
वह तुम्हारी दिवसचर्या में कहीं आता नहीं!

किंवदन्ती है कि मन का नहीं कोई ठिकाना
इतिहास कहता है कि घटना कारणों से हुआ करती है।
यदि अकारण ही तुम्हारा समय मैंने ले लिया हो
तो क्षमा करना। ···

[संभावित रचनावर्ष : 1952. अप्रकाशित]

स्वाभिमान ही यथेष्ट है

जहाँ त्याग ही है अनन्य पथ संयम का
जहाँ मोह से मुक्ति केवल अभावों में संभव है
जहाँ दृष्टि चारों ओर देखती नहीं है, सराह नहीं सकती

किसी खोये हुए से को खोजती सी रहती है
जहाँ प्रेम पर्याय है अभिलाषा का
निराशा ही जहाँ कर्म का प्रेरणा बल है
वहाँ आ, मेरी विदग्ध संवेदना मुझे निराकुल कर जा
आसक्ति में दे जा शान्ति पाप शान्त कर

जहाँ अपमान हो, या होता हो, वहाँ दम्भ मेरे,
न उठ,
स्वाभिमान ही यथेष्ठ है
सभी छल कर जाएँगे—मेरी क्षमा मुझे ज्ञान दे
छली की विवशता का
मेरे आक्रोश को निखार जा
कि लालच न लाभ का डिगा जाए वेदना
कि तन की असमर्थता के कारण
न मन को नीचा देखना पड़े।

[1952. अप्रकाशित]

एक चमकता हुआ फ़ौलाद

एक चमचमाता हुआ फ़ौलाद का फल
मूठ तक सीने में धँसा हुआ है
जैसे किसी फल में चाकू।

पास के कमरे में लोग रो रहे हैं
बिलख रहे हैं और कलप रहे हैं
हंसा तो अकेला चला गया है
यह जवान लड़का—इसकी बाँहों पर
मछलियाँ उभर आती थीं, जब वह उन्हें ठोंकता था
कुछ दिनों में वह कमाने लगता
बाप का हाथ बँटाता और कोई भी नई युवती
उसकी होने में गर्व अनुभव करती।

यह जवान बिलकुल मर गया है
उसे ताऊन नहीं हुआ था, न आज के जवानों का मर्ज़, यानी टी.बी.
उसे यह भी नहीं कि साँप ने डँस लिया हो
न वह मोटर के नीचे आ गया था

बल्कि वह महज़ जा रहा था, और किसी ने
दौड़ के आ के उसके छुरा मारा
और वह गिर पड़ा और मर गया।

[1952. अप्रकाशित]

अंतर का स्वर

अन्तर का तथाकथित निर्णायक स्वर भला
कहाँ से उठता है
यदि चिन्तन से
तो अनन्त है अनिश्चय
क्योंकि चिन्तन में कहीं रुक जाता स्वार्थ है
यदि कर्म से तो कहाँ है कर्म का पुण्य
सभी कर्म सफल हैं तथापि सभी
तत्कालीन फल तात्कालिक तुष्टियाँ ही हैं

वैसा शून्य मन कभी भी नहीं आता
न आएगा
कि जिसमें एक घोष ही उठे प्रपंच न करे
घोर रोर शोर करता है हमारा मन वृन्द वाद्य
क्या है वह कोई प्रलाप है : या आर्त्तनाद है
तो? तो क्या हुआ।
सुनो, उसी में है सब आह्वान
सभी मेरी छोटी छोटी आकांक्षाएँ,
उस लुप्त सम्मेलन में बोलती हैं
वही कर्म की है पुकार
वह अखंड आकुलता से आन्दोलित
हाहारव
वही मेरा भविष्य है।

[1952. अप्रकाशित]

बुड्ढे की मृत्यु

बुड्ढा मर गया
और मरते दम तक उसे यह शर्म रही
कि वह पैरगाड़ी पे उचक कर नहीं चढ़ पाया

ज़िन्दगी में बाएँ जूते को पिछले पहिये की कीली पर जमा
हाथों से हैंडिलों को थाम
कई पेंगें मारता था
और जब साइकिल चल पड़ती थी
तो गद्दी पर तैर कर बैठ जाता था
जैसे कोई देवदूत घाटियों से उठा और मेघों से होकर
पहाड़ों में जा पहुँचा।

[1952. अप्रकाशित]

तुर्कमान गेट-1952

टोकरी सिर पर उठाये हुए
कठोर कुचों को उभारे
गोरे बदन पर पान की पीक और मैल धारे
मेहतरानियों से लड़ते लड़ते बचा
दरवाज़े पर खड़ी मुँह में गरदन तक साबुन मले
कौशल से आँख खोल उस युवती ने मुझे देखा
और झंप से मुँह धोने लगी
गली के दोनों ओर जैसे छायादार पेड़ हों
छोटी छोटी कोठरियाँ थीं
सीले फ़र्श पर औंधे पसरे थे रात की ड्यूटी से
या ठर्रे की खुमारी से पस्त लूमड़ मरद
बक्स पर बक्स और अंगड़ खंगड़ असबाब चुना हुआ था
बढ़े पेट और खुली मुत्तियों वाले बच्चे जिसके तले खेलते थे
मैं चला, नालियों में आई कई कच्चे रंगवाली चुनरियों के रंग की
धोवन, रास्ता दिखाती चली।

[1952. संभवतः अप्रकाशित]

हँसना आसान था

गत बार जब मैं हँसा तो हँसना आसान था
मैं चलती रेल में था
नीचे मैदान में गैया चराता हुआ एक नंगा छोकरा
रेल को देख कर कूद कूद ताली बजाने लगा
मुझे भी हँसी आ गई।

[1952. *सामयिक वार्ता* (अप्रैल 1992) में प्रकाशित]

टूट गया

टूट गया स्वाभिमान
वह जो मुझे भरे था दर्द
फूट निकला
पहले कब था : अब भी नहीं है गुमान
केवल वह धीरज, जो साधे था
छूट गया।

[संभावित रचनाकाल 1952. *सामयिक वार्ता* (अप्रैल 1992) में प्रकाशित]

होता रहेगा

लोग लिखते भी रहेंगे
छापते भी हम रहेंगे
चूकते हम भी रहेंगे
गलतियाँ छपती रहेंगी।

[1952. अप्रकाशित]

प्यार की कहानी

ज़िंदगी बन गई है क़िस्सा तोता मैना
औरत हमसे हम औरत से बेवफ़ा हुए
उसने हमको छोड़ा उसके घर जा बैठी
हमने उसको चूमा चाटा फिर दफ़ा हुए।

[1952. अप्रकाशित]

गीत

न तुमने दर्द दिया है न तुम दवा दोगी
अभी रुकी हो धड़क दिल की जैसे रुक जाए
ठहर गई हो, साँस कह के जैसे चुक जाए
अभी तुम्हारी ये चुप, ये शरम हवा होगी।
बड़ी वहाँ से आई दुख हमें देनेवाली
हज़ार दर्द तुम्हें खुद हैं अरी मतवाली

जिसे न दर्द हो वह कोई बेवफ़ा होगी।
न तुमने दर्द दिया है न तुम दवा दोगी।

[1952. अप्रकाशित]

पुरानी बात

जागते ही याद आई कहीं कोई दूर की पिछली पुरानी बात,
जैसे सोचता ही मैं रहा था उसे सारी रात।

[1952. अप्रकाशित]

छकड़ा

क्यों अटक अटक जाता अपना यह छकड़ा है
यह नहीं कि रास्ता काफ़ी चौरस नहीं मिला
असल में रास्ते को हमने ग़लत सिरे से पकड़ा है।

[1952. अप्रकाशित]

संबंध

हम दोनों एक खिंचे तार के दो खंभे हैं
एक दूसरे से जुड़े हैं और
उतने ही खिंचे-खिंचे।

[1952. अप्रकाशित]

जानना

आह कितना कष्टकर है जानना यह
किस तरह बचपने से हम बड़े होते जा रहे हैं
और यह तो जानते ही थे कि अपनी आयु
सीमित है, अधिक भी वह नहीं है
जान अब यह भी गए हैं दिन बराबर और
छोटे हो रहे हैं।

[1952. अप्रकाशित]

कमरा

हम दो जने थे जागते
ऐसा लगा जैसे कि यह कमरा
—रेलगाड़ी का एक डिब्बा हो
समय और अंधकार में यात्रा करता हुआ
चला जाता हो
और अकेला होता तो
लगता कि कोई प्रिय पात्र बीमार है
जिसके सिरहाने मैं बैठा जागता हूँ।

[1952. अप्रकाशित]

यह तो नहीं कहा था

मैंने कहा कि जाड़े आ जाएँ तो अच्छा हो
(और जाड़े आ गए)
मैंने यह तो नहीं कहा था
यह गरमी कुछ कम हो जाए
मैंने यह तो नहीं कहा था
ठंडक पड़ने लगे, जरा मौसम कुछ बदले
मैंने यह तो नहीं कहा था इस आफ़त की
गरमी से तो भाई कड़ाके का जाड़ा ही अच्छा होगा
मैंने तो बस यही कहा था, जाड़े आ जाएँ
तो जीवन में कुछ गरमाहट आ जाए।

[1952. अप्रकाशित]

चुप्पी

हर साल हमारे दुख में यह दिन आता है
यह सब से नया नया मौसम
हमको यह दिन दिखलाता है
जब सब वसंत की कविता पढ़ते होते हैं
जब दर्द सबों के दिल का कुछ बढ़ जाता है
हम को यह धूप, हवा, खुनकी, कुछ
इतनी अच्छी लगती है,

अचरज से चुप रह जाते हैं
जब और जने सब रोते हैं।

[5.2.1953. अप्रकाशित]

तुम्हारे साथ, बंधु!

जब अपने भी सब छोड़ छोड़ कर चले गए
तब मैं ही तो रह गया तुम्हारे साथ, बन्धु
कुछ पता चला अब तुमको मेरी ताकत का!
घबराओ मत, मत छोड़ो मेरा हाथ, बन्धु।

हम तुम मिलकर बनते हैं एक नई हस्ती
कम कभी नहीं होते जिसके रागानुराग
उस एकाकी मन की धक् धक् क्या नहीं सुनी?
मैं वही तुम्हारे अन्दर का हूँ दिल दिमाग़।

[11.2.1953. अप्रकाशित]

सति

पति
रति
अति
दुर्गति

[27.3.1953. अप्रकाशित]

साथी

सिर रख दो मेरे सीने पर
रोओ मत बोलो मत
वह रहस्य खोलो मत
मैं ही कौन बहुत पोढ़ा हूँ
मुझमें भी कुछ टूट रहा है
तुम जिससे संचित हो मेरा

वह धीरज भी छूट रहा है
पर यदि तुम्हें बँधे ढाढ़स
इस कंपित भुजबंधन से
तो आओ
मेरी करुणा को सम्मानित कर जाओ
तुमको देने भर का बल
आओ मुझमें भर जाओ
अपने चुप क्रंदन से।

[18.4.1953. डायरी में कविता के हाशिये पर कवि ने समय और वातावरण की सूचना भी दर्ज की है—'शाम छह से रात साढ़े दस, आँधी-पानी, ठंडी हवा' अप्रकाशित]

समझौता

अधिकार नहीं तुमको मुझसे कुछ माँग सको
दे सकूँ तुम्हें कुछ, इतनी क्षमता मुझे नहीं
यों तो अपने से इतनी ममता मुझे नहीं
जितनी तुमसे है, माँगो तुम क्या माँगोगी
आओ स्वीकार तुम्हारा भी मुझको आना
दे दूँगा अन्तर में तुमको कोई कोना
चुपचाप वहाँ तुम मन मारे सोई रहना
दो वचन नहीं मेरे सोने पर जागोगी।

[1953. अप्रकाशित]

शून्य मन से

शून्य मन से आओ
भुजाएँ फैलाए
जानते हुए दृष्टि आसक्त है उस पर

भुला कर अन्य अपमान आओ
जानते हुए कि भुला नहीं सकते
इतने प्राप्य जीवन के प्रिय हैं तुम्हारे
उसको, जिसे अभी तुम वरोगे
शून्य मन से वरो
मुक्तिदायी इस प्रिया को।

[1953. अप्रकाशित]

मेरा दर्द

यदि व्यथा की उस गली से मैं कभी गुज़रूँ
जिसे तुम सब 'पिया की गली' कह कर जानते हो
यदि वहाँ मैं उसे पा जाऊँ जिसे तुम सब 'दरद' कहते रहे हो
तो अभागे साथियो मैं भी तुम्हारे साथ आ जाऊँ
मगर मेरा दरद तो बहुत सादा है।

[1953. अप्रकाशित]

तनाव

कहाँ समय का मूल्य यहाँ, इस आकुलता में
द्रुत हृत्कम्प, विप्रगति चिन्तन, क्षणजीवी की क्षण परम्परा नष्ट भ्रष्ट
भवितव्य कष्ट से आतंकित है—
आँखें किसी विगत घटना पर गड़ी हुई हैं किसी एक शारीरिक सुख पर
जो कि सुरक्षित पुष्ट अवयवों पर अंकित है
कढिल कढिल कर दिल तक आता है विरक्त नाड़ी का स्पन्दन
छोटी छोटी साँसें-जैसे ज़रा ज़रा सी बातें जिनसे मन शंकित है

[1953. अप्रकाशित]

बीते दिन

सुख में न आएँ याद
बीते दिन हमें
अब आ रहे हैं याद जो छिन छिन हमें
कुछ दिन गए हँस खेल कर
कुछ और दिन हम काट लाए याद का दुख झेल कर
फिर ज्ञान आया कष्ट का
मालूम हमको यह हुआ हमने किया
जीवन अभी तक नष्ट
पापड़ बेल कर
मन की न पायी नौकरी, घर भी नहीं
मन का मिला; उज़बक मिली संगिन हमें।

सुख में न आए याद बीते दिन हमें
अब आ रहे हैं याद जो छिन छिन हमें।

[1953. अप्रकाशित]

फिर से

आज तक जिसको रख कर दिल में खुश रहा किए
जितने दिन जग में जिए मज़े में जिए
ऐश हम किया किए
उस जादू की गोली को अब तो खो बैठे
अब वह हल्की फुल्की तबियत अपनी न रही
सच तो यह है दुनिया में हम कुछ और ज़रा गहरे पैठे

हाँ, उस सुख की हम याद करें
तो आप कहें—'क्या बकता है?'
कुछ थोड़ी सी कमज़ोर हमारी याददाश्त है
हाँ भइ है
इससे हमको इनकार नहीं
अब और और हैं मन के ठौर ठिकाने तो उस डेरे
को क्या भूल जाएँ
कह दें मुँहदेखी बात कि हमको, हाँ था तो, पर
अब उस घर से प्यार नहीं
न ना भइ न्
जिस गोदी में जिन बाँहों में जिन चरणों में
पल पुस कर आज जवान हुए
उनके ढिग जाएँ फिर से हम
फिर से उनको आबाद करें
फिर उनकी आवश्यकता है।

[1953. अप्रकाशित]

बैठे-बैठे

क्या आवश्यकता है
क्यों हम ख़बर पढ़ें पत्रों में
क्यों न पढ़ें *रामायण*।
क्यों न शाम को घर में बैठें
क्यों मीटिंग में जाएँ सुनने लड़का क्या बकता है?

खाना खाकर काम न करना
ठीक बड़ों का कहना

सोने से तन मोटा होता
क्यों दुपहर में जागें? कोई कैसे जग सकता है?
कुछ भी नहीं ज़रूरत अपनी
जो है सब काफ़ी है
शंकर जी सब देने वाले
ओम्। डकारें आज बहुत ··· हूँ!
देखो तो क्या पकता है?

(1953. अप्रकाशित)

वसंत

फूल पत्तों के बारे में मैं यही जानता हूँ केवल
अप्रैल मई तक तो हरियाली रहती है
कुछ बँगलों में
कुछ सड़कों पर दाएँ-बाएँ
कुछ इक्के दुक्के और कहीं पर पेड़ दिखाई देते हैं
दीवारों पर बैठी रहती हैं बेलें भी कुछ लदी फँदी
ये सब वसंत के रौ में जीते जाते हैं
सब के सब अच्छे लगते हैं लेकिन मुझको
मालूम किसी का नाम नहीं।

[1953. अप्रकाशित]

अद्वितीय दृश्य

बैंजनी आकाश, आलोक की
लकीर से दो में बँटा हुआ
तले, टिमटिमाते मकान
चारख़ाने प्रकाश के
तिरछे गिरते हुए।

दूर फैला हुआ दृश्य, चौड़ा
कोमल,
आते बसंत की संध्या थी
जब वह देखा मैंने।
एक क्षण अपने ही में रुका रहा,

सहसा पुकारा जोशी को
कि आओ देखो;
वह आया : मगर उसे
दूसरा ही दृश्य देखना
बदा था;
मैंने भी फिर वह शोभा
दुबारा नहीं देखी।

[1954. अप्रकाशित]

ग्रीष्म से कुछ पहले

हरी भरी हरियाली में कहीं
चटख़ कोई क्यारी जगमगाती है
वहाँ जहाँ पथ मुड़ता है ठिठक कर—
आह कैसी मधुर महक आती है

घर में सुवास बसी, गुनगुनी भपक भरी
गमले में हैं गुलाब लगभग कुम्हला गए
स्नानघर में टंकी पर अबकी कबूतर फिर आ गए

अब दिन भर हमको रहती मतुआई छाई
आके बसन्त गया कोई नई ऋतु आई।

दिन ढलते भर जाता आसमान शान्ति से
मन में कुछ धीरे से जागता
दिया जले सरसों के तेल का
ज्यों शीतल कान्ति से
अब जी घबराता नहीं पकुसी धुआँई
कुबेरिया की क्लांति से

दुख मेरे कट गए : रहे केवल दो तीन
चिकना अँधेरा है, स्वच्छ है, रहस्यहीन
लगता पराया नहीं, ताप मदमाते शरीर का
अपना हुआ है स्नेह इसी नगर से उठकर आए समीर का।

[1954. संभवतः अप्रकाशित]

सुबह की हवा

मीठी मींठी सुबह की हवा
चमेली की महक संग लाती हुई
उजली सफ़ेद चादर बिछौने की
ठंडाती हुई

हल्का हल्का शरीर निखरा हुआ रंग
कपड़ों में ताज़गी ओठों पर मुस्कुराहट
आँखों में रोशनी गले में तरावट

एक बड़ा सुख है थक कर चूर हो कर
मुँह हाथ धो कर सोना
एक बड़ी बात है कि ऐसा लगे
यह किसी और ही दुनिया में जगे।
एक बड़ा सुख है गर्मियों की एक अच्छी रात
और एक करवट में सवेरा होना।

[1954. अप्रकाशित]

जिए जाते हैं

क्या पूछते हो कुशल क्षेम
कठिन है प्रेम
दिल पर पैबन्द है
उसी से टिका हुआ हमारा आनन्द है
दिल क्या दें।
तन में प्यास है
मन उदास है
जाने काहे की धीरोदात्त को आस है
जीना है जिए जाते हैं शिकायत किए जाते हैं
गम है कि जो मिलता है कम है
मगर मिलता है लिए जाते हैं

[संभावित रचनाकाल : 1954. अप्रकाशित]

कविता लिखते हुए

कविता लिखते हुए
पकड़े जाने पर
कोई पूछे कि इस किताब में
यह सोच कर आप क्या
लिख रहे हैं?
हम कहेंगे—धोबी का हिसाब!

[1955. अप्रकाशित]

अनेक बार

अनेक बार ऐसा हुआ है
कि पास में पैसा हुआ है।

[1955. संभवतः प्रकाशित]

रात ठीक बारह : रेल में

आख़िरी डब्बा है
अँधेरी रात
झाँक कर हम देख सकते हैं कि पीछे
विदेश की भूमि छूटती चली जा रही है जो
हमारे लिए केवल रास्ता है
बाहर गौर करें तो दिखेगा कि
अँधेरों में भी दो रंग हैं
एक गहरा—ज़मीन का अँधेरा
दूसरा हल्का आसमान का
पुल : दुड़म दुम दुड़म दुम

असबाब रखने की एक छोटी सी बर्थ पर
सोने के लिए एक आदमी चढ़ रहा है
धोती, कोट, टोपी, थैला
जूता लिए दिए : औंधा घुस कर
दो मिनट ठहरा, फिर उतरना पड़ा
अच्छा ख़ासा कार्टून रहा।

[1955. अप्रकाशित]

जगह मिलती रहेगी

मैदान में जहाँ तक देखो हरा ही हरा
खर पतवार घास बिरवे खेत अमराई
कैसा मुझे भला लगा फिर तेरी याद आई
फिर कैसा हल्का हो आया मन मेरा भरा भरा

जब तक आकाश में मेघ आते रहेंगे
जब तक धान के खेत लहराते रहेंगे
जब तक धूप खिलती रहेगी हवा बहती रहेगी
तब तक यह देखने को खड़े होने भर की जगह मिलती रहेगी।

[1955. अंतिम चार पंक्तियाँ *सामयिक वार्ता* (अप्रैल 1992) में प्रकाशित]

शरण दो स्मृति में

शरण दो स्मृति में
जहाँ सिर धर दें चरण में
नयन शीतल हों

दो कसैले आँसुओं के बाद सहसा
जहाँ फूहड़ हृदय अविकल हो
शरण दो, मेरे जगत मुझको उसी कृति में
शरण दो स्मृति में।

[1955. अप्रकाशित]

एक चुटिहल देह

एक चुटिहल देह भर है वह
उसे भय है
मुस्कुराया वह अगर तो कष्ट के
उसकी पराजय है
आदमी को यदि छुओ तो चिहुँकता है
मित्र है वह जो घृणा से देखता है
चीन्हता है, जानता है, दर्द का
रिश्ता नहीं उसको पता है।

आज हम अपनी सुधी करुणा उसे देकर
नष्ट उसका शेष आत्मोन्माद कर देंगे
जिस अनास्था से उगा है दम्भ यह उसका
खोद कर उसको व्यथा की खाद भर देंगे।

[14.2.1956. अप्रकाशित]

इस रहस्य नगरी में

इस रहस्य नगरी में जिसमें सब एक अज्ञात आदेश से चालित
इस व्यवस्था में, जहाँ लोग मिलते मुस्कुराते नमस्ते करते हैं
काम करते हैं तो भूल करने से डरते हैं, बात करते हैं तो
वचन देने से कटते हैं, घर में डगर में सभी जगह
लोग ही लोग हैं पर सभी लोग सभी जगह चौबीस घंटे
ख़ाली खटते हैं।

इस अनुशासित संस्था में आज
अपने मित्र से जब मैं मिला वह सहसा निरंकुश हो उठा
वह हँसा, उसने दो चुटकुले सुनाए
फिर हँसा, एक पर एक छह केले खाए
धूप में आया गप लड़ाई मज़ाक़ उड़ाया
और फुर्ती आई तो मेरे साथ सारे दफ़्तर के
बरामदों में टहल आया। मैंने कहा इतने खुश कैसे?
बोला क्यों? रोज़ ही तो यह करना होता है
काम करते हैं दिया हुआ, तभी आते हैं हाथ में दो पैसे।

[1956. अप्रकाशित]

तू मेरा अंश है

तूने मुँह खोला
और उसमें भी मुझे सृष्टि दिखी जैसे
यशोदा को। ठहर, तेरे दाँत गिनूँ
खोले रख यह अजूबा, यह आकाश
बना रहे तब तक मेरा ऊबा हुआ अवकाश।

देह में तेरी झाँकता हूँ

ज़ो भी यह महक है जीवित शरीर की
उसे जन्म के पहले जा करके जानता हूँ
तन्मय पहचानता हूँ
तू मेरा अंश है मुझसे उज्ज्वलतर
मानता हूँ।

[1959. अप्रकाशित]

कीकर ने

कीकर ने बिखर कर
हृदय अपना खोल दिया
छन आई वसंत की दुपहर की धूप
धूल भरे पथ पर।

[1959. इसी वर्ष *युग चेतना* (अप्रैल) में बिना शीर्षक के प्रकाशित। इस कविता के साथ ही इसी अंक में कवि की पाँच और कविताएँ बिना शीर्षक के ही छपी हैं। उनके बाद में दिए गए शीर्षक हैं : 'खिंचा गुलाब', 'खड़ी स्त्री', 'मैदान में', 'पत्तों का धुआँ' और 'तेरे कंधे'। विकासक्रम की दृष्टि से इन रचनाओं का स्थान यहीं है। लेकिन ये कविताएँ आगे 'आत्महत्या के विरुद्ध' संग्रह की कविताओं के साथ रखी गई हैं, क्योंकि कवि ने स्वयं इन्हें उस कविता संग्रह में ही संकलित किया है। चूँकि रचनावली में *सीढ़ियों पर धूप में* के बाद प्रकाशित काव्य संग्रहों की रचनाएँ बिना क्रम परिवर्तन के यथावत् छापी गई हैं, इसलिए ये कविताएँ वहीं मिलेंगी। *युग चेतना* में प्रकाशित ये सभी छहों कविताएँ कवि ने स.ही.वा. (सच्चिदानंद हीरानंद वात्स्यायन) को समर्पित की थीं—संपादक]

चुप भी रह कवि

चुप भी रह कवि कि कौम तगड़ी है और
मेहनती है
किसने तुमको समिति में आने दिया
मैंने अनुवाद का कुछ काम कहा था, दे दो

कौन से दुःख की बात करता है?
देश से ख़त्म हो गए मंगते
रह गए सिर्फ़ कुछ गिरहकट हैं
इस सभा में विवाद करता है
अब भी लेखक क्या ऐसे मुँहफट हैं?
(खीसें बाते तो मैंने देखे थे)

कुल मिला कर हम आज दुनिया में
बहुत बेहतर हैं बहुत आगे हैं
कवि जिस सूक्ष्म दुख की कहता है
उसकी ख़ातिर तमाम ढाबे हैं।

[1960. अप्रकाशित]

ऋतु संगीत
(रेडियो रूपक)

प्रारम्भिक साज-संगीत। भाषण (नैरेशन)।

एक दिन सरिता के जल से क्रीड़ा करते हुए मारुत ने विस्मय में भरकर देखा, उसके आकार, उसके गुण, और उसकी प्रकृति में यह परिवर्तन कैसा! तुरंत ही उसने अपनी तेज़ से तेज़ गति से बहकर वनदेवी को यह सुसमाचार सुनाया। वनदेवी ने मुस्कुराकर अपना शृंगार करना आरम्भ कर दिया। कैसा अनुपम शृंगार था वह! क्यों न हो, मधुमाह का उत्सव था। फिर तो, हर कली में, हर अंकुर में, हर हृदय में, हर नयन युग्म में, हर वृद्ध, युवक और बालक में बसंत ने धीरे-धीरे पूर्ण रूप से समावेश कर लिया।

(साज़ों के साथ कोरस)

हो, बसंत चारों ओर।
छाया ऋतुराज आज।।
बगियन कै बिरवन माँ,
बिरवन के पातन माँ,
पातन के कन कन माँ,
कन कन माँ जगती के,
धारि के अनेक रूप,
वैभव समायो आज,
हो, बसंत चारों ओर।
छाया ऋतुराज आज।।
आयो इन फुलवारिन,
फुलवन के जोबना बनि।
नयनन माँ लोना बनि,
ख्यालन माँ सोना बनि,
पौरुख के फल अटूट।
माटी ते फूटि फूटि

लहलह इन बालिन माँ,
अन्न कै समायो आज,
हो! बसंत चारों ओर।
छायो ऋतुराज आज।।
कुंजन माँ जमुन तीर,
गमक उठा मन का समीर,
कान्हा की स्मृति बनि,
जन जन कै हिया चीर,
बिरहा की तानन कै,
सुर माँ बिरहानल दै,
उर माँ हलचल मचाय,
कण्ठ माँ समायो आज,
हो, बसंत चारों ओर।
छायो ऋतुराज आज।।

साज़ संगीत (फेड आउट)

वाद्य संगीत (नैरेशन) : बसंत ने वनदेवी पर पूर्ण अधिकार स्थापित कर, फिर उसे वापस क्यों ले लिया यह एक रहस्य है। हमें तो केवल यह ज्ञात है कि ऋतुराज जिस प्रकार आए उसी प्रकार चले गए और अपने साथ लेते गए वन की सुरभि और सुषमा। फूलों की क्यारियों में काँटों और धूल से घिरे गुलाब के रूख़ अब भी खड़े हैं, पवन अब भी बहता है, नद-नदी के बचे-खुचे जल में अब भी हिलोरें उठती हैं, पर उनमें वह रूप नहीं, वह सुगंधि नहीं, और वह चपलता नहीं। हरहर करते हुए अंधड़ की तीव्रता से डर कर, पक्षी तो क्या, मानव भी घर के एकांत में छिप गया है। लोग कहते हैं, यह ग्रीष्म ऋतु है। सच तो यह है कि बसंत के वियोग में वनदेवी ने वैराग्य ले लिया है।

कोरस : दहक उठी धरती, हरियाली, बगियन कै भइ सपना।
धूल राह पर उड़ती, माली है खोय दिहिस जिउ अपना।
बनदेवी, री भई बिरागिनि
प्रियतम की दी निधि की त्यागिनि। वनदेवी री
भई विरागिनि।
मधुमास तो छबि दिखलाय गयो
कोमल मन अरी लुभाय गयो

एक व्यक्ति द्वारा (स्त्री-कंठ) : अब कहाँ निमोही बिसरि गयो बस बरस बरस पर

काहे आवत
बरस बरस पर काहे आवत
सुधहू तौ तुम नेक न लावत

एक व्यक्ति द्वारा (स्त्री-कंठ) : धुरहर खेतन माँ लूक उठै
जियरा माँ हमरे हूक उठे
रे भेजौ एक शीतल बयार
कछु मिलै सँदेसवा पिय तुम्हार
ई उपवन के बिरवा प्यासे
पनघट पर हमरे घट प्यासे
तलअइन पर गोरू प्यासे, टेरत हैं तुमको बार-बार।
रे भेजौ एक शीतल बयार,
कछु मिलै, सँदेसवा पिय तुम्हार, बस करौ अधिक, अब
काहे जरावत
बरस बरस पर काहे आवत
सुधहू तौ तुम नेकु न लावत

कोरस : लाल पलास के फूलन की जो भरी रहै माँग मिटाय दई है,
कानन माँ बनफूल के भूषन धारण को बिसराय गई है,
धूल सने जोगिया पहिरे री हरित वसन बहाय दई है,
ऐसो जरो जियरा रसहीन के नैनन धार सुखाय गई है।
हरहराय अमवा की डारैं, कोयल कै सुन पड़ै न रागिनि
बनदेवी री भई बिरागिनि।
काज तुम्हारे छाँड़ि सिंगार बनी है जोगिनि,
बनदेवी री भई बिरागिनि।

साज़ संगीत (फेड आउट)

नैरेशन : परंतु प्रत्येक वस्तु की सीमा होती है। वनदेवी और बसंत के वियोग की भी सीमा आ पहुँची। वनदेवी के आँसुओं ने काम किया, और उसकी चिर-परिचित वर्षा, पावस ऋतु बनकर उससे मिलने आई और उसके दिन फिरे। गति, मानो नवीन फूटते हुए अंकुरों में मूर्तिमान होकर सृष्टि का नए सिरे से सृजन करने लगी। और, और बसंत का ध्यान छोड़कर, वनदेवी ने शरद के स्वागत की तैयारियाँ शुरू कीं।

कविता पाठ : नयनन ते उड़ि गई ज्योति।
आँसुअन के लागे झरन मोति।।
जो कर न सकीं आहें जरती।

उइ कर दिखलाइन ई मोती।।
कजरारे नैनन से बदरा,
बरसाय उठे पहिली बरखा।
कट गए क्लेश, मिट गए ताप,
घटि गई धरा की व्याकुलता।
पश्चिम से झंझावात उठे,
हर हर कर सूखे पात उड़े,
नभ माँ मानो ह्वै छाय गई।
अंतर कै सारी आकुलता।।
घिर घिर आए कारे बदरा
कजरारे नयनन से बदरा
बरसाय उठे पहिली बरखा,
धरती कै व्याकुल जिउ हरखा।

नैरेशन : अंत में वह दिन भी आया जब शरद ऋतु का प्रथम सूर्य उदय हुआ। उसकी किरणों में स्फूर्ति थी, एक संदेश था। वनदेवी ने वह संदेश समझा। फल यह हुआ कि अभी तक आलस में घिरा जग सक्रिय हो उठा। प्रकृति और मानव दोनों सचेतन हो गए जिससे दोनों ही का कल्याण हुआ। यह था शरद ऋतु का प्रभात···

कोरस : पूस कै यू घाम,
पूस कै यू घाम
वन्य सुषमा, सोय रतिया
नींद भर, भिनसार बिरिया
ओढ़ि कै लाली चुनरिया
करि रही आराम।
करि रही आराम,
पूस कै यू घाम, पूस कै ···
बाल रवि कै किरण उतरी
मनौ सूरजपरी उतरी
ज्ञान कै आलोक रूपी
दै जगत का दान।
दै जगत का दान,
पूस कै यू घाम। पूस कै...
चहकिं चारों ओर चिरिया
छाँड़ि घोंसला त्यागि निंदिया
लै रही मानो बनइया
कै अपन शुभनाम

कै अपन शुभनाम
पूस कै यू घाम। पूस कै ...

अन्न उपजावै, दिए चल
कृषकगन काँधे धरे हल
जग जियत है इनहिं के बल
होत इनकेर नाम
होत इनकेर नाम
पूस कै यू घाम। पूस कै ...

[30.9.1946]

हंसा का गीत

बरसे घन सारी रात संग सो जाओ
प्रिय आओ
प्रियतम आओ
नहलाओ साँसों से
तन मेरा
शीतल पानी याद आए
सागर—
नदिया—
शबनम धुला सबेरा
ओठों से तपन बुझाओ

कुम्हलाया
उजियाला
मेरे मन में
अँधियाला
घिर आया
दर्पण में
क्यों तन सिहरे?
छाया डोले
क्या तुम आए बाँहें खोले?
नींद आई मधुर समर्पण में
अंतिम सिसकी चुंबन से चुप कर जाओ।

[कुमार शाहनी की फ़िल्म 'तरंग' का गीत, 1979. गायिका : लता मंगेशकर, संगीतकार : बनराज भाटिया]

परिशिष्ट-4

7 O'CLOCK

A fruit mellows in the east and vastness shrinks
Into red. The sun revolving like a kicked football
Leaps high and crashes in a cold ground-glass.
Again, again a day has come, by now,
We ought to have forgotten late night dance,
And early morning's feast of wholesome dreams.

Like splashed atrandom pools of faded paint,
The earth brown-baked is litterd with cool shades,
For all will be hot when work has half been done
on the fields,
Where by and by the earth its remnant virtue yeilds
To man. Without the expected guest of one gold dream
I have played an embarassed host all night,
The crescent which sent me all my sour sleep,
Isma canoe runaground in the shores of day
A puffed whiteness makes tangents with tree-tops
And turns a dark green into lighter green.

A flick of match-stick light is this morn
No moments more quick more fleeding than these
The thread of last day's work I have to catch
Adieu, I go out now but will return
Soon. In the evening; all the light of day
Tucked under my eyelids, and all the weight of sun
Borne on my shoulders, all the breadth of time
Grasped tight
In both the useful fists.

[1947]

के विशेषज्ञ थे। वेतन 500 रुपए प्रतिमाह। जून तक दिल्ली में ही *कल्पना* का काम देखते रहे। पिता (52 वर्ष) की मृत्यु के कारण परिवार का दायित्व सँभालने लखनऊ चले गए और अगले वर्ष मार्च तक वहीं रहे। दिसंबर में वहीं दूसरी संतान हेमा का जन्म।

1959 : मार्च से दो अंकों में, अज्ञेय द्वारा संपादित अंग्रेज़ी त्रैमासिक *वाक्* में सहायक संपादक। अगस्त से आकाशवाणी में संवाददाता के रूप में पहले एक साल का और फिर तीन साल का अनुबंध मिला। प्रतिमाह 500 रुपए वेतन मिलता था। भारत में दूरदर्शन की शुरुआत हुई तो कार्यक्रम की आरंभिक प्रस्तुतियों के लिए बुलाए गए। दूरदर्शन से 1959 के गणतंत्र दिवस का पहला 'आँखों देखा हाल' रघुवीर सहाय ने ही प्रस्तुत किया। 1961 में ब्रिटेन की महारानी एलिजाबेथ के आगमन का आँखों देखा हाल भी टी.वी. से प्रस्तुत किया। इसके अलावा 1961-62 में गणतंत्र दिवस का तथा 1966 में लाल किले से स्वतंत्रता दिवस का आँखों देखा हाल भी उन्हीं के द्वारा प्रस्तुत था। इन्हीं दिनों दूरदर्शन के लिए टैगोर, गाँधी और राजेंद्र प्रसाद आदि पर कार्यक्रम बनाए। आचार्य कृपलानी से उनका साक्षात्कार चर्चित हुआ। 'अखबार कैसे निकलता है' तथा 'भूकंप क्यों' जैसे विषयों पर आम लोगों के लिए कार्यक्रम बनाए।

1960 : पहला संग्रह छपा—*सीढ़ियों पर धूप में*—जिसमें कविताएँ, कहानियाँ, निबंध आदि शामिल हैं। मार्च में तीसरी संतान गौरी का जन्म, दिल्ली में। सुंदरलाल के नाम से 1960 से 1963 तक 'दिल्ली की डायरी' नाम से *धर्मयुग* में एक पाक्षिक स्तम्भ लिखते रहे। इस वर्ष प्रायोगिक दूरदर्शन का उद्घाटन होने पर दूरदर्शन पर नियमित व्याख्यात्मक वार्ताओं का आरंभ करने के लिए चुने गए।

1961 : मार्च में पुत्र वसन्त का जन्म (दिल्ली में)।

1963 : अगस्त में आकाशवाणी से अलग हुए तथा दैनिक *नवभारत टाइम्स* में विशेष संवाददाता बने। वेतन था 750 रुपए प्रतिमाह।

1965 : भारत-पाक युद्ध के बाद भारत-अधिकृत पाकिस्तानी गाँवों की यात्रा। बाद में 'सीमा पार का आदमी' शीर्षक कहानी (*रास्ता इधर से है*, 1972) में इस यात्रा के अनुभवों का पुनः सृजन हुआ।

1967 : सितंबर में *आत्महत्या के विरुद्ध* का प्रकाशन। अक्टूबर में सिक्किम में नाथू ला सीमांत की यात्रा। इसी वर्ष कृषि पर्यवेक्षण के संदर्भ में आंध्र, उड़ीसा तथा मध्य प्रदेश की यात्रा की। यात्रा में नागार्जुन सागर पर ही 'अकाल' शीर्षक कविता लिखी (*आत्महत्या के विरुद्ध* में संकलित)।

1968 : *नवभारत टाइम्स* से स्थानांतरित होकर मार्च 1968 में समाचार सम्पादक के रूप में *दिनमान* में नियुक्त हुए। तत्कालीन सम्पादक सच्चिदानंद वात्स्यायन के विदेश चले जाने के कारण दिसंबर 1968 में इस पत्र में स्थानापन्न सम्पादक हुए। दूरदर्शन में पहली बार अंतरराष्ट्रीय घटनाओं पर व्याख्या के साप्ताहिक कार्यक्रम की परिकल्पना दी और एक वर्ष तक उसकी प्रस्तुति की।

1969 : सच्चिदानंद वात्स्यायन के सितंबर 1969 में विदेश से लौटकर त्यागपत्र देने पर *दिनमान* के कार्यकारी सम्पादक हो गए।

परिशिष्ट-6

रघुवीर सहाय का वंश-वृक्ष

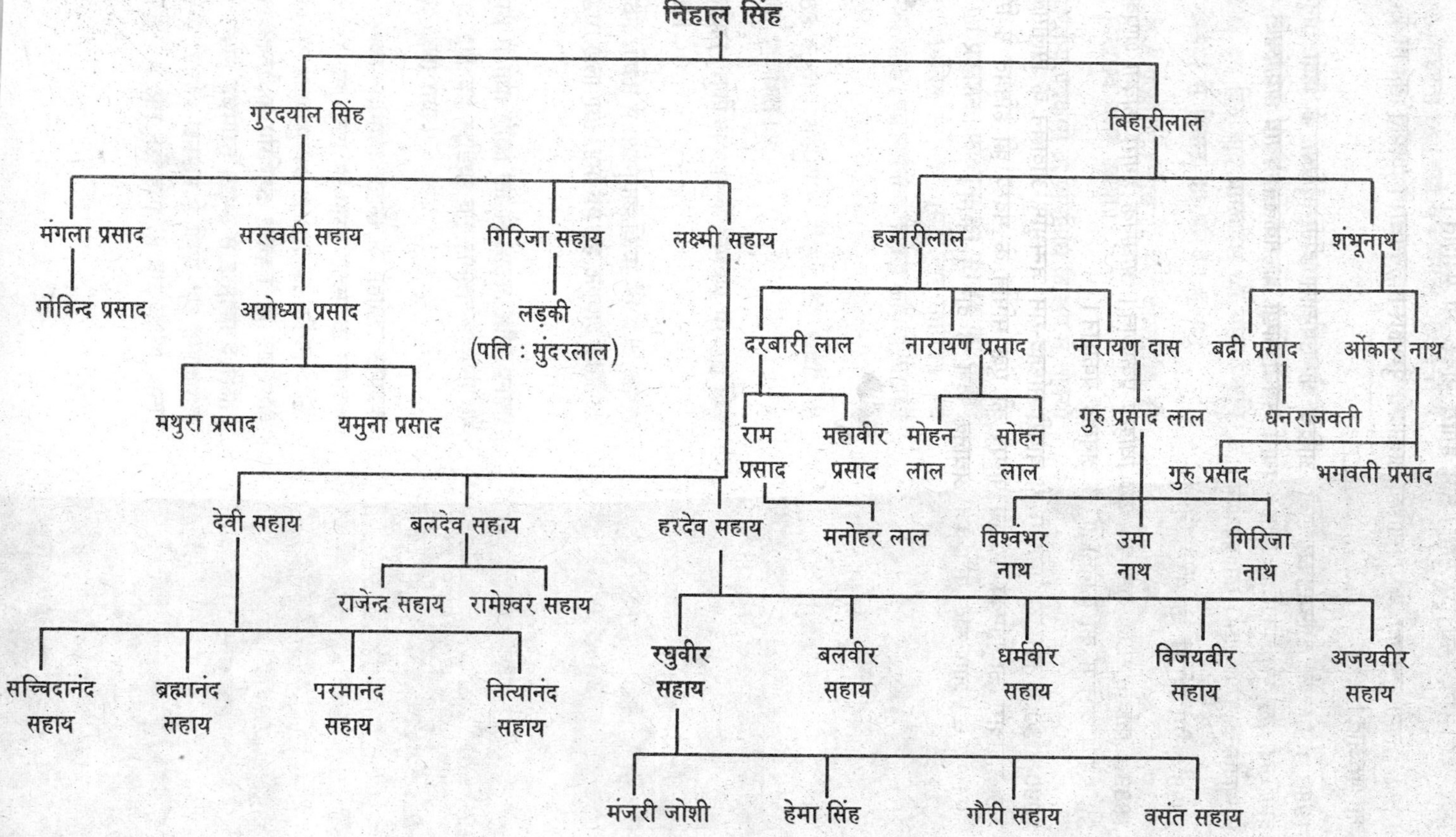

•••